A*t*V

FRIEDRICH SCHORLEMMER, geboren 1944, aufgewachsen in der Altmark, Volkshochschulabitur, 1962 bis 1967 Studium der Theologie in Halle, Vikar in Halle-Neustadt, 1967–1971 Studieninspektor in den Franckeschen Stiftungen, 1971–1978 Jugend- und Studentenpfarrer in Merseburg, 1978–1992 Dozent am Evangelischen Predigerseminar und Prediger an der Schloßkirche in Wittenberg, seit 1992 Studienleiter an der Evangelischen Akademie Sachsen-Anhalt in der Lutherstadt Wittenberg, P. E. N.-Zentrum Bundesrepublik Deutschland seit 1991, 1989 Carl-von-Ossietzky-Medaille der Internationalen Liga für Menschenrechte, 1993 Friedenspreis des Deutschen Buchhandels.

Veröffentlichungen: Träume und Alpträume. Einmischungen 1982–1990 (Berlin 1990), Es ist nicht umsonst. Predigten und Reden 1983–1993 (Leipzig 1993), Eisige Zeiten. Ein Pamphlet (München 1996/Berlin 1998), Die Wende in Wittenberg (Wittenberg 1997), Zeitansagen (Berlin 1999), Absturz in die Freiheit. Was uns die Demokratie abverlangt (Berlin 2000).

Schorlemmer gibt aus christlicher Perspektive Antworten auf alte und neue Fragen zu den Grundwerten menschlichen Daseins, zu Krieg und Frieden, Politik und Religion. Für ihn sind die auch in den westlichen Industriegesellschaften nicht eingelösten Menschheitsziele Freiheit! Gleichheit! Brüderlichkeit! keine Phrasen. Streitbar setzt er sich mit Ursehnsüchten der Menschen und deren Instrumentalisierung auseinander. Er benennt, was Leben wertvoll und sinnvoll macht, was Hoffnung begründet. So weist er auf den »Mehrwert« des geteilten Brotes und die humanisierende Kraft der »Versöhnung in der Wahrheit«. Seine Antworten sind ein Appell an das Gewissen und die Kraft des einzelnen.

INHALT

IV. Es ist noch nicht erschienen, was wir sein werden

V. Die Wahrheit wird euch frei machen

VI. Haltet mit jedermann Frieden

Leben in einer verletzbaren Welt – Weiterleben mit einer Hoffnung

> »Freiheit! Gleichheit! Brüderlichkeit!
> Aber wie gelangen wir zu den Tätigkeitswörtern?« (Leč)

Nicht erst seit der Französischen Revolution stehen die Menschen vor den spezifischen Schwierigkeiten der praktischen Umsetzung dieser Menschheitsziele. Und diesen Worten/Werten wohnt ein prinzipieller Mehrwert inne. Nie sind sie total erreichbar. Nur zusammen ergeben sie eine humane Welt; zugleich stehen sie zueinander in Spannung. Wird *einem* Wert Priorität zugemessen, dann wird *Freiheit* auf Kosten der Gerechtigkeit ausgelebt, geht *Gerechtigkeit* zu Lasten der Freiheit oder wird Freiheit des einzelnen der Sprengsatz für die *Gemeinschaft*.

Wird alles mit Macht und dies gar in einer geschlossenen Ideologie durchgesetzt, ist der »Terror des Guten« die Folge. Die großen Menschheitsziele behalten einen prinzipiellen Mehrwert, einen Überschuß des Unerreichbaren. Sie zu erden, heißt die Herkulesaufgabe, um sodann die Realisierungschancen bescheidener anzusetzen – also freiheitlicher, gerechter, solidarischer miteinander umzugehen und entsprechende politische Strukturen zu schaffen. Zugleich bleiben Freiheit, Gleichheit, Brüderlichkeit Menschheitsziele – es sei denn, die Menschheit würde sich mit dem »Brot allein« begnügen.

Als Basis aller Menschlichkeit kann die Gerechtigkeit gelten. Die Ungerechtigkeit ist die Wurzel allen Übels. Das Menschenrecht auf Brot und Entfaltungsfreiheit ist unteilbar. Gerechtigkeit ist nicht gleichzusetzen mit Gleichheit; Gerechtigkeit meint Gleichberechtigung, Gleichwertigkeit und Gleichachtung aller Menschen, nicht Uniformität. Sie meint die Herrschaft des Rechts, statt des Rechts der Herrschaften. Sie meint den liberalen und sozialen Rechtsstaat und die Gültigkeit des Völkerrechts für alle.

Das Recht dient der Gerechtigkeit, ist aber nicht mit ihr identisch.

Nach den terroristischen Angriffen vom 11. September 2001 auf die Symbolorte unserer westlichen Zivilisation samt deren weltweitem Herrschaftsanspruch hat sich unsere Welt wohl mehr verändert, als wir alle im Moment spüren. Der Schock sitzt tief, in jedem. Der Sieg der Terroristen könnte unser kollektiver Verzicht auf gewohnte Freiheiten sein. Der Sicherheitsstaat könnte die Sicherheitsillusion nähren, während die Freiheit unerträglich eingeschränkt wird, wobei diese Einschränkungen als notwendig ausgegeben werden.

Dem mörderischen und zugleich selbstmörderischen Haß wurde ein zusätzlicher religiöser Überbau, ein letzter Sinn, ein Jenseitsversprechen hinzugefügt. Erniedrigung, Armut und Ohnmacht haben religiös verbrämten Fundamentalismus mit ungeheurer Destruktionswucht angefacht. Noch immer ist unbegreiflich, wie diese Logistik aufgebaut und zum schrecklichen Erfolg geführt werden konnte.

Im ungelösten, schier aussichtslos scheinenden Konflikt zwischen Israel und den Palästinensern kulminiert die Auseinandersetzung zwischen westlich-jüdisch-christlicher und islamischer Tradition und Kultur. Der Kampf der Kulturen wird zum Krieg ausarten, falls es der Völkergemeinschaft nicht gelingt, gemeinsam den Kampf um die menschliche Kultur und die Kultur der Kulturen selbst zu führen.

Gibt es eine Religion oder einen Wert, in deren Namen solcher Terror gerechtfertigt werden könnte? Nein. Und doch wurde ein höchstes Gut benutzt, um sich selbst und Tausende andere mit in den Tod zu stürzen, bis der Verbrennungsstaub der Täter mit dem der Opfer zusammen gen Himmel stiebte.

Bisher hat die Weltgemeinschaft – voran die Reicheren – es als normal, jedenfalls als unabänderlich angesehen, daß täglich Tausende Menschen jämmerlich verhungern und sich ein System der internationalen Ungerechtigkeit etabliert hat, das

die reichen Länder begünstigt und die armen in Aussichts-
losigkeit versinken läßt. Die Globalisierung hat viele Gewinner, aber noch viel mehr Verlierer. Deren Gegenwehr wird in
Akte weiterer (selbst-)zerstörerischer Macht münden.

Ich wüßte niemanden, der von sich sagen dürfte, er sei
unschuldig an dem, was geschehen ist. Keiner kann sich mehr
heraushalten, obwohl Unterschiede der Verantwortlichkeit
benennbar sind.

Die Weltmacht Nummer eins hatte sich seit der Machtüber-
nahme durch die Bush-Administration unilateral ihre Sicherheit und Unabhängigkeit in jeder Weise sichern wollen und
nahm demzufolge auf die Belange der Weltgemeinschaft
kaum noch Rücksicht. Amerika etablierte arrogant als obersten Wert: Gut ist, was für Amerika gut ist.

Nach der längst nicht verarbeiteten Erschütterung, die von
New York und Washington ausgeht, tritt die ganze Völkerfamilie wieder ins Blickfeld, kommt die gegenseitige Abhängigkeit und Angewiesenheit aller vor aller Augen wieder zu
Tage. Und die UNO samt ihren Institutionen wird angesichts des Schreckens für alle wieder wichtiger, selbst für die
Vereinigten Staaten und ihre jetzige Regierung. Der Versuch,
sich vor »Schurkenstaaten« abzusichern und vor deren ange-
nommener Gefahr einen himmlischen Schutzschild zu installieren, hat sich vorerst als Verirrung erwiesen.

Der Anschlag auf die Sicherheit der mächtigsten und reichsten Nation der Welt kam unerwartet. Alle Sicherheitsdien-
ste und -systeme versagten. Der Angriff auf die Zivilisation
kam nicht »von oben«, sondern »von unten«, nicht von be-
nennbaren Staaten, sondern von bisher kaum näher benenn-
baren und unübersichtlichen, im dunkeln agierenden Terror-
gruppen. Die Gefahr kommt vom Menschen selbst, erst in
zweiter Linie von den als feindlich identifizierbaren Staaten.
Die Verletzlichkeit der modernen offenen Gesellschaften hat
zu dumpfer Angst geführt: Welche Mittel werden »die Schlä-
fer« wann, wo und wie noch einsetzen? Ein lückenloser

Schutz wäre eine gefährliche Illusion; zugleich haben die staatlichen Institutionen und die Staaten, die jetzt eine besondere Vorsorge und Fürsorgepflicht für ihre Bürger haben, alles zu tun, was menschenmöglich erscheint – zu ihrem Schutz vor Anwendung von ABC-Waffen. Doch was tun die hochgerüsteten und militärisch-technisch überlegenen Staaten zur praktischen Ächtung solcher Waffen?!

Wird alsbald unsere (Bewegungs-)Freiheit das Opfer sein? Und werden die Hungernden weltweit übersehene und übergangene Opfer bleiben? Welche Aufmerksamkeit wird der Erforschung und der längerfristig konzipierten Beseitigung der Ursachen geschenkt werden? Vor allem: Welche gemeinsamen Ziele wird sich die Völkerfamilie stellen, und welche Rolle werden dabei Kultur und Religion einerseits, Wirtschaft, Recht und Militär andererseits spielen?

Es geht um Brot für alle – und es geht um mehr als das.

Gerade in der globalisierten Welt gibt es keine Sicherheit mehr gegeneinander, sondern nur noch eine gemeinsame Sicherheit. Für alle Völker. Ein Konzept »Gemeinsamer Sicherheit« entwickelte Olof Palme zu Zeiten der Zweiteilung der Welt, die unter der gegenseitigen Vernichtungsbedrohung mit Atomwaffen lebte. Genau dies wird nach dem Ende des Ost-West-Konflikts beim Bau einer wirklich neuen Weltordnung, die auf Gerechtigkeit und Frieden ausgerichtet ist und dem einzelnen wie den einzelnen Völkern und Kulturen Entfaltungsfreiheit läßt, neu von Bedeutung sein.

Der Terroranschlag sei ein Angriff auf das, was »die Welt im Innersten zusammenhält«, hatte Kanzler Schröder unmittelbar danach gesagt. Ein verräterischer Satz. Aber was verrät er? Es bleibt in der Schwebe, ob das Pentagon und das World Trade Center unsere Welt im Innersten zusammenhalten oder ob Schröder die »höchsten Güter« unserer Zivilisation meinte. Was hält diese Welt zusammen – die Freiheit oder doch eher die Börse? Der barbarische Angriff erfolgte nicht auf unsere Freiheit, sondern auf unsere Macht, die Macht der westlichen

Welt über die übrige. Fanatisch, zynisch, kaltblütig. Nichts rechtfertigt die Tat oder die Täter. Aber sie läßt uns auch keine hehren Ausflüchte. Die Reaktion der Amerikaner war zunächst verbal furchterregend: Vom »Kreuzzug« war die Rede und vom »Ausräuchern des Terrorismus«, bis dann der Begriff von der infinitiven Gerechtigkeit ausgegeben wurde. Dieser aber kommt – nach islamischer Tradition – nur Allah zu. Und infinitive – unbegrenzt, grenzenlos – kann in der Weltsicht von Kriegern auch heißen: unbegrenzte, alle Grenzen überschreitende Rache im Namen der ausgleichenden Gerechtigkeit, als Entlastung für die grenzenlose Wut und Trauer der Hinterbliebenen und der im Kern getroffenen amerikanischen Nation.

Auch nach christlichem Verständnis kommt eine »unbegrenzte bzw. grenzenlose Gerechtigkeit« nur Gott selbst zu.

Daß man sowohl mit dem Begriff des Kreuzzuges bei Muslimen Erinnerungen an Ereignisse weckte, die in Europa fast 1 000 Jahre zurückliegen, aber noch sehr gegenwärtig sind, hat man in den amerikanischen Propagandazentralen schnell begriffen und den kontraproduktiven Begriff wieder aus dem medialen Verkehr gezogen. Und so heißt es nun – ohne Kommentar – plötzlich: Enduring Freedom. Dies verletzt nicht mehr religiöse Gefühle anderer. Das ist nicht mehr falsch; es ist nur Schwachsinn. Was soll denn ›andauernde Freiheit‹ bedeuten? Andauernde Freiheit antiterroristischer Gegenwehr unter Verletzung allen Rechts und mit Einsatz aller erfolgversprechenden Mittel? Man scheint nichts gelernt zu haben aus anderen blumigen Überschriften, die im Desaster endeten, wie bei der Aktion in Somalia 1996 unter der Überschrift »Restore Hope«. Man sollte auf die Experten hören, die vor weitreichenden Folgen warnen, sollten die USA ein islamisches Land bombardieren und betreten. Die islamische Solidarität wird im Zweifelsfalle größer als die Gegnerschaft der einzelnen Gruppierungen sein. Und die fanatisierte Wut islamistisch gestimmter Volksmassen kann verheerend wirken. Man vergesse nicht die Brandschatzung christlicher Kirchen.

Wer glaubt noch, daß es um unsere Werte geht? Es geht vielmehr um die vom Westen dominierte Weltwirtschaftsordnung. Es geht um Macht, Einfluß und Ressourcensicherung. Es geht um westliche Arroganz und Demütigungserfahrung. Den Terroristen ging es und geht es nicht um Allah und andere höchste Werte; genausowenig wie es der westlichen Welt um ihre ideellen Werte geht. Beide benutzen geheiligte Güter für unheiliges Tun, und in der Verlogenheit treffen sich die Kontrahenten.

Die Welt hat sich seit dem 11. September 2001 – nun auf unübersehbare Weise – grundlegend verändert: In die globalisierte Welt(wirtschaft) kam auch die globalisierte Gewalt. Den Global Players folgten die Global Murder. Wo der Mensch von modernster Technik abhängig wird, wird auch modernste Technik eingesetzt, um die elementare Verletzlichkeit eben dieser Welt auf barbarische Weise zu demonstrieren. Wir erleben die schwierige Übergangsphase von einer Welt, die von der Zweiteilung geprägt war, in eine multipolare und in jeder Weise grenzenlose Welt. Diese neue globale Unübersichtlichkeit zu bewältigen, bedarf es einer außerordentlichen geistigen, politischen und (völker-)rechtlichen Anstrengung. Länger liegen die Ursachen für den Terror zurück; länger wird deshalb der Weg sein, die Ursachen zu beseitigen, während man gleichzeitig – unter Geltung des internationalen Rechts – die Täter und ihre Hintermänner mit aller Anstrengung und Umsicht ausfindig und unschädlich machen muß. Das bisherige Instrumentarium des Völkerrechts ist auf solche Gewaltakte und angemessene Reaktionen nicht ausgelegt. Selbst der Bündnisfall der NATO bezog sich auf einen Angriff von außen – durch einen Staat!

Das Credo aller Global Players war, daß der Markt alles regle. Wer darin nicht bestehen könne, müsse eben untergehen. Nun kehrt die Politik zurück. Sie muß steuernd eingreifen. Ausgerechnet George W. Bush hat ein Wirtschaftsförderungsprogramm bisher ungeahnten Ausmaßes aufgelegt. (40 Milliarden Dollar wurden ihm für Terrorismusbekämpfung zugebilligt, 75 Milliarden Dollar steuert die amerikanische Regierung für die Konjunkturankurbelung bei. Mit 230 Milliarden Dollar wird der angerichtete materielle Schaden in New York und Washington veranschlagt.)

Politik als bewußtes, planvolles, abwägendes menschliches Handeln kehrt zurück – als ein unverzichtbares Eingreifen, das sich gegen die turbokapitalistische Selbststeuerungsideologie richtet. Dies gilt allerdings nicht nur für Krisensituationen. Aber die Krise hat ein Umdenken in Gang gesetzt. Ob vorläufig oder anhaltend, ist noch offen.

Die Generation Golf wird begreifen (müssen), daß Politik sie angeht, daß sich keiner raushalten kann, daß das Leben kein Spaß ist, daß die Spaßgesellschaft nicht »das Leben« ist. Daß nach dem 11. September nichts mehr ist, wie es war, ist zur Phrase geronnen. Und doch könnte das Datum bei allem Schrecken eine heilsame Wende in Gang setzen.

Das Grauen als filmisch inszenierter, realistisch perfekter Unterhaltungskitzel (ob im Film »Ausnahmezustand« oder »Independence Day«) ging dem realen Grauen voraus. Nun grassiert die Angst vor Wiederholung des realen Grauens. Und schon wird das virtuelle Grauen neu inszeniert. Wie es heißt: »sensibel«. Werden wir individuell und kollektiv doch noch zur Vernunft kommen? Wer die Hoffnung aufgibt, ist schon verloren.

Nur eine weltweite Rechtsordnung, wo die Stärke des Rechts das Recht des Stärkeren ablöst, gibt der Menschheit eine Perspektive. Jeder militärische Gegenschlag fordert viele unschuldige Opfer und wiederholt, was die Terroristen angerichtet haben, auch wenn die Motive nicht vergleichbar sind.

Der Mensch selbst – wir selbst! – sind die Gefahr für unsere Existenz. Wir werden Wege zu suchen haben, wie wir mit den (Vernichtungs-)Mitteln umgehen, die wir geschaffen haben, aber kaum noch zu beherrschen vermögen. Die mentalen Faktoren sind ebenso wichtig wie die ökonomischen, politischen, juristischen und sicherheitstechnischen Maßnahmen. Dabei werden die humanen Werte und die vielgescholtene

Moral, von der Menschen sich bestimmen lassen, eine immer wichtigere Rolle spielen. Hans Küng sprach bereits vor zehn Jahren davon, daß wir im neuen Jahrtausend den Übergang vom technischen ins moralische Zeitalter suchen müßten.

Dieses Buch geht in mehreren Anläufen und aus verschiedenen Anlässen dem nach, was uns Menschen in einer Weise wert ist, daß wir es nicht bemessen und erst recht nicht in Geld ausdrücken können.

Was unsere Ursehnsüchte sind, welchen »Mehrwert« geteiltes Brot hat, wie Todesgelassenheit und Sinngebung zusammenbleiben, warum kein Mensch aufzugeben ist, was die assertorischen Sätze des Grundgesetzes den Bürgern in der Demokratie abverlangen, wozu die Wahrheit verpflichtet, welche humanisierende Kraft »Versöhnung in der Wahrheit« hat, was die Erziehung des Menschengeschlechts überhaupt leisten kann, welche Kraft das Jenseits für das Diesseits hat und schließlich, was es heißt, in der Freiheit zu bestehen, zu erkennen, wer man ist, welchen Nährwert die Hoffnung und ein unverfügbares Grundvertrauen für das Leben haben – das alles wird anhand konkreter Streitpunkte wie auch in grundsätzlicher Hinsicht entfaltet.

Was vor dem 11. September gesagt und gedacht wurde, erscheint in einem anderen Licht, hat sich aber keineswegs erledigt. (Auch die zuvor formulierte Kritik an der vorherigen Politik der USA-Administration kann nun nicht unterbleiben.) Die Weltgemeinschaft braucht als ganze eine Perspektive; sie ist Summe vieler einzelner kleiner Perspektiven. Anders gesagt: Die Fixierung auf Anti-Terror-Politik verhindert langfristige Friedenspolitik. Und eine Politik für mehr Gerechtigkeit ist Friedenspolitik.

Wer das Vertrauen behält, zu überschreiten, was ist, wird nicht in Verzweiflung über die Weltlage oder in lähmendem Selbstzweifel angesichts seiner Ohnmacht verfallen. Er wird zugleich nicht den unsicheren Grund leugnen, auf dem wir alle stehen. Spes contra spem!

I. Nicht vom Brot allein

Die Ursehnsüchte des Menschen

Das Recht auf Brot ist ein Menschenrecht. Und Menschenrechte sind unteilbar. Gerade deshalb muß Brot geteilt werden.

Das Urbedürfnis des Menschen bleibt der elementare Wunsch, *Hunger* und *Durst* zu stillen, nach einem bergenden *Dach* über dem Kopf, nach Schutz vor *Kälte*, nach einem gewissen Maß Gerechtigkeit und einem harmonischen Zusammensein mit anderen Menschen – also nach *Frieden* –, nach der Möglichkeit, sich und seine Gaben zu entfalten und eine nützliche, den Selbstwert stärkende Aufgabe – also *Arbeit* – zu finden. Arbeit hilft ihrerseits, das Leben zu fristen.

Immer wieder sind es die Reichen, die den Armen die Poesie der Armut empfehlen. Und immer wieder sind es die Armen, die den Reichen ihre Armut vorführen. Man kann ersticken an der Armseligkeit des Reichtums. Und man kann verderben an der Armseligkeit und Erbärmlichkeit seiner äußeren Lebensumstände.

Es geht nicht um eine Entgegensetzung von materiellen und nichtmateriellen Lebensbedürfnissen, sondern um deren angemessenes Verhältnis zueinander.

Im Zentrum aller Bedürfnisse steht das Brot, also das Schaffen der materiellen Lebensbedingungen. Der Schutz der eigenen Ressourcen vor Raub wie der Raub von Ressourcen der anderen ist mit dem Kampf ums Brot verbunden.

Um Brot wurden und werden Kriege geführt, künftig wahrscheinlich auch um Wasser.

Das Brot ist »heilig«, das aus der Erde gewonnen und im Frieden gegessen wird, wenn die Schwerter zu Pflugscharen umgeschmiedet sind, mit denen der Boden bearbeitet wird, damit das Brotgetreide wachse.

Sein Brot in Glück und Frieden fröhlich zu essen ist eine *Ursehnsucht* des Menschen. Das ist etwas Paradiesisches, solange ein Mensch weiß, daß dies nicht selbstverständlich ist. Wer dankbar bleibt, kann es mit allen Sinnen genießen.

Bert Brecht schreibt allen ins Stammbuch, die das Materielle geringschätzen:

> Fröhlich vom Fleisch zu essen, das saftige Lendenstück
> Und mit dem Roggenbrot, dem ausgebackenen, duftenden
> Den Käse vom großen Laib und aus dem Krug
> Das kalte Bier zu trinken, das wird
> Niedrig gescholten, aber ich meine, in die Grube gelegt
> werden
> Ohne einen Mundvoll guten Fleisches genossen zu haben
> Ist unmenschlich, und das sage ich, der ich
> Ein schlechter Esser bin.[1]

Der Dichter wird noch schärfer, wenn er in seinem Gedicht »Bei den Hochgestellten« schreibt:

> Bei den Hochgestellten
> Gilt das Reden vom Essen als niedrig.
> Das kommt: sie haben
> Schon gegessen.
>
> Nachzudenken, woher sie kommen und
> Wohin sie gehen, sind sie
> An den schönen Abenden
> Zu erschöpft.[2]

(Eine aufgeregte, geradezu gespenstisch anmutende Debatte wurde in Deutschland geführt, ob man »stolz sein kann, ein Deutscher zu sein«. Wer so redet, muß sich auch an deutsche Hybris erinnern, an die Rede vom Volk ohne Raum, das sich im Osten eine Kornkammer erobern wollte. Um die arisch-

1 Brecht, Von der Freundlichkeit der Welt. Gedichte. Leipzig 1971, S. 16.
2 Ebenda, S. 15.

deutsche Herrenrasse ansiedeln zu können, mußten die dort Lebenden ermordet werden. Die geheiligte Mutter Erde wurde blutgetränkter Boden. Das geheiligte Brot wurde zum Brot, das sich auf Tod reimt.)

»Gespaltene Wesen sind die Worte unserer Welt«, behauptete Heinrich Böll 1967 in seiner Büchner-Preisrede. »Wer das Wort Brot hinschreibt oder ausspricht, weiß nicht, was er damit angerichtet, Kriege sind um dieses Wortes willen geführt worden, Morde geschehen, es trägt eine gewaltige Erbschaft auf sich, und wer es hinschreibt, sollte wissen, welche Erbschaft es trägt und welcher Verwandlungen es fähig ist.«

In der Mitte des Vaterunsers steht die Bitte um das tägliche Brot. Eine sehr wörtlich gemeinte Bitte um das, was der Mensch täglich zum Kauen braucht, aber auch Symbol für alle seine natürlichen, leiblichen Bedürfnisse. Gerade biblisches Denken setzt sich über das Kreatürliche nicht hinweg; das Geistige oder Spirituelle ist nicht als Überhöhung zu verstehen, sondern es meint lediglich, daß der Mensch sich nicht verkaufen soll, sich seine Freiheit nicht wegen des Brotes abkaufen lasse. (Beispiel dafür ist das Linsengericht, für das Esau den Segen hinzugeben bereit war, sowie der Tanz um den goldenen Stier, den das Volk in der Wüste vollführte, als es des Mangels längst überdrüssig geworden und die Hoffnung abgestorben war, daß man schließlich doch noch das Land erreichen werde, »wo Milch und Honig fließt«.)

Zu den Urbedürfnissen des Menschen gehört, daß er zu essen finde, der eine dem anderen seine Not lindere und alle nach ihren Möglichkeiten dazu beitragen – also arbeiten! –, damit alle essen können.

Schließlich ist es das Selbstverständlichste unter Menschen, daß sie dem, der um ein Brot bittet, Brot geben. Darin wird das Väterliche des Menschen – auch das Väterliche Gottes! – spürbar: »Welcher ist unter euch Menschen, so ihn sein Sohn bittet ums Brot, der ihm einen Stein biete?« (Matthäus 7, 9)

Jesus ist wie Brot, das Brot ist wie Jesus. Es ist Brot, das wunderbar vermehrt wird, indem es geteilt wird – das gesegnete, das dankbar empfangene, das fröhlich genossene Brot.

Luther hat in der Auslegung der vierten Bitte im Großen Katechismus geschrieben: »Denn wenn du ›täglich Brot‹ sagst und erbittest, so erbittest du alles, was dazu gehöret: das tägliche Brot zu haben und zu genießen, und dagegen auch wieder alles, was dasselbe hindert. Darum mußt du deine Gedanken wohl auftun und ausbreiten, nicht allein in den Backofen oder Mehlkasten, sondern ins weite Feld und ganze Land, welches das tägliche Brot oder alle Nahrung trägt und uns bringet. Denn wo es Gott nicht wachsen ließe, segnete und auf dem Lande erhielte, würden wir nimmer Brot aus dem Backofen nehmen, noch auf den Tisch zu legen haben.«

Brot ist auch das Symbol für die Schöpfung, die Urquell unseres Lebens ist und erhalten werden muß. Im Brot wird die ganze Arbeit sichtbar, die dahin führt, daß wir Brot haben. Und genießen. Es stillt nicht bloß Notdurft. Es ist auch Genuß. Bert Brecht hat trefflich polemisiert gegen eine Abwertung leiblicher Bedürfnisse, die besonders diejenigen »predigen«, die genug haben.

Luther fährt fort: »Nun gehöret nicht allein zum Leben, daß unser Leib seine Nahrung und Kleidung und andere Notdurft habe, sondern auch, daß wir unter den Menschen, mit welchen wir leben und täglichen Handel und Wandel und allerlei Wesen umgehen, mit Ruhe und Frieden auskommen, in Summa alles, was beides, häusliches und nachbarliches oder bürgerliches Wesen und Regiment, anlanget. Und ist wohl das Allernötigste, für weltliche Obrigkeit und Regiment zu bitten, als durch welche uns Gott am allermeisten unser täglich Brot und alle Sicherheit dieses Lebens erhält … Denn wo Unfriede, Hader und Krieg ist, da ist das tägliche Brot schon genommen oder mindestens beeinträchtigt … vornehmlich ist aber dies Gebet auch gestellet wider unseren höchsten Feind, den Teufel, denn das ist all sein Sinn' und Begier, solches alles, was wir von Gott haben, zu nehmen oder zu hindern ... Es ist ihm leid, daß jemand einen Bissen Brots von Gott habe und mit Friede esse; und wenn es in seiner Macht stünde und unser Gebet dies – bei Gott! – nicht wehrete, würden wir gewiß keinen Halm auf dem Felde, keinen Heller im Hause, ja nicht eine Stunde das Leben behalten ...«

Mit dem täglich Brot sind somit alle elementaren Bedürfnisse gemeint, auch eine gute Regierung, ein gutes Miteinander, eine den menschlichen Lebensbedürfnissen entsprechende Wirtschaft und der dazugehörige Friede.

Das Vaterunser ist Ausdruck aller Ursehnsüchte des Menschen, die Materielles und Immaterielles, Lebensglück und Lebenssinn, Tragik und Schuld, Versuchung und Bewährung umschließen. Das Vaterunser gibt einem unbegründbaren und unergründbaren Vertrauen Ausdruck – mündend in eine feierliche Apotheose der Hoffnung: »denn dein ist das Reich und die Kraft und die Herrlichkeit in Ewigkeit. Amen.«

Die Ursehnsüchte des Menschen werden zur vertrauensvollen Bitte, gesprochen aus einer letzten Gewißheit, angesichts aller erfahrenen Ungewißheit und »Unsicherheit der Verhältnisse«. Am Umgang mit dem Brot entscheidet sich das Menschsein, gefährdet durch Verführung, Selbstgenügsamkeit und Erpressung.

Kaiser Nero, dem bestialischen, wird nachgesagt, daß er Brot und Spiele – panem et circenses – zum Hebel seiner Macht gemacht habe: »Gebt dem Volke Brot und Spiele und ihr werdet in ihm ein williges Werkzeug haben.«

Die florierende kapitalistische Weltgesellschaft scheint der erfüllte Traum des homo consumens zu sein, des Menschen, der sich auf sein Konsumentsein reduzieren läßt, bis ihm das Gut-drauf-Sein als das höchste Glück erscheint.

Zbigniew Brzezinski, Sicherheitsberater des amerikanischen Präsidenten Jimmy Carter, Ideologe in der Spätphase des Kalten Krieges und Geostratege, sprach vom Tittytainment, mit dem man die frustrierte Bevölkerung ruhighalten könne und müsse, wenn die Schere zwischen Arm und Reich, Arbeitsuchenden und Arbeitsbesitzenden zu groß wird – also sie ausreichend zu versorgen und bei Laune zu halten; damit kein revolutionärer Gedanke aufkomme.

Es gehört zur Machtlogik aller Zeiten und Systeme: Wer das »Brotwunder« zustande bringt, der hat alle Macht auf Erden. Wer die Konjunktur ankurbelt, gewinnt die Wahlen! Letztlich ist den Menschen das Brot immer wichtiger als alle Ideen, gar als die Freiheit, meint der Diabolus und mit ihm alle die, die Herrschaft ausüben und den Menschen verachten: »Bist du Gottes Sohn, so sage, daß diese Steine Brot werden.« Er antwortete und sprach: »Es steht geschrieben (5. Mose 8,3: ›Der Mensch lebt nicht vom Brot allein, sondern von einem jeglichen Wort, das durch den Mund Gottes geht.‹« (Matthäus 4,4)

»Nicht vom Brot allein«, aber auch nicht ohne Brot! Entscheidend ist der Zusammenhang, in dem Brot aus der Erde gewonnen, hergestellt, genossen und verteilt wird. Das Brot braucht Segen, das Brot bedarf des Segens.

Kein anderer hat den Konflikt zwischen Brot und Freiheit, Brot und Unterwerfung, Brot und Gott schärfer zugespitzt als Dostojewski in seiner Erzählung vom Großinquisitor in seinem Roman »Die Brüder Karamasow«. Der greise, schmallippige spanische Großinquisitor erklärt dem auf die Erde zurückgekommenen Jesus die Welt – aus der Sicht des Realismus der Macht, im Realitätssinn des Satans mit folgenden Worten: »Du (Jesus) willst in die Welt gehen und kommst mit leeren Händen, mit dem unbestimmten Versprechen einer Freiheit, welche die Menschen in ihrer Einfalt und in ihrer angeborenen Niedertracht gar nicht verstehen können und vor der sie Furcht und Grauen hegen, denn nichts ist jemals der Menschheit, dem einzelnen Menschen und der menschlichen Gesellschaft unerträglicher gewesen als die Freiheit! Aber siehst du die Steine dort in dieser nackten, glühenden Wüste? Verwandle sie in Brot, und hinter dir wird die Menschheit herlaufen wie eine Herde, dankbar und folgsam, wenn auch in ewigem Zittern, du möchtest deine Hand von ihnen ziehen und es gäbe dann keine Brote mehr für sie. Du aber wolltest nicht den Menschen die Freiheit rauben und wiesest den Vorschlag von dir: Denn was ist das für eine Freiheit, so wähntest du, wo Gehorsam erkauft ist durch Brote? Du entgegnetest damals: Nicht vom Brot allein lebe der Mensch. Aber wußtest du denn, daß im Namen dieses selben irdischen Brotes der Geist der Erde sich einst empören werde gegen dich und dich im Kampfe besiegen wird? ... Sättige die Masse und dann erst verlange Tugend von ihr. Du versprachst den Menschen himmlisches Brot; aber ich wiederhole: Kann himmlisches Brot sich messen mit irdischem Brote in den Augen des erbärmlichen, ewig lasterhaften, undankbaren Menschengeschlechtes? Und wenn dir wirklich auch Tausende und Zehntausende anhangen werden im Namen des himmlischen Brotes, was wird aus den Millionen und zehntausend Millionen Geschöpfen, die nicht die Kraft in sich fühlen, das irdische Brot von sich zu weisen, um des himmlischen willen?! Das Banner des Erdenbrotes hast du von dir gewiesen im Namen der Freiheit und des himmlischen Brotes. Ich sage dir, der Mensch kennt keine qualvollere Sorge als die, möglichst rasch ausfindig zu machen, wem er jene Gabe der Freiheit zu Füßen legen könnte, mit welcher dies unselige Geschöpf geboren wird. Die Freiheit der Menschen beherrscht aber bloß, wer ihr Gewissen beruhigt.« Brot *und* Freiheit. Brot *oder* Freiheit. Brot *statt* Freiheit. Freiheit *statt* Brot: Das sind die Fragen.

Mit dem Brot ward dir ein Mittel gegeben: Gib Brot und der Mensch liegt vor dir auf den Knien, denn nichts ist zweifelloser als Brot.

Dostojewski nahm das kommunistische Experiment sowjetischer Prägung, das 70 Jahre lang die Welt durcheinanderwirbelte, vorweg. Und noch heute trauern Menschen diesem Experiment nach, wo sie alle ihre sogenannten Grundbedürfnisse befriedigen konnten, auch wenn ihnen die Freiheit genommen wurde.

Viele erleben diese Freiheit nun nicht nur als lästig, sondern als einen ständigen Kampf aller gegen alle »um das Brot«, um Arbeitsplätze und Immobilien, Sendeplätze und Ressourcen, Aktienkurse und Besoldungsstufen, Einflußsphären und

Absatzmärkte, Tarifverträge und Rentensprüche, Energie-
preise und Fangquoten.

Die materialistische Ideologie des Kommunismus ist an
sich selbst zu Grunde gegangen, aber die kapitalistische Idee
ist nichts anderes als die Unterordnung von allem und von allen unter die Ökonomie und zugleich geschicktestes Abspei-
sen des Menschen mit materiellen Gütern. Dem Menschen,
der als Konsument gefragt, gebraucht und mißbraucht wird,
wird die Erfüllung einer Ursehnsucht versprochen.

Der Mensch indes, der sich auf seine materiellen Bedürfnisse reduzieren läßt, ist noch nicht Mensch. So schreibt ausgerechnet der materialistische Philosoph und Theoretiker
einer neuen Weltökonomie, Karl Marx, in seinen »Ökono-
misch-Philosophischen Manuskripten« (1844): »Essen, Trinken und Zeugen etc. sind zwar echt menschliche Funktionen,
in der Abstraktion, die sie von dem übrigen Umkreis menschlicher Tätigkeit trennt und zu letzten und alleinigen End-
zwecken macht, sind sie tierisch.«

Die materiellen Bedürfnisse sind also keine letzten und alleinigen Endzwecke, aber es sind echt menschliche, zu humanisierende Lebensfunktionen. Im Menschen steckt etwas,
was darüber hinausführt; dem Sinn des Habens entspricht ein
Sinn zum Sein, auch einen Sinn zu haben, einen Sinn zu finden, den Sinn des Seins nicht im Haben aufgehen zu lassen.

Wir haben für dieses »darüber hinaus« verschiedene Hilfsbegriffe, weil es sich nicht so genau definieren läßt, eben weil
es auch nichts Umgrenztes ist: Es ist ein metaphysisches
Bedürfnis, ein Bedürfnis nach Transzendenz, nach Über-
schreitung, nach etwas, was über das Sichtbare und Hand-
habbare hinausgeht und hinausreicht. Es ist jenes Grundgefühl innersten Erfülltseins eines einzelnen Menschen (oder
einer großen Menschenmenge), die, ganz konzentriert dem
Zuhören hingegeben, gemeinsam der ersten Sinfonie von
Brahms lauscht, um dann in Begeisterungsstürme auszubre-
chen. Oder: Im Innersten erschüttert sein, die »Antigone«
von Sophokles sehend. Oder das Merkwürdig-Geheimnis-

volle schöpferischer Aktivitäten: eine tiefinnere Befriedigung zu haben, wenn einer ein Aquarell gemalt, eine Erzählung geschrieben, eine Figur geformt, ein Klavierstück gespielt, einen biblischen Psalm gelesen, eine Schachpartie gespielt, ein Fußballspiel gewonnen, einen Lehrsatz gefunden oder ihn nur begriffen hat. Die Bachsche Motette »Jesu, meine Freude« oder ein Gospel mitgesungen zu haben … Eine Furche ziehen, voraussehen, zurücksehen, innehalten.

Jenes eigentümliche Glücksgefühl auskosten können, wenn man einmal von der Schale zum Kern, von der Erscheinung zum Wesen, von der Oberfläche in die Tiefe, vom kleinen Vergnügen zum großen Glück gekommen ist.

Das Lied ohne Worte, das Bild ohne Titel, das Glück ohne Zahl in sich aufnehmen. Die »Niemandsrose« sehen, Celan lesend.

Jeder Mensch, zunächst ganz auf sich und seine ganz eigenen Lebensbedürfnisse zurückgeworfen, hat eine Ursehnsucht nach dem, was mehr ist als er selbst und was über ihn hinausführt.

Günter Kunert
Für mehr als mich

Ich bin ein Sucher
eines Weges.
Zu allem was mehr ist
als
Stoffwechsel,
Blutkreislauf,
Nahrungsaufnahme,
Zellenzerfall.

Ich bin ein Sucher
eines Weges,
der breiter ist
als ich.
Nicht zu schmal.

Kein Ein-Mann-Weg.
Aber auch keine
staubige, tausendmal
überlaufene Bahn.

Ich bin ein Sucher
eines Weges.
Sucher eines Weges
für mehr
als mich.[3]

Dieses Gedicht ist sicher Gebrauchslyrik, aber es drückt doch etwas aus über ein dem Menschen innewohnendes metaphysisches Bedürfnis. Wir möchten wir selbst sein und über uns hinausgelangen. Wir möchten ganz Individuum sein und mit anderen zusammen erleben, was es heißt, ein Mensch, ein Mitmensch zu sein. Wir können den Mangel genießen wie den Überfluß. Wir können am Überfluß irre werden und am Mangel zerbrechen. Die Fülle des Lebens kann in der Erfüllung des Lebens bestehen oder in der Illusion der Fülle verharren. Glück findet wohl der, der im einzelnen das Ganze, im Wenigen das Viele, im ganz Kleinen das große Glück findet: letztlich jemand, der Ehrfurcht und Dankbarkeit als tiefe, befriedigende, aber nicht gesättigte Gefühle in sich trägt und sich durch niemanden seiner Fähigkeit zum Glück berauben läßt.

»Kinderzeichnung« nannte Reiner Kunze vor 30 Jahren ein Gedicht, das angesichts heutiger Glitzerwelt neue Aktualität gewinnt.

Du hattest ein viereck gemalt
darüber ein dreieck,
darauf (an die seite) zwei striche mit rauch –
fertig war
DAS HAUS.

3 Günter Kunert, Notizen in Kreide. Leipzig 1970, S. 94.

Man glaubt gar nicht,
was man alles
nicht braucht.[4]

Wenn wir wissen, was wir alles nicht brauchen, werden wir glücklich sein können, freilich unter der Voraussetzung, daß uns das Nötigste nicht entzogen wird.

Und doch bleibt eine »paradiesische Ursehnsucht«, die schöne Illusion des ganz Heilen, Schönen, Üppigen, Harmonischen, Friedlichen, die Sehnsucht nach dem nicht entfremdeten Dasein als »Ganz-Sein«, als Einssein mit dem SEIN. Die »Welt als Garten« – das wäre meine Realutopie. Kein Paradies, aber der Garten Eden!

Zwischenspiel

Goethes Drama »Faust« läßt sich auch als ein einziges Epos menschlicher Sehnsüchte, der produktiven und der illusionären verstehen. Kein anderer Dichter hat so die Ambivalenz menschlichen Wollens, Strebens und Fühlens zur Sprache gebracht.

O glücklich, wer noch hoffen kann,
Aus diesem Meer des Irrtums aufzutauchen!
Was man nicht weiß, das eben brauchte man,
Und was man weiß, kann man nicht brauchen.
Doch laß uns dieser Stunde schönes Gut
Durch solchen Trübsinn nicht verkümmern!
Betrachte, wie in Abendsonne-Glut
Die grünumgebnen Hütten schimmern.
Sie rückt und weicht, der Tag ist überlebt,
Dort eilt sie hin und fördert neues Leben.
O daß kein Flügel mich vom Boden hebt,
Ihr nach und immer nach zu streben![5]

4 Reiner Kunze, Brief mit blauem Siegel. Leipzig 1973, S. 107.
5 Goethe, Faust I, Vor dem Tor

25

Glück des Augenblicks
Glück des Vergehens.
Glück des Neubeginns.
Sehnsucht, selber das Subjekt zu sein.
Ernüchterung angesichts der Grenzen,
der Grenzen des Wissens und
unaufhebbarer Erdverhaftung.

Der einer nackten Geistigkeit verfallenen, der Natur arrogant entrückten Haltung Wagners stellt Faust den tiefen Zwiespalt entgegen. (Durch Zitatverkürzung wurde dies der Eigenart der Deutschen zugeschrieben!)

Faust S. 33   VOR DEM TOR

1110

Du bist dir nur des einen Triebs bewußt,
O lerne nie den andern kennen!
Zwei Seelen wohnen, ach! in meiner Brust,
Die eine will sich von der andern trennen:
Die eine hält, in derber Liebeslust,
Sich an die Welt mit klammernden Organen;
Die andre hebt gewaltsam sich vom Dust
Zu den Gefilden hoher Ahnen.
O gibt es Geister in der Luft,
Die zwischen Erd' und Himmel herrschend weben,
So steiget nieder aus dem goldnen Duft
Und führt mich weg zu neuem, buntem Leben![6]

Die Ambivalenz menschlicher Ursehnsüchte

Die Ursehnsüchte des Menschen sind von tiefen Ambivalenzen geprägt; sie verkörpern zugleich das Ur-Hybride, die Selbstüberschätzung, die Selbstüberhöhung und die selbstzerstörerische Anmaßung. Die Mythen der Völker geben davon bild- und geschichtenreiche Kunde, auch die Bibel. Die »Odyssee des Lebens« zwischen Land und Meer, Liebe und Leid, Krieg und Frieden, Macht und Intrigen – permanente

6 Ebenda.

Irrfahrten nach dem Lande des Glücks, der Ehre, des Reichtums; Flucht und Rückkehr in die Heimat, von Sirenen betört werden, zwischen Szylla und Charybdis hindurchkommen, auf der ruhelosen Suche nach dem großen Schatz, dem Goldenen Vlies, der schönen Frau, der schönen Illusion.

Unter dem »Baum der Erkenntnis« – das Versprechen, alles zu wissen, Auflösung des Zwiespaltes zwischen Gut und Böse und ein Leben haben außerhalb des Kreislaufes von Werden und Vergehen. Sodann keinen neben sich dulden, nach dem Tod des anderen die Verantwortung »los« sein, sich einen Namen machen und den Turm bauen, der die Himmel überragt. Schließlich der Drang nach Unsterblichkeit und Unverwundbarkeit: das Fenster der Verwundbarkeit schließen wollen.

Die Ursehnsüchte des Menschen haben etwas Zweischneidiges in sich, ein bisweilen zerreibendes Sowohl-als-Auch.

Es ist die Ambivalenz zwischen der Sehnsucht nach Stille und Ekstase, die Ambivalenz zwischen dem Fliegenkönnen, Schwerelossein und dem Gebundenbleiben, dem Festgehaltensein auf dieser Erde, die Ambivalenz zwischen dem Wunsch, die Zeit im Glücksmoment anzuhalten und sie auszukosten, und dem Wunsch, die Zeit im Unglücksmoment zu beschleunigen, sie zu verkürzen.

Die Ursehnsucht nach Verstandenwerden und Verstehen, nach Liebe und Geliebtsein konkurriert mit dem gleichzeitigen Wunsch, frei zu sein, ungebunden zu sein, sich aus jeder Umklammerung – auch der Liebe – zu lösen, keine Verantwortung zu tragen, auch nicht für einen geliebten anderen Menschen.

Unsere Sehnsüchte sind Ausdruck eines Mehrwertes der Seele, eines unstillbaren Hungers nach mehr, diesem tiefen Gefühl des Ungenügens und der Sehnsucht nach Genüge. Und doch ist nichts unbefriedigender als der Moment des völligen Sattseins. Dann kommt die Sehnsucht nach Hunger. Unsere unerfüllten und unerfüllbaren Sehnsüchte sind Ursachen unseres Unglücks, als Gefühl permanenten Ungenügens des Daseins, verkörpert im Typus des permanent Unzufriedenen.

Zugleich ist gerade das Unerfüllbare das, was dem Leben Spannung gibt, was permanent motiviert, auf der Suche zu bleiben, neugierig zu sein auf das, was noch nicht ist. (»Das kann doch nicht alles gewesen sein«, sangen viele in der DDR mit Wolf Biermann und suchten das Paradies der Sehnsüchte im Westen. Er erschien als Sinnbild aller unerfüllten Sehnsüchte, die man täglich im Westfernsehen bestaunen, aber nicht selber begreifen konnte.)

Das Unerfüllte ist das Glück des Ungenügens, weil die Erfüllung satte Langeweile ist. Das Unerfüllte wird zur produktiven Unruhe schlechthin, zum Gefühl wohligen Ungenügens! »Du bist auch nicht glücklich, wenn du nicht unzufrieden sein kannst«, sagen wir über einen Menschen. Und das kann eben zweierlei bedeuten: daß er ein ewig unzufriedener Nörgler ist oder immer noch auf der Suche nach mehr ist und ganz glücklich darüber, daß er nie ganz glücklich ist.

Einer unbändigen Lebenssucht entspricht eine unbändige Todessehnsucht, endlich diese sterbliche Hülle zu verlassen und sich gleichzeitig nach Unsterblichkeit zu sehnen – etwa ein Leben in vollendeter Harmonie zu finden, also ganz »in Gott« zu sein. Stoisches und Epikureisches wechseln in demselben Menschen, denn der Stoiker will auf seine Weise durchaus dieses Leben ganz und ganz lange auskosten, aber eben als Stoiker. Wen rühren Nietzsches Zeilen nicht an: »Wohl dem, der jetzt noch Heimat hat … / weh dem, der keine Heimat hat.«

Wir haben die Ursehnsucht nach einem Zuhause, nach Beheimatung, Umgrenzung, Verwurzelung *und* die Sehnsucht nach Weite, Ungebundenheit, nach Ferne; Fernweh und Heimweh bedingen sich.

Ob wir in der globalisierten Welt unserer verhaltensbiologischen Konstitution entrinnen können und wie wir als Weltbürger »Heimat« oder als der flexible Mensch Sinn finden können, ist offen. In uns steckt konstitutiv einerseits eine Sehnsucht nach einer abgesicherten Geborgenheit, andererseits eine nach Entgrenzung, nach Abschütteln aller Umklammerung und Einhegung.

28

Könnte nun Entgrenzung nicht zur Ursache von Abschottung – bis hin zu aggressiv-fundamentalistischer, nationalistischer Abwehr werden?

In jedem steckt normalerweise die Sehnsucht, sein Subjektsein auszuprägen, seine unverwechselbare Persönlichkeit, sein Ich frei zu entfalten und auszuleben und der tiefe Wunsch, in eine Gemeinschaft, eine Herde, eine Gesellschaft integriert zu sein, bis zum modischen Bedürfnis, einfach nur »in« zu sein, dazuzugehören, mit dem Strom zu schwimmen, im Trend zu liegen.

In uns ist eine Sehnsucht nach Wüste – und wir haben eine Sehnsucht nach dem bunten, lauten, pulsierenden Leben der Großstadt. In uns steckt ein Unterwerfungsbedürfnis (aktiv und passiv!), und ein elementares Freiheitsbedürfnis ist in jedem weckbar.

Diese Bedürfnisambivalenz läßt sich an Kämpfern gegen die Diktatur studieren, sowie diese zu Siegern geworden sind. Nicht nur die Kommunisten mutierten – nach 1917 und nach 1945 – aus Freiheitskämpfern zu Unterdrückern. Wie oft kamen die Völker vom Regen in die Traufe: vom Schah zum Ayatollah, von Jaruzelski zu Wałęsa, von Smith zu Mugabe, von Mobutu zu Kabila, vom KPdSU-Politbüro zur heiligen Familie Jelzin.

Die Ambivalenzen unserer Ursehnsüchte zerreißen uns *und* machen uns produktiv. Sie lassen sich nutzen *und* mißbrauchen: die Sehnsucht nach dem erfüllten Augenblick, der keine weitere Dauer will, und die Sehnsucht nach Dauer; die Sehnsucht nach dem Einswerden, jener religiösen oder ekstatisch hergestellten *unio mystica*, jenem entrückenden Raum der Träume, einer Sehnsucht, mit dem Ganzen zu verschmelzen oder durch ein Sich-selber-Loswerden sich leer und bedürfnislos zu machen, die Überwindung aller erdgebundenen Begierden anzutrainieren. Das ist die Sehnsucht, aus dem *existere* ins *esse* zu kommen, aus dem Dasein ins Sein, das Gefühl der Abgespaltenheit des Subjekts vom Sein-Selbst zu überwinden. Zugleich bleibt die Sehnsucht, sich in seiner individuellen Existenz gegenüber dem Ganzen und gegenüber dem Anderen zu behaupten.

Ohne die unerfüllten Sehnsüchte würde das Leben arm. Die erfüllte Sehnsucht ist durchtränkt von der Melancholie der Erfüllung und führt auf das öde Terrain von Banalität und Langeweile, Gleichgültigkeit und Selbstgenügsamkeit, bei gleichzeitiger Sucht nach äußerem Genuß von Glitzer und Glamour.

Das Leben ohne Sehnsucht ist ein Leben in akzeptierter Langeweile, z. B. die nicht enden wollende Leerzeit beim Kaffeetrinken in der Wohnstube zu Tantes Geburtstag.

Der in der Übersättigung des Konsums gelangweilte Mensch ist darauf angewiesen, ständig von außen einen »Kick« zu bekommen oder sich einen künstlichen Kick zu suchen. Solche gelangweilten, zufriedenen Menschen sind massenhaft das beliebteste Objekt der Begierde derer, die die Menschen prinzipiell als potentielle Konsumenten oder Kunden – welcher Ware auch immer – verstehen und benutzen, z. B. als Einschaltquotenträger.

Der homo consumens ist das permanent zu fütternde Wesen, das mit allen Tricks, die die Werbepsychologen glänzend beherrschen, bei Laune zu halten ist. Die unerfüllte Sehnsucht des Menschen wird benutzt, indem man ihm trügerische Träume vom Glück einredet und zum Dauerlutscher macht, alle seine animalischen Bedürfnisse befriedigt und stets neue weckt, weil es darum geht, Waren um- und abzusetzen. Das massenhaft pervertierte Lebensziel junger Mädchen ist es geworden, sich selbst darauf zu trimmen, Model zu werden, in Castings zu bestehen, um von allen bewundert zu sein, ohne etwas anderes zu leisten, als die äußere Hülle adrett zu präsentieren, begehrenswert zu erscheinen, Begehrlichkeitsträume zu wecken, die wiederum unerfüllbar bleiben müssen. Das ist die doppelseitige Glücksillusion des Laufstegs. Das ist die tiefe Sehnsucht einer verletzten jungen Frau, die zum Grand Prix antrat, und es ist der alle und alles

– auch sich selbst – verachtende Unterhaltungszynismus eines Stefan Raab und eines Guildo Horn.

Und zugleich wird dies massenhaft gedruckt und gelesen. Dahinter steht eine Ursehnsucht: von anderen verachtet oder gar bewundert zu werden, sich irgendwie herauszuheben und es zu genießen, daß alle Augen auf einen oder eine gerichtet sind.

Immer wieder lese ich auf der letzten Seite meiner sonst seriösen Tageszeitung etwas über die geheimen Sehnsüchte derer, die ganz groß rausgekommen sind, deren Leben ein permanentes Sich-Produzieren in der Öffentlichkeit wurde. Sie leben genau dieselben »kleinbürgerlichen« Ursehnsüchte nach Familie, nach Geborgenheit und Familienglück wie alle anderen. Die Einsamkeit des Rampenlichts führt zur Sehnsucht nach dem privaten Bezirk und dem kleinen Glück.

Die Auflösung der Ambivalenz des Menschen kann ins Totalitäre führen, wenn der Mensch auf Befriedigung *einer* Sehnsucht reduziert und sein Glück von anderen definiert wird. Der Mensch aber hat ambivalente Sehnsüchte! Bestimmend ist die Ursehnsucht nach Glück. In welchem Märchen geht es nicht ums Glück, um Glücksgefährdung und Glücksbringer? Glück ist für jeden Menschen etwas anderes (wenngleich Vergleichbares), geprägt von seiner Lebenssituation, seinem Lebensalter, vom kulturellen, religiösen, politischen und sozialen Umfeld.

Auch die zweite Sehnsucht ist allen gemeinsam: Es ist die Sehnsucht, die existentiellen Ängste, also die Angst und die Ängste, abwerfen zu können, beschützt, versorgt, geborgen zu sein und mit einer Hoffnung zu leben: der Hoffnung, daß das Leben gelingt. Es ist die Sehnsucht danach, daß das Zerbrochene heil wird, die Ursehnsucht nach dem Ganzen und Vollkommenen. Wir leben »nicht vom Brot allein«. Das heißt:
– Brot und Genüge haben
– sich selbst (mit anderen zusammen) entfalten können und darin Sinn und Glückserlebnis haben
– Leiden, Ungerechtigkeit und Unfreiheit minimieren

– nie befriedigt sein, aber darin glücklich sein
– die Ambivalenzen nicht auflösen, sondern produktiv machen.

Der moderne, global agierende Kapitalismus ist das bisher effizienteste Projekt, den Menschen auf seine animalischen Bedürfnisse zu reduzieren. Was sich rechnet, gilt; was sich nicht rechnet, gilt nichts. Sehnsüchte lassen sich ökonomisieren. Der globale Kapitalismus mit seiner Strategie effizientester Warenproduktion und Warenverwertung dominiert alles und ist eine enge Verbindung mit raffiniertesten Möglichkeiten der Medienwelt zur Beherrschung der innersten Sehnsüchte der Menschen eingegangen.

Umsatz machen! Was sollen da noch Gerechtigkeitsattitüden? Bedürfnisbefriedigung, Bedürfnisweckung und Bedürfniseinengung wird zur impliziten Strategie einer Gesellschaft, für die nur das etwas wert ist, was sich in Geld materialisieren läßt. Die Ursehnsüchte sollen durch gesteuerte Bedürfnisbefriedigung und Bedürfnisweckung umgelenkt, domestiziert oder abgetötet werden. Doch *Sehnsüchte* sind mehr und anderes als *Bedürfnisse*; sie sind der unabgeltbare Mehrwert der Seele und Quelle eines Glücks, das keine »Befriedigung« findet. Der Mensch muß und er wird um seines Menschseins willen seine Sehnsüchte wachhalten. Sehnsüchte können zur weltverwandelnden und erwärmenden Hoffnung werden.

Ich nenne dafür drei biblische Beispiele:

Nachdem der Apostel Paulus das Hohelied der Liebe gesungen hat, fährt er fort: »Unser Wissen ist Stückwerk. Unser Weissagen ist Stückwerk. Wenn aber kommen wird das Vollkommene, so wird das Stückwerk aufhören. Wir sehen jetzt durch einen Spiegel in einem dunklen Wort; dann aber von Angesicht zu Angesicht. Jetzt erkenne ich stückweise, dann aber werde ich erkennen, gleichwie ich erkannt bin. Nun aber bleibt Glaube, Hoffnung, Liebe, diese drei; die Liebe aber ist die größte unter ihnen.« (1. Korinther 13, 9–10.12–13)

Der Psalm 23 bringt ins Bild, was es heißt, geborgen zu

leben, mitten in der Gefahr. Auf satten Wiesen, vor gedecktem Tisch, mit frischem Wasser einem guten Hirten zugehörig zu sein. »Der Herr ist mein Hirte. Mir wird nichts mangeln. Er weidet mich auf einer grünen Aue und führet mich zum frischen Wasser. Er erquicket meine Seele.«

Apokalypse 21 gibt die Vision des Sehers Johannes auf Patmos von einem neuen Himmel und einer neuen Erde wieder: »Siehe da, die Hütte Gottes ist bei den Menschen. Und ER wird bei ihnen wohnen, und sie werden sein Volk sein … Gott wird abwischen alle Tränen von ihren Augen und der Tod wird nicht mehr sein, noch Leid noch Geschrei noch Schmerz wird mehr sein; denn das Erste ist vergangen.«

Das Brot mit Mehr-Wert

Wer es unternimmt, in seinen Sätzen das Wort Gott zu gebrauchen, muß wissen, womit er umgeht, welch geborgte höchste Autorität er ins Feld führt, wie sehr unbefragbare »ewige Wahrheit« lauert.

Sobald es um ewige Wahrheiten geht, gibt es »ewigen Streit« zwischen den Besitzern ewiger Wahrheiten, und der wird gnadenlos geführt.

Wer sich nicht begnügen mag mit seiner Wahrheit (der seines begrenzten Erkenntnisstandes!) und das Wort SEINE einfach groß schreibt, erliegt unversehens der Ideologisierung und der Fanatisierung, die Aus- und Abgrenzung von anderen fördern und eine Gemeinschaft spalten kann. Wo Wahrheit im Plural nicht zugelassen, nicht zugestanden wird, gibt es keinen erkenntnisfördernden Dialog mehr. Streit um Erkenntnis der Wahrheit lohnt indes nur zwischen Leuten, die es ernst meinen, die für ihre Aussagen selber einstehen. Entscheidungsfaule Beliebigkeit oder gefälliger Zeitgeist-Opportunismus zelebrieren nur den Kult des folgenlosen Probierens oder der mehrheitsfähigen Banalität. Wer einen entschiedenen Satz sagt, wagt auch zu irren. Sich zu irren ist nicht schlimm, solange einer Irrtümer zu erkennen und zu korrigieren vermag – wohlgemerkt: die eigenen.

Der Apostel Paulus ist wahrlich ein Eiferer vor dem Herrn. Solcher Eifer ließ ihn vom Pferd stürzen vor Damaskus; der Sturz wurde zur Wende seines Lebens und hinterließ lebenslang eine Wunde, einen wunden Punkt, auf den die anderen ihn lebenslang aufmerksam machten.

Ausgerechnet mit seiner geliebten Gemeinde in Korinth gab es Streit, auch personalisierten Streit, um die Wahrheit. Es gab gar nichts mehr zu lachen dabei, da es gar um Streit beim »Mahl der Gemeinschaft« ging. (Darüber berichtet er im 1. Korintherbrief, Kapitel 11, Verse 17–34.)

Es gab Fehden in der korinthischen Gemeinde, ausgerechnet über *das* Symbol des Christlichen, die Mahlgemeinschaft, die aus Liebe (Agape) kommt und Frieden (Schalom) stiftet. Die Atmosphäre war vergiftet; ein schwelender Konflikt wird offen-sichtlich, der die einen sehr schmerzt, stört und geradezu beleidigt – und den die anderen fast gar nicht bemerken.

Wer die Frage nach der Gerechtigkeit umgeht, schafft inneren Unfrieden. Und das Friedensmahl, das Versöhnungs-Essen, das Schalom-Fest kann man nicht feiern, wenn nicht die Gerechtigkeit in diesem Mahl, in dem es auch um Anschauung geht, anschaulich wird. Der Sinn des Christusmahles bindet sich an die Sinne (den Genuß von Brot und Wein) und an den Gemeinschaftssinn, den Gemeinsinn.

Die Gemeinde Jesu Christi ist eine Gemeinschaft von Menschen, in deren Mittelpunkt das Teilen steht, ein Teilen, von dem die Jesusgeschichten in den Evangelien in vielen Variationen erzählen. Das »Heilige Mahl« ist aus alltäglichen Tischgemeinschaften erwachsen und steht in jüdischer Tradition.

In der christlichen Gemeinde kommen Menschen zusammen, die sich etwas – eine alte Botschaft als stets »neue Nachricht« – mitzuteilen haben und die einander etwas mitteilen wollen von ihrem täglichen Geschick, die teilhaben an einer gemeinsamen Geschichte, an einer gemeinsamen Geschichte mit den Juden vor Christi Geburt und mit der Christenheit seither, einer gemeinsamen Erinnerung, aus der eine Verheißung erwächst, immer wieder. Menschen, die Leben dadurch teilen, daß sie einander wahrnehmen, annehmen, teilhaben am Erleben und Erleiden des anderen, am Gelingen und Versagen, an Glück und Schuld. »Weint mit den Weinenden! Seid fröhlich mit den Fröhlichen!« schreibt der Apostel. Leben ist Anteil*nehmen* und Anteil*geben*. Einander sympathisch sein ist mehr als ein Gefühl von Zuneigung oder stimmender »Chemie« – es ist zugewandtes Mitfühlen, auch mit dem, der einem »menschlich« nicht so nahe ist.

Wo die christliche Gemeinde zusammenkommt, geht es um Wesentliches und Alltägliches zugleich, so wie Jesus im Alltag das Nichtalltägliche gelebt und das Besondere im Gewohnten sichtbar gemacht hat. Immer, wenn Ritus und Leben wieder auseinanderfallen, stimmt Christsein nicht mehr mit dem überein, der mitten unter den Leuten – nie abgeschirmt oder abgehoben – lebte, der zu Fuß ging und sich nicht fahren oder tragen ließ, der aus der Glaubens-Wüsten-Gegend, aus dem »Galiläa der Heiden« stammte, der den Fischer Petrus zu seinem ersten Jünger berief und ausgerechnet auf ihn, diesen unerschütterbaren Glaubenshelden, diesen schnellen Verleugner aus Lebens-Angst, seine Kirche baute.

Das Abendmahl führt ins Zentrum dessen, was Kirche ist. Kirche als Ecclesia, als Schar der Herausgerufenen, die in der Gewißheit lebt und die Gewißheit feiert, daß es Gnade gibt. Der Hunger nach Gemeinschaft für die in vereinsamender Vereinzelung Lebenden und der Hunger nach Sinn für die an sich und der Welt (Ver-)Zweifelnden kann gestillt werden.

Das Abendmahl wird gefeiert mit einer eschatologischen Perspektive: Im Grunde sind alle gleich und gleich gewürdigt. Dies soll Folgen haben für den Umgang der Schwestern und Brüder mit ihrem Reichtum und mit den Armen. Kulturelle und soziale Schranken und Grenzen werden überbrückt. Es sind alle Gleich-Gewürdigte, und sie sollen es auch so erleben. Die Würde jedes Menschen ist unantastbar. Diese

Würde soll am Tisch des Herrn in feierlicher Weise sichtbar und in sozialer Weise erlebbar werden!

Die Ablösung unseres Abendmahls vom Sättigungsmahl führte ganz praktisch zur Ablösung des Seelischen vom Körperlichen, des Spirituellen vom Sozialen, des Göttlichen vom Menschlichen, bis die Übersättigten der Wegwerfgesellschaft vielleicht auf dem rituellen Sinn des Brotes bestehen, aber den wirklichen Sinn des Brotes nicht mehr schmecken, weil sie nicht mehr wissen, was wirklicher Hunger und was Hunger wirklich ist. Die einen sind längst so satt, daß sie sich nicht mehr in die Hungernden hineinversetzen können. Das ist der eigentliche Skandal.

Wenn in der Kirche das Brotbrechen im Mittelpunkt steht, dann wird sie sich als eine Gemeinschaft des Miteinanderteilens verstehen, als ein Ort der zugeteilten *Gnade* und als Ort der *Integration* der Unterschiedenen, der Getrennten, der Zerstrittenen – in der Erfahrung von Communio und in der Hoffnung auf Einheit. Die christliche Gemeinschaft ist eben keine Ansammlung nebeneinander lebender, sich selbst verwirklichender Individualisten, die als »Kinder der Freiheit« Beziehungslosigkeit des Glücks oder gar das Glück der Beziehungslosigkeit suchen. Christsein hat immer einen kommunitären Grundzug – nicht einen gleichmacherischen! Christusglaube beruht auf der Würdigung jedes Menschen wie auf seiner/ihrer Entfaltung, die gleichzeitig die Entfaltung der anderen und ihre Würdigung als einzelne – also als Unverwechselbare – fördert.

Leben aus der Abendmahlsgemeinschaft heißt, das Gegebene dankbar zu empfangen, es zu genießen, es miteinander zu teilen und es an andere auszuteilen. Geben und Nehmen, Nehmen und Geben stehen miteinander in Wechselbeziehung und stiften eine Verläßlichkeit von Gemeinschaft.

Wer nicht mit frommem Augenaufschlag über unsere Wirklichkeit hinwegsieht, nimmt wahr, wie zerrissen, zerstritten, zerspalten, zerstört unsere Welt ist. Wenn einer beginnt, anderen das Leben zur Hölle zu machen, ist der andere versucht, dem anderen »die Hölle heiß« zu machen, und sei es vom Himmel herab, gar mit »intelligenten Bomben«. (Weil die menschliche Intelligenz zur Konfliktlösung versagte, mißbraucht man das Wort Intelligenz für Bomben, die dann einfach nur mal falsch ankommen – und ich glaube, sie kommen immer falsch an.)

Zum Abendmahl gehört auch immer das Erschrecken über unsere Unfähigkeit zu geben, zu teilen und miteinander Frieden zu machen, einander zu tragen und zu ertragen – als kleine Gemeinschaft, als Gesellschaft oder als Völkerfamilie. Wie stark sind wir geprägt von Verleugnung, von Flucht und Feigheit, Müdigkeit und Versagen, Verbrämung und Rechtfertigung – Rechtfertigung unseres heil-losen Tuns mit den allerbesten Absichten …

Genau deshalb brauchen wir Orte des Rückzugs, der Verinnerlichung, des Erinnerns, des Innewerdens über den Zustand unserer Welt und über unseren eigenen inneren Zustand. Wir brauchen Orte, an denen uns bewußt wird, daß es nicht so bleiben *muß*, nicht so bleiben *kann* und nicht so bleiben *wird,* daß wir nicht nur auf Hilfe angewiesen sind, sondern uns Hilfe zukommt: Ohne Gewißheit, daß Gott uns zugewandt bleibt, sind wir verloren, gänzlich verloren.

Immer wieder fangen wir neu an: Erkenntnisse, die wir für immer erworben zu haben glaubten, gehen uns wieder verloren. Wir brauchen immer wieder die Anstiftung zur Versöhnung, die Anstiftung zum Frieden, die Anstiftung zur Gewaltlosigkeit, die Anstiftung zum Teilen, die Anstiftung zu einem Leben im SCHALOM. Immer wieder erliegen Leute den Versuchungen der Macht, die dies von sich nicht angenommen hätten, *solange* sie noch ganz machtlos waren. Immer wieder stehen wir vor der Versuchung, »Sicheinmischen« mit Drein- und Draufschlagen zu verwechseln, so daß die Welt geteilt wird – fast demagogisch – in Leute, die angeblich nur »zuschauen« wollen, während die anderen »handeln«, also dreinschlagen. Das kann es doch nicht sein! Gewalt mit Gewalt zu beantworten ist eine Versuchung. Wir müssen nur wissen, daß uns die Gewalt in die

Sackgasse der Gewalt lockt und es gar soweit kommen kann, daß wir keinen Ausweg mehr wissen und uns deshalb in Ausweglosigkeiten bomben, eben mit »Bombenerfolgen«.

Wenn wir uns von der Kraft der Versöhnung anstiften lassen, werden wir uns von allen bloßen »Realisten« unterscheiden, die ihre Resignation in den Satz kleiden: »Der Mensch war so, ist so und bleibt so.« Und wir werden uns von den »Utopisten« unterscheiden, die ihre Vorstellungen allzu schnell für die Wirklichkeit halten. Wer im Schatten des Gekreuzigten und im Lichte von Ostern lebt, bleibt bei der »schwierigen Wahrheit« und bei der »ernüchterten Hoffnung«: Wir sind Gäste des Gekreuzigten, der an den Gesetzen dieser Gewaltwelt, dieser Welt der Trennungen, Abtrennungen und Zerstörungen zerbrach und der uns wieder und wieder auf sein Kreuz verweist. Wir übersehen und überspielen die Mächte des Todes nicht, mit denen wir es täglich zu tun haben und an denen wir täglich teilhaben. Wir übersehen und überspielen nicht die Verirrungen des Geistes und die Verirrungen des Gewissens, derer wir uns schuldig machen oder auf die wir uns gegenseitig aufmerksam machen. Insofern gehört zum Abendmahl neben der tiefen Freude auch immer die Tiefen-Prüfung unserer Gewissen und die Zerknirschung des Gewissens, wenn wir der Wahrheit nicht ausweichen wollen: der Wahrheit über uns selbst und der Wahrheit über diese Welt von Unfrieden und Ungerechtigkeit. Es geht um geschärftes Hin-Sehen *und* um gelöstes Weiter-Sehen. Das führt auf den historischen Jesus zurück. In den Stunden der Entscheidung sitzen sie, die alles *miteinander* teilten – sie hatten freilich nicht viel! – zusammen. In der Gemeinschaft der Essenden gibt er sein Vermächtnis weiter, deutet er das gebrochene und miteinander geteilte Brot als den gebrochenen und mit-geteilten Leib und den ein-geschenkten Wein als das an alle verteilte Leben. Das Leben ist er selbst. Und er ist der Weg, auf dem Wahrheit zu finden ist. Im Elementaren findet er sich wieder, im Vorgang gemeinsamen Essens, in Brot und Wein. Die Tischgespräche und die Tischgebete konstituieren eine Gemeinde von Schwestern und Brüdern, Kleinen und Großen, Bedürftigen und Begüterten, Simplen und Komplizierten, Angesehenen und Übersehenen ... Von Anfang an! Je länger die Kirche existiert und sich ausbreitet, desto mehr entfernt sie sich von diesen überbrückten »Klassen«-Gegensätzen und von diesen elementaren Vorgängen und macht sie zu rituellen. Wo das Elementare zu »den Elementen« des Heiligen wird und der kommunikative Prozeß eine theologische Spitzfindigkeit nach der anderen hervorbringt, wo das, was Menschen im Tiefsten und Innersten miteinander vereint, das Christus-Mahl, zu dem Trennungssymbol schlechthin wird, gerät das eucharistische Mahl zum Skandalon der getrennten Christenheit. Solange es keine volle eucharistische Gastbereitschaft gibt, ist Ökumene eine Phrase!

Das soziale Fehlverhalten führt zu einer spirituellen Verirrung, indem die Reichen gar nicht daran denken, in irgendeiner Weise Rücksicht zu nehmen auf die Armen, geschweige denn, diese teilhaben ließen an ihrem äußeren Reichtum, und doch wollen sie den Reichtum Christi – das Mysterium der Communio – miteinander feiern. In Gemeinschaft zu teilen, als ein Einander-Teilgeben am Leibe Christi, ist ein spiritueller *und* ein sozialer, ein solidarischer und ein religiöser Vorgang. Wenn indes die sozialen Unterschiede auch noch beim Heiligen Mahl schmerzlich erkennbar werden und die einen, die Übersatten, schon sattgegessen, ja gar schon trunken sind, während die anderen hungrig dazukommen, ohne ihren leiblichen Hunger stillen zu können, dafür aber den spirituellen Happen nehmen, kommt ein Ärgernis auf, das Paulus *unwürdig*, unwürdigen Empfang, eine Teilhabe nicht zum Heil, sondern »zum Gericht« nennt.

Das Spirituelle und das Soziale lassen sich nicht voneinander lösen. *Wie* aber bedingen sie sich?

Ob es gelingen kann, ohne die Änderung der realen Unterschiede, also ohne das Schließen der sozialen Schere, zu wirklicher, zu gelingender Gemeinschaft zu kommen, ist und bleibt in der Christenheit eine strittige Frage zwischen Lukas und Paulus, Luther und Müntzer, Leonhard Ragaz und Otto Dibelius, Leonardo Boff und Karol Wojtyla.

Diesen ersten Mahlkonflikt lesend, meine ich: Wo der leibliche Vorgang sich vom geistlichen trennt, geht auch der geistliche verloren. Geht es doch beim Brotessen und beim Weintrinken zunächst um etwas sehr Kreatürliches! Das gemeinsame Essen beginnt mit der Dankbarkeit über Empfangenes, die zur Teilungsbereitschaft wird. Die Lust des Essens, die als Genuß empfundene Befriedigung von Hunger, die Heiligkeit des Essens und die Gemeinschaftlichkeit des Essens bilden einen inneren Zusammenhang.

Das Symbolische ist nicht zu erfahren ohne das Reale, so wie das Reale sich zum Symbolischen erhebt. Das Spirituelle ist nicht ohne das Soziale und das Soziale nicht ohne das Spirituelle erfahrbar, solange es sich um den Arme-Leute-König aus Nazareth und seine Botschaft vom Reich Gottes handelt.

Bertolt Brecht hat die Gerechtigkeit das »Brot des Volkes« genannt. Könnte man nicht sagen, die *Gerechtigkeit* ist das *Brot Gottes*? Die Gemeinschaft des Mahls, das Brot-Brechen der Schwestern und Brüder füreinander, das Ver-Schenken des Weins an alle ist dankbare Erinnerung, Verpflichtung und Verheißung. Sie ist die Verschmelzung eines ernsten Zusammenhangs mit einem fröhlichen Vorgang: Menschen haben zu essen und sie haben einander. Sie entdecken mitten im Alltag die Heiligkeit des Alltäglichen. Es ist nicht jeder für sich allein, es ißt nicht jeder für sich allein, und es stirbt nicht jeder für sich allein. Es resigniert nicht jeder für sich allein, und es betet nicht jeder für sich allein. Es gibt etwas, was Menschen im Tiefsten miteinander verbindet: Die Heiligkeit des Brotes wird geschmeckt, die Heiligkeit des miteinander Gebrochenen wird erlebt. Das Brot schmeckt, bevor darin noch etwas »ganz anderes« geschmeckt wird. Die Heiligkeit und die Natürlichkeit hängen hier unauflöslich zusammen. Das Brot wird erhoben, der Weinbecher wird erhoben. Im Leiblichen wird das Geistige, im ganz Alltäglichen das ganz Besondere sichtbar gemacht und leiblich, emotional, geistig *erlebt*.

Gebrochenes Brot erinnert an ein für andere gegebenes Leben. Und das Brot erinnert daran, wie alles zusammenkommt und zusammengehört: So, wie viele Körner, die im Brot versammelt sind, *eins* bilden, so sollen Menschen *ein* Leib, *eine* Gemeinschaft der zueinander Gehörenden sein. So sollen sie, so können sie *einander* »Brot« werden: Menschen, die miteinander und voneinander leben. Der eingeschenkte Wein, der ausgeteilte Wein erinnert an vergossenes Blut, an das Sich-ganz-Verschenken.

Wie steht es mit der Heiligkeit des *Brotes* und der Heiligkeit des *Teilens* in unserer Weltzeit?

Die sozialen Differenzen haben sich global – quantitativ und qualitativ – dramatisiert. Herrschaft wird auch über das Brot, durch Subventionen und Restriktionen, ja durch Genbanken für Getreidesamen weltweit ausgeübt. Eucharistische Gemeinschaft zwischen den drei großen christlichen Denominationen gibt es nicht, nicht nur wegen der jahrhundertealten Lehrunterschiede und Ämter-»Spreizungen«, sondern auch aufgrund des Armut-Reichtum-Gefälles. »Brot für die Welt« und »Misereor« sind wenigstens Signale dafür, daß wir Christen aus den reichen Ländern begriffen haben, daß da etwas nicht stimmt mit dem Brot …

Die Heiligkeit des Brotes muß sich in der McDonald's-Welt behaupten, wo Brot zur Droge wird, das entleibte Brot, das süchtig macht, aber nicht sättigt. McDonald's steht für die globalisierte Ent-Heiligung des Brotes. Die Fastfood-Kette schafft eine weltweite »Gemeinschaft« der verführerischen Massenabfütterung unter cleanen Bedingungen. Utopie McDonald's – die Welt des Einfachen. *Eine* Welt – eine McDonald's-Welt von Schanghai bis San Francisco, von Oslo bis Kapstadt. Eine eucharistische McDonald's-Welt, bei der alle »Klassen« zusammenkommen und alle »Autoklassen« vorfahren, um sich abfüttern zu lassen mit etwas, das kein Brot ist, aber so aussieht, nicht satt, sondern süchtig macht nach dem nächsten »Mäc«.

Wie steht es um die Heiligkeit des Brotes in der Häppchen-kultur? Tischgemeinschaften wandeln sich mehr und mehr zu Empfängen, auf denen die Reichen, die Einfluß-Reichen wei-testgehend unter sich sind. Kein Taufschein – eine Einlaß-karte ist nötig, die VIPs an VIPs ausschicken. Dort wird nicht existentiell geteilt, sondern adrett verteilt – keine Hostien, sondern Häppchen. Dort steht nicht der eine Becher, der für alle da ist, sondern eine Batterie Sektflaschen, die das Spru-deln des Geistes vortäuschen. Eine Häppchenkultur ist durch nichts gestört, schon gar nicht durch Gespräche über We-sentliches. Da muß man nichts ernst nehmen, aber man muß sich wichtig nehmen und wichtig machen und einmal mit dem »noch Wichtigeren« anstoßen, weil der für Künftiges von Wichtigkeit sein könnte. »Man sieht sich«, sagt man, sich vom anderen abwendend – und sagt sich nichts und will sich auch nicht sehen, nur mal kurz gesehen werden, vielleicht auch noch dazugehören. Es ist die organisierte Höflichkeit des Nichtssagenden in gepflegter Atmosphäre. Abgeschirmt wird diese Empfangskultur von Leuten mit 630 Mark Ein-kommen. Dort sind Leute, die 630-Mark-Leute brauchen können. Aber man soll es nicht so kompliziert machen; schon gar nicht über komplexere Zusammenhänge nachdenken. »Sozialstaat«? Eine ideologische Schimäre der Sozial-Mafia, der Betonkopf-Sozis, die statt eine freie Entfaltung des ein-zelnen zu sichern immer nur den Staat aufblähen.

Wo Steuerabschreibungsfähige bei Häppchen zusammen sind, weiß man, »daß keiner genug kriegen kann und daß es zuviel Sozialmißbrauch und Sozialneid gibt«. Dann geht man nicht satt, aber beruhigt auseinander, weil man mit seinem Abwehrdenken – dem Denken von Habenden – nicht allein ist. Was wären wir ohne VIP-Gemeinschaften? Häppchen-kultur, Häppchengedanken, Häppchenwelt. Das ist die Ge-genwelt zum Empfang des Sakraments, die Empfänge der Welt, auf denen die sozialen Wirklichkeiten so nebeneinander existieren, als ob sie gar nicht existierten, nichts wird getrübt durch Ankränkelungen eines sozialen Gewissens. Solche

Empfänge kennen kein »Empfangen«, sie kennen keine Widersprüche – sie *sind* ein Widerspruch, aber die Teilnehmer sind mit sich im reinen …

Wo wird die Heiligkeit des Brotes festgehalten? Wo das ganze Brot geteilt wird, in Bissen *geteilt* wird, gibt es ganz andere »Häppchen«, die einander zugereicht werden. Es ist das »trocken Brot«, das süß wird durch das Kauen, durch bewußtes, dankbares Empfangen, durch die Atmosphäre und Kommunikation: Jeder hat teil am Ganzen, indem er in der Gemeinschaft einen Teil zu sich nimmt. Das ist etwas anderes als Häppchenkultur; das ist das, was wir Mahlgemeinschaft nennen: Erinnerungsmahl, Gemeinschaftsmahl, Mahl-Zeit in Gemeinschaft von Dankenden, das Leben Genießenden und auf ein anderes Leben – auf ein geteiltes Leben – Hoffenden!

Im christusgemäßen Denken kann nicht erst das Essen und dann die Moral kommen, sondern es gibt eine »Moral des Essens«, wie es eine Amoral des Essens gibt. Was Paulus anklagt, ist die gerichtswürdige Amoral des geteilten, des voneinander abgeteilten Essens als Ausdruck eines voneinander abgetrennten Lebens, eines Lebens in kalter Rücksichtslosigkeit. Das mindeste, was er erwartet, ist Rücksichtnahme, Takt und Respekt.

Paulus kritisiert genau das, was Karl Marx mit der »Abstraktion« bezeichnet, wenn er schreibt: »Essen, Trinken, Zeugen etc. sind zwar auch echt menschliche Funktionen. In der Abstraktion aber, die sie von dem übrigen Umkreis menschlicher Tätigkeit trennt und zum letzten und alleinigen Endzweck macht, sind sie tierisch …«

Die Spaltung unserer Welt in Starke und Schwache, Betitelte und Namenlose, Wohlhabende und Nichtshabende, Regierende und Regierte, Kopfarbeiter und Handarbeiter, Vornehme und Einfache, Glückskinder und Pechvögel … soll am Tisch des Herrn zu Ende sein, endlich einmal keine Rolle spielen.

Erst wo das Teilen beginnt, hört der Hunger auf. Wo wir das Mahl feiern, *ohne* das »Brot für die Welt« zu teilen, setzen wir die Tischgemeinschaft aufs Spiel.

Bei der Weinlese in Süddeutschland habe ich die »Brotzeit« kennengelernt, ein gemeinsames Essen nach der Arbeit, mitten in der Arbeit. Brotpause. Brotgenuß in Gemeinschaft.

Ist das nicht ein wunderbares Wort: Brotzeit? Alles beginnt oder alles wird verspielt mit der Preisung des Brotes. Heilig das Brot, das knusprige, das duftende, das, was uns etwas zum Kauen gibt – mitten in der Fast-Food-Kommunion und Fast-Food-Kommunikation, mitten in dieser kapitalistisch-klassenlosen, internationalen Freßgemeinschaft. *Eine* Welt unter dem geschwungenen M von McDonald's? Wir haben uns längst daran gewöhnt. Was für eine Gefahr von solchen Fast-Food-Ketten ausgeht, wird erfolgreich verschleiert. Regenwälder werden großräumig für Billigfleisch abgeholzt und die Armen werden noch ärmer, während das Fleisch noch billiger wird und die Wüsten wachsen … Wir sehen es nicht unmittelbar; doch was weit weg ist, geht uns unmittelbar an, in unserem eigenen Interesse. Die McDonaldisierung unserer Welt ist weit gefährlicher, als der Kommunismus je sein konnte. »Brot für die Welt« bleibt die Gegenwelt gelingender Gemeinschaft des Essens, weil das ein Vor-Geschmack von Gerechtigkeit und Frieden ist.

Die »vier ernsten Gesänge« – Vergänglichkeit und Arbeit

Clara Schumann ist sehr krank. Johannes Brahms liebt sie. Sehr. Er sucht und findet drei Texte der Bibel, die seiner Traurigkeit Sprache geben. Und er gibt der Sprache Musik. »Vier ernste Gesänge« sind das vorletzte Werk von Johannes Brahms, zunächst nicht zur Veröffentlichung gedacht. In diesem Werk zeigt sich die persönlichste Auseinandersetzung und Beschäftigung mit der Vergänglichkeit.

Was bleibt? Was wird kommen? Was ist Leben, solange wir

leben? Brahms schrieb an seinen Verleger: »Die ersten drei Gesänge (seien) so gottlos, daß die Polizei sie verbieten könnte, wenn die Worte nicht alle in der Bibel stünden.« Gott erscheint nicht mit seiner Gnade. Vielmehr verweisen die Texte auf die Realität des Todes, die Lebensqual, auf unbeantwortete Fragen – und auf die Liebe. Den Text aus 1. Korinther 13 fügte Brahms gewissermaßen als tröstlichen Abschluß hinzu. Was verbindet diese vier ernsten Gesänge? Es ist die Aussicht auf den Tod in seiner Widersprüchlichkeit zwischen Erlösung und unausweichlichem, bitterem Ende. Das menschliche Leben ist angesichts der Ewigkeit Gottes vergänglich, mit dem unergründbaren Geheimnis zwischen Glück und Traurigkeit.

Doch das klare Wissen um das Ende schärft das Bewußtsein für das gegenwärtige Leben. Memento mori!

Denk bei allem, was du tust, vorhast, erlebst, erleidest, schaffst, sorgst, wo du dich freust oder wo du untröstlich bist, denk bei allem an dein Vergehen, an deine Kreatürlichkeit; denn dann wird dir die Zeit wichtig, die dir gegeben ist für ein sinnvolles Tätigsein, und du brauchst dich selbst nicht so wichtig zu nehmen. Wisse gelöst, daß du loslassen mußt. Traurigkeit wird in getröstete Gelassenheit übergehen und wird zur Weisheit. Nur wer seine Vergänglichkeit als unabwendbares Schicksal erkannt hat, kann die Tiefe jeden Momentes und wirkliches Glück erfahren.

»Denn es gehet dem Menschen wie dem Vieh: Wie dies stirbt, so stirbt er auch, und haben alle einerlei Odem, und der Mensch hat nichts mehr denn das Vieh; denn es ist alles eitel. Es fährt alles an einen Ort! Es ist alles aus Staub gemacht und wird wieder zu Staub. Wer weiß, ob der Geist des Menschen aufwärts fahre, und der Odem des Viehs unterwärts unter die Erde fahre? Darum sahe ich, daß nichts Bessers ist, denn daß der Mensch fröhlich sei in seiner Arbeit; denn das ist sein Teil. Denn wer will ihn dahin bringen, daß er sehe, was nach ihm geschehen wird?« (Prediger Salomo 3, 19–22)

Alle Lebewesen, ob Mensch oder Tier, sind Kreaturen, die

den gleichen Gesetzen der Vergänglichkeit unterworfen sind: Dem Menschen ergeht es wie dem Vieh. Er wird heruntergeholt vom Sockel seiner Besonderheit, seiner Beseelung und Vergeistigung durch Gott selbst, der ihm – nach der Überlieferung der zweiten Schöpfungsgeschichte – den Odem eingehaucht hatte – und nur ihm! Am Ende des Lebens haucht er seinen Atem aus. Er wird verwesen wie das Tier und wieder zu Erde werden. Wer dies nicht wahrhaben will oder verbissen leugnet, unterliegt Illusion, Eitelkeit, Selbstbetrug und täuscht sich über die Realität des Lebens hinweg.

Fährt der Geist des Menschen im Unterschied zum Lebensatem des Tieres aufwärts, während die Lebensgeister des Tieres hinabfahren? Erfährt der Mensch Gnade, Erlösung im Gegensatz zum Tier? Davon schweigt dieser Text. Doch welche Schlußfolgerung läßt er zu? Nicht die große Depression, nicht das tägliche Hadern mit dem Tode, sondern das »Carpe diem!« angesichts des »Memento mori«. Und was heißt carpe diem? Es heißt fröhlich zu sein bei seinem Tun, fröhlich zu sein in seiner Arbeit. Es ist nicht »die Arbeit« in unserem verengten Sinn von täglich zugemessener Erwerbsarbeit, sondern die Lebenstätigkeit, die Aktivität des Menschen überhaupt, die vita activa, die *Betätigung*, in der er *Bestätigung* findet: die Aufgabe, die Beschäftigung, die Dienstleistung, die Handlung, die Pflicht, die Tat, das Unternehmen, das Werk, das Bestreben, die Hilfe, die Mühe, die Besorgung, das Kopfzerbrechen, die Last, die Mühsal, der Beruf, das Amt, das Arbeitsfeld, der Broterwerb, der Dienst, der Job, die Existenz, das Fach, das Gewerbe, die Stellung, die Plage, die Schwierigkeit, die Schinderei, die Strapaze, die Dienstpflicht, die schöpferische Leistung, die (abrechenbare) Leistung, das Sichzuschaffenmachen. Fröhlich zu sein in seinem Tun, in allem Tun, was lebensförderlich, lebensdienlich, lebenserhaltend und lebensnotwendig ist.

Fröhlich zu sein beim Stillen des Kindes, beim Erzählen der Geschichte, beim Lernen des Gedichtes, beim Zapfen des Bieres, beim Bedienen des Gastes, beim Sammeln der Kollekte, beim Erklären des Koordinatensystems, beim Tragen eines Verletzten, beim Kartoffelschälen, beim Graben des Gartens, beim Säen des Weizens, bei der Ernte der Kirschen, beim Malen des Bildes, beim Backen des Brotes, beim Keltern des Weines, beim Pressen des Olivenöls, beim Steuern des Krans, beim Hobeln des Brettes, beim Schreiben des Stücks, beim Nähen des Rocks, beim Aufpumpen des Reifens, beim Installieren des Telefons, beim Sägen des Birkenstammes, beim Pflanzen des Rosenstockes. Das ist »das Tun« und nicht die Einengung auf »die Arbeit« auf dem ersten oder zweiten Arbeitsmarkt, auf die Arbeitsstelle nach BAT Ost-West-Flächentarifvertrag: fröhlich zu sein bei seinem Tun. Auch beim Surfen im Internet, beim Erfinden einer Schlagzeile, beim Kleben eines Wahlplakats, beim Ausstechen des Konkurrenten und Drucken der Lüge, beim Manipulieren der Gene, beim Produzieren der Mine, beim Kämpfen um die Einschaltquote?

Jede Lebenssituation, in der der Mensch sich rührt, in der er etwas aufnimmt, etwas betrachtet, etwas verändert oder beläßt, etwas erhält oder aufbaut, etwas beiseite tut, etwas »schöpft«, etwas besingt, bemalt, betastet – das alles ist »seine Arbeit«. In diesem Sinne gilt der von jedem Pfarrer in der Beerdigungsansprache erwartete Satz: »Arbeit war sein Leben.« Aber wieviel fremde, entfremdete Arbeit gibt es, Arbeit, in der ein Mensch sich fremd wird: »Worin besteht die Entäußerung der Arbeit? Dadurch, daß die Arbeit dem Arbeiter äußerlich ist, d.h. nicht zu seinem Wesen gehört, daß er sich daher in seiner Arbeit nicht bejaht, sondern verneint, nicht wohl, sondern unglücklich fühlt, keine freie physische und geistige Energie entwickelt, sondern seine Physis abkasteit und seinen Geist ruiniert. Der Arbeiter fühlt sich daher erst außer der Arbeit bei sich und in der Arbeit außer sich. Zu Hause ist er, wenn er nicht arbeitet, und wenn er arbeitet, ist er nicht zu Haus. Seine Arbeit ist daher nicht freiwillig, sondern gezwungen, Zwangsarbeit. Sie ist daher nicht die Befriedigung eines Bedürfnisses, sondern sie ist nur ein Mittel, um Bedürfnisse außer ihr zu befriedigen. Ihre Fremdheit tritt darin rein hervor, daß, sobald kein physischer oder sonstiger Zwang existiert, die Arbeit als eine Pest geflohen wird.«[7]

Fröhlich zu sein bei allem, was wir tun, was wir erleben heißt, das Leben, wie es ist, zu bejahen, im Vollzug selbst ganz da sein und froh sein und dieses Frohsein ausdrücken. Dadurch wird selbst die schwere Tätigkeit ein Gewinn, selbst wenn sie Mühsal ist. Sie schafft Sinn und wird zur Glückserfüllung, führt zu dem erfüllten Augenblick, nicht trotz der Vergänglichkeit, sondern wegen der Vergänglichkeit. Die Zeit wird unendlich wichtig angesichts der Unendlichkeit der Zeit, die es für den Menschen nicht gibt. Wer sein Tun unter der Perspektive der Vergänglichkeit, seiner Vergänglichkeit, zu sehen lernt, also »sub specie aeternitatis«, kann viel konzentrierter, gelassener leben und erleben, weil es im Moment den Moment zu gewinnen gilt, der niemals wiederkommt, ein kostbares Gut, ein Geschenk der Zeit. Wer sich dies bewußt macht, kann Sinn in der Vergänglichkeit erfahren. Leben ist nicht irgendwann, Leben ist jetzt. Und Leben wird jetzt verloren, wo die einen die anderen schamlos unterdrücken.

»Geht einmal nach Darmstadt und seht, wie die Herren sich für euer Geld dort lustig machen und erzählt dann euern hungernden Weibern und Kindern, daß ihr Brot an fremden Bäuchen herrlich angeschlagen sei, erzählt ihnen von den schönen Kleidern, die mit ihrem Schweiß gefärbt und von den zierlichen Bändern, die aus den Schwielen ihrer Hände geschnitten sind, erzählt von den stattlichen Häusern, die aus den Knochen des Volkes gebaut sind; und dann kriecht in eure rauchigen Hütten und bückt euch auf euren steinigen Äckern, damit eure Kinder auch einmal hingehen können, wenn der Erbprinz mit der Erbprinzessin für einen anderen Erbprinzen Rat schaffen will, und durch die geöffneten Glastüren das Tischtuch sehen, wovon die Herren speisen, und

7 Karl Marx, Ökonomisch-philosophische Manuskripte, 1844.

48

die Lampen riechen, auf denen man mit dem Fett der Bauern illuminiert. Das alles duldet ihr, weil euch Schurken sagen: Diese Regierung sei von Gott. Diese Regierung ist nicht von Gott, sondern vom Vater der Lügen.«[8]

Der Prediger Salomo hält einen Vorbehalt in seinem Text durch, den manche pessimistisch nennen, andere gar als niederdrückend erleben, Dritte aber als geradezu befreienden Atheismus verstehen: Salomo läßt zu, daß nicht sicher ist, was mit uns wird und ob Gott uns teilhaben läßt am Leben in seiner ganzen Fülle, oder ob es ein end-gültiges »Aus-und-Vorbei« gibt. Diese Annahme aber kann dazu führen, das Leben jetzt für sich selbst – selbst-bezogen – ganz auszukosten und damit jegliche Verantwortung für das Morgen abzuleugnen, abzulegen, ganz von ihr abzusehen, weil es keine Instanz gibt, vor der der Mensch sein Leben verantworten müßte.

Der junge Bert Brecht schrieb in seinem Gedicht »Von der Freundlichkeit der Welt«:

> Von der Erde voller kaltem Wind
> Geht ihr all bedeckt mit Schorf und Grind
> Fast ein jeder hat die Welt geliebt
> Wenn man ihm zwei Hände Erde gibt.

Und im Schlußkapitel seiner berühmten »Taschenpostille« mahnt er:

> Laßt euch nicht verführen!
> Es gibt keine Wiederkehr.
> Der Tag steht in den Türen;
> ihr könnt schon Nachtwind spüren:
> es kommt kein Morgen mehr.

8 Georg Büchner, Hessischer Landbote, 1834.

Wer will seines Glaubens, wer will seines Unglaubens sicher sein? Wer an die Wiederkehr in Herrlichkeit glaubt, könnte dieses Leben verpassen.

Und wer an die End-Gültigkeit des Todes glaubt, kann Leben ebenso verpassen, weil er sich unter den Zwang bringt, arbeiten zu müssen, für seine ewige Dauer im Gedächtnis anderer zu sorgen. Die Reichen und die Mächtigen haben die meiste Angst vor dem Tod und versuchen gerade deshalb, ihre Macht zu halten, ihren Reichtum zu mehren – aus lauter Angst, daß sie nichts, gar nichts mehr *sind*, wenn sie nichts mehr *sind* und nichts mehr *haben*. Deshalb ihre Monumentalstandbilder schon während ihrer Machtära. Deshalb Macht aussitzen bis zuletzt. Die Todesangst läßt die Monumentalgräber entstehen; unübersehbar und unsterblich wollen sie sein, diese Erdwürmer – ob sie Cheops heißen oder ob es der Großbauer Schmidt aus Ostfriesland ist.

»Wie der Staat mit dem Aufgebot ganz neuer Kräfte und der Anwendung *so* tiefgreifender Mittel, daß *alle* Staatsbürger sie empfinden und direkt oder indirekt dazu werden mitwirken müssen, den materiellen Pauperismus in allen seinen Gründen, Folgen und Wirkungen zu ergründen und zu bekämpfen hat: also auch die Kirche in ihrer Art den ihr angehörenden inneren Pauperismus, nämlich jene Erscheinungen der massenhaften sittlichen und christlichen Entartung im Volk.

Bei äußerem genügendem Besitz oder steigendem Reichtum gegenüber jener versinkenden äußeren Armut hat sich hier wie in den unteren Klassen eine, wenn auch anders geartete Menschenverarmung, ein Pauperismus an christlichen Lebensgütern und Tugenden, ein geistiges Proletariat in besorgnis- und schreckenerregender drohender Weise ausgebreitet.

Es grassiert in den oberen und mittleren Schichten der Gesellschaft dieselbe innere Fäulnis, dieselbe Streitsucht wie in den untersten Ständen.«[9]

9 Johann Hinrich Wichern, Denkschrift über die Innere Mission, 1849.

Also, plag dich nicht mit der Frage, was »danach« wird. Laß es offen. Laß es fröhlich offen. Laß gelassen offen, was wird. Leb jetzt, sei fröhlich bei deiner Arbeit. Wir würden heute vielleicht sagen: hab Eu-Streß. Meide tötende, entfremdete Arbeit, Arbeit, mit der du dich selbst oder andere kaputtmachst. Laß dich nicht zum Mob machen und mach nicht mit beim Mobben. Freu dich an dem, was du schaffen konntest, und laß auch getrost liegen, was du nicht hast schaffen können. Sei in deinem Tun am Schluß selig k.o., müde. Was du tust, kann das sein, was du fertiggestellt, also geschaffen hast – ob einen Kochtopf oder ein Mittagessen, ob einen gepflanzten Baum oder ein Bild von eben diesem Baum oder einen Stuhl, der aus dem Holz des Baumes stammt.

Freu dich an der Tätigkeit selbst und schau dich an in deinem Produkt. Mit anderen zusammen! Habe dein Tun und dein Lassen. Du findest dich selbst in allem, auch wenn du dich bei allem verlieren magst.

Du gehst. Dein Werk vergeht. Du kannst nicht ermessen, was bleibt. Lebe also ganz in deiner Zeit und werde ganz in deiner Zeit. Und vor allem: Sieh zu, wo du hinsiehst; ob du die beneiden möchtest, die oben sind, denen es äußerlich so gut geht, oder ob du dich dahin wendest, wo Unrecht, Trauer und Einsamkeit ist. »Und handelt in der Liebe.«

Ich wandte mich, und sahe an alle, die Unrecht leiden
Unter der Sonne; und siehe, da waren Tränen derer,
die Unrecht litten und hatten keinen Tröster, und
die ihnen Unrecht täten, waren zu mächtig, daß
sie keinen Tröster haben konnten. Da lobte ich die
Toten, die schon gestorben waren, mehr als die
Lebendigen, die noch das Leben hatten;
und der noch nicht ist, ist besser als alle beide,
und des Bösen nicht inne wird, das unter der Sonne
geschieht. (Prediger Salomo 4, 1–3)

> O Tod, wie bitter bist du, wenn an dich gedenket
> ein Mensch, der gute Tage und genug hat und ohne
> Sorge lebt, und dem es wohl geht in allen Dingen
> und noch wohl essen mag!
> O Tod, wie bitter bist du!
> O Tod, wie wohl tust du dem Dürftigen, der da
> schwach und alt ist, der in allen Sorgen steckt, und
> nichts Bessers zu hoffen, noch zu erwarten hat!
> O Tod! wie wohl tust du! (Jesus Sirach 41, 1–4)

Was muß einem Menschen geschehen sein, daß er so am Ende, so ausgelaugt, so kaputt, so lebensmüde, so krank an Leib und Seele, an psychischer und sozialer Situation verzweifelt ist, daß er oder sie den Tod als Erlösung preisen? – O Tod! Wie wohl tust du? Ist das noch gelassene Entsagung oder schon tiefste Verzweiflung?

Wer sich nach links und rechts wendet, der sieht, wie viele Unrecht leiden, wie viele sich von niemandem gebraucht, von niemandem erwartet, von niemandem geliebt fühlen. Da fragen sich zwei 40jährige Frauen, die mehrfach aus dem Arbeitsleben herauskatapultiert wurden und x-mal Bewerbungen geschrieben hatten: »Mensch, bist du denn blöd?« Sie schlußfolgern: »Die Schuld sucht man ja bei sich.« Zur Scham gesellt sich die Furcht, daß der Mann auch die Arbeit verliert, der jetzt in Kurzarbeit ist, und die Familie über kurz oder lang auf Sozialhilfe angewiesen sein könnte. Arbeit als Teilhabe am gesellschaftlichen Lebens- und Schaffensprozeß bleibt ein »Menschen-Recht«, für das zu kämpfen man nicht aufhören darf.

Wer kann sich in das Geschick eines Langzeitarbeitslosen wirklich hineinversetzen, in Menschen, die tatenlos herumsitzen müssen? Es breitet sich eine dumpfe, oft noch stumpfe, aber untergründig depressive, tief enttäuschte Stimmung, eine Trostlosigkeit aus, die die atmosphärische Situation unserer Gesellschaft prägt, in der man eben nicht fröhlich sein kann in seiner Arbeit, wo man existentielle Ängste hat und eben keinen Tröster findet, der helfen kann. Und dann erlebst du, wie die, die Unrecht tun, viel zu mächtig sind, um sich rühren zu lassen.

Menschen erleben massenhaft, daß Arbeit nicht zum Pfeifen und Singen anleitet, sondern zum mißtrauischen Blick, ständige Anspannung mit sich bringt, auf der Hut zu sein, aufzupassen, daß man nicht selber fliegt, wenn schon jemand fliegen muß. Menschen werden zur Ware, wenn sie sich nur noch mit Zeitverträgen verdingen können, also sich zum Ding machen, das für eine Zeit genommen und wieder abgetan wird, um wieder um Arbeit zu betteln.

»Die Arbeit der Proletarier hat durch die Ausdehnung der Maschinerie und die Teilung der Arbeit allen selbständigen Charakter und damit allen Reiz für die Arbeiter verloren. Er wird ein bloßes Zubehör der Maschine, von dem nur der einfachste, eintönigste, am leichtesten erlernbare Handgriff verlangt wird ... In demselben Maße, in dem die Widerwärtigkeit der Arbeit wächst, nimmt der Lohn ab.«[10]

Das produktive Leben ist das Gattungsleben. Es ist das lebenerzeugende Leben. In der Art der Lebenstätigkeit liegt der ganze Charakter einer Spezies, ihr Gattungscharakter, und die freie bewußte Tätigkeit ist der Gattungscharakter des Menschen.

»Der *reiche* Mensch ist zugleich der einer der Totalität der menschlichen Lebensentäußerungen *bedürftige* Mensch. Der Mensch, in dem seine eigene Verwirklichung, als innere Notwendigkeit, als *Not* existiert.

... Die Arbeit ist das Fürsichwerden des Menschen innerhalb der Entäußerung oder als entäußerter Mensch.

An die Stelle *aller* physischen und geistigen Sinne ist die einfache Entfremdung *aller* dieser Sinne, der Sinn des *Habens* getreten. Auf diese absolute Armut mußte das menschliche Wesen reduziert werden, damit es seinen inneren Reichtum aus sich heraus gebäre.«[11]

10 Karl Marx/Friedrich Engels, Das Kommunistische Manifest, 1848.
11 Karl Marx, Ökonomisch-philosophische Manuskripte, 1844.

Im Arbeitsalltag fangen Kollegen und Kolleginnen an, sich zu belauern, auf Fehlleistungen des anderen zu warten, die Hackordnungen einzuhalten oder jeweils neu einzurichten. Das persönliche Empfinden versuchen viele ganz zurückzuhalten, denn wer dies ausdrückt, macht sich verletzlich. Man muß stark scheinen und ist doch sehr verletzlich. An diesem Widerspruch können Menschen zerbrechen. Das Unglücklichsein mit der beruflichen Situation, mit der täglichen Arbeit wird zu einem Massenphänomen. Menschen fühlen sich ins Joch gespannt, für ihren Lebensunterhalt zu sorgen, ohne darin Freude zu finden oder gar einen Sinn zu sehen. Die Disziplinierung erfolgt durch das immer geringer werdende Volumen von Arbeit, die zur Verfügung steht. Und doch sehnen wir uns alle danach, gebraucht zu sein, das einzubringen, was wir können, uns selber an dem zu erfreuen, was wir geschafft haben – auch wenn wir k.o. sind, so fühlen wir uns doch auch o.k., wenn wir k.o. sind. So, wie Menschen, die in einem künstlerischen Prozeß leben, tief erleiden, was sie tun »müssen«; der Widerspruch zwischen dem, was sie gestalten wollen, und dem, was sie gestalten können, zwingt sie bis an die Grenze ihrer physischen und psychischen Möglichkeiten. Und doch findet Arbeit als ein tief befriedigender Vorgang statt.

Ich erinnere an Ernst Barlach, der 1922 eine liebenswürdige Einladung, einen Freund zu besuchen, ablehnt und schreibt: »Ich sitze tief in der Arbeit und gönne jedem Teil sein Gutes, mir vor allem Arbeit und wieder Arbeit und immer mehr Arbeit. Nichtarbeit hat mit Erholung nichts zu tun. Nichtarbeit ist das große Unglück. Unsereins erholt sich nicht und braucht keine Erholung außer dem Gelingen; mein Sanatorium ist mein Atelier. Ich werde noch einmal einen tollen Streich machen und wenn der Klaus (sein Sohn) mich nicht mehr braucht, irgendwohin verschwinden, wo ich mir einbilde, daß es mein mir gebührender Ort ist; in Güstrow mag ich denn doch nicht mehr leben. Aber jetzt hat meine Seele Frieden zur Arbeit und so habe ich freie Bahn. Die Gestalten warten in ihrem Holz, und jede einzelne, die ich versäume, rechtzeitig herauszuholen, wird mich einmal im Grabe quälen.«[12]

Da wartet auf einen Arbeit, die – mit aller Anstrengung – zum Gewinn wird. Ich erinnere mich an einen Besuch bei einem Freund in Stuttgart, der mir sagte, daß er jahrelang keinen Urlaub mehr gemacht habe, und er fügte fröhlich und überzeugend hinzu: »Wer Urlaub braucht, hat die falsche Arbeit.« Das könnte auch ein Workaholic sagen, aber es klang bei ihm so, als ob er sich bei dem, was er tun muß und was er tut, gerade deshalb erholt, weil er den Eindruck hat, dies sei wichtig, sinnvoll. Dies ist seine Lebenszeit, bei der er ganz dabei ist und dabei ganz wird.

Also könnte das Gebot der Menschlichkeit, das Gebot der Mitmenschlichkeit, darin liegen, alles uns mögliche zu tun, daß jede und jeder einen Entfaltungsraum findet und sich in jeweils seiner Arbeit entwerfen und in all seinem Tun erfüllen kann. Dazu gehört die Mühsal und die Gewißheit, daß »Gott dem Menschen die Arbeit gegeben hat, damit sie sich damit plagen, und Gott hat alles schön gemacht zu seiner Zeit«. Er hat die Ewigkeit in unser Herz gelegt. Wir aber können das Werk, das Gott tut, nicht ergründen. Weder den Anfang noch das Ende. Aber ich kann merken, daß es »nichts Besseres gibt, als fröhlich zu sein und sich gütlich zu tun in seinem Leben«. Ein Mensch, der ißt und trinkt und guten Mut hat bei all seinem Mühen, der erfährt, was es heißt: Gottes Gabe. (Vgl. Prediger 3, 10–13)

Es ist der erfüllte Augenblick und es ist das Wissen um die Vergänglichkeit allen Tuns, die Martin Luther zu seinem großen Satz führte: »Man soll arbeiten, als wollte man ewig leben, und doch so gesinnt sein, als sollten wir diese Stunde sterben.« Also, wir sind für alles Tun auch in aller Zukunft mitverantwortlich. Wir brauchen auch die Langzeitperspek-

12 Barlach, Briefe. Rostock 1972, S. 239.

tive unserer Arbeit und nicht die Haltung der Sinnlosigkeit des Vergänglichen, des »Sowieso vorbei«.

Wir sollten immer wissen, daß wir zu jeder Stunde abberufen werden können – sowohl wir als einzelne, aber auch diese Welt als Ganze sind der Vergänglichkeit unterworfen. Aus diesem Wort Luthers ist übrigens 1944 zum ersten Mal der bildhaft-populäre Satz entstanden, den man – historisch fälschlicher-weise, in der Sache richtigerweise – Martin Luther zugeschrieben hat: »Und wenn ich wüßte, daß morgen die Welt unterginge, so würde ich doch heute ein Apfelbäumchen pflanzen.«

Dies ist die Haltung von ganzer Verantwortlichkeit *und* ganzer Gelassenheit, die nur einer haben kann, der weiß, daß letztlich alles Gnade und weniges unser Zutun ist.

Wir leben von den glücklichen Momenten, wo wir einander etwas tun können, was sie oder ihn mit Glück erfüllt. Das ist dann mehr als alles, was wir an Materialisierbarem hinterlassen können.

Bertolt Brecht
Glücklicher Vorgang

Das Kind kommt gelaufen
Mutter, binde mir die Schürze!
Die Schürze wird gebunden.[13]

Das ist ein glücklicher Vorgang, ein glückender Vorgang. Das ist Glück, und was ist vergänglicher als der Knoten einer Schürze auf dem Rücken?

So möchte man Jesus Sirach widersprechen und ausrufen: O Leben! Wie wohl tust du!

Wir wissen nicht, was bleibt. Wir wissen nicht, was wird. Wir wissen nicht, wohin es mit uns geht. Aber wir können wissen, was uns trägt. Alles noch so redliche Mühen wäre nichts nütze ohne die Liebe, die empfangene und die zugewandte. Vieles in unserem Leben bleibt dunkel, aber wir können gewiß sein, daß

13 Bertolt Brecht, Gedichte. Band 7, Berlin und Weimar 1969, S. 101.

wir erkennen werden, wie wir erkannt sind. Und dann wird alles Stückwerk, alles Haschen nach Wind, alle Angst vor Sinnlosigkeit und Nichts aufgehoben sein.

Mut finden und widerstehen

Mut ist uns nicht angeboren. Mut ist der Sieg über unsere Angst und unsere Ängste. Denn Angst ist uns angeboren, die Angst vor allem, was uns bedroht, in der Wirklichkeit und im Traum: Angst vor dem Stärkeren, Angst zu unterliegen, Angst vor körperlichem und seelischem Schmerz, Angst um unser Leben, Angst vor dem Versagen – vor uns selbst, vor anderen oder vor einer Aufgabe –, Ängste vor dem Beginnen, Angst davor, Verantwortung übernehmen zu sollen.

Aus purer Angst machen viele anderen Angst. (Besonders die Mächtigsten quält die Machtverlustangst; also halten sie Untergebene in ständiger Angst.)

Wem in seiner Kindheit wenig zugetraut wurde, wird von vornherein entmutigt und hat es dann schwer, das zu entfalten, was in ihm steckt. Wir können in Heranwachsenden viel wecken, und wir können viel verschütten, oft mit lebenslanger Wirkung.

Mut braucht Selbstvertrauen und Selbstbewußtsein. Sich seiner Kräfte und seines Wertes bewußt zu werden, abzuschätzen, was wir uns zumuten können und was uns überfordert – das sind die Quellen unseres Mutes. Also werden wir abwägen und dann handeln. Was wir brauchen, ist die Selbstbesinnung auf den Mut des Herzens und des Verstandes, »ohne Anleitung eines anderen« zu handeln.

Angeboren ist uns allen ein natürlicher Überlebenswille. Der macht uns vorsichtig, bis hin zur Feigheit – oder er macht uns mutig, auch übermütig –, bis hin zur Selbstüberschätzung und Waghalsigkeit. Angeboren ist uns ein Bedürfnis, in unserer Herkunftsgruppe – zunächst in der Familie, dann im unmittelbaren Lebensumfeld und auch in unserem Vaterland – *auf*genommen und *an*genommen zu sein und deshalb loyal zu handeln, nicht aus der Reihe zu tanzen. Wir wollen normalerweise nicht als einzelne »draußen« stehen. Am schwersten ist es, für den »Gegner« der eigenen Gruppe – also für die beargwöhnten Anderen, die Fremden, die Fremdartigen, die Konkurrenten oder die Feinde –, ein gutes Wort einzulegen, dem Korpsgeist zu widersprechen oder zu widerstehen. Der zäheste Gruppenkitt ist gemeinhin die gemeinsame Feindschaft gegen andere, und die größte Gefährdung für den einzelnen ist es, als ein Nestbeschmutzer oder gar als ein »Gegner in den eigenen Reihen« zu gelten. Es gehört Mut, viel Mut dazu, in der eigenen Gruppe eigenständig zu denken, zu reden und zu handeln. Da gilt es, das zu bewähren, was wir mit dem inzwischen vielstrapazierten Wort »Zivilcourage« meinen. Der Ursprung dieses Wortes ist sehr interessant.

Im Deutschen taucht Zivilcourage zum erstenmal 1847 am Vorabend der bürgerlichen Revolution auf und wird gebraucht von einem Mann, von dem man es wahrlich nicht erwarten mag, nämlich vom jungen Bismarck. Er war in einer Debatte des Preußischen Landtages ausgepfiffen worden. Nach der Landtagssitzung sagt ihm ein älterer Abgeordneter: »Du hattest wohl recht, nur sagt man so etwas nicht.« Und Bismarck antwortet darauf: »Wenn Du meiner Meinung warst, hättest Du mir beistehen sollen. Nur Dein Eisernes Kreuz hindert mich, Dir einen verletzenden Vorwurf zu machen.« Und Bismarck fügt hinzu: »Mut auf dem Schlachtfeld ist bei uns (Deutschen) Gemeingut. Aber Sie werden es nicht selten finden, daß es ganz achtbaren Leuten an Zivilcourage fehlt.« Zivile Tapferkeit – das ist der Mut vor dem Freund und für den Freund. Es ist der Mut, ganz auf eigenes Risiko einzuschreiten.

Aus eigener Verantwortung handeln, nicht auf irgendeinen (höheren) Befehl einem von außen gegebenen Auftrag folgen, um sich hinterher darauf zu berufen, daß man »nur im Gehorsam« und nicht in eigener – auch einsamer – Verantwortung gehandelt habe. Zivilcourage heißt: in persönlicher Verantwortung, aus eigener Einsicht das Fällige tun. Dazu gehört, daß wir uns Einfühlung und Mitempfinden nicht abtrainieren, nicht hart, gleichgültig oder zynisch werden. Wir sind das Tier, also das Naturwesen, das Zivilcourage hat, das aus der Instinktbindung sich befreit – eben in die Freiheit menschlichen Handelns, das nicht an die Regeln der Horde, an festgelegte Über- und Unterordnungen gebunden ist. Es ist das eigene, freie Heraustreten aus den »Regeln der Horde«, dort, wo Verantwortung das gebietet oder wo das Herz unmittelbar schlägt. Zivilcourage hat einer, der nicht alle Zeit ängstlich-selbstbezogen oder kühl-kalkulierend überschlägt, wie es ihm »schaden könnte«, wenn jetzt gehandelt wird: Habe den Mut, dich der Kräfte deines eigenen Herzens zu bedienen, der Stimme des Gewissens zu folgen. Und schau nicht darauf, wieviel Beifall du dafür findest! Zivilcourage fordert immer ein Heraustreten, ein Einschreiten, ein Sich-Einsetzen. Darin steckt dies ganz eigene »Sich-selber-Einsetzen« und sich dort einzusetzen, wo sonst eine Leerstelle wäre.

Auf jeden einzelnen und jede einzelne kommt es an. Tritt du heraus. Du, laß es nicht laufen, wenn du siehst, daß etwas falsch läuft, oder wenn du siehst, daß jemand zu Schaden kommt, wo nackte oder versteckte Gewalt den Streit mit zivilisierten Mitteln ersetzt.

Aber wir wollen normalerweise immer gern »dazugehören«. Wir haben tiefe Ängste draußen, ausgestoßen zu sein, wie ein Fremder behandelt zu werden. Und es gibt ein geradezu fatales Bedürfnis, bei den Stärkeren zu sein, um sich selbst stark zu fühlen. Wo aber das Recht der Stärke die Stärke des Rechts ablöst, weil die Stärkeren ihre Stärke zum Maßstab machen, setzt für jeden einzelnen die Verpflichtung ein, Zivilität und Humanität zu bewahren. Und dann brauchen wir Mut, Ermutigung und Verbündete. Das gilt in einer Diktatur genauso wie in einer Demokratie. Unsere Verpflichtung zur Humanität ist in einer gültigen und schlichten

Weise im Artikel 1 unseres Grundgesetzes ausgesprochen: »Die Würde des Menschen ist unantastbar. Sie zu achten und zu schützen ist die Verpflichtung aller staatlichen Gewalt.«

Die demokratische, auf den Menschenrechten begründete Rechtsordnung geht davon aus, daß die Bürger keine Angst mehr vor dem Staat, der Obrigkeit, den Oberen zu haben brauchen. Denn der Staat hat die Aufgabe, den einzelnen Menschen zu schützen, über die Gültigkeit des Rechts zu wachen, die Bürger nicht zu bewachen, einzuschüchtern, unterzuordnen, in seinen Gehorsamsdienst zu nehmen.

Doch nur dann, wenn jeder bereit ist, im Gemeinwesen die Würde des Menschen anzuerkennen, ihm gleiche Würde zuzuerkennen und seinem Schutz zu dienen, wird unsere freiheitliche Gesellschaft auf Dauer bestehen können.

Die allgemeinen Menschenrechte müssen sowohl gegen Gruppenegoismen wie gegen eine Machtanmaßung des Staates geschützt werden.

Wer den Mut findet und widersteht, wer aus der Reihe tanzt, muß genau wissen, warum er das tut. Bloß dagegen sein, um aufzufallen, reicht ebensowenig wie ein Neinsager-Geist, der etwas Penetrant-Querulantisches an sich hat. Es reicht kein prinzipielles Dagegensein! Wer sich gegen die Allgemeinheit stellt, muß gute Gründe haben. So kann er auch schwierige Folgen leichter tragen und sogar Leiden auf sich nehmen. Aus eigenem Entschluß »Nein« zu sagen oder sich aus eigenem Entschluß *für* etwas oder für jemanden einzusetzen, etwas zu riskieren oder gar *sich selbst* zu riskieren ist unendlich viel schwerer, als auf fremden Befehl und äußeren Gehorsam hin zu handeln.

Der Mut eines einzelnen macht ihn zunächst einsam; aber wer Mut zeigt, macht anderen Mut, denn nicht nur Angst ist ansteckend, sondern auch Mut, vor allem dann, wenn der Mutige sich nicht zum Helden stilisiert, sondern sich als einer erweist, der seine eigene Angst überwunden hat, sie aber nicht leugnet. Mut ist immer der Mut eines einzelnen, mein ganz eigener Mut, wobei ich keineswegs sicher bin, ob ich siege. Mut hat erst der, der seiner Niederlage ins Auge zu sehen bereit ist, weil er weiß, daß das, was er tut, richtig, notwendig und vertretbar ist. Dazu braucht man viel Selbstgewißheit. Man muß durch viele Selbstzweifel hindurchgehen, Ängste überwinden, Zuversicht schöpfen, Alleinsein durchstehen.

Wo einer dabei Gottes gewiß ist und in solcher Gewißheit handelt, mag es leichter sein. Das ist zugleich nicht ungefährlich, weil einer höchste Autorität für sein eigenes begrenztes Tun beansprucht. Insofern lebt unser Mut wohl eher vom Zuspruch, von täglich erhoffter und geschenkter Gewißheit. Und vom durchstandenen Zweifel.

Ich will nicht davon reden, was es bedeutete, in einer totalitären Gesellschaft bei 98%iger Unterwürfigkeit der Mitbürger zu widerstehen und meist sehr allein dazustehen. Ich will nur daran erinnern, wie wichtig mir da der Glaube war, ein Grundvertrauen, getragen, *durch*getragen zu werden, eine befreiende Gewißheit im Gewissen zu haben. Und ich erinnere mich noch genau, wie wichtig das Beispiel anderer – auch aus der Geschichte! – wurde, ich weiß, wie unverzichtbar Freundschaft war und ist, gute, treue, verläßliche Freunde oder einfach meine mich ganz mit-verstehende Schwester zu wissen.

Ich habe mich als junger Mensch an Vorbildern aufgerichtet. Mit 16 las ich Wolfgang Borchert, mit 18 Martin Luthers Schrift an den Kaiser, und ich hörte die große Rede Martin Luther Kings, eine Vision der geschwisterlichen Menschheit. Mich begleiteten solche »Hirten« wie die Bischöfe Johannes Jänicke und Werner Krusche. Ich bewundere Rosemarie Reichwein, Hilde Domin und Carola Stern.

Und ich erlebte – o Wunder! –, wie die Ostdeutschen sich von einer Diktatur selbst befreien. Sie fanden den unerwarteten Mut zum aufrechten Gang und zum offenen Wort. Nun geht es schon seit mehr als zehn Jahren um den Mut in der Demokratie, also in einer offenen Gesellschaft. Nun heißt es, sich die Freiheit zu nehmen, die wir nur behalten, wenn wir sie auch gebrauchen. Dazu gehört der Mut, zu widerstehen, selbst gegen eine allgemeine (Volks-)Stimmung – bisweilen gegen eine böswillig mißverstehende öffentliche Präsentation abweichender Meinungen.

Ich nenne drei Beispiele aus eigenem Erleben:

1991 habe ich auf eine mir direkt gestellte Frage hin gesagt, daß ich bereit wäre, einem vom Mob verfolgten Honecker meine Wohnung zu öffnen. Die Volksseele kochte. Und die ehemaligen braven Mitbürger verfluchten mich.

Meine Amtsenthebung forderte man, als ich diejenigen Privatpöbel nannte – nach einem Wort von Karl Marx –, die eine Fernverkehrsstraße in Fürstenberg/Ravensbrück sperrten, weil KZ-Überlebende verhindern wollten, daß auf dem Gelände des KZ ein Supermarkt errichtet würde.

1993, als die Stasi-Hinterlassenschaften, jene 190 Kilometer »Gauck-Akten«, anfingen, erneut Menschen mehr zu belasten, als sie zu befreien, wünschte ich, daß wir diesen ganzen Wust lieber »einem Freudenfeuer anvertrauen« sollten. Ich meinte einen symbolischen Befreiungsakt, weil zu viele glaubten, die Akten enthielten »die Wahrheit« über unser Leben. Die Vergangenheitsdebatte fixierte sich auf die Stasi-Akten und auf die IM. Es kam zu vielen nötigen Offenlegungen, aber auch zu vielen menschlich verhängnisvollen Stigmatisierungen. Man stürzte sich auf mich, als ob ich die Vergangenheit vertuschen, die Opfer beleidigen und die Machenschaften der Stasi vergessen machen wollte.

Als ich 1999 – zehn Jahre nach der demokratischen Selbstbefreiung – für die politisch Verantwortlichen eine Amnestie vorschlug, wurde ich zum Steigbügelhalter der SED/PDS erklärt. Meinen Text und meine Begründung nahm man nicht wahr; man griff sich ein Wort heraus. Und der einstige Kommunist Wolf Biermann, der mich 1993 zu einem »Spießgesellen des Teufels« erklärte, singt jetzt ein Spottlied über den »Ablaßhändler zum Nulltarif« und einen, der die »Opfer verspottet und die Täter tätschelt«. Nachträglich und nachtragender Haß richtet sich nicht nur gegen den Hassenden, sondern zerfrißt auch den Hasser. Sich vom Haß zu befreien bedeutet nicht, Untaten zu verschweigen oder billig zu entschuldigen.

Die Selbstauseinandersetzung der 16 Millionen Ostdeutschen mit den 40 Jahren DDR ist weithin ausgeblieben, es bleiben Anklagen, Selbstrechtfertigungen. Verniedlichung und Dämonisierung bedingen sich. Und der Graben zwischen Ost und West ist tief – nicht zuletzt, weil »der Westen« weiterhin die Deutungshoheit übernommen hat.

Schließlich: Ostdeutsche gegen pauschalierende Abwertung aus dem Westen zu verteidigen, verstehe ich nicht als »Ostalgie« oder Beschönigung der SED-Herrschaft, sondern weil ich Pauschalisierung als ungerecht und unwahr empfinde. Zugleich bedürfen Ostdeutsche keiner besonderen Schonung, zumal manche sich in Selbstmitleid, Nehmergeste und Wessi-Wut eingerichtet haben – und andere keckfrech die Vorteile der Demokratie nutzen, indem sie ihr altes Gebaren unter neuen Bedingungen fortsetzen.

Ich weiß zu gut, was es heißt, allein zu sein und mit innerer Konsequenz seinen Überzeugungen nicht nur still für sich treu zu bleiben, sondern sie offenzulegen und in öffentliche Diskussionen einzubringen. Ich weiß um die Angst. Ich weiß um die Verzweiflung. Und ich weiß, wieviel inneren Aufwandes es bedarf, sich *nicht* zurückzuziehen und zu resignieren.

Mut zu haben, braucht Mut. Er wächst einem zu, wenn man sich dazu entschließt, seine Ängste zu überwinden und ein Wagnis selbstgewiß einzugehen. Und immer gibt es auch Menschen, die einen trösten, bestärken, ermuntern.

Dabei geht es meist nicht um die großen Dinge. In den kleinen Dingen des Lebens entscheiden sich die großen. Wichtig ist, wie jede und jeder in seiner Umgebung zu einer Atmosphäre beiträgt, wo das Zu- und Wegschauen durchbrochen wird, wo das Schweigen und Verschweigen aufhört, wo man dazwischenredet und eingreift, wenn anderen Unrecht angetan (oder wenn sie mit Worten herabgewürdigt werden), wenn man widerspricht, wo gelogen wird, oder protestiert, wo das ganz Falsche von den (Finanz-)Mächtigen durchgesetzt oder von einer Mehrheit blindlings unterstützt wird.

Was wir zu trainieren haben, ist Zivilcourage, ziviler Mut, die die alte »Tapferkeit auf dem Felde« ablösen muß. Zivilcourage zu haben heißt vorbeugend zu handeln und nicht nur nachträglich Schäden zu beseitigen. Das setzt die Absicht und die Fähigkeit voraus, hinzusehen, genau hinzusehen, doch nicht duldend und schweigend zuzuschauen, mit schlechtem Gewissen wegzuschauen, sondern mit gutem Gewissen einzugreifen, wo Menschen Unrecht zugefügt wird oder ungerechte Strukturen zu Not führen, wo die Schöpfung Schaden leidet, wo dumpfe Gewalt sich ausbreitet.

Mitten unter uns leben solche Mut-Macher wie der Menschenrechtler Sergej Kowaljow oder die Soldatenmütter, die gegen den barbarischen Tschetschenien-Krieg einschritten, wie der »Gandhi des Kosovo«, Ibrahim Rugova, der stets auch gegen den Haß der eigenen Leute antrat, – oder wie die Bahnschaffnerin Andrea Goldberg, die allein eingriff, als Fahrgäste aus rassistischen Gründen überfallen wurden. Sie alle riskieren ihr Leben, weil andere in ihrem Leben bedroht sind.

Der größte Mut – wahre Großmut! – besteht darin, in einer verhärteten Welt, den Mut zu finden, sanft zu sein. Sanft-Mut haben, mitten in einer Welt der harten Tatsachen, der harten Worte und des harten Geldes. Das heißt eben nicht, untätig-abwartend zu leben, sondern – jegliche Härte erweichend – zu handeln. Wie heißt es doch in den Seligpreisungen der Bergpredigt? »Selig sind die Sanftmütigen, denn sie werden das Erdreich besitzen.«

Ich und du, wir müssen uns persönlich stellen, einstehen und widerstehen.

Seit 40 Jahren begleiten mich diese Verse Wolfgang Borcherts, berührend und ermutigend.

Versuch es

Stell dich mitten in den Regen,
glaub an seinen Tropfensegen –
spinn dich in das Rauschen ein
und versuche gut zu sein!

Stell dich mitten in den Wind,
glaub an ihn und sei ein Kind –
laß den Sturm in dich hinein
und versuche gut zu sein!

Stell dich mitten in das Feuer,
liebe dieses Ungeheuer
in des Herzens rotem Wein –
und versuche gut zu sein![14]

14 Wolfgang Borchert, Das Gesamtwerk. Halle 1961, S. 326.

II. Überschreiten, was ist

Der unbekannte Gott
Christlicher Glaube im ostdeutschen Atheismus

Hilf, Herr! Die Heiligen haben abgenommen,
und gläubig sind wenige unter den Menschenkindern.
Einer redet mit dem andern Lug und Trug,
sie heucheln und reden aus zwiespältigem Herzen.
(Psalm 12, 2–3)

Meine Tränen sind meine Speise Tag und Nacht,
weil man täglich zu mir sagt: Wo ist nun dein Gott?
Daran will denken
und ausschütten mein Herz bei mir selbst:
wie ich einherzog in großer Schar,
mit ihnen zu wallen zum Hause Gottes
mit Frohlocken und Danken
in der Schar derer, die da feiern. (Psalm 42, 4–5)

Ich ereiferte mich über die Ruhmredigen,
als ich sah, daß es den Frevlern so gut ging.
Denn für sie gibt es keine Qualen,
gesund und feist ist ihr Leib.
Sie sind nicht in Mühsal wie sonst die Leute
und werden nicht wie andere Menschen geplagt.
Sie brüsten sich wie ein fetter Wanst,
sie tun, was ihnen einfällt.
Sie achten alles für nichts und reden böse,
sie reden und lästern hoch her.
Was sie reden, das soll vom Himmel herab geredet sein;
was sie sagen, das soll gelten auf Erden.
Darum fällt ihnen der Pöbel zu
und läuft ihnen zu in Haufen wie Wasser.
Sie sprechen: Wie sollte Gott es wissen?

Wie sollte der Höchste etwas merken?
Siehe, das sind die Frevler, die Gottfernen;
die sind glücklich in der Welt und werden reich.

Dennoch bleibe ich stets an dir,
denn du hältst mich bei meiner rechten Hand ...
Wenn mir gleich Leib und Seele verschmachtet,
so bist doch, Gott, allezeit meines Herzens Trost und Teil.
(Psalm 73, 3–12, 23–26)

Die Frage, ob der Mensch etwas »Höheres« über sich hat, ob
er selbst das Höchste ist, in welche Höhen er kommt und
welche Tiefen er erreichen kann, vor allem aber, wie er seine
»Bestimmung in der Welt« erfülle und wie er seine Bestimmung definiere, ist und bleibt eine Frage, die mit der Frage
nach Gott zentral verbunden ist, solange solche Fragen überhaupt gestellt werden. Wir im Osten haben eine Zeit erlebt,
in der die Unterwerfung unter die kleingeistigen, machtbe-
sessenen, lügenden Selbstgötter gefordert und der Name
Gottes in jeder Weise emeritiert wurde, wobei der Anteil der
Christen und der Kirchen am Plausibilitätsverlust des Glaubens nicht zu unterschätzen ist. Ohne die kritische Sicht auf
uns selbst, die Gottesfinsternis in uns, sollten Christen der
Welt nicht den kritischen Spiegel vorhalten, was nicht heißt,
wir sollten lau, larmoyant und resigniert, anbiederisch nach
allen Seiten hin agieren.

Bei Martin Luther heißt es: »Fern von uns Christen seien
Skeptiker und Akademiker, willkommen aber die, die doppelt
so hartnäckig als selbst Historiker ihre Sache mit Entschie-
denheit vertreten ... Nichts ist bei den Christen bekannter
und vertrauter als die entschiedene Behauptung: Hebe die
entschiedenen Behauptungen und Gewißheiten auf, so hast
du das Christentum beseitigt ... Der Heilige Geist ist kein
Skeptiker.«[15]

Christen sind in Ostdeutschland – statistisch gesehen – zu

15 Gerhard Ebeling, Luther. Tübingen 1964, S. 283 ff.

einer Minderheit geworden; doch die geringe Zahl derer, die sich zur Kirche zugehörig fühlen, offenbart nicht das wahre Ausmaß der Entfremdung vom Christlichen. Das Wissen und Verstehen dessen, was christlichen Glaube ausmacht, sind geradezu rudimentär geworden. Einer ideologisch und politisch begründeten *Gottesfeindschaft* des kommunistischen Atheismus ist längst *Gottesgleichgültigkeit* gefolgt. Der systematischen religiösen Entalphabetisierung folgt der ganz alltägliche banale religiöse Analphabetismus einer Welt, in der alles zur Ware wird, die dazu bestimmt ist, ver-wertet zu werden. Der Konsumismus ist weit wirksamer als der Kommunismus. Der ach so christliche Westen hat nicht mehr lange Zeit, sich am ach so atheistischen Osten zu delektieren und sich darüber zu erheben. Missionsland ist überall.

Bischof Karl Lehmann brachte es auf den Punkt: »Die Erfahrung in den neuen Bundesländern, wo die Christen in der Minderheit sind, gibt eine Vorahnung für die künftige Situation bundesweit. Die zunehmende Konfessionslosigkeit verlangt von der gesamten Kirche Deutschlands einen grundlegenden missionarischen Impuls. Christen werden – bezogen auf die Gesamtbevölkerung – nicht nur eine Minderheit, sondern die Fragen des Christentums spielen nur noch am Rande eine Rolle.«

Martin Luther schrieb in der Auslegung des ersten Gebots in seinem Großen Katechismus: »Was ist Gott? Antwort: ein Gott heißet das, dazu man sich versehen soll alles Guten und Zuflucht haben soll in allen Nöten… Worauf du nun (sage ich) dein Herz hängest und verlässest, das ist eigentlich dein Gott. Es ist mancher, der meinet, er habe Gott und alles genug, wenn er Geld und Gut hat.« Sie sind »der allergewöhnste Abgott auf Erden«. Sodann nennt Luther noch andere Abgötter: »große Gelehrsamkeit, Gewalt, Kunst, Verwandtschaft, Ehre«, an die Menschen ihr Herz hängen und ihr Leben bauen. Die Gottesfrage ist die Frage, wem der Mensch sich als höchstem Gut unterwirft. Die Frage, die Jesus in der Bergpredigt zuspitzt, stellt sich noch immer global: »Ihr könnt nicht zwei Herren dienen: Gott und dem Mammon.« (Matthäus 6, 24) Heute würde Jesus sicher sagen »Gott oder der Börse«. Wem sich der Mensch oder gar die Menschheit unterwirft – das ist ihr Gott.

Die SED machte das Gebiet der sowjetischen Besatzungszone und seit dem 7. Oktober 1949 den Staat der Arbeiter und Bauern zu einem politischen und sozialen, ökonomischen und weltanschaulichen Kampfplatz. Der dialektische Materialismus sollte allem »religiösen Unfug ein Ende« bereiten. Schließlich hatte Lenin – der einbalsamierte Kreml-Gott als Inkarnation des Weltgeistes – die Religion als das »Opium für das Volk« bezeichnet, also als benebelnden Fusel, der den Leidenden zur Schmerzbetäubung verabreicht würde.

Die antikirchliche Propaganda der SED war auf einen fruchtbaren Boden gefallen, der bereitet war durch die Usurpation des Glaubens als fanatische Unterwerfung unter »den Führer« und die nationalsozialistische Ideologie, aber auch durch die Nähe der Kirche zu den Mächtigen und Reichen sowie durch eine »antimoderne Attitüde«, mit der sie sich den sozialrevolutionären Bewegungen der Aufklärung und den Erkenntnissen der modernen Wissenschaft widersetzt hatte. Die Abwendung von der Kirche verband sich mit einer Abwendung vom Glauben. Insofern hatte die kommunistische Propaganda leichtes Spiel.

Selbst die Sputniks der Sowjetunion wurden eine Art Spürhunde nach dem nicht vorhandenen »lieben Gott im Himmel«. In einem Beitrag für die 1960 erschienene 9. überarbeitete Auflage des Jugendweihebuchs von 1954 schrieb Robert Havemann: »Der Mensch steigt zu den Sternen auf, um zu anderen Planeten und fernen Sonnensystemen vorzudringen. Er wird zum Herrn über Erde und Weltall und wird auf diesem Siegeszug die Fackel seiner Fähigkeiten sternenwärts tragen.«[16] Für Havemann war klar, daß nur die sozialistische Sowjetunion »den ersten künstlichen Planeten« schaffen konnte.

16 Weltall, Erde, Mensch. Berlin 1960, S. 114.

Dies zeige »mit staunenswerter Eindeutigkeit, was der Mensch vermag, wenn ihm die sozialistische Gesellschaftsordnung alle Hilfsmittel, alle Möglichkeiten erschließt, um sich über alle Kräfte der Natur zu erheben und zum Mitgestalter der Sterne zu werden. Der ungeheure Triumph der sowjetischen Technik beweist, daß im Weltall keine Dämonen und Götter wohnen, die sich dem Können des Menschen entgegenstellen.«[17]

Dieses atheistische Pathos beflügelte auch Schriftsteller von Johannes R. Becher bis zu Jupp Müller, nachzulesen im Lesebuch von 1960:

Was ich fordere
Daß du dir abgewöhnst,
Kumpel,
schüchtern
wie ein Bettler
an das Tor des Morgen
zu klopfen.
Nein –
du hast die Pflicht,
an die Wände
des Himmels
zu trommeln; so zu trommeln,
daß vor dem
Rhythmus deiner Fäuste
den gestrigen Göttern
die Lust vergeht,
mit den Posaunen
von Jericho zu spielen.
Daß sie erbleichend
die Kraft verspüren,
mit der
der neue Herr der Welt
den Grünspan

17 Ebenda, S. 112.

der Vergangenheit
mit vollen Lungen
von den Sternen pustet.
Und –
dann mit eignen Sternen
Herrgott spielt.

Die DDR hat »mit eigenen Sternen Herrgott« gespielt. Wie
schrieb Robert Havemann in der Einleitung zum Jugendweihebuch? »Heute ist das einst revolutionäre Bürgertum zur
absterbenden Klasse einer untergehenden Gesellschaftsordnung entartet. Nichts blieb von dem Kampf gegen den phantastischen Glauben der Kirche. Die hohen Ideale der bürgerlichen Revolution, Vernunft, Freiheit und die Gleichheit und
Brüderlichkeit aller Menschen wurden über Bord geworfen.
Aber unaufhaltsam schreitet die Entwicklung der Menschheit voran. Wieder bewegen die Menschen neue revolutionäre
Kräfte, die sich gesetzmäßigerweise mit den materialistischen
Grundlagen der Menschheitsentwicklung verbinden.«[18]

Havemann fährt fort: Der Mensch schuf »eine neue Welt,
eine menschliche Welt, indem er mit seiner Hände Arbeit
selbst seine Lebensbedingungen nach seinem Willen veränderte, die Natur korrigierte, schwang er sich auf vom einfachen Benutzer der Natur zu ihrem Beherrscher«. Die Folgen
sozialistischer Gigantomanie zeigen sich auf tragisch-eindrucksvolle Weise; so verwandelte sich der Aralsee durch die
Umleitung der mächtigen sibirischen Flüsse in eine Salzwüste. In Tschernobyl wurde das Gleichnis vom Zauberlehrling
fast welt-erschreckende Realität. (Übriges kam Robert Havemann erst ab 1964 mit der SED – seiner Partei! – in Konflikt. Damals war er fünfzig Jahre alt. Manchem Einpeitscher
der kommunistischen Ideologie und des dialektischen Materialismus wird schnell verziehen – anderen gar nicht.)

Die Langzeitwirkungen des atheistischen Feldzuges gegen
den Gottesglauben auf mindestens zwei Generationen sind

18 Ebenda, S. 14.

nicht zu unterschätzen. Jedem Glaubenden muß an einem diskussionswürdigen und qualifizierten Atheismus gelegen sein. Wo die Frage nach Gott nicht mehr frag-würdig ist, verliert das Fragen des Menschen nach sich selbst seine Tiefe.

Der Stachel des Atheismus bzw. der »Gottesfinsternis« (Martin Buber) steckt in uns allen, es sei denn, wir gehörten zu den schwer erträglichen Rechthabern oder Rechtgläubigen, die sich durch kein Fragen ankränkeln lassen und auf alles eine unerschütterlich klingende Antwort haben, eine Antwort, die andere frösteln läßt. Die Häuser der Glaubens-*sicherheit* sind aus lauter Bausteinen der Angst erbaut. Die Glaubens*zuversicht* bleibt erschütterbar, in einem doppelten Sinne: Sie hält Erschütterungen stand, und sie baut nicht auf eigene trügerische Sicherheit. Glaubenszuversicht lebt aus dem Satz: »Ich glaube; hilf meinem Unglauben!« (Markus 9,24) – gesprochen von einem Vater, der seinen unheilbaren Sohn zu Jesus bringt und auf Heilung hofft.

Ich bin in einem Pfarrhaus in der Altmark aufgewachsen. Solange ich denken kann, war ich mit einem aggressiven und primitiven Atheismus konfrontiert, der sich als aufgeklärtes Bewußtsein gab. Der Marxismus-Leninismus als totalitäre Ideologie, die nicht nur alle Welträtsel zu klären sich anschickte, sondern auch den menschlichen Geist auf ihren dialektischen Leisten schlug und dafür die Apparatschiks der Partei einsetzte, sich aber auch die Wissenschaft und die Wissenschaftler zunutze machen konnte, war durchaus erfolgreich. Ulbricht hielt in Halle eine Brandrede gegen einzelne Professoren. Einige wurden entfernt, andere gingen in den Westen. Der »Spirituskreis« wurde aufgelöst. Wer damals noch abhauen konnte, verließ das Land. Je mehr Menschen die DDR verließen (nein: vertrieben wurden!), desto einsamer wurde es für Menschen, die sich als Christen verstanden.

Der Boden für Antikirchlichkeit als politischer Antiklerikalismus, aber auch als Lächerlichmachung des Glaubens überhaupt, war längst bereitet durch Inthronisation der

Selbstgötter, die mit göttlicher Autorität äußerlich und innerlich über Menschen zu herrschen sich angeschickt hatten. Noch im GULAG glaubten Kommunisten, daß Stalin »letztlich« alles richtig machte. Der Sohn des ermordeten Kommunisten Eberlein sagte: »Stalin war für uns wie ein Gott.« Das hatte selbst im Christentum Tradition: Schließlich war der deutsche Kaiser ein Ersatzgott gewesen, wie es dann später Lenin und Stalin einerseits und Hitler andererseits wurden. Hatte Nietzsche noch ausgerufen »Gott ist tot! Es lebe der Mensch«, so setzten sich die Himmelsstürmer mit bezeichnenden Namenswechseln an deren Stelle und dessen Podeste: Dschugaschwili war sein bürgerlicher Name. Stalin ließ er sich nennen, der Stählerne. Adolf Hitler war kurz »der Führer«. Und Louis Fürnberg dichtete das unsägliche Loblied auf die Partei, die »immer recht« hat und die den Menschen »alles gegeben« hat. Sie wurde zur Sonne, um die alles kreist – und diese Hymne wurde mit Inbrunst gesungen!

Die Propaganda der SED hat das Image von Glauben und Kirche nachhaltig beschädigt. Nach der kurzlebigen Hochachtung gegenüber den Kirchen im Herbst 1989 lebten antikirchliche Grundstimmungen bald wieder auf. Die Mentalität der Ostdeutschen ist tief a-theistisch geprägt, der christliche Gott weithin unbekannt.

Es hat in der DDR drei wirksame Propagandaschwerpunkte gegeben:

1. Der christliche Glaube sei unwissenschaftlich, die Anwürfe gingen bis zum Antiwissenschaftlich-Abergläubischen. Seit Mitte der fünfziger Jahre wurde dieser Kampf gleichzeitig auf einem wissenschaftlichen und einem kulturellen Feld geführt, als man mit der Ideologisierung der Darwinschen Theorien von der allmählichen Entwicklung des Menschen aus dem Affen, angereichert durch Engels' Theorie von der »Menschwerdung des Affen durch Arbeit«, die biblische Schöpfungsgeschichte auszuhebeln und lächerlich zu machen verstand. Gleichzeitig startete man eine Offensive gegen die Konfirmation. Die Jugendlichen wurden zum

Kampfobjekt zwischen »Staat und Kirche«. Die Partei setzte den Staat und die Gesellschaft in eins, und der Staat erhob einen Totalanspruch auf das Individuum. Mit massivem politischem und ökonomischem Druck wurde Überzeugungsarbeit geleistet, bis Bürger dies als alternativlos vorfanden. So war die Teilnahme an der Jugendweihe, die fast »Volksbrauch« wurde, eine der Bedingungen für den Ausbildungsweg.

Die Organisation der Jugendweihestunden übernahm in der Regel der jeweilige Klassenlehrer. Das Ausscheren von einzelnen aus der Masse der »Jugendweihlinge« war altersspezifisch problematisch und oft eine besondere Belastung für junge Menschen, an diese Minderheit erinnert sich die damalige Mehrheit heute kaum.

Die Gelöbnisse bei der Jugendweihe enthielten einen Treueschwur gegenüber dem sozialistischen Staat, der Arbeiterklasse und der SED. Das Gelöbnis fand seine Fortsetzung im Fahneneid bei der Armee, unter Einschluß des unbedingten Gehorsams und der Selbstverfluchungsformel im Falle der Mißachtung des Schwurs.

(Es ist interessengeleitete Geschichtsklitterung, wenn im Streit um die heutige Jugendweihe auf die hundert Jahre alte Tradition solcher Weihen verwiesen und die 40 Jahre DDR in historischer Kontinuität gewertet werden, als ob damit nicht auch Herrschaft ausgeübt worden wäre. Im übrigen gab es selbst in der Nazizeit Jugendweihe.)

Die Kirche nahm anfangs diesen Kampf auf; sie überschätzte die Verankerung des Volksbrauches »Konfirmation« im allgemeinen Bewußtsein. Die ideologisch aufgezäumte Auseinandersetzung vollzog sich auf der Ebene der Funktionäre wie der Kirchenvertreter gewissermaßen als ein Kampf um das erste Gebot: Wer hat letzte Autorität? In Wirklichkeit war es eher ein Kampf um das achte Gebot: »Du sollst nicht falsch Zeugnis reden.« Völlig unabhängig von der eigenen Einstellung zum sozialistischen Staat schickten die Eltern ihre Kinder zur Jugendweihe, weil sie sich für den weiteren Ausbildungs- und Berufsweg ihrer Kinder verantwortlich fühlten.

Sie logen sich pragmatisch durchs Leben, genauso wie sie ohne Gewissensbisse alle zwei Jahre für die Kandidaten der Nationalen Front »vertrauensvoll« ihren Zettel falteten und dies als »Wahl« praktisch anerkannten. Dieses Zettelfalten war der eigentliche, regelmäßig vollzogene Unterwerfungsakt unter das »Standbild des Kaisers Augustus«: 98prozentige Beteiligung und 99prozentige Zustimmung! Die SED wußte gut zu unterwerfen und zu entwürdigen!

Der Opportunismus und die Lüge wurden zu den Grundpfeilern eines nach außen stabil abgesicherten kommunistischen Staates unter der Führung einer kleingeistigen Herrenriege, die von Jahr zu Jahr gerontologischer agierte.

Die Kirche verlor bereits im ersten Jahrzehnt der DDR erheblich an Boden. Dies lag auch daran, daß die kirchlichen Mitarbeiter im ideologischen Kampf nicht besonders geschult waren. Vor allem mangelte es an der hermeneutischen Begabung, die alten Texte sachentsprechend und überzeugend auszulegen und den propagandistisch geschickt aufgemachten Gegensatz zwischen naturwissenschaftlichem und religiösem Denken aufzubrechen. Gagarin konnte nach seiner Erdumkreisung den Genossen vom Politbüro und der ganzen Welt des Sozialismus, die »weltweit auf dem Vormarsch war«, verkünden: »Ich war im Himmel und habe Gott nicht gesehen.« Die marxistisch-leninistische Weltanschauung mit ihrem dialektischen Materialismus und ihrer prinzipiellen Ab- und Minderbewertung alles »Idealistischen« fand durchaus Zustimmung in der Bevölkerung. In den sechziger und siebziger Jahren traten weit mehr Leute »mit Bewußtsein« für »unseren sozialistischen Friedensstaat« ein, als es heute zugegeben wollen. Das Schema von »Basis und Überbau« oder der Grundsatz »das Sein bestimmt das Bewußtsein« wirken weiterhin nach. Und wer wollte bestreiten, daß das Geld Quelle, Sinn und Ziel des kapitalistischen Systems sei?

In der Sowjetunion wurden seit den zwanziger Jahren Kirchen gestürmt, verbrannt, umfunktioniert, Klöster säkularisiert, und in der Kasaner Kathedrale im Zentrum Leningrads, das einmal Sankt Petersburg hieß, danach also gewissermaßen Sankt Lenin, wurde das Museum des Atheismus eingerichtet. Pure antikirchliche Propaganda. Und die Erlöserkathedrale, die zu Ehren des Sieges über Napoleon im 19. Jahrhundert gebaut worden war, wurde 1931 gesprengt. Der unmittelbare Anlaß dazu war, daß der Turm dieser Kathedrale höher als der Kreml war. An ihre Stelle sollte das »Haus der Sowjets« kommen (mit der Dreieinigkeit von Staat, Partei und Gewerkschaften). Dieses Gebäude sollte 300 m hoch sein und noch von einem 100 m hohen Lenin gekrönt werden. Wenn das keine Religion ist!

Stalin hat im Gefolge des Großen Vaterländischen Krieges Bau bzw. Wiedereröffnung von Kirchen und Klöstern zugelassen. Es gab dann etwa 60000 Kirchen, die in der Chruschtschow-Ära auf 8000 reduziert wurden – wesentlich durch Schließung, Verfall und Umwidmung.

Daneben nahm sich die Sprengung der Leipziger Universitätskirche für das Universitätshochhaus »klein« aus. (Nicht von ungefähr stand der Ulbrichtsche »Protzpimmel« neben der Marienkirche in Berlin.) Der Protest hielt sich 1968 in Leipzig in Grenzen. Um so höher ist der Widerstand einzelner zu bewerten.

2. Die zweite Propagandarichtung war die Denunziation des Christlichen als historisch-reaktionär bis verbrecherisch. Einzig die urchristlichen Gemeinden wurden als frühkommunistische Vorformen positiv bewertet (allerdings fehle den Mitgliedern der Klassenstandpunkt). In deren Gefolge ließ man einzelne »fortschrittliche Persönlichkeiten« der Christenheit gelten, vor allem deren soziale oder »friedliebende« Ausrichtung. So konnte man dann auch die Kirche – bei aller Kritik – als nützlichen Idioten bei der Betreuung von Kranken und Alten nutzen.

Die kulturellen Leistungen des Christentums wurden gering geachtet. In den Vordergrund des ideologisierten Interesses traten die Kreuzzüge, die Hexenverbrennungen, die Inquisition (insbesondere die Prozesse gegen Bruno und Galilei und gegen den Helden der frühbürgerlichen Revolution, Thomas Müntzer). Die Kirche sah man stets auf der Seite der Mächtigen und Reichen. Otto Dibelius eignete sich mit seiner ganzen Biographie als Zielscheibe; nun war er Repräsentant der »NATO-Kirche«.

In dem Sammelband »Philosophie des Verbrechens« rechnete man mit der Ideologiekritik einiger Theologen – wie Helmut Thielicke – scharf ab. Ideologische Koexistenz sollte es nicht geben. Das Spitzengespräch zwischen Honecker und der Kirche am 6. März 1978 verfolgte das Doppelziel, die Kirche anzuerkennen, ihre Arbeitsmöglichkeiten zu erleichtern *und* sie zu disziplinieren. Bei jeder »antisozialistischen Aktion« von Gruppen oder Einzelpersonen unter dem Dach der Kirche drohte man mit der Aufkündigung des »6. 3.«, insbesondere bei der Disziplinierung der kirchlichen Friedensbewegung.

3. Die dritte Stoßrichtung der atheistischen Propaganda war der Kampf um die »Seele des Menschen«, um das, was für den Menschen Autorität hat, beansprucht und behält. Es war schlicht der Kampf um die Geltung bzw. Infragestellung des ersten Gebotes: »Ich bin der Herr, dein Gott, du sollst keine anderen Götter haben neben mir.«

Wer diesem Gebot zu folgen unternimmt, der bleibt kritisch bis distanziert gegenüber allen Machtanmaßungen von Menschen. Also mußte eine solche Instanz entthronisiert und an ihre Stelle ein neuer »Gott« gesetzt werden. Die Ent-Gottung Gottes führt zwangsläufig zur Ver-Gottung des Menschen. Besonders wirksam wurde dabei Literatur eingesetzt, vor allem Goethes Gedicht »Prometheus« wurde geradezu atheistisch ausgeschlachtet:

> Ich, dich ehren? Wofür?…
> Hast du nicht alles selbst vollendet,
> heilig glühend Herz?
> Hier sitz' ich, forme Menschen
> nach meinem Bilde.

Wenn man es unterläßt, dieses Gedicht im Zusammenhang mit dem »Zauberlehrling« zu interpretieren, hat man die Dialektik nicht erfaßt. Vor den Sackgassen dieser beiden Gedichte stehen wir heute noch viel schärfer als früher.

Gewissermaßen zum »Katechismus des Atheismus« gehörte neben Goethe und Marx/Lenin die gereimte Ent-Gottung Heinrich Heines durch:

> Ja, Zuckererbsen für jedermann,
> Sobald die Schoten platzen!
> Den Himmel überlassen wir
> Den Engeln und den Spatzen.

Heines Gottesringen in seinen »Bekenntnissen« wurde seiner krankheitsbedingten Umnachtung zugerechnet.

Nicht zuletzt Brechts »Dreigroschenoper« mußte herhalten: »All sein höheres Streben ist nur Selbstbetrug.«

Franz Loeser, einer der »aufgeklärteren Marxisten«, schrieb in der Reihe »nl konkret« unter dem Titel »Wie groß ist der Mensch?« (1975): »Wie müssen die Menschen sein, die den Weg zum Kommunismus beschreiten? Mitläufer, Rückversicherer, Leisetreter, Menschen ohne Mut zum gerechtfertigten Risiko, Phrasendrescher, Bummelanten und Dilettanten, Wirrköpfe und Karrieristen und jene, die es immer besser wissen als die Partei, können es nicht sein. ... Nur unter Führung einer Partei mit einer wissenschaftlichen Weltanschauung und mit fester Disziplin kann die neue Welt erobert werden.« (S. 176) »Auch die kommunistische Gesellschaft wird ihre Zwerge haben, aber die Zwerge von morgen werden die Qualitäten der Riesen von heute besitzen. Mit anderen Worten: Das moralisch Schlechte im Kommunismus hat eine völlig andere Qualität als das, was wir heute als unmoralisch bezeichnen.« Dann schwärmt Franz Loeser vom neuen Turmbau von Babel, von der Erfüllung des uralten Wunschtraumes des Menschen, daß alle Menschen sich in *einer* Sprache verstehen. Und welche kann dies sein? »Die einzige Wissenschaft, die die integrierende Funktion über alle Einzelwissenschaften ausüben kann, ist die marxistisch-leninistische Philosophie ... Diese philosophische, interdisziplinäre Wissenschaftssprache wird zum Gemeingut aller Menschen ... Ein zweiter und höherer Turm von Babel wird entstanden sein und, wie es in der biblischen Erzählung heißt, ›den Menschen wird nichts mehr verwehrt werden können von allem, was sie sich vorgenommen haben zu tun‹.« (S. 123 ff.)

Derselbe Franz Loeser veröffentlichte zehn Jahre später in der Bundesrepublik das Buch »Die unglaubwürdige Gesellschaft – Quo vadis DDR?« Er war von einer Westreise nicht zurückgekehrt und schrieb über die »Entartung des realen Sozialismus«: »Die Züchtung eines kleinbürgerlichen Spießers, dessen Bedürfnisse nicht befriedigt und dessen persönliche Freiheit unterdrückt wird ... Und hier liegt sicherlich der Kern der realsozialistischen Tragödie. Denn mit einem solchen kleinbürgerlichen frustrierten, unsozialen Spießer läßt sich keine neue sozialistische Gesellschaft bauen ... die Schmarotzer, das sind die Diktatur und ihre Apparatschiks, die nicht nur auf Kosten des Volkes leben, sondern vor allem seine Zukunft verspielen, seine Ideale und Hoffnungen verraten und ihm sein Schöpfertum, seine Moral und seine Menschenwürde geraubt haben.« (S. 115–117)

So reden Renegaten, die die Fahnen wechseln, kein Wort über ihre schmähliche Turmbauerei verlieren und ihren Anteil an der geistigen Verblödung unter der Überschrift von Wissenschaft verleugnen.

Auch der lange Zeit vom Sieg des Sozialismus überzeugte Wolf Biermann (sang er in Köln 1976 nicht »Die BRD braucht eine KP ...«?), vergibt sich selbst seine freiwillige Verschwisterung mit der DDR und ihren Funktionären, ehe er in Ungnade fiel – die kommunistische Feindbildmalerei wird im Jahr 2000 umgedreht, und der Barde vergißt sich. Auf die Frage, ob er heute auch »mit Leuten von der PDS redet, um informiert zu sein, wie sie denken«, antwortet er laut »Super

Illu« (Wer gibt dort eigentlich Interviews?): »Wenn ich Schweine sehen will, gehe ich zu einem mir bekannten Bauern in den Stall. Man muß nicht durch jede Jauchengrube schwimmen, um zu wissen, was Scheiße ist.«[19]

Vielen, die einmal einer manichäischen Ideologie – also einer Ideologie, die von Zweiteilungen lebt – angehangen haben, fällt es offensichtlich schwer, davon abzulassen, die Welt in »Freunde und Feinde«, hier also drastischer: in »Freunde und Schweine« einzuteilen. Der Haß sucht sich einfach neue Objekte. (Die Gedichte eines Günter Kunert, Reiner Kunze oder Wolf Biermann verlieren nichts von ihrer Qualität, Wertschätzung und Wirkung im Prozeß der Befreiung von dieser verführerischen Ideologie. Nur die Abrechnung mit ihrer Vergangenheit verrät, wie diese Zeit ihre Denkstrukturen im Griff behalten hat. Ganz in kommunistischer Manier gilt ihnen nichts verwerflicher als Versöhnung, die sie auf Verhöhnung reimen. Den Kommunisten galt seinerzeit nichts verwerflicher als »Versöhnlertum« oder »Sozialdemokratismus«.)

Zum Kampf um das Hirn des Menschen gehörte das kommunistische Menschenbild, das den einzelnen vom Kollektiv verschlucken ließ. Und dieses Kollektiv wurde beherrscht von der Avantgarde des Fortschritts, der SED. Das Gewissen als eine idealistische Kategorie mußte ausgeschaltet werden. Ich erinnere mich gut an den Kampf um die Beibehaltung des Gewissenbegriffs in der Verfassung der DDR im Jahre 1968. In Artikel 20 der Verfassung blieb der Satz erhalten: »Gewissens- und Glaubensfreiheit sind gewährleistet.« Dies war eine der Konzessionen, die die Partei an die Kirche machte. Die brave Ost-CDU hat damals den SED-Kurs tapfer verteidigt.

Besonders subtil war der Kampf um die Relevanz des Glaubens bei der Formulierung des Artikels 39 der DDR-Verfassung von 1968, wo jedem Bürger das Recht zugestanden wurde, »sich zu einem religiösen Glauben zu bekennen und religiöse Handlungen auszuüben«. Um dieses kleine Wörtchen ›zu‹ ging es; es ging nicht um das Recht, e i n e n Glau-

19 Super Illu, 2. März 2000, S. 17.

ben zu bekennen, sondern sich »zu einem Glauben« zu bekennen. Hier wird der Glaube zu einem Appendix und nicht zu einer existenzbestimmenden Angelegenheit des Individuums, das einen Vorbehalt gegenüber den Machtanmaßungen eines Staates und seiner Partei machen dürfte.

Es würde ein einseitiges Bild vermittelt, wenn ich nicht hinzufügte, daß es auch Gegenbewegungen gab, die nicht zuletzt Sozialisten initiierten, die das »Religiöse« differenzierter zu verstehen aufforderten. Dies begann erst Anfang der siebziger Jahre, z. B. mit dem großen Vortrag Franz Fühmanns in der Humboldt-Uni 1974 über »Das mythische Element in der Literatur«, mit Werner Heiduczeks »Abschied von den Engeln«, Heinz Kahlaus Gedichtband »Flugbrett für Engel«, mit dem Stück von Peter Hacks »Adam und Eva« oder mit der Neubewertung Martin Luthers 1983.

Die »erledigten Fragen« bekamen ein Fragezeichen und die Fragen so neuen Sinn, z. B. in Heinz Kahlaus Gedicht »Gott ist nicht da«:

> Es gibt kein Paradies
> nach diesem Jammertal.
> Kein Jüngstes Gericht
> findet statt.
> Gott ist nicht da.
>
> Gott ist nicht da?
> Kein Jüngstes Gericht
> findet statt?
> Es gibt kein Paradies
> nach diesem Jammertal?[20]

Aus der Sowjetunion kamen Andrej Tarkowskis Filme »Andrej Rubljow« und »Stalker«, Wladimir Tendrjakows Erzählungen und Tschingis Aitmatows »Richtstatt«. Die Tradition des »Gottsuchertums« wurde aufgenommen; »Die Dämonen« von Dostojewski wurden veröffentlicht.

20 Heinz Kahlau, Flugblatt für Engel. Berlin 1974, S. 108.

81

Insbesondere aber wirkte in die Debatte (über Westmedien vermittelt und durch Freunde geschmuggelt) das Gedankengut von Ernst Bloch und Milan Machoveč, Leszek Kołakowski und Lew Kopelew ein. Auch die Auseinandersetzung mit Marx bekam seit der Veröffentlichung der Pariser Manuskripte (1968) eine neue Bedeutung.

Ich habe vor 25 Jahren auf einer Jugendfreizeit offensiv und »produktiv« auf die marxistische Religionskritik reagiert. Marx hatte in der »Einleitung zur Kritik der Hegelschen Rechtsphilosophie« geschrieben: »Das religiöse Elend ist in einem Ausdruck des wirklichen Elends und in einem Protestation gegen das wirkliche Elend. Die Religion ist der Seufzer der bedrängten Kreatur, das Gemüt einer herzlosen Welt, wie sie der Geist geistloser Zustände ist. Sie ist das Opium des Volkes. Es ist die Aufgabe der Geschichte, nachdem das Jenseits der Wahrheit verschwunden ist, die Wahrheit des Diesseits zu etablieren.«

(Nebenbei bemerkt: Erst der Möchtegern-Philosoph und Revoluzzer Lenin hat aus jenem Satz ›Opium des Volkes‹ – ›Opium für das Volk‹ gemacht.)

Wenn ich versuchte, diesen kritischen Sätzen Marxens einen verfremdenden Sinn zu geben, so betrifft das nicht nur die Vergangenheit des kommunistischen Systems, sondern auch unsere Gegenwart:

Die Kirche ist ein Ort, an dem gebetet wird. Das heißt: hier wird auch gehadert, geklagt, protestiert. Das wirkliche Elend des Menschen wird ausgedrückt. Das Elend, dem er als eine sterbliche Kreatur unterworfen ist, und das Elend, das die Menschen einander schuldhaft zufügen. Das geschieht auch im Gebet. So ist das Gebet zugleich Ausdruck eines Elends und der Protest gegen das Elend. Der ausgesprochene Protest entlastet und führt in den bewußten, abgestuften, beharrlichen Kampf gegen das Elend. Doch der Betende sucht die Gründe für das Elend nicht immer nur beim Gegner oder Feind, sondern auch in sich selbst.

Dies ist der humanisierende und solidarisierende Sinn des Sündenbekenntnisses. In der Kirche muß immer ausdrückbar bleiben, was Menschen bewegt, umtreibt und kaputt macht, aber nicht, um darin zu verharren, sondern um sich freizumachen und neue Aussicht zu gewinnen. Hier also muß ›der Seufzer der bedrängten Kreatur‹ Raum haben. Wenn dies nicht geschieht, ist Kirche nicht mehr Kirche.

Und mitten in einer Welt, die als herzlos empfunden wird, kann die Gemeinschaft der christlichen Gemeinde ›das Gemüt einer herzlosen Welt‹ sein, wenn sie den verhärteten und entfremdeten Menschen Sprachräume gibt, Räume für den Selbstausdruck, Räume für den Wiedergewinn des Selbst, für die Kreativität und die Zuwendung zum Anderen. Immer wird die Sorge um den einzelnen im Mittelpunkt stehen.

Kirche war und ist ein Ort für die ›Gemütspflege‹. Wo sie nichts mehr fürs Gemüt tut, erkaltet sie und läßt erkalten. Unsere Kirchen sind inzwischen wohltemperiert, aber sie tun zu wenig fürs Gemüt, was nicht heißen soll: gegen den Verstand. Gottesdienste der christlichen Kirchen, die nichts fürs Gemüt tun, bleiben kalt und lassen kalt.

Die christliche Gemeinde kann »Geist geistloser Zustände« werden, wenn der Geist in Ketten gelegt wird oder in der Banalität zu ertrinken droht. Ich meine: Nichts sagt mehr über den Verfall der christlich geprägten Kultur als das Programm der Fernsehsender am Karfreitag – aller! – in den letzten 15 Jahren! Der kommerzialisierten Verblödung – nicht bloß in intellektueller Hinsicht, sondern auch in geistlicher – sind offenbar keine Grenzen gesetzt.

Das Big-Brother-Szenario ist der äußere Ausfluß der Kultur der Langeweile, die nach Fun sucht, aber menschlich ausgezehrt ist. Menschen suchen kein Geheimnis mehr und *wollen* die totale Entblößung. Sichtbar wird ein buntes Nichts.

Der moderne Kapitalismus – weltweit-grenzenlos – ist in der Lage, alles immer schneller, effektiver und globaler zu verwerten, auch das, was das menschliche Gemüt braucht.

Wir leben in einer devastierten geistlichen Landschaft, nahezu jeglicher Transzendenzerfahrung beraubt, einer Erfahrung, die sich der rationalen Weltbemächtigung entzieht, aber vor ihr standhalten kann. Wir sind in der religiösen Wüste. Die Familie als traditionelle Brut- und Pflegestätte fällt weithin als Ort der internalisierenden und sozialisierenden Traditionspflege, als Keimzelle der Kultur aus. Die totale Veräußerlichung läßt sich daran ermessen, daß man weit vor »Totensonntag« schon beginnt, die Weihnachtsmänner in die Schaufenster zu räumen, und von Aschermittwoch an fordern die Osterhasen zum Kauf auf. Haben wir die Aushöhlung des Christlichen durch Ideologie hinter uns, so wird sie heute vollendet durch die kommerzielle Banalisierung.

Der »Ansturm auf den Sonntag« ging 1999 ausgerechnet von Leipzig aus. Hinein in die Tempel des Kapitalismus! Tote Seelen mit vollen Körben!

Wo schließlich die »Wahrheit des Diesseits« zur einzigen Wahrheit wird, weist der Glaube auf das »Jenseits« der Wahrheit hin, nämlich auf eine Wahrheit, die das Vorhandene überschreitet, den Blick auf das Unerwartete, auf das Mögliche im Wirklichen, auf das Zu-Erhoffende richtet – kurz: auf alles, was sich nicht machen oder kaufen läßt.

Das philosophische und ideologische Infragestellen Gottes ist längst der Gottesgleichgültigkeit gewichen. Dem ideologischen Materialismus ist der ganz alltägliche Materialismus gefolgt – und er ist weit erfolgreicher, basiert aber auf dem ersteren. Die DDR richtete noch einen Lehrstuhl für wissenschaftlichen Atheismus ein und hielt die Religion für gefährlich, tat alles zu ihrer Eindämmung und Zurückdrängung aus der Öffentlichkeit. Um mit Marx zu reden: »Sie waren ihres Sieges nicht so sicher, daß sie die Polizei hätten entbehren können.«

Da der Mensch offensichtlich nicht ohne etwas leben kann, was über ihn hinausführt, gibt es diverse Surrogate, Ersatzreligionen, und allerlei Verführungen und geschäftstüchtige

Verführer. Scientology ist inzwischen zugelassen ... Es gibt eine religiöse Sehnsucht, die in der Orgelmusik oder auch beim Besuch von Oratorien und Requien Befriedigung findet. Aber wir müssen uns einfach der Tatsache stellen, daß die Zahl der Menschen, die sich einer christlichen Kirche zugehörig fühlen, auf 10 Prozent der Gesamtbevölkerung hin tendiert. Im schnell wechselnden Hang zu Trends und Bands, zu New Age und buddhistischen Gruppen, zu (Kurzzeit-) Idolen und Massen-Events wird ein religiös-orgiastisches Bedürfnis befriedigt.

Die Love-Paraden und ihre Parolen (»Laß die Sonne scheinen in dein Herz!« – Let the sun shine in your heart!) erschöpfen sich im dröhnenden Massenerlebnis. Bloß kein Inhalt, keine Botschaft. Pures Erlebnis – und Umsatz für die Stadt. Auch für Dr. Motte. Und die Bäume im Tiergarten verbrennen im Urin. Aber was sind Bäume gegen eine Million Konsumenten auf einmal?

Die Kirchen werden dem Bedürfnis nach *Gemeinschaft* in einer sich immer mehr vereinzelnden Welt durch Angebote entgegenwirken, die sowohl etwas Anziehendes haben (also durchaus auch Spaß machen!), als auch dem Wesentlichen Raum geben. Hier muß das *Wesentliche* unter dem Vielen herausgefunden und das wenig Wichtige unter dem vielen Sich-wichtig-Machenden herausgefiltert, der *Stille* in der lauten Welt eine Chance, dem Sichwundern über die Wunder des Lebens Gestalt gegeben werden. *Prophetie und Poesie des Glaubens* brauchen erneut Stimme. Wo die Kirchen sich weiter konfessionell verengen, haben sie die »Zeichen der Zeit« verschlafen. Gott ist nicht der Gott einer Kirche, sondern der *Gott der Welt*. In einem globalisierten Zeitalter ist auch dem Gott Stimme zu geben, der als der Herr der Welt und der Vater aller Menschen zu verstehen ist.

Der unterschiedlichen Traditionen entstammende christliche Konfessionalismus wird in einer glaubensfremd werdenden Welt immer anachronistischer und kontraproduktiver, sofern nicht gegenseitige Offenheit erreicht wird, insbesondere durch Anerkennung der Ämter und durch *eucharistische Gastbereitschaft*. Die trotz Ökumene weiterwirkenden Ausschließlichkeitsansprüche auf die Wahrheit laden Fernstehende nicht gerade ein, näherzukommen. Die konfessionalistische Parzellierung Gottes wirkt nicht nur provinziell, sondern auch lächerlich.

Die am 31. Oktober 1999 getroffene »Vereinbarung über die Rechtfertigung« ändert überhaupt nichts am Alleinvertretungsanspruch Roms.

Was heißt es nun, den unbekannten Gott in einer devastierten spirituellen Landschaft bekannt zu machen?

Es geht darum, die *neuen Entfremdungen* wahrzunehmen, die Entfremdungen des Menschen von sich selbst, die Entfremdung des Menschen gegenüber den anderen, die Entfremdung von der Natur und die Entfremdung von Gott. Es geht darum, sich den unbekannten Gott bekannt zu machen – »mit Herzen, Mund und Händen« für ihn offen zu werden, aber eben auch mit dem Kopf. Es geht darum, nach unseren *Wurzeln* zu suchen und unsere Wurzeln zu pflegen. Es geht darum, unter die Oberfläche zu kommen in einer immer oberflächlicher werdenden Welt.

Den Zugang eröffnet der gewiß auch nicht leichte Versuch, sich die Schriften der Juden und die Schriften der Christen in der BIBEL existentiell zu »eröffnen« und mehr Augenmerk auf die *Kunst des Verstehens* (Hermeneutik) sowie auf eine sachentsprechende und ansprechende Vermittlung des Glaubens im Medienzeitalter zu richten. Und es geht um genauere Wahrnehmung unserer Geschichte – Christentum ist der *»Kulturanteil« des christlichen Glaubens* an der abend- und morgenländischen Geschichte. Wer sie studiert, wird spüren, wie stark Haltungen Handlungen bestimmen, wie nahe das Heilige dem Dämonischen kommt, wie leicht Wahrheit zur Ideologie und Wahrheitsanspruch zur Machtanmaßung wird.

Und er wird immer wieder merken, wieviel Kraft von den schlichten Worten der Schrift – etwa der Bergpredigt – ausgeht, wenn man sie nicht als steilen Moralkatalog, sondern als die Magna Charta der Mitmenschlichkeit liest.

Eine Welt ohne Gott – das ist eine *Welt ohne Geheimnis*, die offengelegte Welt, die ent-zauberte Welt, in der alles und jeder benennbar und beherrschbar ist. Das ist die Welt ohne Gott, die sich vergottende Welt. Eine Welt, in der keiner mehr wüßte, warum es ein Wagnis ist, das Wort »Gott« in den Mund zu nehmen, eine Welt ohne Tiefe, wo Leben »Kurzweil und Cash« wird, wo Börsen-Werte alles Interesse finden und »die Werte« als langweilig-gutmenschartig gelten. Hier, in dieser Welt, gilt es, *Zeugnis* zu *geben* und selber ein *Zeuge* zu *sein*.

Der griechische Himmel ist voller Götter und Götterdramen. Der jüdisch-christliche Gott ist monotheistisch. Die Bibel berichtet vielfältig von vielfältigen Gotteserfahrungen. Die Griechen haben dem »unbekannten Gott« unter vielen Altären einen Altar gelassen. Darin steckt die Angst, einen vergessen zu haben, und gleichzeitig der Vorbehalt, daß das Göttliche sich letztlich menschlichem Zugriff entzieht und unbekannt bleibt.

Der Apostel Paulus stellt sich auf dem Areopag, dem Markt der Meinungen, den philosophischen Schulen und dem religiösen Kaleidoskop seiner Zeit. Er sagt von Gott: »Er ist nicht ferne von einem jeglichen unter uns. In ihm leben, weben und sind wir.« (Apostel 17,27)

Er nimmt damit etwas auf, was der Psalm 139 von dem Gott sagt, der alle Dinge umfaßt, durchwirkt, durchdringt und auch in das menschliche Herz sieht.

> Herr, du erforschest mich
> und kennest mich.
> Ich sitze oder stehe auf, so weißt du es;
> du verstehst meine Gedanken von ferne.
> Ich gehe oder liege, so bist du um mich

und siehst alle meine Wege …
Diese Erkenntnis ist mir zu wunderbar und zu hoch,
ich kann sie nicht begreifen.

So bleibt letztlich das Sichwundern über das Unbegreifbare
und gleichzeitig ein Gefühl von Geborgenheit und »schlecht-
hinniger Abhängigkeit« (Friedrich Schleiermacher).

Der Gottesglaube hat sich im Gefolge der Entwicklung der
Dogmatik von sich selbst entfremdet, indem Glauben als
Anerkenntnis bestimmter dogmatisch festgelegter objekti-
vierbarer Tatsachen, die für wahr zu halten sind, mißverstanden wurde. So drückt sich der Glaube im Akkusativ aus: »Ich
glaube an« bzw. »Ich glaube, daß«…

Biblisches Reden von Gott aber verbindet sich wesentlich
mit dem Dativ: »Ich glaube dir.«

Jedes menschliche Reden von Gott bleibt riskant. Wir kön-
nen nur in menschlicher Weise vom Göttlichen reden. Unser
Reden ist immer nur analogisch und gleichnishaft, da
Menschsein sich in personalen Beziehungen realisiert bzw.
Menschsein immer auch Mitmenschsein heißt. Weil wir mit
einem Namen angeredet werden, suchen wir auch nach einem
Namen und sprechen personal »Du«. Oder Gott wird vergli-
chen: mit einem guten Hirten, einer Burg, einer lebendigen
Quelle, mit einem fressenden Feuer …

Schließlich ist Gott mehr als alle Prädikate, die wir ihm
geben können. Er ist gnädig, barmherzig und von großer
Güte. Und er bleibt dunkel, fern, unbegreifbar. Alle Gottes-
prädikate sind Ausdruck jahrtausendelanger Erfahrung, die
jeder einzelne wieder machen kann, wobei er von der Erfahrung der Väter und Mütter im Glauben lernt.

Wer biblisch bezogen von Gott redet, weiß, daß wir nur
von IHM reden, weil ER zu uns geredet hat. Wir suchen
seine Stimme unter den vielen Stimmen zu hören, die viva
vox, die lebendige Stimme aus den »toten Buchstaben«.

Ich finde, daß keine Geschichte bündiger und humorvoller
das Da-Sein Gottes in der Welt als ein im buchstäblichen

Sinne umfassendes Sein wiedergibt als die Chassidische Geschichte Martin Bubers: Einmal brachte eine Mutter ihren kleinen Sohn zum Rabbi. Da fragte der Rabbi den Jungen: »Ich gebe dir einen Gulden, wenn du mir sagst, wo Gott wohnt.« Er antwortete: »Und ich gebe dir zwei Gulden, wenn du mir sagen kannst, wo er nicht wohnt.«

Ich nenne fünf Aufgaben:

1. Gehen wir auf den *Areopag der Meinungen* in der Mediengesellschaft.

Bezeugen wir dort unsere Botschaft, riskierend das Belächeln, hoffend auf interessiertes Nachfragen. Es geht nicht um Anbiederung, auch nicht um Billigverkauf, sondern darum, sich so entschieden wie offen zu stellen. Besonders die Kirchen der DDR sind vor einer Selbstgettoisierung nach so vielen Jahren Zwangsgetto zu warnen.

2. Machen wir dem einzelnen *Mut zum aufrechten Gang.* So wird schon Vater Abraham mit den Worten gerufen: »Wandle vor mir und sei ganz!« (Genesis 17,1)

Es geht um den Mut, gegebenenfalls gegen Modetrends anzustehen und der Stimme des Menschensohnes im pluralistisch-postmodernen Beliebigkeitswirrwarr Stimme zu geben. Es sind vielleicht nur fünf Sätze, die einer im Kopf und auf dem Herzen haben muß:

– Ihr könnt nicht zwei Herren dienen – Gott oder dem Geld. (Mattthäus 6,24)

– Was hülfe es dem Menschen, wenn er die ganze Welt gewönne und nähme doch Schaden an seiner Seele? (Matthäus 16,26)

– In der Welt habt ihr Angst. Aber seid getrost. Ich habe die Welt überwunden. (Johannes 16,33)

– Nun aber bleibt Glaube, Hoffnung, Liebe, diese drei, die Liebe aber ist die größte unter ihnen. (1. Korinther 13,13)

– Was hast du, das du nicht empfangen hast. (1. Korinther 4,7)

Es geht darum, das Elementare und das Zentrale zurückzugewinnen – nicht um ein summarisches »christliches Welt-

anschauungsgebäude«. Wer die Wahrheit zweier Beispiel-
geschichten in sich aufgenommen hat, hat alles be- und
ergriffen: »Vom verlorenen Sohn« *und* »Vom barmherzigen
Samariter«. (Lukas 15 u. 10)

3. Bilden wir wieder kleine *Gruppen der Vertrautheit*, des intensiven Gesprächs und der persönlichen Ermunterung! In
einer Welt, die immer mehr aus zweiter Hand lebt, wenig
Unmittelbarkeit und Unverwechselbarkeit zuläßt, unter
enormen Anpassungsdruck setzt, Menschen sein, selbstbe-
wußte Individuen, die Mut behalten, »sich ohne Anleitung
eines anderen ihres eigenen Verstandes zu bedienen« (Immanuel Kant) und die sich dabei der orientierenden und moti-
vierenden Kraft der biblischen Schriften in der Gemeinschaft
von Schwestern und Brüdern vergewissern.

4. Widerstehen wir den gängigen, fast unausrottbaren
Mißverständnissen über das Christentum.

4.1. Dem *moralischen Mißverständnis*, das Christentum sei
zuerst und zuletzt eine Variante der Moral. Es geht um Deutung menschlichen Geschicks und menschlicher Geschichte:
zwischen Leben und Tod, Gelingen und Versagen, Gericht
und Gnade, Vergangenheitsbindung und Zukunftshoffnung.
Und dann geht es auch noch um eine Handlungsorientie-
rung, die aus dem Vorgenannten erwächst.

Es geht nicht zentral um vorweisbare moralische Lebensleistung, sondern um zugewandte Existenzbestätigung aus
Liebe. Dem Zuspruch folgt der Anspruch.

4.2. Dem *politischen Mißverständnis* – Christentum sei entweder revolutionär *oder* konservativ. Es ist beides: traditions-
verpflichtet *und* der Zukunft zugewandt, ergreift Partei, für
die, die unten sind, aber nicht für eine Partei. Christentum
ist weder systemstabilisierend-obrigkeitsgehorsam noch
anarchisch-utopisch.

Ein Christ weiß um die Realität der Sünde und deshalb
auch um die Notwendigkeit des Staates, für Recht und Frieden zu sorgen.

4.3. Dem *naturwissenschaftlichen Mißverständnis* – biblische

Wahrheit ließe sich naturwissenschaftlich beweisen oder ent-
kräften; die Bibel meint eine rational-objektivierend nicht
erfaßbare Wirklichkeit. Gott ist das sich uns offenbarende
Geheimnis des Lebens in seiner Totalität. Er ist eine Wirklichkeit, die sich unserer Beherrschung entzieht. Deshalb
sprechen die Juden seinen Namen nicht aus – und wir wissen,
daß alle unsere Namen nur menschliche Hilfsbegriffe sind.

4.4. Dem *jenseits- oder diesseitsbezogenen Mißverständnis*
Gott liebt diese Welt. Diese Welt ist nicht alles. Beides ist
gleich wahr und gleich wichtig. Also: Apfelbaum pflanzen,
den Boden beackern, sein Blühen besingen, seine Früchte genießen, sein Vertrocknen beweinen. Und: Das Wunder des Lebens kommt von weither – das Wunder des Lebens reicht weithin. Der Weg führt vom Schöpfungsereignis bis nach Golgatha
und von Golgatha bis nach Ostern, bis zur Neuschöpfung.

Schließlich ist es ein Bibelwort, an dem Hegel die Dialektik
der »Negation der Negation« erklärte: »Wenn das Weizen-
korn in die Erde fällt und nicht erstirbt, so bleibt es allein.
Wenn es aber erstirbt, so bringt es viel Frucht.« (Joh. 12,24.)

Das Religiöse hat im Christlichen zwei gleichrangige Dimensionen, eine vertikale und eine horizontale. Wer sich
»nach oben« richtet, dessen Blick wird auch immer auf die
»unten« gerichtet sein. Was ins Innerste führt, bewährt sich
im Äußersten.

5. Statt auf das Ende zu starren das Ziel suchen
Wenn die Welt nicht wieder grün wird, können wir nur
noch schwarz sehen. In einer entfremdeten, immer künstli-
cher werdenden, vornehmlich digital zugänglichen Welt, in
der Grenzen der Gen-Manipulation nicht mehr respektiert
werden, geht es darum, Unmittelbarkeit wiederzugewinnen
und im sinnlich Erfahrenen Sinnhaftigkeit zu suchen, dem
Leben in seiner erdgebundenen und geistbegabten Kreatürlichkeit ansichtig zu bleiben. Schließlich wird »das Allerhei-
ligste« durch einen ganz sinnlichen Vorgang erlebt, durch
Deutung und Glauben erhoben: ein geteiltes, gebrochenes
Stückchen Brot und ein gemeinschaftlich-festlich genossener

Schluck Wein, das dazu gesprochene Vaterunsergebet, das aus dem Herzen auf die Zunge kommende Lied *öffnen den Himmel*. Der himmlische und der irdische SCHALOM begegnen sich; Leben im »Schon«, Leben im »Noch-Nicht«! – in Frieden, Gerechtigkeit und Schöpfungsfülle.

Die Dome Gottes und die Gärten des Menschen bilden einen Zusammenhang. Wir haben die Wahl: Die Welt wird wieder zum Garten – oder sie wird zur Wüste. Wo die Wüsten wachsen, braucht es Gärtner.

Geh in das Land, das ich dir zeigen werde

Einer alten, sehr alten Geschichte gehe ich nach, die etwas Fremdes, Befremdliches behält. Wie auch anders?! Die Begebenheit liegt etwa 4000 Jahre zurück und ist vor etwa 3000 oder 2500 Jahren – was macht das aus? – aufgeschrieben worden.

Ich gehe der Geschichte nach, versuche mit meinen Worten nachzuerzählen, was darin mitschwingt. Aktualisierendes setze ich in Klammern.

I. Ein Ruf, unwiderstehlich

ER sprach zu Abram: Geh, auf dich gestellt, aus deinem Land, aus deiner Verwandtschaft, aus deinem Elternhaus, in das Land, das ich dich sehen lasse. Ich werde dich zu einem großen Volk machen und dich segnen und deinen Namen groß machen, werde du ein Segen! Ich will segnen, die dich segnen; die dich erniedrigen, verfluchen. In dir sollen sich segnen lassen alle Völker der Erde. (Genesis 12,1–3)

Geh! Auf dich gestellt, geh! Verlaß dein Land, deine Stadt, deine Familie... Geh weg hier, laß alles hinter dir. Abram[21], die Welt ist größer als dein Kiez in Haran. ICH, der HERR, hab

21 Abraham heißt bis zum Abschluß des »ewigen Bundes« unter Einschluß konkreter Nachkommensverheißung für das alte Ehepaar »Abram«. Sein Name wird »vergrößert«, und er wird »zum Vater vieler Völker gemacht«. Ebenso heißt Saraj später Sara. (Vgl. Genesis 17)

noch Großes mit dir vor. Ja, mit dir, du 75jähriger! Was sind 75 Jahre, wenn ICH sage: Geh!

Erste große Zumutung: Was, ich soll mich aufmachen? Ich hab doch hier mein Aus- und Einkommen. Ich leb in einer funktionierenden Gemeinschaft. Hier komm ich zurecht, so einigermaßen. Ich weiß Bescheid. Hier bin ich sicher. Hier bin ich zu Hause. Hier kenn ich mich aus. Hier will ich bleiben. Und: Was soll werden aus meiner winzigen Sippe, ein großes Volk? Durch das alle Völker der Erde gesegnet sein sollen?

Ich habe eine schöne Frau, aber ich habe kein Kind. Was soll dieser Anruf an mein Innerstes, der mich erschüttert, der mir so große Unruhe macht, daß ich gehen muß, weil das Wort stark und stärker wird in mir, mich übermannt, dieses Wort: Geh, ich will dich segnen. Sei ein Segen. In dir will ich die anderen segnen. Welch ein Anspruch in diesem Zuspruch! Und geschützt sein soll ich. Denn die, die mich erniedrigen, sollen verflucht sein, von DIR selbst.

Da hört er mit Unbedingtheit die Stimme des HERRN. Unwiderstehlich die Autorität, mit der ein Ruf erfolgt, in dem eine Berufung steckt, die etwas Unbegreifliches behält. Das »Geh!« ist nur zu ertragen, weil es das »Ich will dich segnen« gibt.

II. Zwischenspiel: Urgeschichte(n)

Nachdem das Buch Genesis in elf Kapiteln Völkergeschichte, menschliche Ursprungsgeschichte, erzählt hat, kommt es nun auf *ein* Volk, durch das die Völker alle gesegnet sein sollen. Vom Universalen geht's ins Lokale, von den Völkern zum Volk. Kollektivgeschichte beginnt und vollzieht sich durch Individuen. Im Kleinen beginnt das Große. Auf den einzelnen kommt es an. Auf dich. Wirklich. Höre den Ruf an dich.

Aus Völkergeschichte wird Volksgeschichte, vom einzelnen her wird ein auserwähltes Volk gegründet, das sich wieder auf die Völkerwelt richtet. Eine alte Geschichte. Fremde Welt. Ursuppe menschlicher Geschichte. Sagenhafte Berichte. Alles, was uns heute bewegt, ist (verdichtet) vorgezeichnet. Mythologischer Wurzelboden. (Lies weniger Zeitung. Lies diese Geschichten, auch wenn sie fremd bleiben, sehr fremd. Und alles hat etwas Berührendes zugleich. Erkenne dich, wie im Brennspiegel. Du verbrennst nicht darin, wenn du genau hörst und für dich entscheidest, was zu tun ist.

Unsere Welt ist vermessen. Wohin soll einer gehen, wenn überall schon andere wohnen? Und selbst damals war die Welt schon bewohnt. Jeder hat und beansprucht einen Raum, verteidigt einen Raum, zerstört einen Raum. »Blut *und* Boden« führt zu Blut *im* Boden.

Und: Wer weggehen will oder soll, muß wissen, wohin. Es muß sich lohnen. Eine gewisse Sicherheit muß sein – oder?)

Ging es elf Kapitel lang um alle Völker, so beginnt hier die Geschichte des Volkes Israel. Eine Erzählung über eine Sonderrolle für Winzlinge in der Machtwelt – quer zu allen imposanten Weltreichen und Herrschervölkern. Es ist eine Geschichte, die bis heute in blutigen Konflikten und Kämpfen ausgetragen wird – im Streit um Abraham. Vater Abraham: das tödliche Nebeneinander von Felsendom und Klagemauer. Und die Bluttat am Grab, dem heiligen, der Sara und des Abraham in Hebron. Die Söhne Hagars und die Söhne Sarahs streiten ums verheißene Land. Unversöhnlich. Von beiden Seiten.

Aber war nicht Vater Abraham einer der ganz Großen – der Tolerierende, der Ausgleichende, der Lösungsorientierte, der Kompromißbereite, der Feindschaften lösende und religiöse Traditionen Respektierende?

Von unseren Ursprüngen wird erzählt, in die wir eintauchen können, um uns besser zu verstehen, damit wir wieder auftauchen. Menschheitsgeschichte, Ursprungsgeschichte wird (in mehreren Anläufen) erzählt: von einem furiosen Sieben-Tage-Werk eines ständig über sich und sein Werk reflektierenden, äußerst planvoll vorgehenden Schöpfers, der erschöpft und glücklich ruht, am siebten Tag. Es war ihm doch alles gut gelungen. Und es war alles so gut aufeinander abgestimmt. Es hatte alles seinen Platz. Er selbst zeigt sich begeistert. Die

»Krone der Schöpfung«, seine letzte Idee, seine Lieblingsidee, sollte über das, was er geschaffen hat, herrschen und haushalten können: Adam, der Erdkloß mit Geist, gewonnen aus der Adama, der Erde. Der Abgeordnete des Schöpfers, der schöpferische Mensch, der sich vorfindet im Garten, allem und allen seinen Namen gibt, inmitten des Idylls, mit durchaus netten Tierchen, bleibt doch einsam und sucht eine ihm zugehörige »bessere Hälfte«. Er fühlt sich nicht ganz vollständig ohne Partnerin für den Tag und für die Nächte, eine Gesprächspartnerin, in der er sich erkennen und die er erkennen kann – als das Seinige, das ihm Zugehörige, in dem die Zweiheit des Lebens in der Einheit der Liebe Gestalt gewinnt –, und er bekommt sie. Er wird erst »er« durch sie. Die Geschichte erzählt von Paradiespflege, von verbotenen »Apfelbäumen« des Guten und des Bösen, von der verführerischen Schlange und der Vertreibung aus der Üppigkeit: in die Härte der Arbeit am harten Boden – der agricultura! – und in den Schmerz der Geburt. Sodann vom tödlichen Kampf der Brüder, vom ersten Zynismus einer Gegenfrage. Der Mörder fragt, ob er seines – bereits toten – Bruders Hüter sein solle. Kain, der übrigbleibt, baut Städte. Sodann entpuppt sich die Menschenwelt als orgiastische Spaßgesellschaft, bis es zu einer ökologischen Katastrophe nie gekannten Ausmaßes kommt. Von Sintflut wird berichtet, einem Beinahe-Weltuntergang, selbstverschuldet. Ein Rabe über den Fluten zeigt die Rettung an: Boden unter den Füßen. Befriedung der Katastrophe unter einem Regenbogen, nachdem ein herausragendes Sonderexemplar von Rechtschaffenheit – Noah – Gnade gefunden und unter dem Spott der Massen ein riesiges Tierheim, Arche genannt, eingerichtet und bestückt hatte. Unter frommer Leitung (oder Leitung eines Frommen) triumphiert die bedrohte Schöpfung über die Fluten. Schließlich wird jener völkerverwirrende Turm zu Babel errichtet, wo die Menschen über das Ziel hinausstreben und nur noch Wirrwarr wird. »Wie Gott« wollen sie sein und wollen nicht, daß Gott Gott ist. Geschichten von großer Schuld und noch größerer Gnade.

III. Ein Segen für die Welt

Und dann hebt es neu an, mit dem Anruf an Abram. Der Ruf »Geh, auf dich gestellt« trifft ihn in einer persönlich bedrängenden Situation: Der Vater Terach ist gerade gestorben.

Es geht um den »Weg ins verheißene Land«. Heraus aus der Trauer! Mitten in einer Depression bekommt er die Verheißung *und* den Auftrag, alles zu verlassen und alles zu wagen. Es ist der Hunger nach *Leben*, der ihn treibt. Es ist der Hunger nach *Brot und Wein*. Es ist der Hunger nach *Freiheit* und dem Gelobten Land. Und es ist der Hunger nach *Gottes Wort*.

(Der Prophet Amos ruft dem Volk später zu: »Suchet Gott, so werdet ihr leben« und weiß vom Schweigen Gottes. Kap. 5,4; 8,11)

In seiner Traurigkeit, versunken in die Melancholie des Verlustes und der Vergänglichkeit, hört der 75jährige Mann einen Ruf von unwiderstehlicher Un-Bedingtheit:

Laß alles hinter dir, geh deinen Weg, fang noch einmal an. Ja, du! Für dich gibt es ein Ziel. Dein Name soll groß werden (und sein Name wird später erweitert: aus Abram wird Abraham). Das ist das Symbol der Erhöhung des Abram. Und der »große Name« Abraham, der ihm verliehen wird, ist das genaue Gegenbild zum hybriden Selbsterhebungsprojekt der Menschen in Babel, von denen das vorhergehende Kapitel erzählt hatte.

Du selbst sollst ein Segner sein, was bisher allein ICH, GOTT, dein HERR, war. Und wer dich segnet, dem wird selber Segen zuteil. Das Segnen eines Segenswürdigen, weil von Gott Gesegneten, schafft dem Segnenden Segen. Und wehe dem, der ihm flucht, ihn erniedrigt, ihn entehrt!

(Was hat unser Volk nur dahin getrieben, alle vernichten zu wollen, die sich von diesem Stammvater her verstehen? Ein Fluch auf dem Namen der Deutschen seither, auch wenn mancher endlich von unserer Schande schweigen möchte! Und zugleich erfahren wir soviel Großmut der Überlebenden mit uns Deutschen.)

Abraham wird ein Mittler des Segens für die Völker der Welt. Im einzelnen und vom einzelnen her wird das Ganze wieder heil. Er muß nur hören. Und er muß überschreiten, was ist. Er muß loslassen, was ihn bindet. Er muß sich trennen von dem, in dem er sich eingerichtet hat, soll nicht zurückblicken, sondern vorausblicken, aus dem ewigen Kreislauf des immer Gleichen heraustreten.

Das hört sich recht gut an. Aber wo ist die Gewähr dafür, daß das stimmt? Was ist das für eine Stimme, die da sagt: Geh! Kann er sicher sein, daß das keine Halluzination ist: Traumtrugbild unausgelebter Phantasien, Abenteurertum, romantisches Fernweh? Beweisen kann er nichts, beweisen kann er nie, beweisen kann niemals jemand die Stimme der Wahrheit, die ihn ruft und beruft. Und Tragfähigkeit erweist sich erst bei dem, der gehört hat und geht. Auf sich gestellt. Aber in der Gewißheit des Segens, einer Zuversicht von weither.

Martin Luther hat dies in einen einfachen Satz gefaßt, der auf dem Tragebalken der alten Wittenberger Universität steht: »Niemand lasse den Glauben daran fahren, daß Gott an ihm eine große Tat tun will.« Genau diesen Glauben hatte Abram. Gott will an ihm eine große Tat tun – und dazu muß er etwas tun: Sich auf den Weg machen.

(Wenden wir das »Geh heraus, auf dich gestellt« auf uns Heutige an, spüren wir das Befremdliche: Du! Geh weg hier, laß alles hinter dir: Staatszugehörigkeit, deinen »deutschen Paß«, Tarifverträge, Rentenversicherung, Krankenversicherung, Lebensversicherung. Kultur, Sprache, Bildung. Freunde, Verwandte, dein Häuschen und deinen Verein. Deine durch Abkunft verbrieften Rechte, deine Verfassung, deinen Wirkungskreis, deine Währung. Deine Leitkultur, deinen Leithammel, deine Leitbilder, dein Erbe.

Geh in ein Land, das ich dich sehen lasse … Laß deinen Corsa stehen, lös deine Konten auf, wirf dein Handy weg, pack deine »sieben Sachen« – nicht acht! – und zieh los.

Ja, ja, ich weiß schon – wir sind doch nicht Abraham! Das

ist eine uralte Geschichte. Abraham hat es vielleicht gar nicht gegeben. Aber ihn gibt es! Und uns, die wir eingeklemmt sind zwischen dem Bedürfnis zu bleiben, wer und wo wir sind, *und* zugleich alles satt haben und weggehen wollen und noch einmal etwas ganz anderes probieren, das Risiko des Lebens schmecken wollen. Wenn es ernst wird, merken wir, wie fest wir sitzen. Im Eingemachten. Und wehe, es geht ans Eingemachte! Reformen müssen wohl sein, grundlegende. Nur bei mir nicht. Grundlegend muß sich was ändern, damit es weitergeht. Nur bei mir nicht. Jeder muß sich ein Stückchen bewegen – nur ich nicht. Eichel, was willst du von mir! Spar woanders!

In der Bibel gibt es viele Wandergeschichten – es hat sich in unserer Rezeption eine theologische Wanderromantik ausgebreitet, die praktisch nicht viel bedeutet, aber die Phantasie beflügelt und uns wenigstens in unseren Träumen losziehen läßt. Und was haben die Katecheten nicht alles aus diesem Stoff gemacht! Weder der Wirklichkeit entrückte Verwirklichungen im Traum sind per se schlecht, noch ist es schlecht, da zu bleiben, wo man ist, und zu wissen, wo man hingehört, um dort Verantwortung wahrzunehmen, wo man hingestellt ist. Wir können schließlich nicht alle »weggehen«, und wir können nicht immer »unterwegs sein«.) Aber: Diese Provokationen hören und etwas Unbedingtes in seinem Leben zu hören und dem zu folgen, das ist schon was. Noch mehr, wenn man von einem Grundgefühl begleitet ist, daß auf dem Lebensweg – auch in der Fremde und in die Fremde – Segen liegt.

IV. Notgedrungene oder bewußte Ko-Existenz
1. Mose 12, Verse 4–9

4. Und Abram ging, wie ER zu ihm geredet hatte, und Lot ging mit ihm. Es war aber Abram 75 Jahre alt, als er auszog aus Haran.

5. Und Abram nahm Saraj, sein Weib, und Lot, seinen Brudersohn, und all ihre Fahrhabe, zu der sie es gebracht, samt den Menschen, die sie gewonnen hatten in Haran,

und sie zogen aus, um gen Kanaanland zu reisen und kamen ins Kanaanland.

6. Und Abram ging vorwärts im Lande bis zum Orte Sichems, bis zur Weiserterebinthe. Und dabei der Kanaaniter im Lande!

7. Da erschien ER dem Abram und sprach: deinem Samen werde ich dieses Land geben! Und er baute dort einen Altar, IHM, der ihm erschienen war.

8. Und er rückte von dort fort, bergan, östlich von Betel, und spannte sein Zelt aus, Betel im Westen und ha-Ai im Osten, und er baute IHM dort einen Altar und rief SEINEN Namen an.

9. Und Abram zog auf dem Wege immer weiter, dem Negeb zu. (Übersetzung von Benno Jacob)

»Und er *ging*«, heißt es. Nur er wird angesprochen – wie beim imperativischen ›Geh‹ zu Beginn. Fraglos geht sie, seine Frau Saraj, mit. (Fraglos, oft zu fraglos, hören die Männer eine Berufung, und die Frauen gehen mit.)

Abram hat eine Stimme gehört. Er will nicht weiterleben im ewigen Zyklus von Aufgehen, Scheinen und Niedergehen. Er tritt aus dem Kreislauf des ewig Gleichen heraus. Er geht aus dem Gewohnten ins Ungewohnte, aus dem Sicheren ins Unsichere, aus dem Vertrauten ins Unvertraute. Er verläßt den Gott, von dem man sich ein Bild machen kann, den man sich gefügig machen will. Er hört die Stimme eines Gottes, der mitgeht durch die Zeiten und Länder. Ein Gott, der schon vor dem Anfang ist, der hinter dem Ende alles Seienden zu suchen ist. Er will keinen Gott, den man in den Schrein stellen kann. Er glaubt nicht mehr dem Schicksal, das durch Stern-Götter bestimmt ist, sondern hört eine Stimme. Der Gott Abrams ruft und beruft. Die Rabbiner erzählen über Terach und Abram diese schöne Geschichte: »Terach ist ein Bildhauer, der Götterbilder herstellt. Und Abram muß sie auf dem Markt verkaufen. Doch Abram ist ein schlechter Händler. Er glaubt nicht mehr an seinen eigenen Handel. Das Volk drängt sich vor dem Stand, voller Hunger im Herzen. Abram könnte steinreich werden, wollte er nur am Kummer und am Verlangen des Volkes verdienen. Doch er steht auf dem Markt und verkündet laut, wie wertlos sein Zeug sei: Alles wertloser Plunder, ruft Abram und vernichtet schließlich die Bilder eigenhändig. Es waren keine Götter. Mein Vater hat sie gemacht. Ich suche jenen Gott, der meinen Vater gemacht hat.«

Abraham ist das Bild des Wanderers, eine Symbolfigur für Menschsein im Allgemeinen und für Christsein im Besonderen, und Theologie ist theologia viatorum – eine theologische Lehre der Wanderschaft. Der Wanderer ist nicht der Heimat-Lose oder Wurzel-Lose schlechthin, schon gar nicht der Gehetzte und Gejagte (wie Kain!), sondern Verkörperung des unablässigen Strebens, des Sich-Bewegens und Sich-Bewegen-Lassens, des Sich-Transzendierens eines Menschen, der »nach oben« und »nach vorn« offen ist. Er ist das Gegenbild zur Seßhaftigkeit: als gesicherte Bürgerlichkeit, die sich in der Burg verschanzt, die ungestört bleiben will, die Abstand, Sicherheitsabstand hält zum anderen.

Abraham wird zum Stammvater Israels und war doch kein Israelit. Er kannte den Gott Jahwe, den Gott Israels, nicht. Doch er wußte um »das Größere« Gottes, um seine Universalität. Sein Gott, der »Gott Abrahams«, konnte zusammengedacht werden mit dem Gott Isaaks und dem Gott Jakobs. Mose hört die Stimme dieses »Drei-in-Eins«-Gottes später, am Dornbusch, und bekommt den Namen, den unaussprechlichen, als ein Begleitversprechen. Der mit Worten nicht zu erfassende Gott offenbart sich als mitgehender Segen: »Ich bin da, als der ich da sein werde.« (Exodus 3,13–16)

Abram trennt sich von den Götzen der Heimat und sucht den Gott des Unterwegssein.

Lot, der Sohn seines Bruders, zieht mit ihm. Er ist ein typischer Mitläufer, ein Mann ohne Vision. Er ist kein Beseelter, kein Berufener. Er folgt Abram wie sein Schatten. Er ist der Massen-Typ des namenlosen Mitläufers, der nichts wagt, sondern stets einfach mitzieht, fraglos bleibt.

Ihnen schließen sich aus persönlicher Anhänglichkeit und Überzeugung Leute an: Es sind die Proselyten, die aus einem fremden Stamm zu Abram übertraten. Ihre Herzen und Seelen wurden für ihn gewonnen. Sie erleben eine Um- und Neuschaffung im Bannkreis dieses willensstarken Menschen. Im Midrasch heißt es: »Wer einen Menschen lehrt, erschafft ihn gleichsam.« Die Geschichte erzählt auf ganz unaufgeregte Art, daß das Proselytentum so alt ist wie das Judentum und wie der Glaube selber, der eben nicht nach nationaler Zugehörigkeit fragt, sondern nach innerer Übereinstimmung. Menschen zogen mit ihnen, die sie sich in Zuneigung zu eigen gemacht hatten. Menschen, die ein Wagnis auf sich nehmen, darauf vertrauend, daß der, der vorangeht, weiß, wo es hingeht. Wer etwas aufgibt, möchte gern wissen, wohin er geht, zugleich weiß er, daß der Weg zum Ziel gehört. Sie nehmen die »Fahrhabe« mit, alle beweglichen und transportierbaren Sachen.

Abram ist ein Durchziehender – einer, der sehen muß, wie er mit seinem Troß Wasserquellen und Weideplätze findet, der sich arrangiert, der ein natürliches Mißtrauen Fremden gegenüber, wie es die Kanaaniter zeigen, respektiert. (Das Fremde weckt Neugier und läßt zugleich archaische Ängste wachwerden. Wer Angst hat, macht Angst, ohne sich klarzumachen, daß derjenige, vor dem er Angst hat, selber aus Angst handelt.) Abram wußte, was es heißt, als ein Fremder zu kommen, als Eindringling angesehen zu werden.

Vogelfrei ist er – den Willkürakten der ortsansässigen Bevölkerung preisgegeben, von den Launen und Schikanen großer und kleiner Potentaten abhängig. Man hört es ihm, man sieht es ihm an, man riecht es. (Wissen die Westdeutschen noch, wie es im Osten roch, und die Ostdeutschen, wie Westpakete rochen? Und jetzt können sich viele kaum noch riechen!)

Er durchzieht unter extremen Bedingungen das Land: unter sengender Sonne, in kalten Nächten, in Sandstürmen und Wolkenbrüchen, in primitivsten Zelten. Und wo es sich gut leben läßt, wo gut sein ist, dort sind natürlich schon andere. Ein Hinzukommender ist immer eine Bedrohung. Jene, die schon da sind, haben und behalten Recht. Vor-Rechte. Eingeborenen-Rechte, Erstlingsrecht. (Recht ist in erster Linie eine Machtfrage. Und der Rechtsschutz ist ein Rechtsschutz für die Inländer, in erster Linie immer für die Inländer, die die anderen zu Ausländern machen.)

Abram ist allenfalls geduldeter Staatenloser. Er kann jederzeit als lästiger Ausländer abgeschoben werden, zum Schübling gemacht, kein Bleiberecht bekommen. (Hohe Schranken sind aufzurichten für die, die kommen.)

Er erlebt eine geradezu schrille Dissonanz zwischen den Zusagen Gottes und seinem kümmerlichen Alltag. Er soll ein Segen sein, und in ihm sollen alle Völker gesegnet werden. Muß Abram nicht an dieser Dissonanz zerbrechen?

Abram durchzieht das Land Kanaan bis nach Sichem. Dort befindet er sich im Herzen des Landes. Sichem soll die geographische Mitte sein, Nabel des Landes, sogar der Erde. (Sich zum Nabel der Welt machen, das verstehen wir Deutschen zu gut.) Von weitem schon ist es zu sehen, das imposante Orakel der Kanaaniter, diese Riesentherebinthe, eine Steineiche. Die Eiche Moré, ein kultisch bedeutsamer Baum, wo die Menschen hinziehen, ratsuchend, den unentwirrbaren Ambivalenzen des Lebens zu entrinnen hoffend, wo sie selber nicht entscheiden, sondern sich Entscheidungen abnehmen lassen und sich dazu höhere Autoritäten abborgen. (Wer nichts entschieden hat, ist auch nicht verantwortlich. Dann doch lieber Zwangsläufigkeit. Wer nie frei sein *will* – mit allem Risiko –, wird nie frei sein *können*. Um zu wissen, wie wir denken sollen, befragen wir die modernen Orakel: Trend, Meinungsumfrage, Quote. Wo sich Mehrheiten bilden, bilden sich Mehrheiten. Polemisch gesagt: Die Haufen wollen immer beim Haufen sein.)

Abram sieht die riesige befestigte Stadt vor sich und dazu die Kultstätte der Kanaaniter.

Die Geschichte will schlicht beschreiben: Das Land, in das er zieht und das ihm versprochen wird, ist bewohnt. Da kann es heißen: Ich *oder* sie! Oder: Ich *und* sie! Dies Land hat eine Kultur und einen Kult. Und Abram ist darin der Fremde. Er respektiert und will respektiert sein. Beides! Integration in Respekt vor Verschiedenheit. Nun, in der Fremde, erscheint ER dem Abram. Wenn ER sich selber zeigt oder erscheint, kommt es zur Innenschau, die Seele fühlt sich überströmt vom göttlichen Licht und Glanz. Es sind mittelbare Manifestationen. – Im Angesicht des florierenden Naturkults und der esoterischen Vernebelungspraktiken errichtet er ein Zeichen, baut er einen Altar. Dort, wo sich sein Gott hatte vor ihm sehen lassen, mitten im fremden Land, gewinnt er neue Gewißheit: Hier bist du richtig. Hier bist du nicht allein. Hier hat ER ein Auge auf dich.

Das Land, das ihm gegeben ist, ist eine Gabe, kein annektiertes Territorium. Aber: Das Land ist keineswegs menschenleer. Es ist die allen Menschen gegebene Erde, auf der sie miteinander – in aller Unterschiedlichkeit – leben zu lernen haben. Abram geht eben nicht hin und sägt die Terebinthe ab, um an jener Stelle seinen Altar der Rechtgläubigkeit zu errichten: ein Fanal der Intoleranz, der Inquisition, der Indoktrination, der institutionellen Macht der neuen Besitzer. Keine Siegerreligion, keine religiös-ideologische Fremdherrschaft. (Wie die Kirche in der Moschee in Córdoba! Direkt in die Mitte hineingebrochen. Auch ästhetisch eine Barbarei!) Abram errichtet seinen Altar d a n e b e n. Die eigene Wahrheit, der eigene Glaube, sie müssen sich erweisen im Nebeneinander, im Ertragen, im Dulden, im Anerkennen der Suche der Anderen nach dem Unbedingten. Abram hält den versammelten Heiden keine flammende Predigt, um sie zu missionieren. Er ergreift nicht die Axt, so wie er überhaupt in seinem ganzen Leben nirgends einen bekehrungssüchtigen Fanatismus oder einen rechthaberischen Fundamentalismus zeigt. Zugleich ist Abram keineswegs ein Repräsentant des religiösen Allerlei. Er nennt und zeigt, was ihn bindet und was ihn befreit. Er hat nichts, woran er sich halten könnte, keine Autorität, Gesetzgebung, Tradition. Er findet kein Gericht vor, das anzurufen wäre, keine Polizei, die er um Hilfe rufen könnte. Er ist der erste große Sucher nach dem, was gilt. (Sein) Leben erhalten, auch das Leben der Ungerechten – vor Sodom! –, ist offenbar sein höchstes Ziel, das ihn beständig in Ambivalenzen stürzt.

Dieser hebräische Einwanderer brachte kein Bild mit, kein Gottes-Bild. Sein steinerner Altar ist das Symbol der »Gegenwärtigkeit« Gottes, deren der Mensch an ihm inne wird. Aber er hat kein Bild. Er hat nichts, an dem er und mit dem er seinen Gott festmachen und beweisen könnte. Das Bild Gottes sieht er im Bilde des Menschen, Eben-Bild, da der Mensch zu seinem Bilde geschaffen wurde und ein Ab-Bild Gottes ist, ohne daß der Mensch sich selber je vergotten könnte oder dürfte. Er – der Mensch – ist »die Stele« Gottes, gestellt mitten in die Welt, sein Wahr-Zeichen. Und das Angesicht Gottes strahlt in das Angesicht des Menschen. Das Angesicht des Menschen strahlt wider vom Angesicht Gottes.

Es ist das einmalige, unwiederkehrbare, unverwechselbare Geschöpf, der in Ewigkeit ungeklonte einzelne.

Einen Altar baut Abram wie alle drei Väter, die man später Erzväter nennt – Abraham, Isaak und Jakob –, Altäre bauen, Orte, an denen sich die Gemeinde versammelt und der Geheimnisse Gottes gewahr, »inne« wird. Und dann zieht er weiter, spannt sein ärmliches Zelt auf und baut wieder einen Altar, an einem Ort, an dem er den Namen Gottes anruft. Zelt und Altar, Menschenwohnung und Gottesstätte gehören zusammen und geben einander Sinn und Maß und Wert.

Abram durchzieht das Land, von Norden nach Süden, von Osten nach Westen und kommt im Süden ins Trockenland Kanaans und hat es somit ganz durchschritten. Aus den Regionen der Fruchtbarkeit gelangt er in die Kargheit der Wüste, in den Negev. Das verheißene Land birgt *auch* Wüste. Abram zieht in die Wüste, freiwillig. Abram braucht Wüste. Jeder Mensch braucht ein Stückchen Wüste.

Daß Kanaan auch Wüste ist, ist für die Landverheißung wichtig; das verheißene Land ist kein Paradies! Es ist Wirklichkeit, das Experiment des Zusammenlebens miteinander, das gemeinsame Leben von den Gütern der Erde, das Tolerieren des Anderssein, das Finden der Fülle des Lebens mitten im Mangel und erschreckendes Erkennen der Leere im glitzernden Reichtum.

V. Moralisch sein oder überleben

1. Mose 12, Verse 10–20:

10. Es war aber eine Hungersnot im Lande und Abram ging hinab nach Ägypten, um dort zu verweilen, denn schwer war die Hungersnot im Lande.

11. Es geschah aber, als er nahe daran war, in Ägypten einzutreten, sprach er zu Saraj seinem Weibe: siehe doch, ich weiß, daß du ein Weib schön von Ansehen bist.

12. So wird es denn geschehen, wenn die Ägypterleute dich sehen und sagen: sein Weib ist die da! sie mich umbringen und dich am Leben lassen.

13. Sage es doch! – Meine Schwester bist du! damit mir wohl sei deinetwegen, und meine Seele auflebe um deinethalben.

14. Und es geschah, als Abram in Ägypten eintrat, da sahen die Ägypterleute das Weib, daß es gar schön war,

15. Und es sahen sie die Fürsten Pharaos und priesen sie für Pharao, und so wurde die Frau an den Hof Pharaos geholt.

16. Und dem Abram erwies er sich gnädig um ihrethalben und es war ihm Kleinvieh und Rinder und Esel und Knechte und Mägde und Reittiere und Kamele.

17. Da marterte ER den Pharao mit gewaltigen Martern und seinen Hof, von wegen Saraj, des Weibes Abrams.

18. Da ließ Pharao den Abram rufen und sprach: was hast du mir da getan? Warum hast du mir nicht gesagt, daß es dein Weib ist?

19. Warum hast du gesagt: meine Schwester ist sie, so daß ich sie mir zum Weibe ersah? Also siehe, dein Weib, nimm und geh!

20. Und Pharao beorderte Herren und sie geleiteten ihn und sein Weib und alle seine Habe.

Ganz lapidar heißt es nun: Es kam eine Hungersnot über das Land. Und diese lebensbedrohliche Tatsache wird wiederholt. Es war schwer, im Hungerland zu leben. So zieht er hinab nach Ägypten, an den Nil, in die Zone der Fruchtbarkeit. (Westzone. Da boomt es. Da lohnt es sich. Da wächst alles, die Wechselkurse, die Aktienkurse, das Bruttosozialprodukt.)

Er ist kein Wohlstandsflüchtling; er ist ein Hungerflüchtling.

Krasser Widerspruch zwischen Verheißung und Wirklichkeit: Der Gesegnete verläßt das verheißene Land, aus nacktem Überlebensinteresse, und zieht in das Land des Reichtums und der Reichen, ins Land der Pharaonen, wo die Herrschaft gefestigt ist, wo die Hierarchien funktionieren, wo die Macht des Rechtes vom Recht der Macht her bestimmt wird. Da ist Pharao Gott. Daran wagt keiner zu zweifeln. »Die Wahrheit« hat ihre Büttel. Diese wissen die Macht abzusichern. Die Büttel wissen gut, wie sich verschleiern läßt, daß sie Büttel sind.

Abram *muß* auswandern, aus Verantwortung für die Seinen. Es ist eine Frage des *Überlebens*, nicht eine Frage des *besseren* Lebens. Aber die, die im Überfluß leben, betrachten die anderen als »Wohlstandsflüchtlinge«, und was einzelne an Mißbrauch betreiben, übertragen sie auf alle! Und die Flüchtlinge können sich nicht wehren. Menschen minderen Rechts sind die Fremden, die spüren sollen, daß sie nicht dazugehören und daß sie wieder verschwinden sollten. (Ich frage, ob es bei Hunger nicht eine Pflicht ist, in ein anderes Land zu ziehen? Soll Hunger kein Asylgrund sein? Wo bliebe Abraham im »Schengen«-Land? Er wird doch nicht verfolgt, er hat doch nur Hunger!)

Je näher Abram der Fremde kommt, desto mulmiger wird ihm. Seine Frau ist schön, einfach wunderschön, faszinierend, begehrenswert. Da bekommt er Angst um sie – und um sich. Er weiß, wie es um das Recht von Einwanderern steht und daß man sich einer verheirateten Frau am ehesten dadurch bemächtigt, daß man den Mann beseitigt, damit sie frei ist, frei verfügbar wird für männliche Gelüste. Abram sieht das Problem voraus: Saraj würde zur Witwe und dann ganz und gar die Beute der Ägypter. Kann *sie* das wollen? Die Folgen auszumalen überläßt er Saraj und sagt: »Sage es doch, meine Schwester bist du.« Weder sagt sie, »ich bin deine Schwester«, noch sagt Abraham, »ich bin ihr Bruder«, sondern: mein Bruder ist er bzw. meine Schwester ist sie. So kann er leben bleiben – und so kann er zunächst bei ihr bleiben, als ihr Schutz. Und sie wird nicht zur Witwe.

Eine problematische Geschichte. Eine peinliche Geschichte, eine sehr menschliche und eine sehr männliche Geschichte. Die eigene Frau wird Gegenstand eines nüchternen Kalküls. »Würde« und »Ehre« und »Selbstachtung« stehen gegen Leben – oder: gegen Lebensangst. Vorauseilende Preisgabe.

Der Held des Glaubens, der Träger der Verheißung, der Segen für die Völker wird einer, der um sein Leben bangt und es dafür hinnimmt, daß Saraj, seine Frau, den Ägyptern zugeführt wird.

Er wägt ab, – eine schwierige Güterabwägung zwischen Tod und Leben. Wenn sie seine Frau ist, werden die Ägypter ihn töten, um sich ihrer ganz zu bemächtigen. Also: Wäre es nicht besser, die Ägypter zwar nicht zu belügen, aber doch ein wenig in die Irre zu führen. Abram – sagen wir es klar – ist in einer beschissenen Situation.

(Wer kann sich so eine Alternative wünschen und: Wer von euch will richten mit ihm? Wer nicht in einem Problem gefangen ist, hat immer gut reden!)

So eine schöne Frau weggeben an die Fremden? Warum nicht lieber sterben? Er aber sagt: »… damit es mir auf deine Kosten gut geht und ich mein Leben dank deiner behalte.« Sie also rettet ihn, indem sie sich darauf einläßt, zu verschweigen, daß sie eine verheiratete Frau ist. Und es läuft alles, wie Abram es voraussah. Er hat Lebenserfahrung aus 75

Jahren. Er ist ja nicht blind, er weiß ja, wie Männer sind. Er weiß ja, wie Herren sind, er ist ja selber ein Herr, der weiß, wie Fremde behandelt werden.

Oder geschieht das, was befürchtet wird, weil es befürchtet wurde?!

Jedenfalls: die einheimischen Oberbeamten, die Vasallen, die Fürsten, die Wichtigtuer, die Hofschmeichler, die bestellten Zuträger, die Günstlinge und die Lüstlinge erblicken diese »edelrassige« Ausländerin, dieses Prachtexemplar der Schöpfung, bei der alles stimmt: das Aussehen und die Ausstrahlung. Sie besitzt jenen faszinierenden Charme, bei dem Körper und Geist auf betörende Weise harmonieren. Der Hofstaat des Pharao ergibt sich ihren Phantasien. Eine fremde Frau bringt die einheimische Ober-Männerwelt um den Verstand. Diese beflissenen Höflinge werden zu Schwärmern und Dichtern. Sie erzählen einander von ihr, und sie erzählen »seiner Majestät« – und dieser will es selber wissen und sie sehen. Die Fremde, die Frau, wird Objekt. Pharao hat die Macht – *selbst=verständlich* –, sie an den Hof zu holen.

Alles vollzog sich in den gefälligsten und vornehmsten Formen, wie es sich für einen königlichen Hof geziemt. Natürlich. Der äußere Schein muß gewahrt werden, wenn es um Macht und Lust, die Lust der Macht und die Macht der Lust geht.

Abram – wahrlich – ist nicht irgendwer, und Saraj ist auch nicht irgendeine. Abram, dieser namenlose Ankömmling aus dem Norden, dieser Hungerleider aus dem Negev Kanaans, wird gewürdigt, Pharao zu begegnen. Und der nimmt Saraj zu sich. Abram ist wer – sonst käme er nicht mit Pharao in Kontakt, auf Augenhöhe. Abram ist ein »königlicher Mensch«. Und dennoch: er verrät Saraj. Seine Angst ist größer als seine Liebe – gar als sein Gottvertrauen.

Ihr Leben ist gerettet. Sie rettet sein Leben. Und er findet sich nicht nur ab, sondern findet sich gut hinein; denn er bekommt auch noch Vieh für die Frau, sogar Arbeitskräfte. Er soll es gut haben, ihretwegen. Der Pharao gibt Abram das alles als Zeichen der Hochschätzung, nicht ahnend, welch ein Rechtsbruch sich dahinter verbirgt. Die Sprache ist verschleiernd und mehrdeutig, weil der Vorgang selber von einer tiefen Ambivalenz geprägt ist.

Saraj, die Ahnfrau, von der der Segen abhängt, kommt in den Harem Pharaos.

Und Abram läßt es sich gut gehen. Was es Saraj ausmacht, eine Mätresse beim Pharao zu sein, wird nicht berichtet, auch darüber, was es Abram ausmacht, sie dort als Gespielin des Herrschers zu sehen, seine geliebte schöne Frau. Ist das Patriarchat? Oder ist das männlich? Warum wird davon nichts erzählt?

Jedenfalls ist der Pharao sehr zufrieden mit der ungewöhnlich schönen Frau.

Abram wird auf einen Wink »von oben« hin in seinem legitimen Beruf als Herdenbesitzer und Viehzüchter »begünstigt und befördert«: durch Überlassung von Weideland, Zuwendungen von Lieferungen, so daß Abram es schließlich zu großen Herden brachte. (Diese Ausländer! Denen wird offenbar alles vorne und hinten reingesteckt. Wie gut die immer angezogen sind. Wir könnten uns das nicht leisten! Was die sich alles kaufen können, davon können wir nur träumen. Und wie die zusammenhalten! Doch Beziehungen, die braucht jeder. Da wäscht eine Hand die andere. Das kennen wir zur Genüge: Günstlinge, Vitamin B, Freundschaftsdienste guter alter Bekannter, dafür ein kleines Jagdvergnügen oder eine Woche auf einer Segeljacht. Ein Bauunternehmer wird ein bißchen gefördert. Er kennt den König K. Eine Bank wird ein bißchen verspekuliert, ein bißchen zwischen 4 000 und 8 000 Millionen Mark. Ein Herr geht, eine Stadt ist bankrott. »Und jetzt soll die Stadt den Kommunisten übergeben werden, mit Hilfe der anderen Roten. Die Kommunisten haben doch die Mauer gebaut. Was sagen Sie dazu, Frau Pau?« – Eine Raffinerie wird raffiniert geschmiert, bis sie wieder floriert. Letztlich interessiert dies niemanden und die Staatsanwaltschaft amnestiert. Ohne Beziehung läuft eben nichts.)

So kann es Abram gutgehen – auf ihre Kosten. Aber: So hat es eben nicht weiter funktioniert. Da heißt es, daß ER mit großen Martern das Land marterte. Zu einem Zeitpunkt, wo Pharao sie zur Frau nehmen will, aus der edlen Mätresse eine Ehefrau machen will, erfährt er offenbar von ihr selbst, wer sie ist: die Frau Abrams. Geschockt durch die Plagen und geschockt durch dieses Wissen besinnt sich Pharao.

Was ist das für eine »Marter«, mit der Pharao geschlagen wird, wo der Gott Abrahams sich als der Gott Sarajs erweist?

In einer rabbinischen Auslegung wird von einem »Engel« erzählt, der unsichtbar im Pharaonischen Schlafzimmer auftaucht. »Auf das Wort Sarajs« hin – so läßt sich Vers 17 übersetzen – wird Pharao geschlagen: »Der Pharao wollte ihr den Schuh ausziehen, da schlug der Engel ihm auf die Hand. Er wollte ihre Kleider berühren, da schlug er ihn wieder. Der Engel beriet sich mit Saraj über jeden einzelnen Schlag. … Wenn Saraj sagte, er solle zuhauen, schlug er ihn, wenn sie sagte, er solle ein wenig einhalten, so tat er es.«

Ist das nicht hinreißend?

Wie ein heißes Eisen behandelt Pharao nun die beiden, läßt sie fortziehen, beschenkt sie noch; er will nur die Garantie, daß sie das Land verlassen. Er fürchtet, *Unrecht* könnte nur *Unglück* bringen über den Verursacher. Vorher fragt er den Abram noch, warum er das getan habe. Der bedeutet ihm klar: »Ich wollte leben, ich hatte Angst um mein Leben.« Es war Überlebensinteresse, reines, nacktes Überlebensinteresse. (Ja, so sind die Zugereisten, so sind die Asylanten, so sind die Fremden, so sind die Männer von dort. So sind sie.

Es tut so gut, andere abzuwerten und sich so aufzuwerten. Und: Die im Wohlstand leben, die leben angenehm.)

Vater Abraham, Stammvater des Volkes Israel, Stammvater aber auch der Muslime und später der Christen: wahrlich kein Held, einfach ein Mensch, der leben will, der ein nüchternes Kalkül aufmacht, der mitten in den Zwiespältigkeiten lebt, der sich geschickt zurechtzufinden sucht und in dessen

Leben Gott als Zurechtbringender, die rechtlichen und die menschlichen Verhältnisse Wiederherstellender, eingreift.

Die Geschichte will erzählen, wie ER die rechtmäßige Ehe schützt und einschreitet, um das Weib seines Erkorenen und die Stammutter Israels vor Entehrung zu retten. Gott selbst erweist sich als mächtiger als Pharao. ER unterbindet den Rechtsbruch durch Klarstellung der Rechtsverhältnisse.

Und Pharao? Er erhebt keinen Vorwurf, sondern drückt sein Erschrecken aus. Er war arglos. Er hatte es nicht gewußt. Er hätte es nicht getan, hätte er es gewußt ... Aber woher sollte Abram wissen können, daß Pharao weiß, daß es ein »Recht auf Leben« auch für den Fremden gibt? Hätte er damit wirklich rechnen können, daß hier das »Gastrecht« gilt und das Lebensrecht, auch für den Zugereisten, den Hungerflüchtling mit einer schönen Frau? Sollte »die Würde des Menschen unantastbar sein« – wer er auch sei?

Abram hatte versucht, sich selber das Leben zu retten, und erfährt, wie der HERR ihnen beiden das Leben rettet, sie nun mit Hilfe von Pharao persönlich in das Land der Verheißung zurückkehren können: Mit ehrenvollem Geleit und all ihrer Habe werden sie verabschiedet, gewissermaßen »mit Geleitschutz« bis über die Grenze, damit nicht unterwegs noch die geilen Untertanen alles zunichte machen und das Unglück seinen Lauf nimmt. Wenn die Fremden nicht gut behandelt werden, kann es auch dem eigenen Lande nicht gutgehen. Ist das die Botschaft? Es ist eine gnädige Warnung.

Was will die Geschichte erzählen – diese Geschichte von irreführender Zweideutigkeit? Die Geschichte will zeigen, daß ER selbst Schutzherr der bedrohten Ahnfrau Israels ist, daß ER Pharao in die Schranken weisen kann, daß ER also auch die Schutzmacht im Ausland ist und daß ER mit Abram und Saraj und den Seinen noch viel vorhat. (Und ihr, die ihr das lest oder hört, sucht euren Part in der Geschichte. Wer wolltet oder könntet ihr sein? Welche aktive oder passive Rolle ist euch zugedacht? Könnt ihr euch beispielsweise vorstellen, welche »Winkelzüge« Hunger-Flüchtlinge bei uns machen, um durchzukommen? Und was wird Frauen angetan, die zu Prostituierten werden, Objekte der Wohlstandslüstlinge an unseren östlichen Grenzen!)

VI. Ein Lebenskreis schließt sich und bleibt geöffnet
Da zieht Abram also wieder zurück, zurück in seine Zukunft, in das Land Kanaan. Zunächst bleibt er in der Wüste, im Südland. Am Bewährungsort. Abram ist begabt, ist gesegnet. Das heißt: er hat Erfolg. Segen ist auch Mehrung, durchaus. Und sogleich gibt es Krach mit Lot und seinen Leuten. Das Land erträgt sie nicht *beide*. Der Raum wird zu eng. Zu viel Vieh und zu wenig Weide. Verödung, Verkarstung – für alle und alles ... – Und sie können einfach nicht mehr miteinander. Es wird unerträglich. Es droht ein »Bruderkampf«. Abram löst den sich anbahnenden Konflikt in einer weisen *und* mutigen Geste: Laß keinen Zank sein, denn wir sind doch Brüder. Brüder und Menschenbrüder. Und das Land steht uns beiden offen. Trennen wir uns. Das ist die beste Lösung, (wörtlich: Lösung!); keinen ewig quälenden gruppen-dynamisch, religiös-moralisch aufgeladenen Supervisionsprozeß, sondern Trennung als Akt gegenseitig lösender Freiheit. Es gibt unerträgliche und unlösbare Konflikte, wo nur noch eines hilft: Auseinandergehen – einander Gehen-Lassen und jeden an seinem Lebensort und in seiner Lebensart leben lassen. Einander Frei-Lassen – im weiten Raum, wenn es im Miteinander zu eng wird oder wenn es einfach nicht harmoniert, nicht zusammenstimmt. (Bitte, liebe Christen, keine vorschnelle Moralisierung. Die Erzählung enthält sich auf wunderbare Weise moralischer Urteile.)

Als Lot im Krieg in Lebensgefahr kommt, rettet ihn Abraham und schließt Verträge mit dem König von Sodom. Und dann wiederholt sich die Nachkommensverheißung Abrahams. Aber es kommt *noch* nichts.

Daß ihm, dem 99jährigen Greis, noch einmal ein Kind verheißen wird, glaubt er, während Saraj lacht. Als der Sohn dann doch geboren wird, bekommt er den Namen Isaak. Das bedeutet: Lachen Gottes.

Zuvor gibt es einen dramatischen Konflikt, der Bände spricht und sich bis heute fortsetzt: Damit überhaupt Nachkommen geboren werden, vereinbart Saraj mit der ägyptischen Nebenfrau Hagar, daß sie sich zu Abraham lege, damit sie schwanger würde und sie wenigstens ein Kind, wenigstens einen Bastard hätten. Und Hagar wird alsbald schwanger. Stolz erhebt sie sich über Saraj, die Herrin, der die Schmach ihrer Kinderlosigkeit sowieso schon zum Lebensproblem geworden ist. Hagar flieht, aus Angst, kehrt aber zurück und gebiert den Ismael. (Er gilt bis heute als Stammvater der Palästinenser und aller Muslime.) Ismael heißt: Gott hat erhört.

Sodann bittet Abraham um die bedrohte Stadt Sodom und Gomorra; um weniger Gerechter willen sollen nicht alle vernichtet werden. Keine Kollektivhaftung, lieber Gott! Aber bei der Errettung der Familie Lots heißt es dann: »Wer zurücksieht, erstarrt.«

Und dann kommt es zu der Probe schlechthin, die vielleicht dunkelste Geschichte der ganzen Bibel: Die Forderung, den ersehnten, nicht mehr geglaubten Sohn, Isaak, das Lachen Gottes, zu opfern. Ein Gottesbefehl, ohne Liebe. Blanker Gehorsam. Nichts als Gehorsam auch gegenüber einem dunklen Gott. Abraham hatte *geglaubt*, daß er einen Sohn bekommt. Und nun *gehorcht* er, so blind, wie er blind *geglaubt* hatte. Doch der Sohn wird gerettet, unbegreiflich. Warum das alles?

Sara stirbt. Abraham, noch immer fremd im Lande, erbittet von den einheimischen Hethitern ein Stück Land (Der Mensch braucht soviel Erde, daß er sich hineinlegen kann!) Er soll die Grabstätte geschenkt bekommen. Er aber will rechtliche Klarheit, keine Gunsterweise. Er will die Grabstätte kaufen – und er bekommt sie. Abraham lebt weiter, heiratet noch einmal, bis er dann »alt und lebenssatt« stirbt. Schönes Symbol: einträchtig begraben Isaak und Ismael den Vater.

Vater Abraham: ein Vorbild mit allen Ambivalenzen, ein Mensch, der sich den Lebenssituationen tapfer stellt und nicht ohne Blessuren durchkommt. Ein Mensch, der letztlich weiß, daß über ihn das Wort des Segens gesprochen ist, das etwas Unverlierbares behält: »Wandle vor mir und sei ganz!« Das ist der Ruf an Abraham. Das ist der Ruf an jeden Menschen, das königliche Abbild Gottes.

Wir Menschen sind auf der Suche nach Vor-Bildern, nach Menschen, die so glaubwürdig wie lebensnah sind, keine Heroen, sondern Suchende, Fragende, Irrende, Wagende, die sich bewähren, die aus Zweideutigkeiten wieder herausfinden.

Abraham wird zum Sinnbild des Glaubens schlechthin: ein Leben, das sich aus der Herkunft löst, ohne sie zu verleugnen. Ein Leben, das seine Zukunft sucht: im Unterwegssein, auf der Suche sein und doch mit einer Zielgewißheit leben. Ankommen. Weitergehen. Zurückkehren. Einen Ruheplatz finden, haltmachen dort, wo einem der Himmel aufgeht. Umwege machen. In Zweifeln leben. Zweifelhaftes Verhalten nicht umgehen können. Kompromisse machen, die an (Selbst-)Verrat grenzen. Nachgeben und festbleiben. Müde werden und nicht aufgeben. Das Unerwartete und Un-Mögliche noch erwarten und für möglich halten. Wissen, was geschenktes Leben ist, wissen, was nicht machbar ist.

Abraham, Typus der Wanderexistenz, ein Überlebenskünstler, ein Stammvater der Toleranz und der Stammvater der drei monotheistischen Religionen. Er ist der erste große religiöse Inter-Nationalist. Seine Erben haben nichts Besseres zu tun, als um ihn zu streiten. Es ist eine typische Familienstreitigkeit um das väterliche&mütterliche Erbe. Wer bewahrt es am reinsten, das Erbe Abrahams, Hagars und Saras? Die Juden, die Nazarener oder die Muslime?

Abraham, der große Verbinder, ist der große Zankapfel geworden. Aber in ihm könnten sich alle wiederfinden und zusammenfinden. Abraham ist gerade nicht der Mann der religiösen Ausschließlichkeit, sondern eines entschiedenen Nebeneinanders, kein Vertreter fauler Toleranz, aber auch kein Mann der Scheiterhaufen, kein Gottes-Mann religiös motivierter Unbarmherzigkeit.

Abraham ist ein Gott-Gläubiger, der mit Gott rechtet, Fürbitte hält für andere, auch für Schuldige, der sich selber ins Zwielicht bringt, wenn er Konflikte löst oder aus Überlebensinteresse zu zweideutigen, zwielichtigen, durchsichtigen Strategien greift.

Er ist der Leidgeprüfte, ein »trotz alledem«-Mensch. Er ist der, der seine Zuversicht nicht aufgibt, aber durchaus weiß, was es heißt, zu verzweifeln.

Das ist der Mann, der Konflikte zu lösen versteht und dabei den Dilemmata des Lebens nicht ohne Schuld entrinnen kann. Er ist nicht nur undenkbar ohne Sara, dieser Patriarch; Sara wird die Mutter des Segens, obwohl er sie preisgegeben hatte, Preis für sein Überleben. Gott selbst bereinigt die unerträgliche Situation – Abram hatte sich längst darin eingerichtet.

Abram ist der Mann, der die Herkunft hinter sich lassen kann, weil er die Zukunft sucht, der zwar aus einer Nation kommt, also aus einem Ort, einem Stamm, einer Kultur, in die jeder hineingeboren ist, der aber herausgehen kann und doch immer wieder gefragt wird: Wo kommst du her? Wichtiger wird ihm: Wo gehst du hin? Warum gehst du? Mit welcher Zuversicht gehst du? Welcher Segen geht mit dir und wen läßt du an deinem Segen teilhaben?

Er verleugnet und vergißt seine Vergangenheit nicht. Er weiß, wo er *herkommt*, aber ihm ist wichtiger, wo er *hingeht*.

Und Abraham war kein Jude, so gern Juden dies glauben machen. Ihm ging es nie um die sogenannte ethnische oder rassische oder »nationale Reinheit«. Seine Nebenfrau Hagar war eine Ägypterin, seine Frau Sara stammte aus Ur-Chaldäa, seine zweite Frau Ketura war eine Semitin.

VII. Worum es heute geht – einige apodiktische Sätze

»Du stellst unsere Füße auf weiten Raum«. Aber der Raum ist begrenzt. Die Welt wird eng, immer enger. Die Ressourcen sind begrenzt. Wir ver-werten sie, ohne daß sie sich erneuern. Wir werden immer mehr miteinander auf immer enger werdendem Raum auskommen (müssen).

Die Freiheit ist ein Weg, auch zu dir selbst, ein Weg ins Selbstvertrauen und Lebenswagnis zugleich:

– Laß einmal, wenigstens einmal los! Geh los! Laß alles los! Laß alles hinter dir! Geh einen eigenen Schritt! Probier mal, wie es ist, ohne Absicherung, ohne Gruppenkitt, ohne Rückversicherung zu leben!

– Sieh zu, wie du auf eigenen Beinen stehst und wie stark dich deine innere Kraft und Zuversicht tragen, wie weit dich deine Füße tragen!

– Deine Herkunft kommt bestimmt wieder zu dir zurück – überall. Aber nur wer seine Heimat verläßt, weiß, was Heimat ist, und wird nicht »tümlich«.

– Weltoffen und herkunftsbezogen zu leben sind keine Gegensätze, sondern bedingen einander. Einen Ursprung haben, ihn nicht leugnen und ihn nicht leugnen müssen! – das gilt für mich wie für alle anderen.

– Toleranz als gegenseitige Anerkennung wird eine Überlebensbedingung auf der uns allen geschenkten Welt. Überall, wo wir hinkommen, sind schon andere. Und wo wir sind, kommen noch andere hinzu, vor allem dann, wenn es bei uns ganz gut geht. Die Erde gehört uns nicht – allein!

– Mit fremden Kulturen Tür an Tür zusammenleben ist nicht nur spannend, sondern durchaus spannungsreich, zumal im Konfliktfall das Fremdsein als der Hauptgrund des Konflikts allzu schnell in den Vordergrund gestellt wird. Obgleich man Ähnliches mit Inländern erleben kann, sucht man doch die Schuldigen zu leicht bei den Fremden. Der Konfliktfall läßt archaische Muster hervortreten. Das mag man beklagen; man kann es nicht durch Leugnen aus der Welt schaffen. Es ist unsere Kulturleistung, unseren archaischen Mustern zu widerstehen und zivilisatorisch zu handeln. Abraham ist ein Vorbild menschlicher Zivilisation, einer Kultur selbstverständlicher Akzeptanz.

– Abraham ist das Vorbild des gesegneten Menschen, der durch seine Art zu leben, für andere Segen bringt. Dessen Lebensentwurf zu segnen heißt, sich selber Gutes zu tun. Abraham – der Unterwegsmensch, der mit Einheimischen zu tun bekommt und »Person minderen Rechts« ist, wird selber ein Vorbild für Gastfreundschaft und nicht für eine Ab- und Ausgrenzung, die er selber durchlitten hat.

– Bisherige Geschichte wird zumeist aus männlicher Perspektive geschrieben. Doch der Segen für Abraham ist nicht denkbar ohne Sara. Der zivile Mut von Frauen legt die Feigheit »der Tapferen« offen.

– Nach einer grausigen rassistischen, deutsch-nationalistischen Vergangenheit haben wir in der Bundesrepublik mit den Artikeln 1–4 und 16 des Grundgesetzes eine rechtliche Basis gegen die Barbarei geschaffen, eine Basis zum Schutz der Humanität, die allerdings immer wieder von den Menschen selbst, von den Bürgerinnen und Bürgern dieses Land, angeeignet werden muß. Wie lang war der Weg der Deutschen, ehe sie in ihrem Grundgesetz von der »Würde des Menschen« sprechen konnten und nicht ab- und ausgrenzend nur von den »Rechten der Deutschen«! Unser Grundgesetz ist ein Grundgesetz der Toleranz, eines Respekts und der Anerkennung gegenüber anderen Menschen; sie haben unveräußerliche Menschenrechte, wie wir auch.

– Fremde sind immer gefährdet. Fremde haben Angst, aber sie machen auch Angst. Wo gegenüber den Fremden eine neugierige, aber nicht ängstliche Grundhaltung dominiert, läßt sich ein Zusammenleben in den uns gegebenen Lebensräumen arrangieren. Das setzt den Verzicht auf totalitäre Ansprüche voraus.

– Leitkultur könnte heißen: Kultur haben! Also zuerst andere gelten lassen und die eigene Kultur selbstbewußt zur Geltung zu bringen, aber nicht als Raster, das auf andere – mit Macht – gelegt wird. Dies setzt voraus, daß Vereinbarungen getroffen werden. Die Grundvereinbarung ist die Unantastbarkeit des anderen. Zumal in religiösen Fragen darf es nicht heißen: extra ecclesiam nulla religio.

– In einer multikulturellen und multireligiösen Welt gilt es zunächst, die einfache Tatsache wahrzunehmen, daß alle unsere Wahrheiten herkunftsbezogen sind. Zufällig sind wir in einem protestantischen oder katholischen oder atheistischen Zusammenhang aufgewachsen so wie andere zufällig in einem muslimischen, jüdischen oder kommunistischen. Wer sich das bewußt macht, kann seine eigenen Wahrheitsansprüche gelassen relativieren, ohne seine Überzeugungen aufzugeben.

– In einer globalisierten Welt gilt es, die Suche der anderen Menschen nach der bindenden und befreienden Wahrheit kennenzulernen und in einer globalisierten Welt das Verbindende zu suchen (»Weltethos«).

– Die engen Grenzen der eigenen Tradition und Herkunft sind zu überschreiten. Und jeder von uns kommt zunächst aus einem umgrenzten Raum eigener Herkunft und Prägung. Es gibt nicht mehr »die Wahrheit«; die Wahrheit gibt es nur noch im Plural. Aber: Es muß eine gemeinsame, ernsthafte Suche nach der Wahrheit angesichts der vielen Wahrheiten geben. Gleichgültigkeit ist keine Toleranz, sondern Ausdruck von Nichtachtung und Denkfaulheit.

– Xenophobie ist in allen Völkern spürbar. Es ist unendlich viel leichter, Beziehungen zu zerbrechen, Haß zu wecken, Vorurteile zu schüren als stabile Beziehungen aufzubauen und Konflikte nicht rassistisch & religiös zu instrumentalisieren.

Weil Xenophobie schürbar ist, darf in unserer Bundesrepublik Zuwanderung nicht zum Wahlkampfthema gemacht werden, weil es unserem Grundgesetz fundamental widerspräche, mit dem Ausnutzen oder Anheizen ausländerfeindlicher Stimmungen Stimmen gewinnen zu wollen. In solchen Fragen gilt es, einen liberalen, demokratischen, weltoffenen Konsens zu suchen und zu bewahren.

Es gilt, um Verständnis zu werben und eine Integration zu ermöglichen, die nicht als Einebnung und Einengung erfahren wird. Integration gelingt nur, wenn sie nicht zwangsweise erfolgt. Die Deutschen werden indes von denen, die als Zuwanderer hier dauerhaft leben wollen, erwarten dürfen, daß sie sich auf unsere Sprache und Kultur einlassen – sofern auch wir »Einheimischen« alles dafür tun, daß das eine Kultur ist, die den Namen »Kultur« verdient.

VIII. *Ein Nachtrag*

In Frankfurt am Main hat von 1929 bis 1933 der »Ordinarius für Philosophie und Soziologie« Paul Tillich gewirkt. Im Zusammenhang mit dem Ermächtigungsgesetz Hitlers vom März 1933 wurde er suspendiert. Paul Tillich war religiöser Sozialist und gehörte zur Frankfurter Schule um Max Horkheimer, Erich Fromm und Theodor W. Adorno. (Diese drei waren jüdische Deutsche, deutsche Juden, glaubwürdige Humanisten, liberale Geister, scharfsinnige ideologiekritische Denker – und flohen noch rechtzeitig in die USA. Horkheimer und Adorno kehrten nach den finsteren Jahren nach Frankfurt zurück!)

Man soll Tillich angeboten haben, daß er eine Stelle als Professor in der »Reichshauptstadt« bekommen könne, wenn er nur seine Schrift »Sozialistische Entscheidung« widerrufen würde. Darin hatte Tillich dargelegt, warum er – als Sozialdemokrat und Christ – für Freiheit *und* Gerechtigkeit (ohne jeden Dogmatismus!) eintritt. Tillich widerrief nicht und ging im Herbst 1933 ins amerikanische Exil. In seinem Aufsatz »Der Widerstreit von Zeit und Raum« (1959) schreibt er:

»Mit dem Befehl an Abraham, das Land seiner Väter und das Haus seines Vaters zu verlassen, ist der Befehl gemeint, die Götter des Blutes und des Bodens, der Familie, des Stammes und des Volkes aufzugeben, mit anderen Worten: die Götter des Raumes, des Heidentums und des Polytheismus, die dann auch noch neben und gegeneinander stehen, wenn einer von ihnen zum Herrscher über die anderen geworden ist...

Wenn noch heute ein säkularisierter Protestantismus in vielen Ländern das Vakuum verursacht hat, in das die alten heidnischen Götter des Blutes und Bodens, der Rasse und des Volkes eindringen, so erheben sich immer wieder warnende Stimmen, die beweisen, daß Gottes Befehl an Abraham noch nicht vergessen ist.«[22]

Paul Tillich hat sein Leben und Denken als eine Existenz »auf der Grenze« verstanden. Bereits 1936 hat er dies zusam-

22 Paul Tillich, Gesammelte Werke. Band VI, Stuttgart 1963, S. 144ff.

mengefaßt. Darin heißt es unter der Überschrift »Auf der Grenze von Heimat und Fremde«:

»Abraham muß Boden-, Bluts- und Kulturgemeinschaft, Volks- und Staatsgemeinschaft aufgeben, um einer Verheißung willen, die für ihn ohne Gewähr ist. Der Gott, der Gehorsam von ihm verlangt, ist ein Gott der Fremde, nicht bodengebunden wie die heidnischen Götter, sondern ein *Gott* der *Geschichte*, der alle Geschlechter der Erde segnen will. Dieser Gott, der Gott der Propheten und Jesu, zerbricht jeden religiösen Nationalismus. Heimatgebundenheit im Sinne von Landschaft, Sprache, Überlieferung, Gemeinsamkeit des geschichtlichen Schicksals war für mich immer so selbstverständlich, daß ich nie begriffen habe, warum man es zum Gegenstand ausdrücklichen Denkens und Handelns machen soll.

Ich fühlte mich zu selbstverständlich als Deutscher, um aus dem Deutschsein, das durch Geburt und Schicksal gegeben ist und gar nicht in Frage gestellt werden kann, ein geräuschvoll betontes Thema zu machen.

Die Frage scheint mir zu sein: Was soll mit diesem Material, dieser gegebenen Substanz gemacht werden?«[23]

Dem habe ich nichts hinzuzufügen.

Aus Erde gekommen, der Erde treu sein

»Da machte Gott der Herr den Menschen aus Erde vom Acker und blies ihm den Odem des Lebens in seine Nase.

Und Gott setzte ihn in den Garten Eden, daß er ihn bebaute und bewahrte.« (Genesis 2, 7.15)

Adam, der Mensch, stammt aus der Adama, der Erde. Wir alle stammen ab von Adam, der aus der Erde gekommen ist, ein Erdkloß mit dem »Odem des Lebens«, der wieder zur

23 »Auf der Grenze«. Aus dem Lebenswerk Paul Tillichs. Stuttgart 1962, S. 63 ff.

Erde werden wird. Der homo, der Mensch, kommt aus dem humus, der fruchtbaren Erde. *Humanitas* und *Humilitas* haben einen Wortstamm, sind gleichem Ursprungs. Menschlichkeit ist zugleich Mitkreatürlichkeit mit dem Humus, aus dem wir kommen, von dem wir leben, zu dem wir wieder werden. Humilitas – das ist die Demut und die Bescheidenheit dessen, der wieder zu Humus wird.

Der Humus, aus dem der homo kommt, das ist Lehm und Löß, Sand und Waldboden, Schlamm und Schlick, Kompost und »Anbausubstrat«. Wird der Boden, der Nährboden gefährdet, wird das Leben bodenlos und brotlos. Uns ist zugetraut und zugemutet, die Erde zu nutzen, nicht auszubeuten. *Mit* ihr zu leben, indem wir *von* ihr leben! Die Erde ist die verletzliche Haut unserer »Erde«. Die Erde weint. Die Erde schreit. Stummer Schrei, seit Kain, bis heute, vor Verdun, vor Stalingrad, in Tschetschenien, im Kosovo, in Angola, im Sudan und in Afghanistan. Oder denken wir an die Öltankerkatastrophen, die uns noch bevorstehen, die Tschernobyls, die möglich sind, die Regenwälder, die zur Ödnis gemacht werden. Leiden wir mit, wenn die Erde erstickt, verdorrt, verkarstet, wenn Wüsten wachsen? Beim Landgewinn durch Brandrodung geht der Nährboden verloren, geht die Luft aus. Erde – stiller Schrei, blutgetränkte Erde. Hören wir, wenn sie abgeräumt wird, zum Abraum gemacht wird? Hören wir, wenn sie plattgewalzt, zerbombt, versäuert, vergiftet, verstrahlt, ausgewaschen, aufgerissen wird?

Wunderbare Erde, nährende Mutter, mater, materia. Um unsere Mutter geht es, die »Mutter-Erde«, auf der sich »Vater-Länder« breitgemacht haben, die die Erde zerteilen, abgrenzen, ausbeuten und mit dem Blut der Brüder und Schwestern tränken.

Was wir Kultur nennen, entstand aus der Agricultur, der Agrarkultur, der gelungenen Verbindung zwischen Natur und Mensch, Kultur und Natur. Land-Wirtschaft kommt aus der Landes-Kultur. Agricultura – das ist die Einheit von Nutzen,

Pflege und Schönheit. Bleibt diese Einheit erhalten, behält Erde ihr Subjektsein, wird nicht bloßes Objekt unserer Werke.

Es geht um die große Erde, diese so einmalige wie einsame Kugel im unendlichen Universum. Und es geht um unser Stückchen Land, um den kleinen Garten vor dem Haus, um die fruchtbare Krume im Blumentopf. Indem wir *mit* ihr leben, bleibt *sie* leben, bleiben *wir* leben. Im Kleinen sind wir für das große Ganze verantwortlich. Die Ehrfurcht *vor* dem Leben, das aus der Erde kommt, führt uns in die Verantwortung *für* die eine Erde, die für alle da ist. Die Erde hat Platz, die Erde hat Brot für alle. Der Garten Eden ist verlassen, aber das Land bringt weiter viel Frucht und unbeschreibliche Schönheit. Mitkreatürlichkeit und Mitmenschlichkeit bedingen sich.

Unsere wunderbare Erde: Staunen und Dankbarkeit, Arbeit und Liebe, Nützlichkeit und Begeisterung. Der begeisterte Mensch ist der mit Geist erfüllte Mensch. Odem ist der Lebensatem, so verletzlich wie die Erde selbst. Geist und Materie sind Geschwister.

»Ich habe keinen Gott, aber Gott hat mich«
Zum Gottesbild von Ernst Barlach

Dem Unsagbaren Gestalt geben, das Wortlose ins Wort holen, das Wesen in die Erscheinung, das Unsagbare ins Gesagte zu bringen – daran hat sich Ernst Barlach ein Leben lang versucht und gequält, letztlich immer leidend am Ungenügen des Vorhabens und doch getrieben, angetrieben, unermüdlich und ermüdend, verzweifelt und gelöst, hat er sich darangemacht, mit der Schreibfeder, mit dem Kohlestift, mit dem Stemmeisen, mit dem Steinmeißel. Von einer Kunstform in die andere wechselnd, will er dem Form geben, was hinter den Dingen steckt, was in den Dingen verborgen ist! »Die äußere Darstellung eines inneren Vorgangs« versteht er als Kunst.

Zeichnungen dienen ihm mehrfach als Vorlage für Plastiken. Der Prozeß dauert manchmal jahrelang. Zeichnungen bringen ihn wieder zum begleitenden und erläuternden Wort. Er illustriert Dichtung. In vielen Illustrationen tauchen plastische Figuren wieder auf. Das Lebensthema ist gewissermaßen schon angezeigt, als Barlach neunzehn Jahre alt ist: »Mir kann die Plastik nicht ganz genügen, deshalb zeichne ich, und weil mir auch das nicht genügt, schreibe ich.«

Barlachs künstlerisches »Muß« ist verbunden mit der Unerbittlichkeit der Selbst-Kritik an dem, was er schafft. Die Existenz der leeren Hände läßt Kunst zu reiner Gnade werden. Zwischen tiefer Verzweiflung und ebenso tiefem Vertrauen hin- und her-gerissen, entstehen seine so unverwechselbaren wie unvergeßlichen Gestalten, ein Stil, der Barlach immer und überall wiedererkennbar macht, selbst in seinen Phasen vom Jugenstil zum Expressionismus. Immer verknappter wird das, was er in allen seinen künstlerischen Ausdrucksformen sagen will, weil er dem Wesentlichen nach- und nahezukommen sucht. Vielleicht könnte man ihn gar als d e n Existentialisten unter den bildenden Künstlern ansehen, der »die Existentiale« Form werden läßt, ihnen eine merkwürdig entrückte Sinnlichkeit gibt, ja zurück-gibt. »In die Welt hinein geworfen sein«, letztlich ein einzelner bleibend, liebend, strebend, fragend, sterbend, dauernd u n d vergehend.

Welches Weihnachtsbild bringt existentieller all das ins Bild, was Weihnachten bedeutet, als seine Plastik »Ruhe auf der Flucht« – wo der Mantel, der aufgespannte über der Mutter, zum schützenden Dach wird? Die nährende Brust liegt frei, ausgeliefert und beschützt zugleich. Ein junges Paar auf der Flucht, einen Ruhepunkt findend unterwegs, in Angst, in Lebensgefahr. In Hunger und Kälte. Asylsuchende. Liebende. Gefährdete und Behütete.

Der Stolz des »Wanderers im Wind«, die Kraft im Schritt, dem Gegenwind trotzend. Sturm und Mensch bewähren sich aneinander.

Das Unentrinnbare, das Schicksalhafte, das Eingeschnürte begegnet in der Skulptur »Mann im Stock«.

Daneben »Singende Frauen«, »Lachende Alte«, »Singender Mann«, »Singender Mönch«, »Der Flötenspieler«, »Die Verlassenen«, »Das frierende Mädchen«, »Das schlimme Jahr«. »Der Träumer«, »Der Schwebende«, »Der Lesende«. Da findest du dich wieder. Da wird etwas zur Darstellung gebracht, was du auch kennst, was du empfindest, was dich herzzerreißend glücklich macht und was dich im Innersten zertrümmert.

Auffällig die schlichte Sprache der Hände, ja die »Existenz der offenen Hände«. Der »Lehrende Christus« wie ein Buddha, die offenen Hände auf die Knie gelegt. Der Gebende ist der Empfangende, der Lehrende der Lernende, der ganz Konzentrierte der ganz Geöffnete. Die so einladenden wie distanzierenden Hände des schwebenden »Gottvater«. Die Sanftheit, die unnachahmliche Sanftheit der Hände am »Schwebenden Engel«. Die stützende Hand des Auferstandenen für Thomas und die schwer auf den Schultern Jesu liegenden Hände des ungläubigen Jüngers, der nur die Wahrheit glaubt, die er ertasten kann. Die ringenden Hände des »Zweiflers«. Die Stille verströmenden Hände der »Sitzenden Alten«.

Überall der Gestus ekstatischer Stille zwischen Begeisterung und Trauer. Pralle Lebensfülle und karge Gestaltung. Das Wesen zu erkennen, zwingt dazu, sich aufs Wesentliche zu konzentrieren. Aus den Erscheinungen das Hervorscheinende sichtbar zu machen. Der einzelne ist unverwechselbar, aber eben nicht als Individuum, sondern als Typ. So wiederholen sich seine Gesichter in verschiedensten Grundgesten. Der in das Tuch eingehüllte, stets umhüllte Mensch mit seinen übergeworfenen Gewändern wird zum Sinnbild des Geheimnisses, das sich nicht entbirgt, sondern verhüllt bleibt, immer nur eines sichtbar macht, aber eigentlich alles wissen will. Die Verhüllung ist Zurücknahme des Ernst Barlach, der weiß, daß es »die Wahrheit« nur im Plural gibt. Nur Wahrheiten kann er ins Bild oder ins Wort bringen, nie »die« Wahrheit.

Das einzelne ist Teil eines Ganzen, nie das Ganze. Das Bar-
lachsche Werk erscheint mir als e i n Thema mit Variationen:
Gestalt werden lassen, was nicht darstellbar ist, und es dennoch tun müssen. Merkwürdige Wiederholungen! Wie die
»Mutter Erde« in Muschelkalk (1921) wiederkehrt im »Leh-
renden Christus« (1931). Nur, der »Lehrende Christus«
blickt in die Weite und läßt seine geöffneten Hände sehen.
Das eine ist Gestus der Einladung und der Darlegung für andere, das andere ist ganzes Empfangen, ganz Schoß, ein
empfangender, ein Leben bergender und ein Leben schen-
kender. Hier liegt die Religiosität. In diesem allen, nicht im
einzelnen, nicht erst in der ausdrücklichen Aufnahme
christlicher Ikonografie, nicht erst in der Pietà, die mit dem
toten Christus – mit Stahlhelm! – ein Kreuz bildet, nicht erst
mit »Jesus in Gethsemane« oder mit der »Versuchung Jesu«.
Das Christliche zeigt sich ihm als das ganz und gar Menschliche. Das Religiöse ist das nur fragmentarisch gelüftete Geheimnis des Seins. Barlach bringt nichts anderes ins Wort und
in die Gestalt als das, was Jesus mit dem Satz meinte: »Wer
Ohren hat zu hören, der höre. Wer Augen hat zu sehen, der
sehe.« Barlach wird hier geradezu radikal. Wer im Verborgenen das zu Entbergende nicht hört, sieht, empfindet, erlauscht, dem wird es keine Ausdeutung erschließen! Und da
das so ist, leben wir heute in einer Zeit wachsender Verdummung, in der Menschen, immer mehr Menschen, nicht verstehen wollen, sondern alles gezeigt bekommen wollen auf
dem niedersten Niveau. Das bringt man dann auf den Begriff
Einschaltquote. Wer im Verborgenen das zu Ent-Bergende
nicht hört, sieht, empfindet, erlauscht, der wird es durch
keine Ausdeutung erfahren. »Heilig, heilig ist der Gott Zeba-
oth, und alle Lande sind seiner Ehre voll. Wer's hört, der hat's,
aber wer ausdeutet, der begreift es nur, hat einen Plunder von
musikalischem oder sonstigem Fachwissen in Händen«,
schreibt Barlach. Wenn ich das lese, denke ich, ein bißchen
sehr radikal, denn wenn das stimmt, dann könnten die Lehrer und Katecheten alle entlassen werden. Es kommt darauf

an, daß Kunst so interpretiert wird, daß den anderen nicht das eigene Sehen, Empfinden, Betrachten, Deuten erspart bleibt, sondern daß sie erkennend an Kunstwerke herange-hen. Hermeneutik darf nicht zur Erklärungsmethodik verkommen. Es gilt, die Seh- und die Hörfähigkeit des Men-schen zu schärfen, um der tötenden – und falschen – Ein-deu-tigkeit und vernünftelnden Erklärung zu entrinnen.

Barlach wird zu einem Meister des Entbergens des Erha-benen, der Geheimnisse des Lebens selbst, ohne Geheim-nisse wirklich lüften zu wollen oder gar zu lüften. Seine Werke verkörpern Näherungen, einen Aufschrei nach Nähe aus der Einsamkeit und das Ausleben, das Genießen, das Vertiefen des Alleinseins.

Barlachs Glaube? – Ein tiefes Vertrauen in allem (Selbst-) Zweifel, ein Glaube, der sich nicht ins Korsett einer Lehre, eines Systems, eines Dogmengebäudes bringen läßt. Aber er spricht denen, die ein solches Haus brauchen, nicht ab, daß daran etwas sein könne. Nur er selbst könne und wolle sich nicht in eine umgrenzte Gemeinschaft einfügen und sich schon gar nicht abgrenzenden Glaubenssätzen unterwerfen. Ein evangelisch-lutherischer Barlach scheint undenkbar. Aber w a s Barlach denkt, ist die im Tiefsten begriffene »Rechtfer-tigung des Sünders allein aus Glauben«, wenn eben auch der Glaube nicht zum menschlichen »Werk« wird, sondern ganzes Empfangen bleibt. Schon 1916 – an einem Pfingstmontag! – notiert er: »Ich für meinen Teil glaube, es genügt, Ehrfurcht und Dankbarkeit zu haben … Ich habe die Ahnung von etwas, in dem mein Wesen sich gesund, zufrieden, glücklich, herr-lich baden könne, sobald es dem Wesen über mir so gefällt. Es muß wohl Gründe geben, aber jedenfalls ist Dankbarkeit und Ehrfurcht ein tröstlicher Zustand.« Und einige Sätze voran heißt es: »Das ganze Verlangen nach dem Geist, der Sinn des Gottwollens und Gottsuchens, hat (aber) einen Sinn, den (grob gesagt): selbst Gott zu werden, nämlich Gott zu be-greifen, zu fühlen wie er, seine Erhabenheit zu teilen, ihn zu ›schauen‹, und wäre es nur das eine, den Sinn der Welt, des

Menschdaseins richtig zu lernen. Wozu dient die Welt, was soll das Ganze?« Die Frage nach Gott kommt immer dann, wenn »eine mystische Leere in uns gähnt«.

Barlachs Werk ist im ganzen und im einzelnen ein Erschließungsraum für den Reichtum der Geheimnisse des Lebens und für das Geheimnis der Reichtümer des Lebens.

Immer wieder fürchtet er, daß er wirres Zeug redet. Er reflektiert ständig sein Ungenügen, zumal im Worthaften, fühlt seine Kräfte schwinden und weiß doch auch, daß er noch nicht alles gegeben hat, was in ihm steckt und was durch ihn Gestalt gewinnen muß, was er an Gestalt herauszuholen hat aus dem, was da ist und geschieht. Barlach ist so mystisch wie politisch, er arbeitet so lange am Sichtbaren, bis das Unsichtbare sichtbar wird, und beinahe alles hat einen »historischen Ort«, hat Zeitbezug, ohne e i n e m Zeitpunkt verhaftet zu sein.

In einem Brief an seinen Vetter Karl spricht er von »Vertiefung, Verfeinerung, Veredelung, Erkenntnis«, die aus der Kunst kommen. »Alles ist wahr, was aus innerem Erleben keimt.« Er deutet das Treiben in uns als Gottestreiben – als »Mühen, Sehnen, Kämpfen, Hoffen, Erbauen, Jauchzen, Wüten.«

»Das Wirkliche und Wahrhaftige« nannte Franz Fühmann seinen großartigen Bildband, der 1970 in der DDR erschien und die so fruchtbare wie furchtbare Not des Künstlers in seinen schriftlichen Zeugnissen, in seinem bildnerischen Schaffen und in seiner Plastik nachzeichnet.

Es wird deutlich, wie nahe dieser Künstler seiner Zeit stets geblieben ist, der sich aus Berlin längst nach Güstrow und dort auf den Heidberg zurückgezogen hatte, um in Ruhe arbeiten zu können. Und findet keine Ruhe.

Er muß mit ansehen, wie sein »Schwebender Engel« geschleift und eingeschmolzen wird. Der deutsch-nationale Kleinbürger will nicht an Schmach erinnert werden. Er will zu einem stolzen Volk gehören und ist der »Gewissenswarte« – wie es jetzt selbst aus dem Munde des Dichters vom Bodensee zu hören war – überdrüssig, die ihm ein schlechtes

Gewissen »machen« wollen; er will keine »Nie wieder!«-Beschwörungen einer Käthe Kollwitz!

Heldenehrenmale, Dolchstoßlegenden und Siegerarroganz führten 20 Jahre nach dem verlorenen Ersten in den barbarischen Zweiten Weltkrieg. Weh uns, wenn die deutschen Kleinbürger wieder Macht gewinnen, die alles, was sie nicht verstehen, als entartet empfinden. Sie wissen sich in der Mehrheit. Man traut sich nur nicht schon wieder, so zu reden, wie man fühlt. Dolgenbroth ist überall. Mölln ist überall. Unsere Demokratie braucht redliche Erinnerung. Sie braucht Erinnerung an das, was Barlach wollte, und an das, was Barlach geschah. Von wem? Und wer ließ es zu oder konnte es nicht mehr verhindern angesichts der Begeisterungsstürme, mit tausendfach in den Himmel gereckten Händen, die Barlach »die römischen Hände« genannt hat. Wir brauchen für immer Erinnerung an deutsch-nationalistischen Massenwahn und an seine Massengräber. Es ist zu warnen vor hysterischer Übertreibung, aber es ist auch zu warnen vor abwiegelnder Verharmlosung und dem Versenken des Geschehenen in die Vergangenheit. Wer Auschwitz zu verantworten hat, kann so schnell kein normales Volk werden, auch nicht sechs Jahrzehnte danach – gleichzeitig gilt, daß ein Barlach zu unseren großen Kulturleistungen gehört, auf die wir als deutsches Volk auch »stolz sein« können.

Auch wenn es der Seele guttut, nicht immer wieder erinnert zu werden an etwas, was man nicht persönlich zu verantworten hat, ist jeder Aufruf bedenklich, endlich wegschauen zu dürfen, zu wollen oder zu sollen. Natürlich darf Gedenken nicht instrumentalisiert, monumentalisiert und ritualisiert werden. Schon Barlachs Mahnmale und sein Ringen darum machen deutlich, wie schwer es ist, angemessen zu erinnern, Trauer auszudrücken und zukünftigen Widerstand wachzurufen. Was an Barlach seinerzeit anstößig wirkte, ist inzwischen als Kulturgut eingemeindet, zur Kalenderblattmeditation geworden. Auch Barlach braucht wieder neues Hinsehen!

Ernst Barlach mußte vor seinem Tode mit anhören, daß

man meinte, er sei bereits im Konzentrationslager. (Man konnte also allgemein wissen von Konzentrationslagern und wer da hineingesteckt wurde!?) Die DDR sah in ihrer Schlußphase Lager für Andersdenkende vor, aber das Volk stand rechtzeitig auf, gerade noch und das auch noch friedlich. Barlach hat daran seinen Anteil.

Ernst Barlach will sein Anwesen verkaufen und weiß den Ort nicht, wohin er gehen soll. Er weiß nur, daß Frau Böhmer »mit ihm diesen Weg ins Ungewisse geht«. Er ringt mit der Verbitterung. Er antwortet immer noch auf die an ihn gerichteten Briefe und Bitten um Klarstellungen, z. B. auf Briefe an einen Vikar aus dem Widerstandskreis um Dietrich Bonhoeffer, Wolf-Dieter Zimmermann, dem er schon 1932 geschrieben hatte: »Meine Gestalten sind gut, wenn sie echt sind.« »Zum Werden«, schreibt er, »hilft einzig bereit sein – in ehrlicher Unerschrockenheit und mit dem Willen, keinerlei Dogmatik über sich Gewalt zu lassen.« Und er beneidet ein wenig die Menschen, die mit der Umgrenztheit eines bestimmten Glaubens glücklich werden; aber ihm sei es nicht gegeben, weil »das Werden in mir schrankenlos (ist), solange ich Vertrauen habe, daß es mich hebt«. Die Worte aber, die Menschen finden, sind bestenfalls eine Krücke »für die, denen das Humpeln genügt«. Später dann, 1937, spricht er von »satanischer Orthodoxie, die sich einige zurechtmachen«, also eine satanische Rechtgläubigkeit, die »zum Fehlfühlen und Fehlempfinden häßlich beflissen zu Tage tritt«.

Und Barlach wird immer einsamer, immer abwehrender und fühlt sich am Rande seiner Kräfte. Am 10. September 1937 wehrt er den Besuchswunsch von Wolf-Dieter Zimmermann ab und bemerkt mit bitteren Worten »Sie hätten ›mein jetziges Schaffen‹ gern persönlich kennengelernt? Es ist dafür gesorgt, daß da nichts kennenzulernen ist und wird weiter gesorgt werden.« Aus Überlebensgründen für seine Produktivität vermerkt er – gewissermaßen als Imperativ für sich selbst: »Dabei soll man und muß man sich vor Verbitterung und derlei unproduktiven Einstellungen bewahren.«

Am Tag vor seiner Bestattung, am 27. Oktober 1938, zeichnet Käthe Kollwitz ihn auf dem Totenbett. Mit zierlichem Körper, großem Kopf, riesigem Ohr, tiefgefurchter Stirn, versunken im Kissen und den großen Händen, die in Frieden ruhen.

Wiedererkannt wird Barlachs Gesicht in der Plastik, die in der Ausstellung »Entartete Kunst« als Beispiel für Barlachs Entartung vom Deutschen gezeigt wurde: im »Wiedersehen«, in der Begegnung zwischen Jesus und Thomas. Es ist Barlach, der Jesus, den Auferstandenen, anschaut, dessen Hände schwer auf der Schulter des Hochaufgerichteten liegen, der – an ihm vorbei – in die Weite sieht, während Thomas ihn wie einen Unnahbaren flehentlich anschaut. Und dennoch, die Hand stützt den, der gebückt auf ihn zukommt und zu fragen scheint: »Bist du's?«

Diese Plastik ist es, die mir nicht aus dem Sinn ging, als ich sie mit 14 Jahren 1958 bei meinem ersten Besuch in Güstrow sah, und die ich nun vierzig Jahre später wieder und wieder umkreise. Das Wiedersehen mit Jesus und dem ungläubigen Thomas. Nicht sehen und doch glauben. Das tiefe Erfassen. Unter die Oberfläche der Dinge kommen. Hinter den Worten die Wahrheit erahnen und doch wissen, daß das Letzte unsagbar bleibt.

Welcher Künstler im christlichen Traditionsumfeld hat so tief und so klar begriffen, daß man Gott nicht haben kann, daß die Wahrheit hinter den Wahrheiten verborgen bleibt und dennoch alle Bemühung sich auf diese Wahrheit richtet, daß ein Gott, den man »hat«, zum Plunder wird, zum Instrument, zur Keule, zum Vaterlandskriegsgott, zum Totschlaginstrument, natürlich im Namen des Lebens, für die eigene Gruppe, Nation, Konfession.

Und wer hat mit allen Zweifeln und in aller Verzweiflung mehr verstanden, was es heißt, daß Gott uns »hat«. Das Wissen vom Nichtwissenkönnen wird das höchste Wissen. Das »Glück vom Wissen des unbesprechbaren Geheimnisses«. Und dieses Geheimnis anschaulich zu machen war und ist die Kunst, die Botschaft dieses Suchers und dieses Künders Barlach. Dies ist das Paradox seines Lebens: seine verhüllende Offenbarung im Wort, im Bild, in der Gestalt. Was sterblich an ihm war, ist begraben. Was wir von ihm sehen, hilft uns leben. Das Wirkliche und Wahrhaftige werden wir uns aus dem, was wir vor uns sehen, heraussuchen müssen. Das aber macht uns reich. Danke Barlach, danke Gott. Denn seine Sehnsucht nach Einfachheit und Klarheit hat eine Spur von Erfüllung gefunden. Geben ist Gnade. Sich selbst geben die größte. Begreifen wir doch: Niemand ist verpflichtet, mehr zu sein als ihm gegeben. Das ist im Tiefsten begriffenes protestantisches Ethos, nein: ein Glaube, der Werke bringt und doch weiß: sie sind Gnade.

Barlach strebt künstlerisch, ja auch theologisch an, das Umfassende im einzelnen anschaubar zu machen. Seine Welt-Schau ist im klassischen Sinne mystisch, denn »schließlich sind Schöpfer und Geschöpfe eins. Des Geschöpfs Minderwertigkeit macht den Schöpfer leiden.« (Brief vom 20. Mai 1916 an den Vetter Karl)

In seinen Erläuterungen zu den »Wandlungen Gottes« notiert er: »Ich empfinde seit je und immer mehr die Einheit von Schöpfer und Geschaffenem, das Gewordene ist die andere Gestalt des Schöpfers, seine Phasen, sein Spiegelbild; der Augenblick ist ein verwandeltes Stück Ewigkeit.« Und Thema der Kunst ist nicht das Spezialgefühl oder das Ego des Künstlers, sondern das, »was der Mensch gelitten hat und leiden kann«. Kunst verarbeitet das, was ein Mensch durchlebt. Wer sie anschaut, durchlebt das, was der Künstler sichtbar machen wollte, und kann so Belastendes auch verarbeiten. Die Grundhaltung des Menschen ist die des Lauschens, des Offenseins, der entspannt-konzentrierten Intensität. Im Gestus der Hingabe und Empfangsbereitschaft begegnen uns auf sehr unterschiedliche Weise die Figuren aus dem »Fries der Lauschenden«, beginnend mit dem »Empfindsamen« und endend mit der »Erwartenden«. Auch hier wieder der so verknappte wie symbolisch weitgefaßte

Umgang mit den Händen: der Begnadete hält sich den Kopf und beinahe ein Auge zu – nicht fassend, was auf ihn zukommt. Der »Glaubende« hält geradezu verzückt seine leeren oder offenen oder sich ergebenden oder segnenden Hände hin, den Kopf geneigt nach oben schauend. Sollte auch in diesem Kopf der Kopf Barlachs wiedererkennbar werden, so wie bei Thomas auch?

»Bettler, Beter mit ihrem Nichts vor dem Tiefsten und Höchsten. Das ist die Existenz des so verlorenen wie begnadeten Menschen.« Und das ist keine erdachte oder gar ins Psychologische zu wendende Pose, sondern rührt aus Erfahrungen und Erlebnissen seiner Rußlandreise von 1906. Alles Weitere wird gewissermaßen Ausformung der »Russischen Bettlerin«. Barlach läßt sich anrühren durch das, was er sieht, durch die Welt, die »abseits im Schatten steht, leidet, verhungert, verlöscht, ohne daß die Welt und ihre Zeitungen davon widerhallen.« Wer muß da heute nicht an die Rentnerin in St. Petersburg oder Irkutsk denken, deren Verzweiflung kaum in Kunst faßbar wird?!

Barlachs Erkenntnis-Vorbehalt, daß die Welt sich letztlich nicht, ja endgültig überhaupt nicht ausdeuten läßt, betrifft das Werk Barlachs selbst. Immer ist das, was er darstellt, mehr als das, was an Deutung darüber sagbar ist. Es ist schon mehr als symbolisch, daß der so viel zitierte Satz über Gott in seinem Fragment »Der Graf von Ratzeburg« zu finden ist. Warum hat er dieses Stück, das er elf Jahre vor seinem Tode begann, nie abgeschlossen, und warum hat er noch im November 1936 daran gearbeitet? Weil er mit der Frage, die darin steckt, nicht fertig geworden ist, weil man als fragender, wirklich fragender Mensch nie damit fertig werden kann, ja fertig werden darf. Als Christopher betet und schließt: »Lobe Gott wie ich und sei mit mir einig in Gottes Preis«, antwortet Heinrich (alias Barlach?): »Ich habe keinen Gott – aber es sei gepriesen, daß es an dem ist wie es ist: Ich habe keinen Gott, aber Gott hat mich.« Worauf Christopher ergänzt: »Wage mit mir den gleichen Weg, der ein Weg ist des

Dienstes ohne Herren über dir, noch unter dir, noch zu deiner rechten oder linken Seite, der Weg, der kein Werk der Sohlen mehr ist, noch der Furcht oder des Fragens und der Ungewißheit!« Wer diesen Zusammenhang bedenkt, merkt, wie problematisch es ist, einen einzigen Satz herauszureißen, um ihn so besser »gebrauchen« und Barlach »taufen«, vereinnahmen zu können. Es ist das kleine »Es«, das Barlach hier einfügt. Es sei gepriesen, statt »ER sei gepriesen!« Das »Es« will andeuten: Ich habe dafür keinen zutreffenden Namen. Das Versprechen Christophers an ihn ist, daß der Weg ein Weg des Dienstes ohne Herren ü b e r dir noch u n t e r dir ist, daß Furcht, Fragen und Ungewißheit aufhören. Aber letzteres konnte und wollte Barlach nie. Wo genau diese Qualen aufgehört hätten, wäre auch seine schöpferische Kraft versiegt. Nur der Fragende bleibt der Schöpferische. Und nur der, der Antworten – vorläufige – wagt, ist auch der Rede wert. So bleibt Barlach der Rede wert, fern allem postmodernen Allerlei, fern sich selbst genügender Spielwiesen der Probierkunst, wo alles gleich gültig und dann eben alles gleichgültig wird.

Die Suche nach Gott wird die Suche nach sich selbst, und die Suche nach sich selbst mündet in das Fragen nach Gott. Ins Dunkle, in die unbewußte Tiefe versucht Barlach einzudringen und weiß bei allen Versuchen der Gestaltfindung, daß es Stückwerk ist. Alles steht unter einem Vorbehalt, den der Apostel Paulus mit den Worten ausdrückt: »Wir sehen jetzt durch einen Spiegel in einem dunklen Wort, dann aber von Angesicht zu Angesicht. Jetzt erkenne ich's stückweise. Dann aber werde ich erkennen, gleich wie ich erkannt bin.« (1. Korinther 13,12)

Alles, was er schafft, ist nach seinem Selbstzeugnis seiner Persönlichkeit ähnlich. Und Barlach sieht, daß »ich mein wahres Wesen in einer dunklen, unbewußten Tiefe suche. So sind wohl auch alle meine Gestalten nichts anderes als zum Sprechen und Handeln geborene Stücke dieses unbekannten Dunkels (und) meine plastischen Gestalten sind nichts als sehnsüchtige Mittelstücke zwischen einem Woher? und einem Wohin?«

Barlachs Kunst ist tief religiös, wenn man darunter versteht: Sich selbst suchen, in die Tiefen des Seins eindringen und dabei das Geheimnis wahren, gewissermaßen »Zeigen durch Verhüllen.« Es ist ein Glaube, den man traditionell fides qua nennt, ein Ausdruck von Intensität, unterschieden von der fides quae, eine bestimmte materiale Entfaltung in einer Konfession.

Den Hirten in seinem Drama »Sündflut«, eine Gestalt, die Barlach einmal als seinen Sprecher bezeichnete, läßt er sagen: »Ich schäme mich, von Gott zu sprechen; und auch sonst sprach ich nicht von ihm. Das Wort ist zu groß für meinen Mund … Gott verbirgt sich hinter allem, und in allem sind schmale Spalten, durch die er scheint, scheint und blitzt. Ganz dünne, feine Spalten, so dünn, daß man sie nicht wiederfindet, wenn man nur einmal den Kopf wendet.«

Leichtigkeit kann man Barlach wahrlich nicht bescheinigen, wohl aber einen den Südländern kaum erkennbaren Humor.

Den Barlachschen Figuren haftet eine nicht wegzuinterpretierende Schwere an. Und gleichzeitig – paradox! – hat diese Schwere etwas Schwebendes. Das Erdverbundene ist auch schon das Abhebende. Wird nicht der »Sterndeuter« bei seinem Blick nach oben nach oben gezogen, während er doch auf Erden festsitzt? Und fährt nicht der »Singende Mann« mit seinem Gesang nach oben? Es ist nicht erst in seinem Güstrower »Schwebenden Engel« das Gesetz der Schwere künstlerisch überwunden! Da dieser »das Gesicht der unvergeßlichen Käthe Kollwitz hat«, erklärt Brecht: »Solche Engel gefallen mir. Und obwohl man weder einen Engel noch einen Mann hat je fliegen sehen, so ist doch das Fliegen glorios dargestellt.« Das schreibt einer, der von sich bekennt, »daß die religiösen Plastiken Barlachs (mir) nicht viel (sagen), überhaupt alle, die etwas Mystisches haben«.

Dieses Gottsuchen, um Gott ringen, an Gott zweifeln und

an Gott verzweifeln, diese unablässigen Versuche, das Unsagbare sagbar zu machen, das Unvorstellbare darzustellen, blieben nicht nur unvollständig, sondern würden geradezu falsch, wenn wir nicht mit derselben Sorgfalt und Aufmerksamkeit auf das sähen, was die politische und soziale Dimension des Barlachschen Werkes ist. Die Hungernden, die Frierenden, die Kranken, die Verkrüppelten, die Geschändeten, die Ermordeten, die Verlassenen. In allen drei Kunstformen gestaltet er sie zur und bringt sie in die öffentliche Diskussion ein. Allein an den Auseinandersetzungen um seine Ehrenmale ließe sich die Nachkriegsgeschichte des Ersten Weltkrieges beschreiben, die so, wie sie verlief, geradezu konsequent in den zweiten Krieg mündete. In mystische Tiefen zu steigen heißt für Barlach eben nicht, von den Abgründen des Lebens selbst abzusehen, sondern den Zusammenhang zwischen beiden zu erkennen und sichtbar zu machen. Barlachs Gesellschafts- und Menschenbild steht in einem gut lutherischen Kontext: ein skeptisches Menschenbild, aber dennoch eines, das nicht ohne Hoffnung bleibt. So ist er bereits 1919 – anders als viele andere Intellektuelle – völlig davor gefeit, die Illusionen des Kommunismus nicht zu durchschauen und sieht sehr klar dessen heraufziehende Abgründe. Seine Fragezeichen verraten seine Ahnungen. »Politisch glaube ich an einen Kommunismus hochwertiger Menschheit. Aber die Diktatur des Proletariats? Die Räterepublik? Überhaupt der Aberglaube von Glück und Gerechtigkeit, Prosperität und Zufriedenheit ist mir verdächtig. Des einen Uhlenglück wird immer das Nachtigallenunglück des anderen sein. Immerhin, ein bißchen mehr Brüderlichkeit könnte in die Welt kommen.« Immerhin, ein bißchen mehr Geschwisterlichkeit könnte in die Welt kommen! Das ist sozial-demokratisch! Verzicht auf gefährliche Illusionen muß doch nicht bedeuten, Hoffnungen aufzugeben, die Zielvorstellungen mit »utopischem Überschuß« brauchen, statt alle Hoffnungen rein »pragmatisch« zu begraben!

Und Barlach wird, ähnlich wie Tucholsky, zu einem der

engagiertesten Anwälte des entschiedenen Pazifisten Jesus aus Nazareth. Es kommt ihn eine tiefe Verwirrung an (und er erhebt schärfsten Protest dagegen!), wenn ihm ein christlicher Pfarrer Pazifismus vorwirft. »Es ist bloßstellend in christlichen Augen, nicht bellikos zu sein? ... daß in einen christlichen Dom eine Kriegsverherrlichung oder auch nur Bejahung gehöre – nun, nun, genug. Ich möchte Ausfälle machen, die nicht wiedergutgemacht werden können – ich bin eben doch kein Pazifist, fürchte, daß ich mich eines Tages um meinen Kopf rede, da ich mich nicht gleichschalten kann.«

Barlach will erinnern an das a-christliche Menschenschlachten, an die a-christlichen Kriege für »Volk und Vaterland«, wendet sich gegen die verlogene Preisung der Helden in deutsch-nationalen Ehrenmalen, statt der Trauer Gestalt zu geben und einen anderen Weg, den Weg des Friedens zu gehen. »Ein christlicher Dom und – Pazifismus als Bloßstellung? Ich schlug die Bibel auf und las Ev. Matthäi 5, Bergpredigt, erstaunte sehr, sehr!« Barlach fährt dann fort: »Ich meine, der Pazifist sollte dagegen von Dompredigern gepriesen werden anstatt verdächtigt.« (Brief vom 14. August 1933) Für solche Sätze soll er in Zeiten der neuen Kriegsrechtfertigungen gepriesen werden.

Barlach verehrend, frage ich: Worauf kommt es an? Er antwortet mit einem Konjunktiv: »Alles verlieren, nichts sein, nichts haben und doch wissen, daß Gott Gott ist, darauf käme es an.«

III. Prüfet alles. Das Gute behaltet.

Vom Wert der Werte
Zur geistigen und geistlichen Situation der Zeit

> Keinen verderben lassen, auch nicht sich selber
> Jeden mit Glück zu erfüllen, auch sich, das
> Ist gut.[24]

Mit diesem Vers Brechts ist alles gesagt, was menschliches Glück und menschliche Moral zusammenführt, was das Ich und das Du zusammendenkt.

Einen anderen glücklich zu machen heißt, auf ihn achtzugeben, ohne auf sich selbst verzichten zu müssen. Das gilt für Individuen, für Gemeinschaften, auch für die Völkerfamilie. Schwer genug. Selten genug. Aber einzig das ist gut!

Ich bedenke die menschlichen Werte und den Wert der Menschen nicht als moralinsaurer Pfaffe, sondern als ein um die Erdung der Moral bemühter Theologe. Es geht um das Glück – ein Glück, das nicht des anderen Unglück sein kann, und darum, daß das Unglück eines anderen einem nicht gleichgültig sein soll.

Das Problem unserer Zeit scheint mir zu sein, daß *die* Werte, die man beziffern kann, unser Denken und das Leben einerseits völlig beherrschen und alles, was sich *nicht* rechnet, verdrängen. Andererseits gibt es eine von der Wirklichkeit abgehobene Kritik des menschlichen Erfolges, besonders des wirtschaftlichen Erfolges. Ist Erfolg nun ethisch indifferent? Er ist weder heiligzusprechen noch zu dämonisieren. Die Frage ist: Wofür er gebraucht wird, womit er erreicht wird, und wozu er verwandt wird. Insofern steht der Erfolg – wirtschaftlicher zumal – vor der ethischen Frage. Erfolg-Reiche geben sich normalerweise ganz unbefangen und lassen sich vom Erfolg schlicht berauschen. Einer der reichsten Männer

24 Bertolt Brecht, Gedichte. Band 5, Berlin und Weimar 1964, S. 199.

der Welt, Donald Trump, sagt: »Ich glaube an freie Märkte, ich glaube an den Kapitalismus. Aber es gibt auch viele Leute, die Hilfe brauchen. Um die muß man sich kümmern. Nur gilt man damit in den USA fast schon als Sozialist ... Erfolg ist etwas Großartiges. Es gibt einige Leute, die sind ähnlich gut im Geschäft wie ich, aber keinen schert's. Wenn die in ein Restaurant gehen, dann passiert nichts. Wenn ich dagegen eine Pressekonferenz gebe – ich verspreche Ihnen, es wird ein Monster. Die Leute mögen mich einfach ... Heute gehört mir das General-Motors-Gebäude, das Empire State Building und ich baue gerade das größte Apartmenthaus der Welt ... Man sagt immer so: Die USA sind der größte Umwelt-verschmutzer ... Ich kann mir das kaum vorstellen ... Kein System ist perfekt. Auch das amerikanische nicht. Aber es ist das beste.« Auf die Frage, ob er eigentlich verstehen könne, daß es Menschen gibt, die Amerika hassen, antwortet er: »Manche Leute sind einfach Hasser und meistens sind sie auch Verlierer.«

Von irgendwelchen Selbstzweifeln ist Donald Trump nicht angekränkelt.

So einfach ist der mächtig Reiche gestrickt.

Ganz anders beurteilt Jacob Heilbrunn, Kolumnist der Los Angeles Times, die Situation der amerikanischen Großmacht: »Es ist nur ein paar Jahrzehnte her, da war Amerika ein Garant für Demokratie und Menschenrechte. Auch heute weisen die USA der Menschheit noch den Weg – es ist der Weg ins Verderben. Heuchelei, Arroganz und Korruption be-stimmen das Gebaren der Herrschenden und das Alltags-leben der Bürger; Amerika taumelt, bockt und keilt wie Fran-kensteins Monster, blind für die Zerstörung, die es bewirkt. Oft laufe ich am Capitol und am Weißen Haus vorbei – den Monumenten unseres einst so großen Staatswesens, und ich kann mir nicht helfen: Ich empfinde Trauer und Bestürzung beim Gedanken an das, was aus meinem Land geworden ist.«[25]

25 SZ-Magazin Nr. 33, 17. August 2001.

Zweimal Amerika. Eine Weltmacht löst sich von der Völkerfamilie. Wohin wird das führen?

Keine vier Wochen nach dieser inneramerikanischen Kontroverse geschieht das bislang Undenkbare. Was Jacob Heilbrunn schreibt, wird angesichts des nationalen Taumels, der zunächst ohnmächtigen Wut und des elementaren Vergeltungswunsches nicht obsolet. Amerika sammelt sich unter dem Sternenbanner und vertraut sich der Zerstörungskraft der B-52-Bomber an. Kein Gedanke an Umkehr, wie ihn die indische Schriftstellerin Arundhati Roy anmahnt: »Der Kampf für Toleranz, gegen Hegemonie jeglicher Art, religiöse, militärische, ökonomische, kulturelle – das ist heute die größte Herausforderung der Menschheit ... Terrorismus ist das Symptom, nicht die Krankheit ... wir können den Terrorismus nicht bekämpfen, indem wir uns an ihm beteiligen ... Ich glaube nicht, daß Krieg Terrorismus auslöschen kann.«[26]

I. Die moralischen Folgen eines welthistorischen Einschnittes
Wir als Zeitgenossen, Akteure, Objekte und Subjekte, Getriebene und Treibende werden erst im nachhinein begreifen, in welchem Zeitumbruch wir gelebt haben: Die europäische Nachkriegsordnung, die seit 1946 von der politischen, ökonomischen, militärischen und ideologischen Konkurrenz zweier Weltsysteme geprägt war, ist zu Ende gegangen. Es war ein Wettkampf auf allen Gebieten, nicht zuletzt auf den geistig-moralischen. Wer hat für die Zukunft der Menschheit und die Zukunft des Menschlichen mehr geleistet? Das Lager, das sich sozialistisch nannte, hatte eine bändigende Funktion für das Lager, das sich selber freiheitlich-demokratisch nannte und im Osten als kapitalistisch-imperialistisch bezeichnet wurde. Im »Wettkampf der Systeme« ging es um Hegemonie, auch darum, die Köpfe und Herzen der Menschen zu gewinnen. Als die Sowjetunion noch eine politische und militärische Herausforderung darstellte, lautete eine der zentralen Fragen: Wie sind die Einflußsphären dauerhaft zu

26 taz, 15. November 2001.

sichern oder wie ist so in sie einzudringen, daß nicht der große Krieg ausgelöst wird. Das zweigeteilte Weltsystem ist zerfallen. *Eine* Großmacht ist bis auf weiteres zurückgeblieben, die unverhohlen ihre Ziele durchsetzt.

Die Moral hat – bis auf Feuilletons, Einsprüche einsamer Propheten und religiös motivierte Deklarationen – abgedankt. Die Macht wird alles: die Macht, höchsten Gewinn für sich selber zu sichern. Internationale Institutionen werden geradezu vorgeführt, Verträge annulliert, die UNO emeritiert.

An die Spitze der Weltmacht wurde ein Mann mit dem Horizont eines texanischen Sheriffs gewählt, der sehr gern schießt, aber keinen Schritt tanzen kann.

Schon die Konferenz für Umwelt und Entwicklung in Rio de Janeiro 1992 wurde von den Amerikanern torpediert – vor allem wegen der Interessen amerikanischer Energiekonzerne.

Ausgerechnet Al Gore war es vorbehalten, in Kyoto ein ökonomisches Minimum herauszuhandeln und alle wirksamen Maßnahmen für den Klimaschutz *herunter*zuhandeln. Selbst dieses Protokoll ist für die USA obsolet geworden. Was für die amerikanische Wirtschaft nicht gut ist, das kann nicht gut sein. Das ist die einfache Logik eines Präsidenten, der sich zum Fürsprecher der Industrie macht. Natürlich sagt er auf internationalen Konferenzen (wie in Genua), ihm sei »am Frieden gelegen«, daß »Dialog gut« sei und der »Kalte Krieg zu Ende« und daß man dies »politisch respektieren« müsse. Gleichzeitig gibt er Milliarden für die Erprobung von Antiraketensystemen aus, torpediert nicht nur das Kyoto-Protokoll, sondern setzt Japan wie einen Vasallen unter Druck. Inzwischen ist der ABM-Vertrag von 1972 aufgekündigt, obwohl der 11. September deutlich gemacht haben sollte, wie wenig ein solcher »Schirm« wirklich schützen kann. Selbst Amerika ist verwundbar und wird sich Unverwundbarkeit weder errüsten, noch durch Aufgabe rechtsstaatlicher Prinzipien »Sicherheit sichern« können, wohl aber Freiheitsrechte erheblich einschränken. Der antizivilisatorische Terrorakt wurde durch eine antizivilisatorische Reaktion beantwortet. Wegen des Kopfes einer Terror-organisation wurde ein ganzes Land mit Krieg überzogen. Wer spricht von den Flüchtlingen aus Kandahar und von der zerstörten Stadt?

Was soll noch von Werten geredet werden? Es geht um Macht und um Profit der Reichen! Es ist der Zynismus mit dem Lächeln eines nach Bedarf frömmelnden Biedermanns, der sich gern mit Cowboystiefeln photographieren läßt und sich mit einer Rentnerband von Beratern aus den Zeiten des Kalten Krieges umgibt. Gut ist, was für Amerika gut ist, auch wenn es der ganzen Welt nicht paßt. Die Amerikaner sind die Größten und tun alles, daß sie es bleiben, und lassen es die anderen auch spüren. Wer will es mit den Amerikanern ver-derben? Die Deutschen etwa? Sie versprechen eiligst »unein-geschränkte Solidarität«.

Mit dem Ende des Ost-West-Gegensatzes ist nicht nur die unmittelbare gegenseitige Vernichtungsdrohung verschwun-den, indem die eine Großmacht mit ihrer monströsen Welt-erlösungsideologie implodiert ist. Nun erledigt die zunächst verbliebene Großmacht alle moralischen (Zukunfts-)Fragen mit der unverhohlen gestellten nationalen Interessenfrage: America first – das Schicksal der Welt interessiert nicht, nur als Markt und als Ressourcenreservoir. Weltweit. (Der Terro-rismus ist dabei, dem »einen Strich durch die Rechnung« zu machen. Amerika reagiert militärisch, wann und wo es ihm beliebt.)

Der Zusammenbruch des Sowjetsystems hat nicht nur po-litische und ökonomische, sondern auch geistige Folgen. Das Großmachtgebaren der Vereinigten Staaten ist zynisch und moralisch verwerflich, ob es sich um die Konferenz zur Ein-dämmung des (Klein-)Waffenhandels handelt, um die einsei-tige Aufkündigung des ABM-Vertrages oder eben um den Boykott der Klimakonferenz und den einseitigen Ausstieg aus dem Kyoto-Vertrag.

Und wer war treibende Kraft im Kosovo-Krieg? Wer hat den Vertragstext von Rambouillet vorgelegt, wissend, daß ihn kein jugoslawischer Präsident hätte unterzeichnen können? Welchen Einfluß hatten private – höchst delikate – Schwierigkeiten eines Präsidenten für das Führen eines Krieges, der den Zusammenhalt der NATO – unter der Parole des Schutzes von Menschenrechten – garantieren sollte? Was bedeuten internationale Verträge und das internationale Recht? Wer trägt die Folgekosten? Was soll die UNO eigentlich noch? Eine mehr oder weniger lästige Alibiveranstaltung?

Welche Demütigung Rußlands einerseits und welche Ermunterung zum Tschetschenien-Massaker unter der Überschrift »Antiterroristische Aktionen« andererseits – als politisch-rhetorische Replik auf den Kosovo-Krieg, die als »Luftschläge der NATO zur Verhinderung einer humanitären Katastrophe« verharmlost wurden? Inzwischen fühlt sich Putin mit seinem Vernichtungskrieg durch Bin Ladens Terrorismus voll bestätigt.

Wenn man vom moralischen Gewinn der Niederlage sprechen kann, so muß man auch vom moralischen Verlust des Siegens sprechen – und dies trifft die westliche Welt, insbesondere die Vereinigten Staaten in besonderer Weise. In Afghanistan kann der Krieg gewonnen werden, aber es wird kein Sieg sein.

Globalisierung ist auf der moralischen Ebene nichts anderes als die Herrschaft des Profits weltweit, in der Hand der Profiteure. Gut ist, was ökonomisch – und zwar schnell – vorteilhaft ist. Nicht der Markt und die Befriedigung der Lebensbedürfnisse der Menschen sind entscheidend, sondern der Profit in der Hand derer, die profitfähig sind. Man könnte plakativ sagen: vom Ökonomismus zum Profitismus. Ökonomische Gesetze zu leugnen wäre ebenso sträflich, wie die Geldvermehrung zum Dreh- und Angelpunkt aller menschlichen Entscheidungen zu machen, denn so verlöre der Mensch sein Humanum. Und zur Globalisierung gehört auch, daß das Humanum global dem Ökonomischen unterworfen wird, vom Ökologischen ganz zu schweigen. Zugespitzt ließe sich das mit einer Bibeladaption sagen: »Der

Mensch ist nicht um des Marktes willen, sondern der Markt um des Menschen willen da.«

Vorgestrig geradezu erscheinen die Bestseller-Buch-Titel der Jahre zwischen 1970 und 1990, in denen wissenschaftliche Erkenntnisse, allgemeine Beobachtungen und politisches Handeln einander näherzukommen schienen. Die Aufgaben für die EINE WELT und die Herausforderung zu NEUEM DENKEN (Einstein!) wurden politikwirksam. Dies drückte sich aus in den grandiosen Abrüstungsverhandlungen in der letzten Zeit der Gorbatschow-Ära – sowohl mit Reagan wie mit Bush –, in der »Charta von Paris« (1990), die einen Fahrplan für eine menschliche Weltordnung in europäischer (Friedens-)Perspektive hätte abgeben können, im Erdgipfel in Rio 1992 und auch im »Weltparlament der Weltreligionen« in Chicago 1993 (unter wesentlicher Anregung und geistiger Durchdringung durch den katholischen Theologen Hans Küng).

Wende-Literatur wie Fritjof Capras »Wendezeit« leistete eine geistig-moralische Vorarbeit; Bücher, die zu Bestsellern wurden, bündelten politisches Bewußtsein dahingehend, daß alles künftige menschliche Handeln die Überlebensfähigkeit des Planeten nicht gefährden dürfe und das Prinzip der Nachhaltigkeit zum obersten Denk- und Handlungsprinzip erklärte.

Ein kurzes Aufbäumen des »Prinzips Verantwortung« (Hans Jonas) war zu erkennen. Der Beraterstab Gorbatschows entwickelte eine Perestroika-Politik, die das Neue Denken als Denken in globaler Verantwortung definierte. Dies fand in der sogenannten Delhi-Deklaration von 1986 seinen konzentrierten Niederschlag, ohne politisch noch wirksam werden zu können.

Erinnert sei an einige Buchtitel, die ein *Wende*bewußtsein beförderten und aus einem Wertebewußtsein kamen: Die Berichte an den »Club von Rom«, beginnend mit »Grenzen des Wachstums«, Ivan Illichs »Selbstbegrenzung« und Carl Amerys »Natur als Politik«, Erich Fromms »Haben oder Sein«, Hoimar von Ditfurths »Laßt uns ein Apfelbäumchen pflanzen.

Es ist so weit«, der »Report 2000« des scheidenden amerikanischen Präsidenten Jimmy Carter, der Brundtland-Bericht, Frederic Vesters »Vernetztes Denken«, Robert Jungks »Der Jahrtausendmensch« und vieles andere mehr – wie Al Gores »Auf dem Weg zu einem neuen Gleichgewicht«. (Welch Abstand zum Reden und Denken des Texaners im Capitol!)

Hinter all diesen Titeln standen Werthaltungen und die Erkenntnis, daß unser westlicher Zivilisationsweg, der weltweit die Herrschaft übernimmt, einer grundlegenden Korrektur bedarf, wenn wir aus einer Mehr-Generationen-Perspektive heraus auch mehr Verantwortung übernehmen wollen. Die Überzeugungen von einzelnen, das Gewinnen von Mehrheitsmeinungen und die Überleitung von (Überlebens-)Interessen in praktische Politik schien nicht mehr unmöglich zu sein. Aus dem »Prinzip Hoffnung« wurde das »Prinzip Verantwortung«; aber Verantwortung konnte angesichts von Horrorszenarien nicht ohne Hoffnung bestehen, denn die »Heuristik der Furcht« allein ist keine Antriebskraft, sondern führt eher zu einem Sintflut-Bewußtsein, zur Verdrängung in der Spaßkultur.

Die heutige Spaßgesellschaft ist der Kult der Verdrängung für das, was bevorsteht, wenn es so weitergeht. Es ist die Spaßmacher-, Lustigmacher- und Zynismuskultur von Leuten, die äußerst chick angezogen sind. Mit Verblödung – Tittytainment! – läßt sich Geschäft machen. Dabei werden Spaß und Freude, Glück und Kick verwechselt und kommerziell geschickt aufbereitet. Man sehe sich nur Dr. Mottes infantiles Gekrächze ins Mikrophon an, diesen Erfinder der Love-Parade, die er bis 2001 als »politische Demonstration« verkaufen konnte. Und eine Stadt versank im Müll und Urin. Aber sie zählte nur das, was die Million von Ravern konsumiert hatte. Mitten unter ihnen der neue Regierende Bürgermeister, mit der Bemerkung, daß unter diesen Leuten nicht nur arme Leute sind, sondern auch viele, die etwas haben und viel in der Stadt lassen. Was? Umsatz!

Die Love-Parade ein Aushängeschild für die neue Hauptstadt? Das lassen wir uns von keinem nehmen. Drei Tage lang – das Leben ist ein einziger Spaß.

Aber das Leben ist kein Spaß. Und die Botschaft, die davon ausgeht, heißt nur: Spaß haben für alle, die es sich leisten können. Spaß haben und sich die Laune nicht verderben lassen von dem Dreiviertel der Menschheit, die keinen Spaß haben, jedenfalls nicht solchen. Der Spaßkult ist nicht Ausdruck, sondern Ende menschlicher Kultur. Er ist auf dem Vormarsch. Man zappe nur einmal abends durch – einmal vor und einmal zurück – und sehe, wie – mit dem Hang nach unten – Geschäfte gemacht werden. Erfolgreich. Ausdruck der profitablen und verantwortungslosen Verdrängungskultur in der Welt der Reichen. Moral wird geradezu zum Unwort. Nichts scheint man mehr zu fürchten als den Vorwurf, man sei »moralisch«. Zugleich wird zur Wiederherstellung von Werten und Moral des Westens ein Krieg geführt, den Rumsfeld selber als »langwierig und schmutzig« bezeichnet. Wer geglaubt hatte, die New Yorker Katastrophe würde dem Spaßkult und der Spaßkultur Abbruch tun, wurde jäh enttäuscht. Es geht munter weiter wie gehabt.

Sicher, es gibt eine prinzipiell mäklige Haltung gegenüber der Wirklichkeit, die etwas Moralinsauer-Beleidigtes ausstrahlt oder die utopische Forderungen stellt, denen sich der Fordernde selber gar nicht zu unterwerfen bereit und in der Lage sieht, es aber nicht zugibt. Dies wäre die Karikatur von Moral! Moral muß gründen in der Anthropologie, die die Abgründe des Menschen nicht umschifft, die Ambivalenzen menschlichen Tuns und Unterlassens aufweist und mit (selbst-)kritischer Bescheidenheit zu Werke geht, während man nicht darauf verzichtet, sich einem (humanen) Anspruch zu stellen.

II. Der Wert der Werte

Es geht bei der Frage nach dem Wert der Werte schlicht um die Einstellungs- und Handlungsmaximen, die die Menschen in der sie umgebenden Welt so in ein Verhältnis setzen, daß das Glück des einen nicht das Unglück des anderen bedeutet. Immanuel Kant hat dies eindrücklich so formuliert: »Die wichtigste Angelegenheit des Menschen ist zu wissen, wie er seine Stellung in der Schöpfung gehörig erfülle und was man sein muß, um ein Mensch zu sein.« Dies ist die entscheidende *moralische* Frage als *anthropologische* Frage: Was muß man sein, um ein Mensch zu sein? Die Antwort könnte ganz schlicht lauten: ein Mitmensch und ein Mitgeschöpf sein und sich dementsprechend verhalten. Keine altruistische Ideologie, sondern ein durchaus nützliches Lebensprinzip. Die im Laufe der Menschheitsgeschichte dabei erworbenen Tugenden sind praktizierte Werthaltungen, also Tätigkeitsworte für das Lebens-Werte und die Lebens-Werte. Und solange über die Werte nachgedacht wird, wird auch klar, daß sie einander widerstreiten und es stets um wohlabgewogene Güterabwägung geht. Es braucht Abwägung, Entscheidung, Wagnis, also auch Freiheit. Und Freiheit braucht Maßstäbe für ihre Ausübung, will sie nicht zur Willkür und bloßen Machtausübung derer degenerieren, die sich die Freiheit nehmen können, zu tun, was sie wollen, bis man das tut, was man kann, statt zu machen, was recht ist. Und das Rechte zu tun, nicht bloß aus Pflicht, sondern auch aus Glück, wäre das glückende Leben, das nicht außerhalb des Moralischen liegt und nie außerhalb von Schuld liegen *kann*. Es ist schließlich die sogenannte Goldene Regel, aus der jede realistische Lebenstugend erwächst. Sie findet sich bereits bei Äsop; er zieht aus der Fabel vom »Löwen und der Maus« die Lehre: »Nichts ist so klein, ein Großer, er mag noch so groß sein, kann es (das Kleine) einmal nötig haben.«

Solche lebensförderliche Lebensweisheit wird in der Bergpredigt geradezu als die Summe von »Gesetz und Propheten« bezeichnet. »Alles nun, was ihr wollt, daß euch die Leute tun sollen, das tut ihnen auch.« (Matthäus 7,12) Jesus geht von der Grundvoraussetzung aus, daß die Welt uns gut ist, weil Gott uns gut ist, daß wir einander gut sein können, daß uns es selber gut tut, Gutes zu *tun* und Gutes zu *erfahren*. Es geht nicht um eine moralinsauer-verkrampfte Forderung, sondern um das Glück des Gebens und das Glück des Nehmens, um die Erfahrung des eigenen Angewiesenseins und der eigenen Fähigkeit, anderen zu helfen. Solche »Ethik des Helfens und Heilens« ist einer der Urimpulse im Menschen, neben den Antrieben der (skrupellosen) Selbstbestätigung, Selbstdurchsetzung und Selbstverwirklichung auf Kosten anderer.

Alexis de Tocqueville meint, daß sich mit dem gesellschaftlichen Ausgleich die Sitten sanfter darstellen würden, und sieht einen inneren Zusammenhang zwischen Gleichheit und Solidarität. Er schreibt: »In den demokratischen Zeitaltern opfern sich die Menschen selten füreinander auf; aber sie bekunden ein allgemeines Mitgefühl für alle Angehörigen des Menschengeschlechts. Man sieht sie keine unnützen Leiden zufügen, und wenn sie, ohne sich selber viel zu schaden, die Schmerzen anderer lindern können, so tun sie es gern; sie sind nicht uneigennützig, aber sie sind mild ... Es hat sich zwischen ihnen eine Art schweigende und fast unwillkürliche Übereinkunft gebildet, wonach jeder dem anderen eine zeitweilige Hilfe schuldet, die er seinerseits für sich selber wird in Anspruch nehmen können ... Je mehr die gesellschaftlichen Bedingungen sich ausgleichen, umso mehr zeigen die Menschen diese Bereitschaft zu wechselseitigem Beistand.«

Um dieses wechselseitige Verhältnis geht es. Und um die Gewißheit, daß es solche Wechselseitigkeit gibt. Wo dieses Grundvertrauen schwindet, ist wahrlich jeder sich selbst der Nächste und sieht zu, wo er bleibt – koste es, was es wolle. Einzig die Gesetze und die Unmöglichkeit, sie zu umgehen, mögen ihn daran hindern.

Die Tugend, als ein Ausdruck des Humanum, kommt aus dem Mitgefühl mit dem anderen, weil jeder ja von sich selbst weiß, was ihm gut und was ihm weh tut. Und da kann es geradezu zum Glück werden, dem anderen ein Helfer zu sein. Solche Haltungen gedeihen nur in einem gesellschaftlichen Klima, in dem Dankbarkeit und Bescheidenheit, Grund-Respekt vor anderen und eine Grund-Solidarität obwalten, ein menschlicher Anspruch, dem jeder sich zu stellen bereit ist, spürbar ist. Dem entsprechen als Grundgeist (um nicht zu sagen Zeit-Geist!) für das gesellschaftliche Miteinander selbst-verständliche Sekundärtugenden!

Dies wird in der globalisierten Welt zu einer globalen Aufgabe, muß sich stets zuerst im nächsten Umkreis – bei unseren Nächsten! – bewähren, kann aber nicht mehr davon absehen, daß wir auf der *einen* Welt leben, wo aus der zunächst individuellen *Liebesethik* praktische Politik zu machen ist. »Liebe in Strukturen«, heißt das in theologischer Sprache.

Nicht die angestrengte Moral ist es, sondern das Glück, in der Lage zu sein, anderen zu helfen, zu entdecken, wie anstrengend es ist, böse zu sein, und wie selbstzerstörerisch es letztlich ist, gemein zu sein.

Der vom Pathos des politisch-moralischen Appells bisweilen triefende Bert Brecht – etwa im Schlußchoral seines Stückes »Der gute Mensch von Sezuan« – »Es muß ein guter Schluß sein, muß, muß« – hat eines seiner schönen, geradezu entspannten Gedichte »Vom Glück des Gebens« genannt.

> Höchstes Glück ist doch, zu spenden
> Denen, die es schwerer haben
> Und beschwingt, mit frohen Händen
> Auszustreun die schönen Gaben.
>
> Schöner ist doch keine Rose
> Als das Antlitz des Beschenkten.
> Wenn gefüllet sich, o große
> Freude, seine Hände senkten.
>
> Nichts macht doch so gänzlich heiter
> Als zu helfen allen, allen!
> Geb ich, was ich hab, nicht weiter
> Kann es mir doch nicht gefallen.[27]

Brecht knüpft an die *egoistische* wie an die *altruistische* Antriebskraft des Menschen an. Ein Mensch, der selber weiß,

27 Bertolt Brecht, Gedichte. Band 7, Berlin und Weimar 1969, S. 151.

was für ihn gut ist, kann auch wissen, was einem anderen gut-tut. Nur wer sich selbst anzunehmen, ja zu lieben weiß, weiß auch, was es heißt, einen anderen zu lieben.

Dies hat Jesus im sogenannten Doppelgebot zusammenge-faßt. Als er gefragt wurde, welches das größte Gebot im Ge-setz sei, antwortet er: »Du sollst lieben Gott, deinen Herrn, von ganzem Herzen, von ganzer Seele und von ganzem Gemüte. Dies ist das vornehmste und größte Gebot; das an-dere aber ist dem gleich: Du sollst deinen Nächsten lieben, wie dich selbst.«

In beidem bezieht er sich auf die fünf Bücher Mose: »In diesen zwei Geboten hängt das ganze Gesetz und die Pro-pheten.« Also Konzentration auf das Wesentliche! Und das Wesentliche ist das höchste Gut, der höchste Maßstab – das, worauf sich alles richtet, unser ganzes Denken, Fühlen, unser Wille und unser Tun.

»Du kannst nicht zwei Herren dienen, Gott und dem Mammon«, Gott und dem Profit, heißt es in der Bergpredigt. Und du sollst dich keinen anderen »höchsten Autoritäten« unterwerfen als dieser Autorität Gottes, die die Autorität der Liebe ist, in Wahrheit und Gerechtigkeit. Und zugleich sollst du deinen Nächsten lieben wie dich selbst. Um dieses »Wie dich selbst« geht es. Man könnte auch sagen: Liebe den ande-ren; er ist wie du! Aus der Solidarität des Mitgeschöpfs, des elementaren Mit-Menschseins heraus also, sollen und kön-nen wir anderen ein Mit-Mensch im sozialen Sinne werden. Das kann in aller Nüchternheit geschehen. Das bedarf kei-ner emotionalen oder religiösen Überhöhung. Vorausset-zung ist indes die Herausbildung einer bestimmten Sensibi-lität für sich selbst, eines »Sich selbst gewiß Werdens«, eines Wissens über eigene Antriebe und Abgründe, über Glücks-sehnsucht und Destruktionskraft. »Erkenne dich selbst!« ist Voraussetzung aller redlichen Moral. Die Erkenntnis des eigenen Widerspruchs, des Widerspruchs, der in uns selbst ist – zwischen Wollen und Tun, Ideal und Wirklichkeit, Wort und Tat, Verschwiegenem und Beredetem, Unterlassenem und Durchgesetztem. Zwischen Wollen und Vollbringen die Schere nicht schließen können, aber auf die Anstrengung nicht verzichten! Von Gelungenem die Kraft bekommen, wieder anzufangen. Seiner eigenen Schuld sich bewußt sein und dabei um Gnade wissen. Das kann zum Impuls erneuten Handelns werden, statt in Gleichgültigkeit oder Zynismus abzugleiten. Der Mensch – das Schwein. Und der Mensch – der Engel. Beides wissen. Und zwar ist nicht der andere das Schwein und ich der Engel, nicht der andere zerrissen zwischen Gott und Teufel, sondern der Riß geht durch mich selbst. Ich, ich bin zu allem fähig. Gott sei gelobt, wenn ich nicht *in* alle Versuchungssituationen gekommen bin, oder wenn ich in ihnen – einigermaßen – bestehen konnte. Selbsterkenntnis und Mitgefühl sind Voraussetzungen für das Anerkennen von Lebenswertem und für das Befolgen von Tugenden, die ihrerseits Pflicht *und* Glück sind, nicht Pflicht *oder* Glück. Aber sie entbehren nicht der Anstrengung, der Mühsal, der schmerzhaften Erkenntnis des Scheiterns. Nicht um moralische Selbststilisierung, sondern um das Hochhalten der Moral geht es, um das Bemühen, die Schere zwischen (Selbst-)Anspruch und Wirklichkeit nicht größer werden zu lassen. *Jedenfalls* nicht auf Ansprüche an sich selbst und das Leben verzichten!

Sich vor Verflachung und Erkaltung bewahren und ein Herz für den anderen behalten, sich der Kräfte des eigenen Herzens bedienen, *neben* den Kräften des Verstandes, *zusammen* mit den Kräften des Verstandes. Ziel ist eine Kultur der Barmherzigkeit. Ihr eine Chance lassen, mitten in der Welt der Selbstdurchsetzung! Von sich absehen können und weiter sehen können: auf andere in der Welt und auf die Nächsten auf der Zeitachse. Verantwortung hat eine Raum- *und* eine Zeitachse.

»Geb' ich, was ich hab, nicht weiter, kann es mir doch nicht gefallen.«

Ist das zu pathetisch? Ja, aber es ist auch wahr. Solche Haltungen sollen sich nicht nur im Nahbereich, sondern auch in der Gesellschaft und gar in der Weltgesellschaft bewähren. Dazu bedarf es politischer Strukturen: einen pädagogischen, einen künstlerischen, einen politischen und einen wissenschaftlichen Ort. Eine »außerordentliche moralische Anstrengung« ist nötig, denn es geht in unserem Zeitalter um nichts mehr und um nichts weniger als um die Überlebensfähigkeit des Planeten. Die Welt vor der Willkür des Menschen bewahren! Menschliche Willkür wird mit Freiheit verwechselt, solange menschliches Handeln sich gegen die Natur richtet. Dieser Aufgabe haben sich die Völker und ihre Repräsentanten gewachsen zu zeigen – oder sie sind nicht mehr Hüter des Lebens. Hüter des Lebens zu sein ist die Urherausforderung für den Menschen, der in der Lage ist, sich die Natur zu unterwerfen und in immer schnellerem Tempo zu zerstören. (Man vergegenwärtige sich nur die rote Liste der Pflanzen und Tiere und das Wachsen der Wüsten. Irreversible Zerstörungsprozesse.)

Wer die »Dialektik der Aufklärung« – spätestens seit dem 6. August 1945 –, also auch die Janusgesichtigkeit menschlicher Freiheit nicht ins Denk- und Handlungskalkül einbezieht, läuft in die Fallen bloß instrumenteller Vernunft. Die Verfügbarmachung der Welt, die in toto zum Ding wird (res extensa!), liefert dem menschlichen Zugriff alles aus, was dem Verfügenden einen Nutzen verspricht, ohne nach »Risiken und Nebenwirkungen«, gar nach ethisch gebotenen Grenzen zu fragen.

Der Staat hat die Aufgabe, das Böse einzudämmen und den Rechtschaffenden Entfaltungsfreiheit zu gewährleisten. Aus dem dunkelsten Kapitel unserer deutschen Geschichte kommend, haben sich die Väter und Mütter des Grundgesetzes eine ethische Grundmaxime gesetzt, die in Artikel 1 unserer Verfassung ausgedrückt ist. »Die Würde des Menschen ist unantastbar; sie zu achten und zu schützen ist Verpflichtung aller staatlichen Gewalt.« Daß die Würde des Menschen unantastbar ist, ist eine Entscheidung, eine politische, moralische Entscheidung, deren Gültigkeit auf der inneren

Zustimmung der Menschen beruht und sich Institutionen schafft, die deren Gültigkeit äußerlich sicherstellen. Verschwindet erstere, wird letztere brüchig. Artikel 1 GG – ein assertorischer Satz, eine im »Glauben« – also in der überwiegenden Zustimmung oder Überzeugung der Bürger – verankerte Setzung. Als solche ist sie gefährdet. Sie muß zu jeder Zeit, von jeder Generation neu angeeignet werden.

Wie viele denken und fühlen immer noch – subkutan – zuerst national?!

Nationalismus ist im Zweifelsfalle immer mehrheitsfähig. Im Konfliktfalle laufen Menschen kollektiv in die eigenen Fallen. (Wir haben es in Jugoslawien erlebt, jetzt in Mazedonien, in Israel/Palästina. Fern von uns? In welchen nationalen Rausch ließ sich das Vereinigte Königreich im Falklandkrieg bringen?) Es sind ein- und ausgrenzende Setzungen denkbar und zustimmungsfähig. Also: Die Würde des deutschen, griechischen, amerikanischen Menschen ist unantastbar … Es ist Verpflichtung aller staatlichen Gewalt, die besondere Würde der schwarzen, weißen, gelben Rasse, des deutschen Wesens etc. etc. zu schützen und den deutschen Lebensraum mit allen Mitteln zu verteidigen und die deutschen Interessen zu vertreten. Die Nation xy zuerst! America first – Texas first. Dies ist mehrheitsfähig und kann immer wieder mehrheitsfähig gemacht werden. Ebenso liegt die Gefährdung des Menschengeschlechts darin, daß der Mensch seine eigenen Wertsetzungen über alle und über alles setzt und sodann den christlichen, muslimischen oder kommunistischen Menschen »über alles« setzt und all sein Handeln davon bestimmt sein läßt.

Die Aufgabe jeder Generation ist es, humane Grund-Sätze jeweils neu anzueignen. Die Geltung allgemeiner Menschenrechte ist äußerst fragil. Der Mensch bleibt »das riskierte Wesen«, das »nicht festgestellte Tier« (Nietzsche).

Würde ist ein so erhabener wie diffuser Begriff. Sie impliziert einen Anspruch und eine Aufgabe. Zur Würde gehört die Fürsorge für ein würdiges Leben, für Wohnung, Arbeit,

Gesundheit und Essen aller. Oder ist das die Sache eines jeden selbst? Gibt es eine Sozialpflichtigkeit, die der Würde jedes Menschen folgt, und eine Verpflichtung zum Gemeinsinn? Es ist in der ersten Legislaturperiode des gemeinsamen deutschen Parlaments (1990–1994) nicht gelungen, unsere Verfassung dem deutschen Volk zur Abstimmung vorzulegen (gemäß Artikel 146 GG). Es ist auch nicht gelungen, eine Zweidrittel-Mehrheit dafür zu bekommen, daß »Gemeinsinn« eine Verpflichtung aller Staatsbürger wird. Einige (Ost-)Abgeordnete wollten die Verpflichtung jedes Bürgers, am Gemeinwohl mitzuwirken, festgehalten wissen.

Im Vorschlag vom 17. Juni 1993 (!) hieß es:

»– Jeder hat das Recht auf die freie Entfaltung seiner Persönlichkeit, soweit er nicht die Rechte anderer verletzt und nicht gegen die verfassungsmäßige Ordnung oder das Sittengesetz verstößt.

– Jeder hat das Recht auf Leben und körperliche Unversehrtheit. Die Freiheit der Person ist unverletzlich. In diese Rechte darf nur auf Grund eines Gesetzes eingegriffen werden.

– Das gesamte Schulwesen steht unter der Aufsicht des Staates. Grundlegendes Erziehungsziel ist Persönlichkeitsbildung zu Selbstbestimmung, Mitmenschlichkeit und Gemeinsinn.«

Der Streit geht darum, was nun die Würde des Menschen konkret bedeutet, wo und wie sie gewährleistet oder verletzt wird. Zugegebenermaßen ist dieses Denken anthropozentrisch und nicht holistisch.

Aber es wäre viel gewonnen, wenn wenigstens dies – weltumspannend – Geltung beanspruchen würde und menschliches Handeln sich im nationalen und internationalen Kontext darauf einrichtet:

– daß die Würde des Menschen – egal, wer er ist und wo er lebt – unantastbar ist,

– daß die Befriedigung elementarer Grundbedürfnisse zu seiner Würde gehört,

– daß der Kontrast zwischen Arm und Reich in der Welt unwürdig ist.

Die Würde des Menschen – jedes Menschen – geht letztlich von einer quasi-religiösen Setzung aus, daß der Mensch für den Menschen das höchste Wesen sei: die Krönung der Schöpfung, das Wertvollste schlechthin. Somit kann die vom Menschen in seiner Umwelt erklärte Welt zu einem Objekt werden, zu einer um des Menschen und seines Lebens willen zu vernachlässigende, ihm zur – ausbeutenden – Verfügung stehende Größe. Erst eine praktisch zusammengedachte »Ehrfurcht vor dem *Leben*« und die Achtung der »Würde des *Menschen*« ergäben eine überlebensfähige Ethik. Das Anthropozentrische führt uns in Sackgassen, die inzwischen benennbar sind, weil die Güter der Erde begrenzt sind – sofern wir die Selbsterneuerungskräfte der Natur überfordern.

Uns vor der Natur zu schützen *und* die Natur vor uns zu schützen wird zu einer Herausforderung für die Völkerfamilie auf der EINEN WELT.

III. Die Würde des Menschen und die Ethik des Heilens
Holt uns auch in der Gentechnologie »die normative Kraft des Faktischen« ein und wird nicht längst von den einen gemacht, was von den anderen – folgenlos – debattiert wird? Entscheidungsrelevant wird das Mithalten an der Spitze der Forschung nach der Parole: »Wenn wir es nicht machen, machen es die anderen.« Entscheidend wird der zu erwartende ökonomische Vorteil bzw. Nachteil, wenn man sich »aus lauter Bedenkenträgerei« zurückhielte. Dabei wird von den Pragmatikern, die nach eigenem Bekunden »ohne ideologische Scheuklappen« argumentieren, eine wohlfeile ethische Ummäntelung nachgereicht: Zur Würde des Menschen gehöre eine »Ethik des Heilens«. Subjektiv mag man das wenigen absprechen wollen. Doch: Was ist dominierend? Natürlich das Geschäft. Haltlose Heilserwartungen und Erfolgsübertreibungen machen Forschungsgelder locker. Politiker sekundieren mit dem Argument, man solle doch mehr über

die Chancen als über die Risiken reden. Und fortan reden sie nur noch über die Chancen. Die anderen erklären sie zu Fundamentalisten oder zu Apokalyptikern.

Die ethische, die soziale und die psychologische Folgeabschätzung wird an den Rand des Feuilletons gedrängt. Welche Relevanz hat die Wortmeldung von Franz Kamphaus, Bischof von Limburg? Kamphaus fragt, ob die Möglichkeit von Gentests nicht alsbald zur Pflicht würde und jede »Schwangerschaft eine Schwangerschaft auf Probe« würde – akzeptiert erst »nach einem positiven Befund. ... Die Argumente (für pränatale Diagnostik) klingen stets wohlmeinend und einleuchtend, sprechen von Leid und Mitleid ... Immer aber wird die Würde eines Menschen mit dem Wert oder Unwert seines Lebens verwechselt. ... Werte hängen von der Bewertungsgrundlage ab, ändern sich und können gen Null gehen. Würde dagegen eignet einem Menschen als Menschen ... Wahre menschliche Liebe bezieht sich auf einen Menschen um seiner selbst willen, der ... nicht seines Geldes oder Aussehens wegen geliebt werden will, sondern ausschließlich als er selbst. Eine Person ist reiner Selbstzweck.«[28]

Der Hamburger Psychiater Klaus Dörner hat am 16. Juni 2001 auf dem Kirchentag in Frankfurt einen Zusammenhang zwischen Atom- und Gentechnik hergestellt und gemeint, daß die Grenzen der Unverfügbarkeit hinfällig geworden seien »und die Kosten des wissenschaftlichen Fortschritts gegenüber dem Nutzen ideologisch hinter der Faszination grenzenloser Heils- und Sicherheitsversprechen als ›normative Kraft des Fiktiven‹ verschleiert werden, zumal unter der Herrschaft des Marktes und seines Menschenbildes des ›survival of the fittest‹.«

Ein Machtkartell (aus Wirtschaft, Wissenschaft und Technik) aus Expertokraten locke mit ersatz-religiösen Heilsversprechungen. Dörner plädiert – in der reflexiven Moderne! – dafür, der Forschung ihr Maß zu geben, eingebettet in die Würde des Menschen, »die immer und zuerst die Würde des anderen ist, auch des Embryos«.

28 FAZ, 18. August 2001.

Zu beachten sei

– »die Endlichkeit des Menschen
– seine dienende als Voraussetzung für seine herrschende Seinsweise
– seine Grenze für seine Grenzüberschreitungen
– die Fremdbestimmung für die Selbstbestimmung
– seine Unverfügbarkeit als Voraussetzung für seine Verfügbarkeiten.«

Die Würde als Würde des je anderen ist »kein metaphysischer Rest«, sondern Grundbedingung aller Humanität. Die Selbstzweckhaftigkeit, die Unverfügbarkeit, die Endlichkeit, die Einmaligkeit jedes anderen zu achten und für-sorgend zu schützen – vom jeweils Schwächsten und Letzten, also auch vom Embryo her – ist die Bestimmung des Menschen als Menschen.

Die Wirtschaft denkt vom Stärksten und Fittesten her. Das Gesundheitsideal führt das Machtkartell von Expertokraten (aus Grundlagenwissenschaft, Gentechnik und Wirtschaft – ohne Grenzkontrollen!) dazu, die Selektion über PID und das aktive Töten von Embryonen (über das tötende Klonen) in ein heilendes Heilsversprechen einzubetten, ungeachtet der Frage, ob dies ein Mittel zu einem anderen Zweck sein darf und ob die Unverfügbarkeit der Würde des Menschen verletzt wird.

Schließlich: Können wir Leidvermeidung technisch organisieren und menschlich wollen?

Solches Fragen führt in die aktuelle politische Debatte und mich zu Immanuel Kant.

Kanzler Schröder hat jüngst in einem Leserbrief der ZEIT das Erbe der Aufklärung (»Da bleibe ich ein Kind der Aufklärung«) für sich reklamiert – aus einem ungebrochenen Pathos der Versachlichung und Entzauberung der Welt (sowie der Freiheit von autoritativen Vorgaben). Er vermutet ein »romantisch-religiöses Bedürfnis nach einer Wiederverzauberung der Welt« bei Michael Naumann. Bei einem Begriff wie »Heiligkeit des Lebens« könne er nur mit Befremden und

156

Kopfschütteln reagieren. Naumann ist – mit Recht – skeptisch, ob »alle Fortschritte der Wissenschaft« unaufhaltsam segensreich waren oder sein werden.[29]

Mit Immanuel Kant ist präziser nach den Kriterien menschlicher (Handlungs-)Freiheit zu fragen. Kant hat in seiner »Kritik der praktischen Vernunft« und in der »Grundlegung der Metaphysik der Sitten« die Mittel-Zweck-Problematik ebenso reflektiert, wie er genau zwischen spekulativem und kategorischem Imperativ unterscheidet. (Der spekulative Imperativ ist der auf Erfolg hin kalkulierende Imperativ. Der kategorische bindet menschliche Handlungsfreiheit in das Sittengesetz ein.)

»Handle so, als ob die Maxime deiner Handlung durch deinen Willen zum allgemeinen Naturgesetz werden sollte.«

Der dem folgende praktische Imperativ lautet: »Handle so, daß du die Menschheit – sowohl in deiner Person als in der Person eines jeden anderen, jederzeit zugleich als Zweck, niemals nur als Mittel brauchest.«

Kant unterscheidet im Bereich der Zwecke zwischen Wert und Preis. Ein Wert hat kein Äquivalent im Preis. Und menschliche Würde ist ein Zweck an sich.

»Im Reiche der Zwecke hat alles entweder einen Preis, oder eine Würde. Was einen Preis hat, an dessen Stelle kann auch etwas anderes, als Äquivalent, gesetzt werden; was dagegen über allen Preis erhaben ist, mithin kein Äquivalent verstattet, das hat eine Würde.

Was sich auf die allgemeinen menschlichen Neigungen und Bedürfnisse bezieht, hat einen Marktpreis; das, was, auch ohne ein Bedürfnis vorauszusetzen, einem gewissen Geschmacke, d. i. einem Wohlgefallen am bloßen zwecklosen Spiel unserer Gemütskräfte, gemäß ist, einen Affektionspreis; das aber, was die Bedingung ausmacht, unter der allein etwas Zweck an sich selbst sein kann, hat nicht bloß einen relativen Wert, d. i. einen Preis, sondern einen inneren Wert, d. i. Würde.

29 DIE ZEIT, 26. Juli 2001, S. 14.

Nun ist Moralität die Bedingung, unter der allein ein vernünftiges Wesen Zweck an sich selbst sein kann; weil nur durch sie es möglich ist, ein gesetzgebend Glied im Reiche der Zwecke zu sein. Also ist Sittlichkeit und die Menschheit, so fern sie derselben fähig ist, dasjenige, was allein Würde hat. Geschicklichkeit und Fleiß im Arbeiten haben einen Marktpreis; Witz, leibhafte Einbildungskraft und Launen einen Affektionspreis; dagegen Treue im Versprechen, Wohlwollen aus Grundsätzen (nicht aus Instinkt) haben einen inneren Wert.«[30]

Kant unterscheidet den Marktpreis vom Affektionspreis und diesen von den inneren Werten. Marktpreis ist das, was austauschwert ist, der Mehrwert, der äußere Besitz, ein Preis, der u. a. an der Börse gehandelt wird. Mit Affektionspreis können wir heute Freizeitindustrie und Entertainment bezeichnen. Und innere Werte sind alles das, was sich nicht rechnet, also ein innerer Besitz, die Glückseligkeit eines rundum guten Gefühls und guten Gewissens.

Wenn nun Zwecke zu Mitteln werden, nennt man das Instrumentalisierung der Zwecke, um die Mittel zu taufen (instrumentum, lat. Mittel).

Solche Instrumentalisierung hat die Politik in fast jedem Zeitalter unternommen. Zum Beispiel gingen 1914 die jungen Männer für Gott und Vaterland, für Kaiser und Reich in einen imperialen Krieg. Und für das deutsche Volk und den Führer wurde ein Raubkrieg für ein »Volk ohne Raum« geführt, ein Volk, das sich zur Herrenrasse erklären ließ.

Für die Befreiung der Völker und mit proletarischem Internationalismus marschierten die Truppen 1968 in die Tschechoslowakei ein. In den kommunistisch regierten Ländern tat man alles für den Frieden. Da brauchte man dann eine »Friedensarmee« und Schüsse an der Friedensgrenze zur Sicherung des Friedens. Auch der Ehre-Begriff Helmut Kohls ist die Instrumentalisierung eines hohen Wertes, der ihn zum Ver-

30 Vgl. Immanuel Kant, Kritik der praktischen Vernunft – Grundlegung zur Metaphysik der Sitten. Frankfurt am Main 1974, S. 68.

schweigen der Übertretung des verfassungsmäßigen Gebots führt. Dem Grundgesetz Genüge zu tun ist er als Kanzler verpflichtet gewesen. Verschweigen läßt sich nicht mit einem Ehrenwort abdecken.

Werden höchste Werte kollektiv beansprucht, benutzen sie das Ethos des einzelnen, fordern seinen Gehorsam und nicht sein eigenständiges, subjektives Urteilsvermögen oder seine Gewissensentscheidung heraus. Es ist das entscheidende Erbe der Aufklärung, daß die Mündigkeit des Menschen Voraussetzung für die Freiheit des einzelnen ist, der sodann aus Einsicht in das Sittengesetz sein konkretes Handeln justiert.

Wo die Erziehung nur die Geschicklichkeit zur Erreichung von Zwecken fördert, aber nicht die Urteile bildet, welche Zwecke Wert haben, wird die Geschicklichkeit im Gebrauch der Mittel zu beliebigen Zwecken ausgebildet. Urteils-, Unterscheidungs- und Gewissensbildung unterbleiben, wenn allein der (äußere) Erfolg gilt. Kant schreibt über die Versäumnisse der angewandten Wissenschaft und der Bildung in seiner »Grundlegung zur Metaphysik der Sitten«:

»Alle Wissenschaften haben irgend einen praktischen Teil, der aus Aufgaben besteht, daß irgend ein Zweck für uns möglich sei, und aus Imperativen, wie er erreicht werden könne. Diese können daher überhaupt Imperative der Geschicklichkeit heißen. Ob der Zweck vernünftig und gut sei, davon ist hier gar nicht die Frage, sondern nur, was man tun müsse, um ihn zu erreichen. Die Vorschriften für den Arzt, um seinen Mann auf gründliche Art gesund zu machen, und für einen Giftmischer, um ihn sicher zu töten, sind in sofern von gleichem Wert, als eine jede dazu dient, ihre Absicht vollkommen zu bewirken. Weil man in der frühen Jugend nicht weiß, welche Zwecke uns im Leben aufstoßen dürften, so suchen Eltern vornehmlich ihre Kinder recht *vielerlei* lernen zu lassen, und sorgen für die *Geschicklichkeit* im Gebrauch der Mittel zu allerlei *beliebigen* Zwecken, von deren keinem sie bestimmen können, ob er nicht etwa wirklich künftig eine Absicht ihres Zöglings werden könne, wovon es indessen doch möglich ist, daß er sie einmal haben möchte, und diese Sorgfalt ist so groß, daß sie darüber gemeiniglich verabsäumen, ihnen das Urteil über den Wert der Dinge, die sie sich etwa zu Zwecken machen möchten, zu bilden und zu berichtigen.«[31]

Kant unterscheidet also Regeln der Geschicklichkeit (das Technische), die Ratschläge der Klugheit (das Pragmatische) und Gebote bzw. Gesetze der Sittlichkeit (das Moralische). Der Pragmatismus der Wohlfahrt – zur Ideologie geworden – verzichtet auf die geradezu störenden Gebote der Sittlichkeit. Und ein Gebot der Sittlichkeit wäre es, mein Leben vom Bedürfnis des anderen her zu denken, weil er meine Möglichkeit ist. Das entspricht der Goldenen Regel. Sittlichkeit erlaubt es sich, vom Letzten und Schwächsten her zu denken (also auch vom sogenannten lebensunwerten Leben her), wo die Wirtschaft vom Stärksten und Fittesten her denkt. Hier begegnen sich griechische und jüdisch-christliche Traditionen mit einem kleinen, aber doch gravierenden Unterschied. Im griechischen Denken gilt: Der andere ist so frei wie ich (das Subjekt bin dann ich). In der christlich-jüdischen Tradition gilt die Regel: Ich bin so frei, wie der andere ist (das Subjekt ist also der andere). Gilt dies noch in der entgotteten Welt? Dostojewski ist geradezu ein Prophet, wenn er Iwan Karamasow sagen läßt: »Wenn es keinen Gott gibt, ist alles erlaubt.« Und Nietzsches »Gott ist tot«-Parolen waren verbunden mit einer Verachtung des Kranken und Schwachen und einer Heroisierung des Starken und Gesunden. Da brauchte es dann nur noch eine sozial-darwinistische Komponente und man war und ist im politischen Wahn.

Schließlich ist bei Kant darauf hinzuweisen, daß es »Staunen und Ehrfurcht« sind, mit denen er die wunderbar vorgegebene Weltordnung preist und schließlich alles Denken darauf richtet, daß der Verstand zur Vernunft kommt, daß also der Mensch prüft, ob er das, was er *will* und *kann*, auch *soll*. In seiner »Kritik der praktischen Vernunft« stehen die

31 Ebenda, S. 44.

berühmten Sätze: »Zwei Dinge erfüllen das Gemüt mit immer neuer und zunehmender Bewunderung und Ehrfurcht, je öfter und anhaltender sich das Nachdenken damit beschäftigt: *Der bestirnte Himmel über mir, und das moralische Gesetz in mir.* Beide darf ich nicht als in Dunkelheiten verhüllt ... suchen und bloß vermuten; ich sehe sie vor mir und verknüpfe sie unmittelbar mit dem Bewußtsein meiner Existenz.«[32] Man beachte, wie eng Kant Bewunderung, Ehrfurcht und Nachdenken zusammensieht und eben nicht ein seelenloser Rationalist oder gar ein Pragmatiker unter dem spekulativen Imperativ ist.

Die menschliche Würde nun ist ein Selbstwert, ein Wert, der nicht noch für Drittes nutzbar zu machen ist oder einer Begründung durch anderes bedarf. Würde ist gewissermaßen ein End-Zweck. Die Würde ist über allem Preis, also über alles, was im Mengenwert ausdrückbar ist, unendlich weit weg-gesetzt, »mit dem sie gar nicht in Anschlag und Vergleichung gebracht werden kann, ohne sich gleichsam an der Heiligkeit desselben zu vergreifen«.[33]

Heiligkeit ist als Unantastbarkeit zu verstehen.

Genau in diesem Sinne formuliert GG Artikel 1. Das gilt assertorisch (fest behauptend) und ist auf Affirmation (allgemeine Zustimmung) angewiesen. Die Frage, die sich mir aufdrängt, ist: Geht mit der religiösen auch eine ethische Entalphabetisierung der Gesellschaft einher? Und woher nimmt der deutsche Kanzler die Zuversicht, daß zu den Merkmalen unseres Staates »die Befreiung der Bürger (gehöre), auch über komplexe und weitreichende Themen selbst verantwortlich und eigenständig zu entscheiden«? Dies ist den weitestgehend uninteressierten Bürgern entglitten, und Sensibilität für ethische Fragen tendiert gen Null. Und entschieden wird schließlich doch nicht im ethischen, sondern im ökonomischen Kalkül.

32 Ebenda, S. 300.
33 Ebenda, S. 69.

Der Gen-Determinismus der Gentechnologie ist Ausdruck des Scheiterns, im sozialen Sinne Mensch zu werden, sich mit all seinen Gebrechen zu vervollkommnen und seine Beziehungen zueinander zu humanisieren. Nun wenigstens den äußerlich perfekten Menschen selektieren und Leiden eliminieren?! Technisch soll gewissermaßen das gelöst werden, was einmal die »Erziehung des Menschengeschlechts« unternommen hatte. Zudem wirkt im 21. Jahrhundert nach, was Nietzsche im Kult des Starken und Gesunden, in seiner Verachtung für Mitleid und Schwäche propagierte, was Darwin im Ausleseprinzip der Natur feststellte und was Dostojewski prophezeite – bis »der Mensch zur Hölle des Menschen« wird.

Menschliche Bestimmung war in der christlich-jüdischen Tradition, daß »der eine dem anderen zum Himmel« werde. Und dies mit menschlichem Maß, in Barmherzigkeit, in getroster Skepsis, mit der Zuversicht, »daß der Mensch dem Menschen ein Helfer sei«. (Bert Brecht)

Was gemacht werden kann, wird heutzutage gemacht – vor allem dann, wenn damit eine Gewinnerwartung verbunden ist. Die Antriebskraft ist eben nicht bloß menschlicher Forschergeist oder Neugier, sondern schlicht ökonomisches Verwertungsinteresse.

Außerhalb des Paradieses gibt es keine moralische Eindeutigkeit, nur noch Ambivalenz menschlichen Handelns (und Seins): im Tun und Unterlassen, im Reden und Schweigen, im Befördern und Verhindern. Was schiefgehen kann, geht schief. Innerhalb der Ambivalenzen gibt es Güterabwägungen, wo zwischen streitenden Gütern und Werten abzuwägen ist. Was (zu) gut gedacht war, bleibt kaum ohne Spätfolgen und Nebenwirkungen. Man denke an Stauseen und Staustufen, Klimaanlagen und Echolotfischerei, Fleischproduktion und Fleischverzehr, an Handy und Auto, an den Import von Tieren in fremde Lebensräume. An die Atomkraft sowieso. Und natürlich an das Menschheitsgroßprojekt »Sozialismus«!

Wo Güterabwägung nur noch (Macht-)Interessenabwägung zum eigenen Vorteil ist, wird die ethische Frage frag-los verabschiedet.

Da in der Welt alles mit allem verbunden ist und deshalb vernetzt gedacht und sowohl in Kurz- wie in Langzeitperspektive zu handeln ist, muß jede Einzelentscheidung im Kontext getroffen werden – sowohl auf der Raum- wie auf der Zeitebene.

Es gibt im Menschen ein »Maß des Menschlichen«, das jede Generation neu freilegen und bewahren muß. Und es gibt im Menschen einen hybriden Drang zum Unermeßlichen, vor dessen Versuchungen jede Generation wieder steht. Wir stehen in der jüngsten Gen-Forschung vor dem »letzten Schritt«.

Es gibt im Menschen ein Wissen, ein Mitwissen (syneidesis = Gewissen) um das Richtige und Rechtmäßige (Platon). Zugleich gibt es einen Grundwiderspruch, auf den der Apostel Paulus aufmerksam macht. »Das Gute, das ich will, das tue ich nicht; doch das Böse, das ich nicht will, das tue ich. Wollen habe ich wohl, aber das Gute vollbringen kann ich nicht, denn das Gute, das ich will, tue ich nicht; sondern das Böse, das ich nicht will, das tue ich.« (Römer 7, 18.19)

Zugleich kann die Selbsterkenntnis des Menschen als »Mensch im Widerspruch« nicht als Ausrede dienen, denn Paulus, der Apostel der Freiheit des menschlichen Handelns, der Freiheit vom tötenden Gesetz schärft ein: »Prüfet alles, das Gute behaltet. Es ist alles erlaubt, aber es nützt nicht alles.« Der Mensch ist in der Lage, zu prüfen. Und er ist in die Freiheit entlassen; er *kann* und *muß* entscheiden, was das Richtige und Zuträgliche und Nützliche ist. Dabei kommt er zwangsläufig in die Ambivalenz allen menschlichen Handelns – zwischen Tun und Unterlassen, Ziel und Weg. Das Tun mit den besten und höchsten Absichten birgt die höchste Gefährdung.

Es gibt nur noch ein Handeln außerhalb des Paradieses. Und außerhalb des Paradieses baut der Mensch Türme von

Babylon. Er will ›lieber Gott‹ spielen, er will Creator sein und nicht Concreator. Immer will er nur helfen, heilen, retten. Und natürlich »alles für andere tun«. (»Arbeit war sein Leben. Und er hat immer nur an andere gedacht.« Das sind die Redewendungen, die jeder Pastor zu hören bekommt, wenn die Angehörigen ihm die Substanz für seine Bestattungsansprache diktieren wollen.)

Gute Zwecke halten stets dafür her, die Mittel zu rechtfertigen. Sowohl die Zwecke sind auf ihre totalitäre und utopische Tendenz hin zu befragen (Gerechtigkeit, Freiheit und Gleichheit), wie die Mittel dem Zweck zu entsprechen haben, sofern sie Mittel zum Zweck bleiben und nicht den Zweck konterkarieren wollen. Der Weg ist nicht schon das Ziel; aber die Ziele normieren die Wege. Zugleich gehört es zur Realität – zum Pragmatismus –, daß Wege zum Ziel auch Umwege nehmen. Nur dürfen problematische Mittel nicht heiliggesprochen werden, sondern müssen als Notordnung anerkannt werden (z. B. Schmerzen zufügen, Zwangsmaßnahmen gegen Willkür, Verhandeln mit Diktatoren, Tierexperimente, um Menschen zu heilen). Die Grenzen bleiben fließend und bedürfen einer immer neuen Diskussion, wobei Normativität und Normalität im Streit liegen: die einen beachten Normen und die anderen halten schon für die Norm, was alle machen: »Così fan tutte« oder autoritatives »Über-Ich«? Zur Erinnerung: Das Volk tanzt orgiastisch um das Goldene Kalb, während Mose mit dem gestrengen Gott um die Tafeln ringt, die die Regeln für das »ungesicherte Tier« Mensch – zu dessen eigenen Gunsten – festlegen sollen.

Verwerfliches Handeln wird dem Publikum immer durch das Beschwören von Idealen schmackhaft gemacht. Jüngstes Beispiel: Zur Beruhigung seiner frommen Klientel betete der amerikanische Präsident, daß er die richtige Entscheidung getroffen haben möge, und ließ dies die Öffentlichkeit wissen. Es ist offensichtlich, daß er mächtigen Lobbyinteressen folgt; nachdem er kurz zuvor noch ein klares Wort gegen das Klonen von Menschen gefunden hatte, weicht er alles auf.

Dabei bleibt doch für diesen Präsidenten eines klar: »Gut ist, was für Amerika gut ist. Schlecht ist, was für Amerika schlecht ist.« Und Amerika – das sind Wirtschafts- und Machtinteressen Amerikas. Darüber wird – wenn nötig – zusätzlich ein frommer Mantel gelegt.

Unser Kanzler betet nicht. In der entzauberten Welt gibt es für ihn nur noch rationale Entscheidungen. Ein Verhältnis zum Geheimnis des Lebens hat er – nach eigenem Bekunden – nicht. Das käme ihm geradezu kryptisch vor.

Wenn Menschen ›Menschen klonen‹, wird ein letztes Tabu gebrochen: die Einmaligkeit jedes Menschen, seine Einzigartigkeit. Die Reproduzierbarkeit folgt einem bestimmten Züchtungsideal – und am Ende könnte aus einer *Möglichkeit* die *Notwendigkeit* werden. Jetzt steht zur Debatte, ob die *Möglichkeit* der Untersuchung, ob ein Kind im Mutterleib geschädigt ist und deshalb abgetrieben werden müßte, nicht alsbald zur *Pflicht* würde. Die Behinderten haben ein Gefühl dafür: sie protestieren. Denn dies heißt – unausgesprochen –, daß sie eigentlich unerwünscht sind.

Zugleich gibt es einen Widerspruch, über den niemand redet: Wir werden nicht fertig mit der Sprache von Haß und Gewalt, mit ethnischen Atavismen, mit unberechenbarem weltweitem »Terrorismus, auch aus der Mitte der zivilisierten Länder«. (Woher die Milzbrand-Briefe stammen, ist bis zur Stunde unklar!) Zugleich wollen wir den vollkommenen Menschen – das Gesundheits-, Schönheits- und Intelligenzideal – produzieren.

Aber wie wird er sich als »soziales Wesen« verhalten? Es gibt keine technischen Lösungen des moralischen Problems.

Johannes Rau hat in seiner Berliner Rede vom 18. Mai 2001 die Fragen nach der Würde des Menschen aufs äußerste zugespitzt, und er hat die Antwort nicht verweigert: »Um unserer Freiheit willen müssen wir uns fragen: Was von den vielen Möglichkeiten ist gut? Was müssen wir unbedingt versuchen? Was dürfen wir keinesfalls tun?

Unser Umgang mit diesen Fragen muß geprägt sein vom Respekt vor dem Leben von Anfang an. Die Würde des Menschen läßt sich gegen keinen anderen Wert aufrechnen.

Das Leben erinnert uns immer wieder daran, daß wir Menschen – bei allem Fortschritt – immer endliche Wesen bleiben. Wenn wir so tun, als seien unsere Möglichkeiten grenzenlos, überfordern wir uns selber. Dann verlieren wir das menschliche Maß.« Soweit Johannes Rau.

Es bedarf einer außerordentlichen moralischen Anstrengung, das verlorene Maß wiederzufinden. Es ist schwierig, aber nicht aussichtslos.

Alltagskultur, Hochkultur, Leitkultur
Über Verlust und Wiedergewinn des Selbstverständlichen

I.

Die Hochkultur lebt von der Basiskultur, der Alltagskultur eines Gemeinwesens. Aus ihr heraus erwächst sie und erneuert sich. Es gibt Wiedererkennungseffekte und Wechselwirkungen zwischen beiden. Ich stelle die große Frage nach Wertebewußtsein und Werteverfall im kleinen Kontext.

Ich nenne einige Beispiele: Die Paul-Gerhardt-Choräle hängen sehr eng zusammen mit der Bachschen Johannespassion. Victor Jaras Lieder in Chile wurden im Backround der »Elementaren Oden« Pablo Nerudas gesungen. Aus der sonntäglichen Messe erwächst die Hohe Messe in h-moll.

Dies ist beinah auf alle Bereiche der Kunst übertragbar. Hochkultur lebt von der Basiskultur. Und Basiskultur von der Hochkultur. Bisweilen gehen Hochkultur und Volkskultur eine Symbiose ein. Erweist sich nicht im Film »Buena Vista Social Club« von Wim Wenders die Volkskultur als Hochkultur? Und sind amerikanischer Folk, Mississippi-Blues und die Spirituals nicht gleichzeitig Volks- und Hochkultur?

In der Sowjetunion gab es in den sechziger Jahren eine sogenannte Lyrikwelle. Mehrere Tausend Menschen hörten zu, wenn Jewtuschenko seine Gedichte vortrug, Wyssozki und Okudshawa ihre Lieder sangen.

Puschkin ist in Rußland ein populärer Dichter, so wie auf gegensätzliche Weise Jessenin und Majakowski auch.

Die Gedichte Heinrich Heines sind Hochkultur und Volkskultur zugleich – sie waren so populär, daß die Nazis sich gezwungen sahen, sein Gedicht »Loreley« nicht zu verbieten, aber den Name Heine wegen seiner jüdischen Abkunft zu verschweigen. Es hieß einfach »Deutsches Volkslied«.

Ich sehe unsere westliche Welt zur Zeit auf eine kulturelle, moralische und seelische Dürrekatastrophe zusteuern – gefüllt mit Lautstärke und allem Schrillen, mit Kitsch, Kick und Kack, manipulativ eingesetztem Seelen- und Geistesschrott. Es gehört zur Freiheit, jeden Schrott herzustellen, und es gehört zur Freiheit, jeden Schrott zu sehen, zu kaufen und zu konsumieren.

Die Wechselwirkungen zwischen Konsument und Produzent treiben das Niveau nach unten und den Absatz nach oben. Von den Produzenten aus ist das zynisch, von den Konsumenten her selbstverblödend. Für das, was wir die Dialektik der Aufklärung nennen, hieße dies heute konkret im Massen- und Massenmedienzeitalter, die Ambivalenzen zu durchschauen und durchschaubar zu machen, was mit Menschen geschieht, wie sie lediglich zu Objekten von Verkaufsinteressen werden. »Wir amüsieren uns zu Tode« – dieser Bestseller erhielt grausigste Bestätigung. Hollywood-Horror-Kitzel wurde »unglaubliche« Realität.

Erst dort wäre Freiheit, wo Menschen darauf bedacht bleiben, sich nicht zum Objekt machen zu lassen.

Wieviel Aufmerksamkeit schenkt die verantwortliche erwachsene Welt dem, was die Kinder nachmittäglich am Fernseher konsumieren? Das ist eine schleichende moralische Katastrophe! Insgesamt entwickelt sich die Mediengesellschaft dahin, daß nicht der kritische, die Vorgänge durchschauende, urteilsfähige und informationshungrige Bürger der Adressat wird, sondern lediglich der Quotenträger. Die Hochkultur ist immer eine Minderheitenkultur gewesen; aber unsere Zeit scheint mir trotz oder gerade wegen der ungeheuren Möglichkeiten, die wir durch die Medien haben, in eine kritische Phase zu kommen, deren Langzeitfolgen für den seelischen Haushalt unserer Gemeinwesen noch unabsehbar sind.

II.

Wenn die Zahl der Menschen rapide abnimmt, die bei der Zeile »Der Mond ist aufgegangen« nichts mehr mithören als eine bloße Mitteilung über eine Konstellation am Abendhimmel, dann ist unsere (deutsche) Kultur ausgehöhlt.

Wer bei dieser Zeile keine Unterzeile mehr mithört, zeigt einen Abbruch dessen an, was unsere (deutsche) Kultur auszeichnete. Ich nenne dieses Lied als Beispiel mit Signalcharakter dafür, wie arm unsere Volkskultur dran ist.

Die Demokratie wird elitenfeindlich, wenn in ihr – unter Herrschaft der Medien – das Mehrheitsprinzip herrscht und geradezu eine Verblödungsstrategie um sich greift. Verarschung als Konzept – auf der Niveaustufe von Stefan Raab oder Harald Schmidt. Der Wettlauf um Unterschreitung des Niveaus ist in vollem Gange. Man sehe sich die Nachmittags-Talkshows an und wundere sich dann nicht über den »Werteverfall«. Oder man zappe einmal abends um 22.00 Uhr am Fernseher durch und mache sich bewußt, in welchem Zustand sich unsere Kultur befindet.

Da wird zur Quizfrage, welche TV-Kommissarin auf ihre dritte Ehe zugeht. Dafür kann man als Einstieg 100 Mark verdienen. – Oder: Welcher US-Präsident einmal Schauspieler war. Die Quizmanie suggeriert, dies sei irgendwie Volkserziehung oder Volksbildung. »Der Schwächste fliegt raus«, heißt eine beliebte Show. Er verschwindet jeweils in der Versenkung. Das ist ein Spiel; so ist das Leben! Oder: Bärbel Schäfer hat inzwischen ihre tausendste Sendung hinter sich.

Was sie anrichtet, ist ihr offenbar gleichgültig. Sie könnte es wissen – aber sie interessiert die Quote.

Wer den Zustand in unserer Kultur *an*schauen will, muß nur einmal *zu*schauen, wie die Touristen bei Stadtführungen gaffen – statt auf Wissen, sind sie auf Witzchen aus. Sie werden bedient. – Selbst in den Programmen der Landesanstalten der ARD sind die Renner Musikantenstadel, die Musik-Scheune, das Jodeln und Schunkeln, alles im Playback!

Unterschwellig hat sich zudem eine gegenseitige Verachtungshaltung breitgemacht: die unten verachten die, die oben sind, und die, die oben sind, verachten die, die unten sind. Eine Vermittlungsbemühung ist zu jeder Zeit an der Zeit, damit diese Verachtung aufhört. Dazu bedarf es auch einer Durchlässigkeit der verschiedenen Kulturen zueinander: der Volkskultur und der Hochkultur, der E- und der U-Musik, der verständlichen und der ambitionierten Literatur.

Das Christentum war und ist ein Vermittlungsversuch von Volks- und Hochkultur; die Kirchen und ihre Ikonographie, die Lieder und Psalmen, die katechetische Erzählkultur und die Riten & Liturgien zur Verinnerlichung geben ein beredtes Zeugnis davon ab.

Meine Erfahrungen mit unterschiedlichsten Menschen bringen mich zu der Überzeugung: Nahezu jeder Mann und jede Frau können einen Blick dafür bekommen, was stimmt und was stimmig ist – inhaltlich und formal: in der Architektur, in der Malerei, in der Literatur, im Erscheinungsbild von Menschen. In jedem Menschen sind Maßstäbe weckbar, ein Gefühl dafür, was wichtig und richtig und zudem auch noch schön ist. Und bei jedem kann es verschüttet werden.

Eine Kulturleistung ist eine Leistung, in der ein Mensch sich einem Anspruch stellt. Sie ist zunächst Anstrengung, nicht Fastfood. Das Glück kommt nicht ohne Mühe, aber die Mühe wird zum Glück. Massenkultur ist per Definition eben keine Hochkultur. Als Hochkultur kann nicht der Dünkel von einem Prozent derer gelten, die sich für »hoch«-gebildet halten.

Von Hochkultur können wir sprechen, wenn das Ethische, das Ästhetische und das Soziale zu einem gewissen Einklang kommen, wenn die Dinge mehr sind, als sie erscheinen. Und wenn von den Menschen erkannt wird, daß zwischen Erscheinung und Wesen ein Unterschied ist. »Kultur« hat eine Epoche, in der Erfolg und Geist keine Gegensätze sind und in der gar der Geist Erfolg hat, wo das Hermetische und das Sich-Erschließende einander bedingen, wo die Brückenschläge zwischen Verständlichkeit und künstlerischem Anspruch geschlagen werden. (Gerade im Religiösen gibt es soviel große Kunst und so großen Kitsch!)

Was kryptisch ist, ist noch nicht hoch. Und was Quote bringt, ist noch nicht legitim. Wer viel weiß, ist noch nicht gebildet; wer sich nur gebildet auszudrücken vermag, ist es erst recht nicht. Es gibt die Hochkultur des Einfachen. Es hat sie immer gegeben: die Weisheit eines Schäfers, eines Schreiners, einer alten Frau ... Der Anspruch, daß etwas verständlich ist, ist noch nicht gleich als sozialistisch-realistisch, faschistisch oder kleinbürgerlich abzuqualifizieren!

Kunst, die bewußt elitär ist, ist eine Kunst, die tendenziell »den einfachen Menschen« verachtet. Und sie bekommt es zurück, etwa im Haider-Wahlplakat: »Wollen Sie Peymann und Jelinek – oder wollen Sie Kunst?« Aber eine Massenkultur, die den einzelnen in Massen unter sein Niveau zieht und gezielt an niedere Instinkte appelliert – lediglich unter dem Gesichtspunkt des Profits –, macht den Menschen vom Bürger zum Konsumenten und ruiniert allmählich, ja ziemlich rasch das, was wir Kultur nennen. Auch die politische Kultur wird ihr Opfer.

»Niemand ist so barbarisch, daß er nicht zivilisiert werden kann, wenn er der Kultur ein geduldiges Ohr leiht«, schrieb ein Weiser.

Wenn uns nur noch das etwas wert ist, das sich in Geld ausdrücken läßt, wird uns alles verlorengehen, was unsere Kultur ausmacht. In diesem Denken sind Kinder eben nichts wert, sie »kosten« nur Geld und Zeit. Und sie sind doch das, was uns das Wertvollste ist, das Wundervollste, das Geheimnisvollste, das Verantwortungsvollste.

Es sei an den Ursprung unseres Wortes Kultur erinnert: Es kommt von der agricultura, von der menschlichen Nutzbarmachung des Wilden, bloß Natürlichen. Es wird geordnet, veredelt. Die Gesetze des Natürlichen werden abgelauscht und wiederholt – in menschlicher Weise wiederholt. So ist jede Abbildung von Welt Abbildung des Vorhandenen, in menschliche Form gebracht. Kunst ist auch Wiederholung von Kunst des Geschöpflichen selbst und in einem tieferen Sinne kreatives Abbild – Abbild eines nicht abbildbaren Geheimnisses von Welt. Sie hilft zur Erweiterung unseres Bewußtseins. Sie kommt aus dem Sehen und lehrt Sehen.

Agrikultur als Pflege, Bearbeitung, Bestellung und Anbau des Ackers, zunächst des Gartens, hängt mit der Kultur und diese wiederum mit dem Kult zusammen. Jede Kultur bringt ihre Kunst hervor. Kunst hilft uns, uns aus dem Alltag herauszuheben. Sie hilft uns zur Selbsterkenntnis.

Sie ist Unterhaltung. Sie bewirkt Sublimierung. Sie ist Abarbeitung durch symbolische Darstellung. Kunst wirkt kathartisch. Sie hilft zur Erhebung und Erhöhung. Sie neigt zur Überhöhung.

Die Griechen in Athen – im Goldenen Zeitalter! – bezahlten ihre Bürger, damit sie ins Amphitheater gingen. Theater-zuschauen wurde als nützliche und notwendige Arbeit, als förderlicher Distanzgewinn, als geistige Selbstanstrengung und als Entlastung mit kathartischem Effekt angesehen, was sich schließlich für das Gemeinwesen auszahlte: Dort siehst du, wohin was führt. Du kommst so zur Welt- und Selbsterkenntnis. Dort bildest du dir deine Maßstäbe für Gutes und Böses. Dort kannst du erkennen, was du zu tun oder zu unterlassen hast. Es gibt Schicksal und Verantwortung. Es gibt ein Entrinnen. Es gibt Entscheidungsspielräume. Und es gibt Tragik. Es gibt Gemeinheit. Und es gibt Reinheit. Es gibt Tapferkeit. Und es gibt Feigheit. Es gibt Wahrheit und Lüge und die Wahrheit der Lüge und das Lügen mit der Wahrheit. Es gibt Haß.

Und es gibt Liebe. Und es gibt Liebe, die in Haß übergeht. Es gibt Dinge, für die es sich lohnt, alles, auch sich selbst, hinzugeben. Es gibt nichts, was nicht mißbraucht werden kann.

Es gibt diese unbändige Lust auf Leben: Tanz, Ekstase, Verrücktsein vor Glück. Und Verrücktwerden am Leid, am Tod! Das alles durchlebt und durchleidet einer, der ins Theater geht und seine Affekte und seinen Intellekt anrühren läßt. Welch ein Abstand zwischen griechischem Theater und einem Fernsehabend!

Ich bin nach wie vor davon überzeugt, daß *Literatur* und *Theater* einen humanisierenden Effekt haben, sofern sie sich selber einem Humanum verpflichtet fühlen. Dies kann durchaus E-Kultur und durchaus U-Kultur sein. Das kann die sogenannten Eliten erreichen und eher in den hermetischen Bereich von Literatur – sagen wir James Joyce – gehören, wie auch – eben allgemeinverständlicher! – die Bestseller von Johannes Mario Simmel. Und welche Welten in Kindern zu wecken sind, hat der Erfolg von Rowlings' »Harry Potter« gezeigt. Ein vorauseilender Gehorsam gegenüber einer angenommenen Anspruchslosigkeit der Menschen ist der Kulturleistung, die einem Menschen abverlangt werden kann, abträglich. Zu den Kulturleistungen des Menschen gehört es, daß er nicht nur alles easy findet, sich an Rührend-Gutem ergötzt, sondern auch in seine Abgründe schaut. Es geht nicht um eine kitschig-verlogene Gefühlsduselei von Volkstheater- und Volksmusik-Inszenierungen oder um ein abgeleiertes »Seid umschlungen Millionen«-Pathos, sondern um erleuchtende und erheiternde Wahrheit, nicht um Verlogenheit kommerziellen Kitsches.

Joachim Kaiser macht eine fatale geistige Entwicklung aus: »Ich sehe ernsthaft die Gefahr, daß die Anhänger der Hochkultur einsam werden. Wenn sich überhaupt kein Mensch mehr – sagen wir – für die Matthäus-Passion von Bach interessiert, wenn das nur noch irgendwelche Blockflötenmädchen tun, dann werden wir eine Sekte. Hochkultur war immer eine elitäre Angelegenheit, klar, aber es gab eben eine sehr kleine Gesellschaft, da konnte man sich darauf verlassen, daß sie Bescheid weiß. Und da merke ich schon einen Unterschied zu früher.

Ich umgebe mich gern mit Menschen, die so ungefähr das kennen und schätzen, was man selbst kennt und schätzt. Und ich sehe, daß die Zahl dieser Menschen kleiner wird. Für mich ist das schmerzlich. Ich kann dumme Menschen nicht leiden.«[34]

Ich auch nicht. Dumm nenne ich alle Menschen, die unter ihren Möglichkeiten bleiben und nicht darunter leiden. Wer weiß, daß er dumm ist, ist schon nicht mehr ganz dumm.

III.

Friedrich von Schiller hat – nicht ahnend, was einmal in der Nähe von Weimar geschehen könnte – geschrieben: »Wenn die Kultur ausartet, geht sie in eine weit bösartigere Verderbnis über, als die Barbarei je erfahren kann. Der sinnliche Mensch kann nicht tiefer als zum Tier herabstürzen; fällt aber der aufgeklärte, so fällt er bis zum Teuflischen herab und treibt ein ruchloses Spiel mit dem Heiligsten der Menschheit.« Nichts kann uns sicher machen, daß wir nicht wieder in dieses Ruchlose hinabfallen, uns kollektiv und individuell hinabzerren lassen. Die letzten Zeugen leben noch unter uns. Wir sind und wir bleiben »Kulturmenschen auf Abruf«. Kultur ist eine menschliche Leistung, die uns in jeder Zeit abverlangt wird.

Daß man einen Blick für das Rechte und das Verwerfliche behalten und sich eine Haltung bewahren kann, erzählt auf eine bestechend überzeugende, nicht heroisierende Weise – Sebastian Haffner in der »Geschichte eines Deutschen«.

Eines der berühmtesten Gedichte von Friedrich von Schiller, »Die Worte des Glaubens«, mit denen er Freiheit, Tugend und Gott meint, schließt mit den Versen:

Die drei Worte bewahret euch, inhaltsschwer,
Sie pflanzet von Mund zu Munde,
Und stammen sie gleich nicht von außen her,

34 Tagesspiegel, 6. Februar 2000.

173

Euer Innres gibt davon Kunde;
Dem Menschen ist nimmer sein Wort geraubt,
Solang er noch die drei Worte glaubt.

Es geht um äußere Vermittlung, Weitervermittlung – also Tradition – und um innere Aneignung, die jedem Subjekt zukommt.

Eine Gesellschaft, die nur noch darauf trimmt, durchzukommen, schnell hochzukommen und – koste es, was es wolle – weiterzukommen, verfährt nach dem kapitalistisch-darwinistischen Ausleseprinzip. Da wird das Reden von Werten, von menschlichen Werten, zum Störfaktor.

Das, was jemandem etwas wert ist oder gar zu einem höheren Wert wird, hängt ganz davon ab, wie er gebildet wurde, in welcher Umgebung und in wessen Nähe er und sie aufwuchsen.

Was die Heranwachsenden erleben, was die Heranwachsenden empfinden, was die Heranwachsenden wissen, was die Heranwachsenden wollen, was die Heranwachsenden denken, bestimmt, wie sie sich verhalten.

Dazu gehört es, Rangfolgen zu kennen und zu internalisieren, also zu wissen, was wichtig und unwichtig, was redlich und was unredlich, was schön und was häßlich, was gut und was böse ist, und zu erkennen, in wie vielen Widersprüchen und Grauzonen sich das wirkliche Leben vollzieht. Dazu gehört auch, zu wissen, »was sich gehört« und was sich nicht gehört – als Ausdruck eines Grundrespekts des Menschen vor sich selbst und vor den anderen. Dazu gehört, ein Gefühl und Mitgefühl auszubilden, eine Sensibilität für sich selbst, aus der die Sensibilität für die anderen erwächst, statt egoistische Orientierung auf die Durchsetzung seiner eigenen Wünsche und Interessen zu suchen.

Eine Kultur prägt, was einzelne (in Gemeinschaft) erleben und mitnehmen als »inneren Vorrat«:

– Es ist entscheidend, was ein Mensch an »Miniskripts« für sein Leben mit sich trägt, an Grund-Sätzen, die ein Mensch in sein Leben mitnimmt. Wer kennt folgende Einschärfungen nicht?

»Fall nicht auf! Sei auf der Hut! Streng dich an! Bediene dich deines eigenen Kopfes!

Tu nichts gegen dein Gewissen! Paß dich an!

Gehorche! Du mußt herrschen und gewinnen oder dienen und verlieren! Halt die Ohren steif. Üb' immer Treu' und Redlichkeit! Bleib anständig!«

Welche Miniskripts bestimmen jeden von uns, mehr oder weniger (un-)bewußt, welche Zeilen, Bücher, Bilder, Personen, Geschichten?

– Das altmodisch gewordene Auswendiglernen von Gedichten gehört zu dem, was einen Menschen im Innersten bildet und was ihm auszudrücken hilft, was er an Höhen und Tiefen erlebt.

– Jede Kultur braucht eine ›eiserne Ration‹ dessen, was allen gemeinsam ist und von allen gemeinsam überliefert wird, eingerechnet natürlich, daß es immer Kleingruppen und kulturelle Eliten gibt, die in besonderer Weise Übermittler von Tradition und Kultur sind. Nicht zufällig stand das Buch »Bildung« von Rolf Schwanitz wie Ulrich Wickerts »Buch der Tugenden« auf den Bestsellerlisten.

– Schließlich sehe ich Singen und Musizieren als unverzichtbare menschliche Kulturleistung an. Es ist ein durch nichts ersetzbarer kultureller Verlust bzw. Gewinn, singen zu können und auch wirklich zu singen.

Die Kirchen sind die letzten Orte, in denen ›normale‹ Menschen singen und nicht ausdrücklich in einem Volks- oder Opernchor singen. Die gottesdienstlichen Liturgien verlieren ihre inhaltliche Überzeugungskraft ohne ihre emotionale Dimension, in der sie das Innere erreichen, wenn in und von von der Gemeinde nicht mehr gesungen wird.

Bei der Taufe, bei der Hochzeit, am Grabe ist heutzutage Berieselung von außen dominierend, nicht Selbstausdruck. Wie sehr kann Menschen – in allem Verstummen – ein Wort erheben, das sie sich nicht selber sagen müssen, wenn sie mit anderen zusammen (und doch jeder für sich!) am Grabe »Befiehl du deine Wege« oder »Wer nur den lieben Gott läßt walten« singen! Zumal ist es für das protestantisch geformte Kirchentum unverzichtbar, die Choräle weiter zu überliefern, nicht auf CD, sondern auf der Zunge. Sie sind der Ersatz für die prächtigen Gewänder und den betörenden Weihrauch der Katholiken.

Also, sechs Paul-Gerhardt-Lieder sollte jeder mitgenommen haben, auswendig: »Wie soll ich dich empfangen«, »Ich stehe an deiner Krippe hier«, »O Haupt voll Blut und Wunden«, »Geh aus mein Herz und suche Freud«, »Befiehl du deine Wege«, »Ich weiß, mein Gott, daß all mein Tun«.

Dazu Matthias Claudius' »Der Mond ist aufgegangen« und »Nun danket alle Gott« von Martin Rinckart.

Als »eiserne Ration« für Christen nenne ich aus der Bibel: Psalm 23, das Vaterunser, 1. Korinther 13, das Gleichnis »Vom barmherzigen Samariter«, das Gleichnis »Vom verlorenen Sohn« und die »Seligpreisungen« der Bergpredigt. (Die Seligpreisungen, nicht die Antithesen!)

Die geistige Situation der Zeit und die geistliche Situation der Zeit stehen in unserem Kulturkreis in einem engen Zusammenhang. Dieser Zusammenhang ist weithin zerrissen. Die Welt des Geistigen wie des Geistlichen ist unübersehbar in einer Krise. Krise ist Chance, aber sie ist nur Chance, wenn die fälligen Aufgaben ergriffen werden, gegen alle Gleichgültigkeit, gegen Aufkläricht (Ernst Bloch) und gegen alle Spielarten des modischen Zynismus.

Schließlich ist das Offenlegen von Bigotterie und moralistischer Verlogenheit noch kein Grund, auf Grund-Sätze, Lebens-Werte und Menschheits-Ziele zu verzichten.

Kurt Tucholsky – und das sei allen Zynikern von heute ins Stammbuch geschrieben – schrieb (1919): »Satire ist eine durchaus positive Sache. Der Satiriker ist ein gekränkter Idealist: Er will die Welt gut haben, sie ist schlecht und nun rennt er gegen das Schlechte an.« Ein glücklicher Sisyphus!

Was die Demokratie den Bürgern abfordert

I

Die Stabilität der Bundesrepublik Deutschland beruhte in den vierzig Jahren der deutschen Teilung wesentlich auf der wirtschaftlichen Prosperität. Die Zustimmung zum demokratischen System wuchs in den Anfangsjahren der Bundesrepublik in dem Maße, wie damit wirtschaftlicher Erfolg verbunden war. Die DDR hingegen zerbrach schließlich daran, daß sie ihre ökonomischen Versprechen nicht nur nicht halten konnte, sondern pleite war: ökonomisch, politisch, moralisch. Bei wirtschaftlicher Prosperität hätte sich das politische System der DDR gewiß noch lange gehalten.

Käme es in unserer vereinigten, immer noch von gravierender ökonomischer Schieflage zwischen West und Ost geprägten Republik zu einer sozialen Krise, käme schnell »die Stunde der Wahrheit«, die Stunde der Bewährung für die deutsche Demokratie.

Die Menschenrechts-Grundsätze unserer Verfassung würde man für hohle Phrasen halten; hohle Phrasen des Neo-nationalismus würden den Hohlraum schneller füllen, als das die meisten heute für denkbar halten. Es ist eine untergründig weit verbreitete Stimmung zu beobachten, die dem liberalen demokratischen System gegenüber distanziert geblieben ist.

Als »schlagende Argumente« gegen die rechten Schläger gelten vor allem die Verweise auf die negativen Reaktionen im Ausland und schädliche Auswirkungen auf die Investitionsbereitschaft von (ausländischen) Firmen. Solche Befürchtungen stehen zuallermeist an erster Stelle und finden schnell breite Zustimmung; kaum aber wird von dem Schaden gesprochen, der uns selbst geschieht, wenn so etwas wieder unter uns geschieht. Solange ausländerfeindliche Anschläge von der Allgemeinheit nicht als prinzipiell verwerfliche Anschläge auf die Grundfesten und das humane Selbstverständnis unserer Gesellschaft gewertet werden, lauert eine grundsätzlichere Gefahr für unsere Demokratie.

Die Stabilität unserer freiheitlich demokratischen Rechts-ordnung beruht in erster Linie auf der Zustimmung der großen Mehrheit ihrer Bürger. Wenn diese innere Zustimmung schwindet, hat das Folgen, die nicht sofort sichtbar werden müssen. Die Institutionen dieser sich als wehrhaft verstehenden Demokratie werden nicht dauerhaft zu schützen sein, wenn die allgemeine Stimmung kippt. Diffuse Zukunftsängste münden in regressive Tendenzen. Die als unausweichlich erfahrene Globalisierung verstärkt Tendenzen zu regionaler und nationaler Abschottung. Für soziale Verwerfungen werden Menschen verantwortlich gemacht, »die hier nicht hergehören«. Das Versagen oder die Versäumnisse der politischen Klasse werden dem demokratischen System selbst angelastet. Schließlich werden Politiker auch für Unlösbares verantwortlich gemacht, wofür nicht nur Stammtische, sondern auch verantwortungslose Kommentatoren flotte Rezepte haben, deren Wirksamkeit sie nie beweisen müssen. Dies alles können sich antidemokratische Populisten leicht zunutze machen. Die hin- und herwogende Zuwanderungsdebatte und ob sie für den Wahlkampf nutzbar zu machen ist, verrät etwas über die Moral der politischen Klasse. Reale Ängste und offensichtliche Versäumnisse kann sich ein Schill so zunutze machen, daß *alle* Parteien ängstlich nach rechts rutschen.

Der Langzeitschaden für den Rechtsgrundsatz der ›Gleichheit aller Bürger vor dem Gesetz‹ ist noch unabsehbar, den beispielsweise der Law-and-Order Innenminister Kanther a. D. mit seinen ins Ausland verbrachten Schwarzgeld-Millionen ebenso angerichtet hat wie der Kanzler a. D. der Einheit mit der penetrant gerechtfertigten Überordnung eines angeblichen »Ehrenwortes« über die Verfassung. Und wenn ein deutsches Gericht einen zwar rechtzeitig abgegebenen, aber gravierend fehlerhaften Finanzbericht einer Partei nicht mit Sanktionen belegt, die das Gesetz vorsieht, so fragt sich jeder normale Steuerzahler, ob dies auch für seine Steuererklärung gelten dürfte. Dies sind Vorgänge, die unser demokratisches System von innen aushöhlen.

II.

Mit hohem Ton hebt unser Grundgesetz an: »Die Würde des Menschen ist unantastbar. Sie zu achten und zu schützen ist Verpflichtung aller staatlichen Gewalt.« Wieweit dieser erste Artikel noch allgemein zustimmungsfähig und für praktische Entscheidungen relevant ist, wird zu einer entscheidenden Frage für die längerfristige Stabilität und Vitalität unseres demokratischen Systems. Wenn dieser Grund-Satz unseres Gemeinwesens von der großen Mehrheit der Bürger selbst nicht geteilt und aktiv ausgefüllt wird, wird die »Würde des Menschen« wieder antastbar – diesmal nicht durch die Gewaltübergriffe des Staates, sondern durch alltägliche Gewaltanwendung, die sich zuerst gegen Ausländer und Minderheiten, aber auch Schwächere überhaupt richtet. Der Stärkekult einer (Selbst-)Durchsetzungsgesellschaft findet seine banal unterhaltsame oder brutalisierte Entsprechung in der entgrenzten medialen Gewaltdarstellung in Permanenz, wo die Verletzung der Würde des anderen bis zu seiner seelenlosen Abschlachtung zum x-fach variierten Normalfall wird. Die Grenze zwischen inszenierter Gewaltdarstellung zur Steigerung von Zuschauerzahlen (unter Ausnutzung der niederen Instinkte des Menschen) und der faktisch ausgeübten Gewalt verschwindet, wo Gewalt zur täglichen Unterhaltung der Sender gehört, die Quote bringen. Jedenfalls wird Gewalt nicht gezeigt, um Empörung zu provozieren, nach Ursachen und Überwindungsmöglichkeiten von Gewalt zu fragen oder gar um Mitleid mit den Opfern zu erregen, sondern lediglich, um einen Kick auszulösen. Das ist alltägliche Verletzung der Würde des Menschen und des Menschlichen durch die Interessen zynischer Medienmacher mit unbefragten und unbefragbaren Profit-Maximierungsinteressen.

Wenn der Schutz der Würde des Menschen lediglich »Verpflichtung aller staatlichen Gewalt« und nicht zugleich Verpflichtung aller Bürger – unabhängig von ihrer Stellung oder ihrem Vermögen – ist, wird dieser Schutz nicht dauerhaft gewährleistet werden können. Die Demokratie lebt essentiell von der freien Zustimmung der großen Mehrheit der Bürger und von der Funktionstüchtigkeit der von den Bürgern geschaffenen und kontrollierten Institutionen. Wo der Bürger indes nicht zuerst als mündiger Staatsbürger und eigenständig agierendes Subjekt verstanden, sondern primär als Konsument, Leistungsträger oder Kostenfaktor verstanden wird, gehen die Koordinaten für die Humanität verloren, die sich aus der emanzipatorischen Aufklärung herleiten und nach der Erfahrung des Zweiten Weltkrieges in der Allgemeinen Erklärung der Menschenrechte ein für alle demokratischen Staaten richtungsweisendes Dokument gefunden haben.

Ein inzwischen weltweit total ökonomisiertes Denken und Handeln reduziert den homo sapiens auf den homo consumens, der zu füttern und zu unterhalten ist, so billig wie möglich, »koste es, was es wolle«.

Menschenrechte, soziale Gerechtigkeit und Naturschutz werden zu vernachlässigenden Störfaktoren für das Geschäft, das sich lediglich nach den Regeln der Profitmaximierung und der Ressourcensicherung richtet, um Erhalt und Steigerung des eigenen Wohl-Standes zu sichern. Wie aus einer anderen Welt kommend klingt das, was Absatz 2 von Artikel 1 Grundgesetz in strikt assertorischer Redeweise formuliert: »Das Deutsche Volk bekennt sich darum zu unverletzlichen und unveräußerlichen Menschenrechten als Grundlage jeder menschlichen Gemeinschaft, des Friedens und der Gerechtigkeit in der Welt.« Die Menschenrechte werden zur Grundlage einer humanen Gesellschaft und Bedingung des Friedens und der Gerechtigkeit in der Welt. Dies sprengt die Grenze nationaler Zugehörigkeit und weitet den Blick auf Frieden und Gerechtigkeit in der Welt. Ausdrücklich wird festgestellt, daß das deutsche Volk sich zu den Menschenrechten bekennt. Wie wird aber erkennbar, ob sich »das Deutsche Volk ... zu unverletzlichen und unveräußerlichen Menschenrechten« bekennt?

Zweifellos wäre im Deutschland des Jahres 2002 der Satz »Die Würde des Deutschen ist unverletzlich« mehrheitsfähig;

ob es die Würde des Menschen ebenso ist, steht in Frage. Rechtsextremes Denken und Handeln von Jugendlichen kommt nicht bloß vom Rande, sondern aus der Mitte der Gesellschaft. Die Grundlage unseres freiheitlich demokratischen Systems ist erschütterbar. In dieser Situation wird überdeutlich, daß der Schutz der Demokratie nicht bloß Aufgabe der Schutzorgane des Staates sein kann. Sie sind Mittel, die den Mehrheitswillen der Bürger in einer Demokratie repräsentieren und durchsetzen. Wenn eine desinteressiert erscheinende Mehrheit kaum ein Interesse an der Durchsetzung der Menschenrechtsgrundsätze unseres Grundgesetzes aufbringt oder klammheimlich rechtsnationalistischen Stimmungen folgt und damit exzessives Verhalten durch schweigende Zustimmung unterstützt, wird die Hilflosigkeit der demokratischen Institutionen offenbar. Und die Gerichtsurteile gegen Gewalttäter sind in der Regel ausgesprochen milde. Der Rechtsstaat bietet selbst denen, die seine Regeln nicht achten oder gar verachten, einen großen Handlungsspielraum, den sie exzessiv und mit hoher öffentlicher Beachtung geschickt zu nutzen wissen, unterstützt von Anwälten, die oft selbst zu rechtsnationalistischen Stichwortgebern mutiert sind.

Damit die Bundesrepublik nicht als Polizeistaat erscheint, werden lächerlich wirkende Urteile gegen (rechtsextreme) Gewalttäter ausgesprochen. Dies wiederum läßt viele Bürger von der Zuschauerbank der Demokratie aus an der Handlungsfähigkeit des liberalen Rechtsstaates zweifeln, und sie fordern gerade das, was die anderen unter anderen Vorzeichen auch wollen: einen autoritär durchgreifenden Staat, einen Staat, der Ordnung schafft. Genau das wollen auch die Leute von der Schill-Partei und finden viel Zustimmung, wo der Staat seine legitimen Sicherheitsverpflichtungen nicht erfüllt.

Drakonische Strafen als wirksame Abschreckung gegenüber rechtsextremen Gewalttaten greifen so lange nicht, wie die Täter sich durch Zustimmung und Schweigen vieler anderer getragen fühlen, obwohl veröffentlichte Meinung gegen sie spricht. Zwar sind die Schlägerbanden eine verschwindende Minderheit, aber das Unterfutter ihres Denkens ist verbreiteter, als es sich Wohlmeinende eingestehen wollen. Die Dramatisierer und die Verharmloser spielen letztlich das gleiche Spiel. Eilig organisierte Gegenkampagnen, Reintegrationsprogramme, Starthilfen für Aussteiger, Plakataktionen, Bündnisse gegen Rechts, Tagungsaktivitäten, Angebote zum Konfliktausgleich per Fußball sind so wichtig, wie sie Ausdruck von Hilflosigkeit sind, weil das Problem zumeist *ohne* die Beteiligten angegangen wird. Selbst die Demonstrationen gegen Rechts werden zu inszeniertem Ausdruck aktivistischer Hilflosigkeit; man möchte einem besorgniserregenden Phänomen, das sich massenhaft ausbreitet, beikommen. Aber man kommt dem kaum bei, weil es schwer greifbar bleibt, solange hinter den einzelnen greifbaren Tätern eine weitverbreitete, noch ungreifbare Stimmung steht. Man möchte sich mit Demonstrationen der Öffentlichkeit öffentlich versichern, ohne sich sicher sein zu können, daß es wirklich »die Öffentlichkeit« ist oder ob es nur diejenigen sind, die bereit sind, öffentlich Flagge zu zeigen. Der Streit zwischen Beschwichtigern und Übertreibern des Problems wird von der Masse der Bürger relativ teilnahmslos zur Kenntnis genommen – und genau das ist das Problem. So entstehen gesellschaftliche Hohlräume, die unberechenbar bleiben. Das wird zu einer elementaren Herausforderung unseres demokratischen Systems, einer Herausforderung, die von den Bürgern selbst zu bestehen ist. Von jedem einzelnen. Und von denen, die ein Amt in dieser Demokratie haben, dessen Aufgaben über die Regelung alltäglicher persönlicher Probleme hinausreichen und sich auf die Grundfragen unseres freiheitlich-demokratischen Systems selbst richten.

III.

Die Demokratie lebt von Zustimmung und Mitbestimmung – nicht bloß von prinzipieller Mitbestimmungs*möglichkeit*, sondern von konkreter Mitbestimmungs*bereitschaft*. Demokratie bedarf dazu eines Grundkonsenses über die alle bindenden Grundwerte, die nicht zur Disposition stehen. Und sie bedarf der Beteiligungsbereitschaft – sowohl im Normalfall des demokratischen Alltags wie im Falle aktueller Herausforderungen –, etwa bei Übergriffen gegen Ausländer, bei drohenden Eingriffen in politische Entfaltungsfreiheit oder bei Angriff auf soziale Grundrechte.

Demokratie ermöglicht zivilisierte Konfliktbewältigung, gewaltlose Machterringung und friedlichen Machtwechsel nach kodifizierten Regeln – unter strikter Wahrung der Gewaltenteilung. Sie bildet ein hochlabiles und hochkompliziertes Regelungssystem, das auf freie Zustimmung von freien Bürgern angewiesen ist. In politischen und sozialen Gefährdungssituationen bedarf sie eines sich stets erneuernden Zutrauens der einzelnen, daß die Demokratie trotz aller Langwierigkeit und Schwerfälligkeit der beste Weg ist, Probleme im Interesse des einzelnen wie des gemeinen Wohls zu lösen. Geht solches *Grundvertrauen* verloren, kommt es zu zunehmender Abstinenz von politischen Entscheidungsprozessen, zu Enttäuschung und Mißachtung, bis schließlich das Versagen einzelner und im einzelnen in generelles Mißtrauen übergeht. Mißtrauen und gängige Vorurteile werden von gewissen Medien verstärkt und gegen »die Politik« insgesamt gewendet. Postmoderner Zynismus würzt akute Problemlagen und Insuffizienz einzelner Politiker mit allfälliger Verächtlichmachung. Dies mündet in innere Aushöhlung der Demokratie. Die demokratischen Institutionen verlieren ihre Autorität. Die immer weniger – nicht zuletzt wegen zunehmender Wahlabstinenz! – legitimierten Entscheidungsträger werden allein gelassen oder fühlen sich allein gelassen, bis angesichts eines allmählichen inneren Zerfalls der Wunsch nach einem »starken Mann« anwächst, der sich eine allmählich wachsende Labilität zunutze zu machen bereit ist.

Bürger, die keine politischen Entscheidungspositionen innehaben, brauchen ein ganz alltägliches, selbstverständliches Vertrauen, daß die von ihnen gewählten und somit legitimierten Vertreter kompetent, krisenregulierend, verantwortungsvoll, interessenabwägend, aktuell reagierend und vorausschauend handeln. Was aber geschieht, wenn die demokratisch legitimierten Entscheidungsträger von der Mehrheit der sie wählenden Bürger nicht mehr erwarten können, daß diese es honorieren, wenn sie »die Wahrheit« sagen, indem sie das Unpopuläre nicht umschiffen, sondern es wagen, das Nötige – um Einsicht und Zustimmung werbend – auch gegen Widerstände durchzusetzen? Wenn Zustimmung von der jeweiligen Stimmung abhängt, wird Politik nur noch barometer-opportunistisch agieren. Unversehens büßt sie so zugleich Zustimmung ein, weil Politikern vorgeworfen werden kann, sie würden nur auf »Stimmungen« reagieren, um »Stimmen« zu gewinnen, statt lebensorientierten, sachbezogenen, in sich konsistenten Grundsätzen und Konzepten zuverlässig zu folgen. Opportunismusvorwurf und Ideologieverdacht bedingen einander. Es entwickelt sich ein fatales Wechselspiel zwischen veröffentlichter Zustimmungsquote und öffentlicher Meinung über die Politik. Politik, die sich vorrangig nach Zustimmungsquoten richtet, hat keine andere Wahl mehr, als sich in der medial bestimmten Demokratie wünschelrutenartig von stets aktualisierter Zustimmungsfähigkeit treiben zu lassen, um an der Macht zu *bleiben* oder um sie zu *gewinnen*. Auf diese Weise wird unversehens nicht das wichtig, was etwas *ist*, sondern einzig wichtig wird, wie etwas *wirkt*. Politiker verhalten sich – Zustimmung erheischend – so, daß sie ein Problem schlicht leugnen, für das sie noch keine Lösung sehen, und behaupten gar, daß das Problem nur hochgeredet würde.

Wer »aus dem Regierungslager« rechtzeitig, problembewußt, vorausschauend den Finger auf die Wunde legt, wird von seinen politischen Freunden gescholten, weil er damit eine – angeblich – gute Stimmung stört. Und die Opposition macht solange »schlechte Stimmung«, wie sie nicht an der Macht ist.

Wer nun im entscheidenden Moment Stimmung für sich

zu machen versteht, bekommt in den Wahlen die Stimmen. So wird nicht die Problemlösung, sondern die Vermittlung eines Problems – zusammen mit der wirkungsvollen Selbstdarstellung der Akteure – zum entscheidenden Kriterium für die Wählbarkeit einer Person.

Eine stillschweigende – oder schrille – implizite gegenseitige Verachtung zwischen Regierenden und Regierten breitet sich aus. Dazwischen tummeln sich einige, die bisweilen als »Gutmenschen« deklariert werden; sie glauben immer noch, daß Wahrhaftigkeit, Redlichkeit, Zuverlässigkeit, (Selbst-) Kritikfähigkeit, Sachbezogenheit, Augenmaß und Rücksichtnahme wirkliche politische Tugenden sind.

IV.

In welch fatalem Zirkel politisches Handeln sich vollzieht, läßt sich an der BSE-Krise zeigen. Alle sollen dafür sorgen, daß alle möglichst viel verdienen und selbst für die Produkte möglichst wenig bezahlen. Kostengünstig produzieren, viel verdienen und billig konsumieren, ist die Devise, nach der sich (Landwirtschafts-)Politik zu richten habe und auch gerichtet hat. Die Angst um die eigene Gesundheit führt nun zu hektischen Reaktionen und zur Erwartung schnell wirksamer Reaktionen. Im Chaos der dramatischen Erkenntnisse werden einzelne dingfest gemacht, die aktionistisch-kopflos handeln, weil ihr Handeln oftmals nur noch ein aktuell beschwichtigendes Als-ob-Handeln sein kann. Also wird »gekeult«, werden Rinder hunderttausendfach verbrannt, bis es zum Himmel stinkt. Der Moloch »Markt« verbrennt seine Produkte, weil sein Mechanismus sonst versagen würde. Dabei stünde ein Rückgewinn natürlicher Kreisläufe zusammen mit einer grundlegend veränderten Lebens- und Produktionsweise zur Debatte. Das erfordert langfristige und entschlossene Eingriffe, die äußerst konfliktreich würden. Die Tierhaltung ist weithin so unnatürlich geworden und mit täglicher Tierquälerei verbunden, daß man ohne Übertreibung von Verbrechen an der geschundenen Kreatur sprechen muß. Diese

Vergehen an der Schöpfung schlagen nun auf den »verfresse-nen« Wohlstandsmenschen selbst zurück.

Protest gegen die massenhafte Tierquälerei durch Tierpro-duktion samt der barbarischen Tiertransporte hielt sich in Grenzen, solange Fleisch zu niedrigen Preisen jederzeit je-dem lieferbar erschien. Die Tier-»Produktions«-Bedingun-gen, ihre Nebenfolgen und Langzeitwirkungen bleiben bei fast allen außer acht. Die Angst vor rindfleischverursachtem Wahnsinn führt zu einem panischen Rindfleischwahn. Und dann ist über Nacht alles wieder vergessen.

Man sucht immer Sündenböcke und findet sie in gegen-wärtig verantwortlichen Politikern, als ob das Problem nicht mindestens seit einem Jahrzehnt bekannt sei. Ökologischer Landbau erschien bisher als Spielwiese von versponnenen Einzelkämpfern, die ihre Produkte an eine gesundheitsbe-wußte, gutbürgerliche Schicht neben dem »Massenmarkt« zu weit höheren Preisen abzusetzen fähig sind. Auch wenn die Ernährungslobby aufschreit und alles jetzt Nötige als un-realistisch abtut: Es steht ein generelles Umdenken in der in-dustrialisierten Agrarpolitik einschließlich der Förderungs-politik und der Nahrungsmittelproduktion – in nationalem und internationalem Rahmen – zur Debatte. Ein naturge-rechtes Produzieren, eine damit verbundene Veränderung der Ernährungsweise sowie eine drastische Reduzierung der durchschnittlich konsumierten (Fleisch-)Mengen steht an. Das reicht bis zur Frage nach einem jahreszeitlich orientier-ten Angebot, wie dies jahrhundertelang als selbstverständlich – also naturgemäß – galt!

Solche Einschnitte verlangen einen Kontrakt zwischen den gewählten Repräsentanten der Demokratie, den demokrati-schen Institutionen und der Mehrheit der Bevölkerung. Ge-genwärtig scheint es unwahrscheinlich, daß dieser Konflikt lösbar ist, genausowenig wie die Energiefrage lösbar scheint, obwohl die Klimakatastrophen inzwischen mehr als bloß wis-senschaftliches Szenario sind. Die Energieproblematik fand allgemein erst seit Tschernobyl (und jüngst seit einigen Überschwemmungs- oder Dürrekatastrophen) öffentliche Resonanz. Tschernobyl ist aus der allgemeinen Gefahrenwahrnehmung gerückt, und gegen Temelin protestieren nur noch kleine Gruppen.

Wird Umdenken und Umsteuern nur noch *nach* Katastrophen möglich und praktisch-politisch umsetzbar sein? Werden Katastrophen zu den einzigen Zeitfenstern für vorausschauendes politisches Handeln? Die Frage verschärft sich, welche Chancen Politik überhaupt noch hat.

V.

Nötige (Selbst-)Veränderungen im Allgemeinbewußtsein zu vermitteln und zu verankern wird eine zentrale Aufgabe, die Wissenschaft, Wirtschaft und Politik gemeinsam mitzulösen haben. Dazu brauchen sie Sachverstand, Mut und die Fähigkeit, für das Zukunftsfähige Überzeugungsarbeit zu leisten. Sie können nicht verschweigen, welche zunächst unangenehmen Nebenwirkungen damit für jeden einzelnen verbunden sind. Es ist überzeugend darzulegen, in welcher größeren Verantwortungsperspektive jeweilige politische Eingriffe stehen.

Wie sehr Politik populistischen Versuchungen erliegen kann, zeigte sich an der vordergründig angelegten, bei vielen Bürgern und Bürgerinnen aller Generationen und Schichten gern angenommenen Polemik gegen die sogenannte Ökosteuer. Konservative Politiker machten an den Tankstellen politischen Populismus wider besseres Wissen. Und die Bürger könnten auch wissen, worum es geht; aber sie haben offensichtlich immer noch primitive Ärgerattacken gegen eine im Prinzip richtige Politik gern.

Solange die Mehrheit der Bürgerinnen und Bürger nicht sieht, daß die Probleme, mit denen wir es heute lokal und global zu tun haben, die Probleme für uns alle sind und auch nur von allen gelöst werden können, wird im Konfliktfall lediglich viel Betrieb auf dem Schuldverschiebebahnhof herrschen.

Einerseits delegiert »das Volk« die Verantwortung auf »die da oben«, als ob nicht jeder auf seine Weise mitverantwortlich ist, andererseits bleibt in der Zustimmungsbarometerdemokratie das Vertrauen in die verantwortliche Regelungskompetenz der Politik auf der Strecke, weil Politiker zuerst nach ihrer persönlichen politischen Zukunft fragen.

Selbst der Grundsatz der Demokratie, daß Mehrheitsentscheidungen gelten, erweist sich als problematisch, solange die Mehrheit nicht nach der Durchschlagskraft ihrer Argumente suchen muß, sondern einfach ihre Mehrheit durchsetzt. So dominiert nicht die Macht der Argumente, sondern das Argument der Mehrheit, zusammen mit einer »guten Nase« für publikumswirksame Vermarktungsmöglichkeit der Entscheidungen oder des Stillstands – als pure Besitzstandswahrungsstrategien.

Demokratie in der Mediengesellschaft wird mehr und mehr zur Zuschauerdemokratie. Medien werden zu Orten der Ersatzpolitik, bis mit Medien »alles geht« und ohne Medien »nichts mehr geht«. Der »mündige Bürger« wird allmählich zum Auslaufmodell; über die Verdummungs*fähigkeit* von Medien und über die Verdummungs*bereitschaft* des Durchschnittsbürgers als umworbenen Einschaltquotenträger mache man sich keinerlei Illusionen. Die Veränderungen der Medienlandschaft in den letzten zehn Jahren sind nicht spurlos geblieben. Entpolitisierung wird zum Prinzip. Der Wettlauf um die Unterschreitung des Niveaus hat die öffentlich-rechtlichen Sendeanstalten erreicht. Der Bürger wird nun zum Kunden, ausschließlich.

Der mündige Bürger aber ist eine Bedingung für den Weiterbestand der liberalen, sozialstaatlichen Demokratie. Er kann nur soviel von ihr erwarten, wie er für sie einzusetzen bereit ist. Wenn die BürgerInnen Demokratieabstinenz üben, wird die Demokratie ausgehöhlt. Der Anspruch der Medien an den Bürger und der Anspruch der Bürger an die Medien bleibt qualitativ, oder der in jeder Weise anspruchslose Bürger wird Objekt jedweder Manipulationen.

Demokratie ist ein anspruchsvolles Projekt, für alle Beteiligten. Unsere Demokratie ist verteidigungswert. Sie ist verteidigungsbedürftig. Sie ist verteidigungsfähig. Sie wird nicht von ihren »Organen«, sondern von der Summe so kritischer wie verantwortungsbewußter BürgerInnen verteidigt. Kritik zu üben und bereit zu sein, sich einzusetzen, bis man sich selbst der Kritik aussetzt, bedingen einander. Eine strikte Arbeitsteilung wäre tödlich.

Demokratie lebt vom Wechsel – nicht bloß der regierenden Parteien, sondern vom Wechsel verantwortungsbereiter Personen zwischen politischem Mandat und normaler bürgerlicher Existenz mit bleibend wachem Interesse für Politik.

Eine politische Klasse, die nicht mehr zum Mitmachen und zu – unbequemer! – Einmischung ermutigt, sondern sich selbst genug ist, wird zur selbstgenügsamen politischen Kaste. Wird die deutsche Öffentlichkeit erst erwachsen, wenn Leute vom Schlage Schills »aufräumen«? Deutschlandweit!

Das Sein und das Bewußtsein
Der konfliktreiche Anpassungsprozeß des Ostens

Als die Deutschen mit DDR-Ausweis nach dem 9. November 1989 sahen, was ihnen 40 Jahre materiell vorenthalten worden war, wollten sie schnell so leben wie im »goldenen Westen«. Der vehemente Wunsch nach Demokratie, der im Herbst 1989 zu friedlich-entschlossenen Massendemonstrationen geführt hatte, war indes auch einer nach Wohlstand gewesen. Die Attraktion des Westens bestand nicht nur in seiner Freiheit, sondern auch in seinen Autos. Der Weg zu vergleichbarem Lebensniveau schien die schnelle deutsche Einheit zu sein: sicherer ökonomischer Aufstieg durch Hilfe des Westens und Sicherheit vor einem Rückfall in sowjetkommunistische Fremdherrschaft. Helmut Kohl stilisierte sich (und wurde!) zum Garanten dieser Entwicklung. Inzwischen reist Kanzler Schröder – spätsommerlich – durch die Ostprovinzen wie durch eine exotische Landschaft.

Es wurde vor zwölf Jahren nicht nur mehr erhofft und

mehr versprochen, als jedem nüchternen Kenner der Lage realisierbar erscheinen mußte – es wurde bald deutlich, wie gering das Interesse der westdeutschen Wirtschaft an einem ökonomisch aufblühenden Ostteil mit einem wertschöpfenden Potential war.

Die DDR hatte bis 1989 als zehntgrößte Wirtschaftsmacht der Welt gegolten – eine gigantische Fehleinschätzung mit fatalen Folgen, wie sich bald zeigen sollte. Einige ausgewählte DDR-Musterbetriebe hatten für den Westen als Billiglohn-Eldorado gediehnt und zugleich als »Gestattungsindustrie« die Kaufkraft in der DDR abgeschöpft.

Die demokratisierte DDR, aus der sich im Oktober 1990 die fünf neuen Bundesländer bildeten, war und blieb vor allem Absatzgebiet, vorübergehende Steueroase und Traumland für Schnäppchenjäger aller Couleur. Dazu trug auch die unselige Regelung ›Rückgabe vor Entschädigung‹ bei. Und die hochmoderne westdeutsche Wirtschaft wurde oft Auftragnehmer erheblicher staatlicher Förderprogramme beim Aufbau der Infrastruktur und beim Ausbau der verrotteten Bausubstanz des Ostens. So zahlte und profitierte der Westen in gleicher Weise. (In kurzer Zeit hatte die Mehrheit der Ostdeutschen ein »Westauto«, zuerst die Schrottkarren, dann bald nagelneue Autos.)

Die Träger des politischen Systems der erfolg-reichen Bundesrepublik hatten kein Interesse an Reformen oder gar an der Übernahme irgendwelcher »ostdeutscher Erfahrung«. Die Faszination des Westens – zunächst jahrzehntelang durch Rundfunk und Fernsehen vermittelt und nun durch eigene Anschauung bestätigt – wurde bei der Überzahl der Ostdeutschen so groß, daß sie gern bei den westdeutschen Lehrmeistern in die Schule gingen, um das westliche schnellstmöglich zu übernehmen, ohne zu berücksichtigen, ob und wie weit die 40 Jahre während Teilung in zwei gänzlich unterschiedlich aufgebaute Systeme einen grundlegenden und deshalb längeren Transformations- und Anpassungsprozeß brauchen würde. Die »entwickelte sozialistische Gesellschaft« der DDR beruhte ökonomisch, politisch, juristisch, im Bereich Bildung, Kultur, Gesundheitswesen, Sport usf. auf prinzipiell anderen Grundsätzen, zumal die SED seit 1952 »planmäßig den Sozialismus« aufbaute. Alle Lebensbereiche waren – oft kampagnenartig – tiefgreifend umgekrempelt worden. Die Deutschen verband ihre Sprache und Geschichte einschließlich einer gemeinsamen Verantwortung für einen Krieg, der zum 8. Mai 1945 geführt hatte, weiter. Und natürlich zerrissene Familien. Der »Trennungsschmerz« verband sie, wobei der westliche Schmerz mehr und mehr zu »Brüder- und-Schwestern-Rhetorik« wurde, abgesehen von den Millionen Westpaketen der Angehörigen und Freunde: »Geschenksendung – keine Handelsware«. Pakete wurden vom Zoll geöffnet und nach Druckerzeugnissen durchsucht, Büchersendungen konfisziert.

Dreh- und Angelpunkt war und blieb das Eigentum: Wollte die SED durch die Abschaffung des Eigentums an Produktionsmitteln – bis zur Abschaffung des Eigentums an Immobilien – die Ausbeutung des Menschen durch den Menschen ebenso abschaffen wie die Unterschiede zwischen arm und reich, oben und unten, Stadt und Land, Mann und Frau, Arbeiterklasse und Intelligenz, so wurde die Restitution alten Eigentums geradezu zum Schlüssel für die Rückverwandlung des DDR-Systems in einen Rechtsstaat mit seiner Eigentumsgarantie. Es mußte wieder Privateigentum geschaffen werden, um ein Interesse an Bewahrung und Mehrung dieses Eigentums zu wecken; wo allen alles gehörte, gehörte niemandem etwas und das Gefühl für Verantwortung schwand. »Privat geht vor Katastrophe«, hieß in der DDR bald die allgemeine Maxime.

Rudolf Bahro hatte dies 1978 auf die Formel von der »organisierten Verantwortungslosigkeit« gebracht. Darin ist einer der Gründe für das Scheitern eines Systems zu sehen, das die Hoffnungen der Menschheit in geradezu historischen Dimensionen zu erfüllen sich angeschickt hatte.

Schon 1990 verbreitete sich ein Kolonisierungsgefühl. »Der

Westen« rückte ein und übernahm alle Kommandopositionen. Die im Osten sich neu bildenden Klein- und Mittelbetriebe hatten (und haben bis heute) eine so große Liquiditätsschwäche, daß sie an der Insolvenzgrenze schlingern. Die ökonomische Übermacht der westlich beheimateten Firmen und Personen ist geradezu bedrückend. Die Politik der Treuhand führte zu einem regelrechten Ausverkauf und machte zugleich klar, wie wenig die Industrieanlagen der DDR der Konkurrenz gewachsen waren und daß nur noch eine (teure) Liquidierung übrigblieb, die man zum Teil als Sanierung verkaufen und daran gut verdienen konnte. Und was potentiell hätte zur Konkurrenz werden können, wurde von den westlichen Unternehmern aufgekauft, um es sanft zu erledigen. Symbol dafür wurden die Kalibergwerke in Bischofferode.

Zweifellos kommen mentale Altlasten zu den ökonomischen Verwerfungen hinzu: vor allem eine Über-Erwartung an »den Staat«, der für alles und alle sorgt und alles sichert. Die meisten Ostdeutschen sind so in das System integriert gewesen oder so gefügig gemacht worden, daß sie von der Staatssicherheit existentiell kaum etwas spürten, aber gern die sogenannte »soziale Sicherheit« in Anspruch nahmen. Trotzdem gab es eine Grundangst aller, irgendwie von der Linie abzuweichen oder aufzufallen. Die übergroße Mehrheit ließ sich in vielfältiger Weise »in Reih und Glied« bringen. Rückzugsorte des Privaten verdeutlichen die strukturelle Schizophrenie der DDR-Existenz.

Die DDR war ein Vater- und Mutterstaat der Rundum-Versorgung und der Rundum-Bewachung. Der Staat hatte den Menschen das Risiko des Lebens abnehmen wollen und wurde zugleich selbst für sie ständig *das* Lebensrisiko schlechthin, sobald man nicht Zustimmung und Überzeugung, Unterwürfigkeit und Dankbarkeit zeigte. Der Staat verschluckte die Gesellschaft.

Sehnsüchte nach einem Versorgungsstaat kommen in der sozialen Schieflage zwischen Ost und West wieder auf. Tiefe

Enttäuschung über »diese Gesellschaft« macht sich breit, zumal unabsehbar ist, wann die etwa 20 Prozent Arbeitslosigkeit abgebaut sind. Sie folgt aus der Sorge um die materielle Absicherung, mehr noch aber aus dem Gefühl, als Mensch nicht gebraucht, sondern alimentiert, also zum Dauerbittsteller degradiert zu werden. Die Vorwürfe an die Jammer-Ossis, die nur die Hand aufhalten, treffen zwar einen kleinen Teil der ostdeutschen Gesellschaft, beleidigen aber ihre große Mehrheit, die arbeiten will und Arbeit als wesentlichen Teil ihrer Selbstbestätigung sucht.

Bis heute wirkt ein ungelöstes politisches Problem nach: Einerseits wollten die Ostdeutschen nichts mehr von der SED wissen und wollten alle Personen von Entscheidungspositionen verbannt sehen, die Träger und Nutznießer des kommunistischen Systems gewesen waren. Andererseits hatte der alternativlose – seit dem 13. August 1961 eingemauerte – Staat fast alle in sein System eingebunden. Es gab durchaus viele fähige, gut ausgebildete Fachleute, aber diese konnten ihre Fähigkeiten innerhalb des Systems kaum entfalten. Man wollte in seiner Wut über »das SED-Regime« – wie man plötzlich sagte – keinen mehr »von den Alten« sehen, doch es fanden sich nicht genug Neue, Unbelastete. Bald rückten Westdeutsche ein, vor allem solche, die sich eine Chance ausrechneten, im Osten etwas zu werden, was sie im Westen nie hätten werden können. Der Osten avancierte zum westdeutschen Karrierejungbrunnen.

Der Verzicht auf das Führungspersonal der DDR – es als »Elite« zu bezeichnen verbietet sich ebenso wie bei allen, die als Buschhelfer mit Buschzulage eingerückt waren – führte zu einem Vakuum. Dieses Vakuum wurde durch Leute gefüllt, die die DDR politisch relativ unbeschadet überlebt hatten *und* fähig waren, sowie von »Gegnern des Systems«, die deswegen noch längst nicht qualifiziert waren, *und* zusätzlich durch jene Westdeutschen »ohne Vergangenheit«, die man bald »Wessis« nannte. Letztere trübten das Bild des Westdeutschen überhaupt nachhaltig.

Klischees vom jeweils anderen bestimmen das innere Verhältnis in der vereinten Republik; auch wenn sich viele Grenzen allmählich verwischen, gibt es weiterhin Zuordnungen.

Eine kleine Schar von Widerständlern (fortan »Bürgerrechtler« genannt) verband sich mit der großen Schar derer aus dem Westen, die die DDR zu einem lukrativen »anatomischen« Forschungsgegenstand machten: Sezierung eines toten Staatsgebildes mit lebendem Inventar und reichlichst hinterlassenem, sofort zugänglichem Aktenmaterial. Sie übten und üben eine Deutungsmacht über ostdeutsches Leben aus. Die Mehrheit der Ostdeutschen findet sich in ihrem DDR-Bild nicht wieder. Diese Distanz aber wird nicht öffentlich. Durch wen auch? Umfrageergebnisse zeigen, wie viele sich die Vergangenheit in dem Maße schönfärben, wie sie eingeschwärzt wird. Der Unterton gegenüber ostdeutschem Leben ist denunziatorisch. Bedenklicher ist noch, daß sich inzwischen die Hälfte der Ostdeutschen als »Deutsche zweiter Klasse« fühlen. Neben der ökonomischen Pleite wirkt eine psychologische und menschliche Demütigung: Was hier in der DDR geblieben sei, war nichts; und alles, was war, war des Bedenkens nicht mehr wert! Dies kam und kommt bei Ostdeutschen in der Regel dramatisiert an: »*Hier* war nichts und *ihr* wart nichts!« Dagegen setzen Ostdeutsche, daß sie nicht daran schuld sind, im Osten groß geworden zu sein, daß sie 28 Jahre lang eingemauert lebten und daß die deutsche Teilung Folge eines gemeinsam verursachten und verlorenen Raubkrieges gewesen ist. Viel idealistische Gutwilligkeit und Gutgläubigkeit wurde im materialistischen System des real existierenden Sozialismus ausgenutzt. Und noch heute meinen allzu viele, die Ziele des Sozialismus seien ganz gut gewesen, aber es sei »nur nicht gut gemacht« worden. So ist bis heute eine umfassende Auseinandersetzung mit den Ideen des marxistisch-leninistischen Systems samt seiner poststalinistischen Theorie und Praxis ausgeblieben. Aber in dieser differenzierenden Beurteilung steckt eine Selbstwertbehauptung: Wir haben hier nicht für etwas

Unmenschliches gelebt, und wir haben – sofern wir überzeugte Sozialisten waren – nichts Verwerfliches gedacht. Wir
waren Teil einer weltweiten Systemauseinandersetzung und
verstanden uns als Bürger eines »Friedensstaates«, der immerhin keinen Krieg ausgelöst hat usf. Manche der damals nur
widerwillig nachgeplapperten (Propaganda-)Parolen werden
erst nachträglich zu Überzeugungen.

Ostdeutsche waren nicht faul; als DDR-Bürger haben sie
in 40jähriger Anstrengung (in einem Mangelsystem) gelebt
und gearbeitet. Das ganze Leben war ein permanenter Kampf
mit viel Vergeblichkeit. Aber: Diese Gesellschaft hatte ein
Ziel. Und keiner fiel durchs Netz. Dabei verschweigt man
sich, wie viele im Netz gefangen waren.

Jetzt erleben die meisten, daß diese Gesellschaft, wie sie
sagen, kein anderes Ziel habe als die »Sicherung und Steigerung von Wohlstand«. Es sei systemimmanent, daß die einen
groß rauskommen und die anderen durchs Sieb fallen. Auf
eine nachträglich verklärte »Kultur der Solidarität« in der
DDR folgt der Kult der Selbstdurchsetzung und Selbstdarstellung. Die anfängliche Demokratiebegeisterung führt über
Demokratieenttäuschung mit weitgehender Politikabstinenz
bis zur Demokratieverachtung. Dies ist ein gefährlicher
Nährboden; die Distanz wird zur Leere und subkutan für
neue Verführungen anfällig.

Ostdeutsche können sich noch genau erinnern, welche
Potemkinschen Dörfer »in unserer Republik« aufgebaut
wurden. Nun – im westvereinigten Land – sind alle Fassaden
schöner; aber es sind auch Fassaden, hinter denen sich wenig
verbirgt: viele neue oder sanierte Gebäude ohne jede Nutzung! Wenn in den letzten zehn Jahren etwa eine Million
Ostdeutsche die neuen Länder verlassen haben, so ist es wie
1989: das innovative, kreative und junge Potential der Gesellschaft verschwindet. Viele wurden hier gut ausgebildet und
rechnen sich im Westen gute und im Osten gar keine Chancen mehr aus. »Zurück bleiben Alte und Fußlahme«, sagen
die, die sich selbst nicht dazu zählen (wollen). Immer mehr

Ostbürger überlegen sich, ob sie nicht ebenfalls »gehen« sollten. Die Nachzugseffekte wirken psychologisch genauso wie 1989 – nur unter den Bedingungen der Freiheit! Eine neue Initiative scheint nötig: ein Runder Tisch für die Einheit. Das wäre genau das, was 1990 versäumt wurde, als man den dafür vorgesehenen Lothar de Maizière in die politische Stasiwüste schickte.

Kontrastiert wird das bisher Gesagte durch unübersehbare Erfolge und erfreuliche Aufbauleistungen. Man sehe sich nur die Städte Görlitz, Erfurt, Stendal, Leipzig, Wittenberg heute an. Man erinnere sich, wie traurig-grau alles 1989 aussah! Zugleich ist der Leerstand von sanierten Wohnungen so dramatisch, daß es zum Beispiel in Leipzig inzwischen 60 000 Wohnungen zuviel gibt und man sich im ganzen Osten zum Abriß von Hunderttausenden Wohnungen genötigt sieht. Doch: Wie sähe Leipzig bzw. das, was davon noch übrig geblieben wäre, heute aus, wäre es 1989 nicht zum politischen Umbruch und zur Vereinigung Deutschlands gekommen?!

Wer wissen will, was blühende Landschaften sind, sehe sich Fotos von Straßenzügen vor zehn Jahren an, und dann weiß er, was in diesen zehn Jahren Enormes geleistet wurde!

Allerdings gibt es eine straff antikommunistisch fixierte Einschwärzung des Lebens in der DDR. Als schärfste Antikommunisten treten im allgemeinen solche Zeitgenossen hervor, die es sich selber offensichtlich schwer verzeihen können, einmal das System unterstützt und dessen Ideologie geglaubt zu haben.

Westdeutsch Sozialisierte, die sich im Osten – meist auf höheren, sicheren und gut dotierten Posten – etabliert haben, möchten nichts hören von Ost-West-Unterschieden. Es gebe in Deutschland eben Nord- und Süddeutsche, Friesen und Schwaben, Schleswiger und Bayern. Auch diese hätten landsmannschaftliche Unterschiede und machten Witze übereinander. Das sei also ganz normal; die Einteilung in Ost- und Westdeutsche sei ganz unangemessen. Sie, die sie in den

Osten gekommen sind, möchten ganz dazu gehören, nicht mehr Fremdlinge mit Buschzulage sein, sondern Einheitshelfer. Patrioten eben. Und was sie indirekt signalisieren: »So schlecht seid ihr doch gar nicht. Ihr seid doch gar nicht so anders als wir. Ihr habt euch schon ganz gut an uns angepaßt.«

Westdeutsche werden im Osten pauschal beäugt und etikettiert. Oft entsprechen sie haargenau dem Vorurteil, wobei ein Vorurteil eben zu schnell Bestätigung findet und zu einem allgemeinen Urteil wird. Westdeutsche, die schon lange in den »neuen Bundesländern« leben, fangen zugleich an, die Ostdeutschen zu verteidigen, und fühlen sich bei ihren Besuchen im Westen bereits als Fremdlinge – es sei denn, sie sind mit Grausen zurückgekehrt und treten nun nach. Kurt Biedenkopf, zunächst humorig »König Kurt« genannt, der für Sachsen viel getan hat, entpuppt sich als ein ziemlich kleinkarierter Abzocker, wo immer er oder Königin Ingrid nur können, die stets »gemeinnützige Absichten« vorgibt.

Im Osten lebend, attestieren Westdeutsche uns, daß »wir« doch gar nicht geringer seien, sondern – unausgesprochen – »wie Westdeutsche«, also Normdeutsche. (Und sie identifizieren Ostdeutsche daran, daß diese immer noch einvernehmend WIR sagen, statt selbstbewußt ICH.) Der Anpassungsprozeß sei auch mental gelungen. Wer über Unterschiede redete, würde sie nur hochreden. Vor allen Dingen sollten wir Ostdeutsche nicht so empfindlich sein gegenüber dem publizistischen Dauerfeuer der westlich geprägten Medien-Übermacht, sagen die, die ansonsten selbst äußerst empfindlich sind. Daher produziert sie viel veröffentlichte Verachtung. (Man denke insbesondere an den *Spiegel* und beispielsweise seine Berichte über den mdr.) Verachtungs- und Verächtlichmachungsklischees – hin und her – sind an der Tagesordnung. Indessen können sich die Ostler normalerweise nicht so publikumswirksam wehren.

Im folgenden möchte ich auf einige Einstellungs- und Mentalitätsunterschiede zwischen Ost- und Westdeutschen eingehen:

– Die Ostdeutschen richteten ihr Dichten und Trachten 40 Jahre nach Westen.

Die Westdeutschen auch. Doch da liegt eben Westeuropa! Nur ein kleiner Prozentsatz interessierte sich im Westen für uns und kümmerte sich um uns. Aber die Ostdeutschen dachten, alle Westdeutschen seien so wie die Westdeutschen, die sie in der Zeit der Mauer haben kennenlernen können. Das erwies sich als Irrtum. Es war eine Minderheit gewesen.

– Die Westdeutschen hielten die Bundesrepublik Deutschland (also die BRD) mehrheitlich längst für Deutschland. Und wir waren Der Doofe Rest (=DDR), für den Einheit nur Gewinn sein könnte, zuvörderst ein Gewinn von D-Mark und VW, Bananen ...

– Die Ostdeutschen halten sich für unschuldig an der DDR; die Westdeutschen halten sich für noch unschuldiger, so daß die einen nach wie vor darauf bestehen, alimentiert zu werden, während Westdeutsche sagen, dies müsse nun endlich ein Ende haben, sie bekämen ja schließlich auch nichts geschenkt.

– Die unschuldigen Mitläufer im Osten haben gern ein paar Sündenböcke zur Selbstentlastung – und die unschuldigen, Jalta-begünstigten Deutschen aus dem Westen liefern ihnen die Prozesse, worüber erstere unzufrieden sind: Die Urteile sind zu milde, viel zu milde, sagen die einen. Die Urteile sind unrechtmäßig, sind Siegerjustiz, sagen die anderen. Indes ist die Rollenverteilung klar. »Wir« liefern die Angeklagten und »ihr« die Richter.

Seit Helmut Kohls Spendenskandal ist alles anders. Da merkt man, daß »Opfer« und »Täter« so leicht nicht auseinanderzuhalten sind. Der Streit um die Verwendung der Abhörprotokolle der Stasi gegen Helmut Kohl ist auch ein Streit zwischen Ost und West um die Gleichheit vor dem Gesetz.

– Beide Teile des gespaltenen Landes haben »ihr Land« verloren. Auch wenn es zwischen den beiden Ländern und *in* den beiden Ländern unterschiedliche Identifikationen in den unterschiedlichen Phasen der inneren Entwicklung gegeben hat, so waren doch die Deutschen in Ost und West jeweils nach offiziell proklamiertem Selbstverständnis die besseren Deutschen, die die Lehren aus der Geschichte gezogen hätten: hier die antifaschistisch-sozialistische Alternative zum Chauvinistisch-Nationalistisch-Militaristischen aus der deutschen Vergangenheit, dort die antitotalitäre demokratische Gesellschaft, die sich in die westliche Wertegemeinschaft integrierte. In systemstabilisierenden Feindbildern hatte man sich kalt-kriegerisch eingerichtet, wobei das »antikommunistische« Feindbild nachhaltiger wirkt als das »antiimperialistische«. Antikommunismus hält sich hartnäckig, auch ohne Kommunisten. Notfalls werden einzelne einfach zu Kommunisten gestempelt, um Objekte eines nachwirkenden Hasses zu haben. Ich habe es erfahren müssen – apostrophiert als ein sogenannter »Spießgeselle des Teufels« und »Ablaßhändler zum Nulltarif« (Wolf Biermann), als »Steigbügelhalter der PDS« (Freya Klier) oder als »Verräter an den Idealen der Bürgerbewegung« (Presseerklärung von Bürgerrechtlern 1993). Solche Denkschablonen im Diffamierungsjargon kenne ich im übrigen aus 40 Jahren DDR-Erfahrung, es gab sie schon zu Zeiten, als es kaum jemand wagte, über die Verbrechen des ganz gewöhnlichen, ganz alltäglichen, stalinistischen Kommunismus ein offenes Wort zu finden.

– Die wirtschaftliche Asymmetrie führte zu Minderwertigkeitsgefühlen einerseits und zu Überlegenheitsgefühlen andererseits. Die 40 Jahre währenden Selbstwertkränkungen bei gleichzeitig »offiziell« übersteigertem Überlegenheitsgefühl in der DDR wirken nach. Es gibt Sieg-Niederlage-Gefühle zwischen Ost- und Westdeutschen, ohne daß man genügend sieht, welch großen und überraschenden Gewinn beide Teile durch die nicht mehr erwartete Vereinigung verbuchen konnten, wiewohl mit diesem »Gewinn« immense Aufgaben verbunden sind.

– In vierzig Jahren Teilung mit prägenden Ausgangsbedingungen nach 1945 haben sich unterschiedliche Einstellungen ergeben: Die einen bekamen bald den Marshall-Plan, die anderen litten weiter unter sowjetischen Reparationsforderungen in erheblichem Ausmaß. Die beruflichen und politischen Entfaltungsmöglichkeiten, das Warenangebot, die Urlaubs- und Freizeitgestaltung, die Arbeitsbedingungen und die (Alltags-)Kultur, bis hin zum Sprachgebaren, entwickelten sich systemspezifisch.

– Die Ostdeutschen haben allmählich eine Untertanen- und Räsonierhaltung zu ihrer zweiten Natur gemacht. Sie schieben gern alles auf den Staat und erwarten andererseits alles vom Staat. Und Westdeutsche, die 1990 in den Osten kamen, haben mit Großkotzigkeit ihre eigene Zweitrangigkeit überdeckt. Viele sind als »Buschhelfer« der deutschen Einheit hier *ein*gerückt, schnell *auf*gerückt und oft nicht wieder *ab*gerückt. Gerade sie haben ein Klischee von Westdeutschen verfestigt. Mit diesem Klischee werden ausgerechnet diejenigen konfrontiert, denen wir es verdanken, daß soviel innerer und äußerer Aufbau des verrotteten Landes in nur zehn Jahren geschafft werden konnte.

Zur ökonomischen und politischen Dominanz – bisweilen mit Siegerpose – kommt die bereits angesprochene weitgehende Deutungshoheit des Westens über den Osten, mit der ein gelehriges Sich-Unterwerfen Ostdeutscher, vor allem der angepaßten »Blockflöten«, unter allfällig gewordene Deutungsmuster korrespondiert.

Die Erwartungen an den Staat sind im Osten – erklärlicherweise – größer als im Westen, weil die Verantwortlichkeit des Staates für das ganze gesellschaftliche Gedeihen 40 Jahre lang geradezu eingebleut wurde, so daß vom Staat auch heute erwartet wird, ausgleichende Gerechtigkeit und gleichzeitig Rahmenbedingungen für wirtschaftliches Gedeihen zu schaffen. Daß die Ostdeutschen Gerechtigkeit höher schätzen als Freiheit, ist insofern richtig, als Freiheit zu einem Abstraktum wird, wenn man nur in dem Maße frei ist, als man über Geld verfügt. Hatte früher der Staat die Freiheit zugunsten von Gleichheit beschnitten, so meint man heute geradezu, die Freiheit sei schuld an wachsender Ungleichheit. Es ist indes vorschnell und unangemessen, den Ostdeutschen deshalb mangelnde Demokratiefähigkeit vorzuwerfen. Dies löst im Osten regelmäßig Empörung und falsche Solidarisierungseffekte aus, denn so werden Ostdeutsche zu leicht in Kollektivhaftung genommen. Es wird nicht genügend gewürdigt, welch ein urdemokratischer Impuls in Ostdeutschland wirkte, wie die Menschen den historischen Kairos entschlossen genutzt und erstmalig eine demokratische Revolution auf friedlichem Wege zustandegebracht haben.

Problemregelungskompetenz der Politik und die Einwirkungsmöglichkeit der Bürger bleiben zwei gleich wichtige Voraussetzungen für eine lebendige Demokratie. Die Ängste vor sozialen und ökonomischen Einbrüchen sind im Osten und im Westen gleich groß; nur mit dem Unterschied, daß man im Westen mehr zu verlieren hat als im Osten. Allerdings muß sich die bestimmende politische Klasse auch im Westen in bezug auf den Prozeß der Vereinigung den Vorwurf machen lassen, daß sie einen regressiven Rückfall mitzuverantworten hat: Als die gebeutelten Ostdeutschen den Verlockungen des Westens plötzlich gegenüberstanden, hat sie auf ihre Wünsche mit volltönenden Versprechungen auf alsbaldige Erfüllung geantwortet. Nun fühlt man sich im Osten nachhaltig betrogen, obwohl man doch selbst hätte wissen müssen, wie langwierig die Anpassungsprozesse sein würden. Nüchternheit und Blick für das Machbare bräuchten gleichzeitig eine Vision, die über das heute Machbare hinausgeht.

Bürgerrechte brauchen Bürgerrechtler

Am 3. August 1990, exakt zwei Monate vor dem »Tag der deutschen Einheit«, richtete einer der bedeutenden Inspiratoren der Friedens- und Bürgerbewegung in der DDR, der damalige Superintendent an der Kreuzkirche in Dresden, Christof Ziemer, einen Brief »an die Bürgerbewegungen in der DDR«.

»Ich sehe mit Sorge«, schrieb er, »daß die Bürgerbewegungen ihre Kraft und Kreativität verlieren. ... An die Stelle einer breiten, bürgernahen Basisbewegung tritt die Sorge ums politische Überleben. An die Stelle der Sachorientierung auf nötige Veränderung tritt das Ringen um politische Mandate. An die Stelle der notwendigen gemeinsamen Suchbewegung tritt die Aufsplitterung in einzelne Initiativen und die Durchsetzung partieller Interessen. Das Erscheinungsbild der Bürgerbewegungen wird nicht durch die Sachanliegen und Aktivitäten an der Basis, sondern durch das Verhalten im Parlament bestimmt. Es wäre verhängnisvoll, wenn die Bürgerbewegungen im tagespolitischen Macht- und Interessenstreit ihre Kraft vergeuden ...

Das A und O der Bürgerbewegung ist ihre breite, außerparlamentarische Präsenz und Entfaltung. Gerade die sehr wünschenswerte parlamentarische Aktivität hat nur eine reelle Chance, wenn sie von einer intensiven Basisarbeit getragen wird. Das gilt umso mehr, als die Bürgerbewegungen in absehbarer Zeit keine parlamentarische Mehrheit erlangen werden. Das Hauptziel muß deshalb darin liegen, eine breite Zustimmung zu wichtigen Veränderungen – unabhängig und quer zu den politischen Parteien – bei den Bürgern zu erreichen.«

Das Ergebnis dieser elf Jahre seither ist, daß die Parteien die Bürgerbewegungen nicht nur absorbierten, sondern die Marginalisierung auch der Bürgerbewegungen in der Bundesrepublik-West einsetzte. Das begann, als die Chance verpaßt wurde, die breite Politisierung der deutschen Bevölkerung im Jahre 1990 für einen Diskussionsprozeß und eine dem folgende Abstimmung der Verfassung eines vereinten Deutschlands gemäß Art. 146 GG zu nutzen. Die Parteien rissen in der Folge alle Macht an sich, statt sich auf ihre »Hilfsfunktion« zu beschränken. Die Folge war das, was Richard von Weizsäcker 1993 als »Politikverdrossenheit« bezeichnete und was sich als Politikabstinenz bis heute in erschreckend niedrigen Wahlbeteilungen und extrem niedriger Mitwirkung (insbesondere junger Leute) in den politischen Parteien zeigt.

Ungeachtet dieser Entwicklung hat sich geradezu ein Mythos von der Bürgerbewegung herausgebildet, den zu zerstören die damaligen Akteure selbst sich alle Mühe geben. Viele wurden zu vergangenheitsorientiert, wenn nicht gar aktenfixiert. Ihr produktives Störmoment haben sie selber weitgehend außer Kraft gesetzt.

Übrig bleiben die etablierten Parteien, ihr systemtypisches Machtgerangel, die mediale Inszenierung und Personalisierung von Politik und einige »ehemalige Bürgerrechtler«, die regelmäßig zu Ostthemen befragt werden – also zu »ehemaligen« Bürgerrechtsproblemen.

Die Zahl derer, die in der DDR aktiv widerstanden hatten, ist gering, jedenfalls weit geringer, als viele lautstarke Gegner des SED-Systems nachträglich glauben machen wollen. Mehr als 95 Prozent liefen mit, und Mitläufer werden in totalitären Staaten schnell zu Tätern. Mitläufer fühlen sich für nichts verantwortlich. Ihr privates Fluchen halten sie schon für Widerstand. Das System konnte nur so lange funktionieren, weil Unterwerfung und Überzeugung eine Liaison eingingen; diese führte zur allmählichen, nicht unverschuldeten (Selbst-)Auslöschung des Individuums. Widerstand wurde in diesem alternativlosen System der Einparteienherrschaft mit Mauer in systematischer Weise vereinzelt. Immer wieder wurden Exempel statuiert, um die Abschreckungswirkung für jegliches widerständiges Reden oder Verhalten aufzufrischen. »Staatsfeindliche Gruppenbildung« gehörte zu den schwerwiegendsten Straftatbeständen. Unabhängiges Denken, freimütiges Reden und Sammlung von Gleichgesinnten war fast nur unter dem Dach der Kirche möglich. Aber eben im wesentlichen *aus der Kirche selbst* heraus und nicht bloß von außen – »*unter dem Dach* der Kirche« – bildeten sich kleine widerständige Gruppen, denen Frieden und Menschenrechte, Freiheit und Gerechtigkeit, gleichberechtigte Entfaltungsfreiheit für alle und Reden ohne ideologische Scheuklappen – kurzum: die

Freiheit von jeder Bevormundung wichtig wurden und die dafür bereit waren, ihre Karriere, ihre öffentliche Reputation, eine unbehelligte Existenz, ja ihr Leben auf freiem Fuße zu riskieren. (Jedermann konnte wissen, was mit einem geschieht, wenn man in die Verliese der Staatssicherheit gesteckt wurde. Nur sehr wenige kamen anschließend in die DDR zurück.)

In der Diktatur bedarf es einer bestimmten querulantischen Penetranz, um täglich zu widerstehen, ohne daran zu zerbrechen. Identität im konsequenten Dagegen-Sein führt zu einer anhaltenden Unfähigkeit zum Kompromiß und zur Unerbittlichkeit im Urteil, die der Unerbittlichkeit der Wahrheiten der Macht strukturell entsprach und entspricht.

Erst Ende 1989 bürgerte sich für die widerständigen Personen und Gruppen aus der DDR das Wort »Bürgerrechtler« ein. Die allermeisten von ihnen waren keine enttäuschten Kommunisten, Abweichler, also Dissidenten, sondern Menschen, die von ihrem ganzen Lebenskonzept her nicht bereit waren, sich in die kommunistische Einheitsideologie und in die entsprechenden diversen Kollektive einzupassen.

Den Übergang in die Demokratie und den damit verbundenen Pluralismus hat die Bürgerbewegung insgesamt nicht überlebt. Sie war ein Zweckbündnis unterschiedlichster Menschen, die eines verband: daß sie diese kommunistische Einheitsgesellschaft unter Führung der SED ablehnten. Zu ihren »wahren« Meinungen kamen viele, als sich das Leben in der vereinigten Demokratie neu sortierte und zuordnete, bis die meisten bei irgendeiner der Parteien ein politisches Tätigkeitsfeld suchten (und auch fanden), während andere sich fortan ganz im bürgerlichen Leben – im normalen beruflichen Leben! – entfalteten. Einige wenige von ihnen treten zu bestimmten, allgemein interessierenden Sachfragen in die Öffentlichkeit – wie Jens Reich, der als Molekularbiologe und Publizist tätig ist, oder Rolf Henrich, der als Anwalt arbeitet und gerade einen »politischen« Roman verfaßt hat, oder Bärbel Bohley, die als Malerin in Kroatien lebt und die Berliner CDU im Wahlkampf gegen Gysi unterstützt hat, Richard

Schröder, der als Philosophieprofessor an der Humboldt-Universität lehrt und sich regelmäßig in der ZEIT zu Wort meldet, Lutz Rathenow, der in seinem Beruf als Schriftsteller und Publizist geblieben ist, wenngleich ohne die Aura der Mauerzeit. Andere sind völlig von der politischen und öffentlichen Bühne verschwunden. Insgesamt hat sich das, was »Bürgerbewegung« genannt und vor allem im Westen bekannt wurde, stark personalisiert und sich auf etwa 30 Namen reduziert – insbesondere aus dem Raum Berlin. Die Dominanz Berlins – der »Hauptstadt der DDR« – war vor 1989 und ist nach 1989 unverkennbar. Wer kennt schon Namen von Bürgerrechtlern aus Plauen, Halle, Erfurt, Suhl, Nordhausen, Dresden, Arnstadt, Wernigerode, Merseburg, Güstrow, Königswalde, Stendal?

Als es möglich wurde, daß Bürgerrechtler sich in Freiheit öffentlich äußerten, konzentrierte sich das mediale Interesse auf einige Personen. Sie bekamen den Ehrentitel ›Bürgerrechtler‹, der sie wiederum dazu brachte, daß sie öfter Stimme in der Öffentlichkeit bekamen und so immer bekannter wurden, während viele andere gänzlich unbekannt blieben. Das heutige Urteil über diese wenigen bestimmt das Urteil über die ganze Bürgerbewegung. Auch das Schicksal der Bürgerbewegung bemißt sich im öffentlichen Bewußtsein als das Schicksal der Bürgerrechtler, die bekannt geworden sind. Dies ist insofern falsch, als die Bekannten zwar die Bürgerbewegung repräsentierten, aber nicht unbedingt repräsentativ waren. Andererseits ist unverkennbar, wie die politische Marginalisierung dieser marginalen Größe aus der DDR-Gesellschaft mit der Wahl am 18. März 1990 begann, als sich die große Mehrheit wiederum einer großen Partei mit dem großen Geld und den ganz großen Versprechen andiente. Einheitstrunkene Mitläufer suchten mit Parolen »Freiheit statt Sozialismus« oder »Nie wieder Sozialismus« und »Wir sind *ein* Volk« ihre eigene Vergangenheit rasch abzustreifen.

Viele, die in der DDR widerständig gelebt hatten, meinten nun, es sei »Zeit der Ernte« und sie könnten die Aufgaben übernehmen, die ihnen in der SED-Zeit vorenthalten worden waren. Das Ausleseprinzip von wirklich Befähigten und solchen, die meinten, sie seien auch *fachlich* kompetent, weil sie *charakterlich* stark gewesen sind, wirkte – bisweilen – gnadenlos. Außerdem wollte man Störer nicht. Sie repräsentierten das schlechte Gewissen der Masse der Ein- und Untergeordneten. Ihre Urteile über die »schweigende Mehrheit« kamen bisweilen von hohem Roß. Einige hatten das Querulantische so internalisiert, daß sie kaum in der Lage waren, mit dem Kompromiß – einer Lebensbedingung der Demokratie – konstruktiv umzugehen, und den Kompromiß ethisch abqualifizierten oder Loyalität in einer Gruppe als Unterwerfung verstanden und generell als Opportunismus ansahen. Auch im demokratischen Staat gibt es so viel machtbezogenen Opportunismus, so viel Biegsamkeit und Servilität nach oben, wenn es um die Macht geht. Und die Postmoderne schließt so viel Verrat an Prinzipien ein, daß die »moralischen« Bürgerrechtler gute Argumente für ihr Quertreiben beibringen konnten.

Insgesamt ist ein querulantisches Grundverhalten im politischen Leben der Diktatur eine (wenngleich gefährliche) Durchhaltebedingung, in der Demokratie ist das nicht förderlich; die demokratische Gesellschaft sowie das betriebliche Leben verlangen ein gerüttelt Maß an Anpassungsfähigkeit – bis zu einer Unterwerfung, die man »Flexibilität« nennt. Vor allem das Führungspersonal – statt Kader- nun Personalabteilung! – war nicht unbedingt darauf erpicht, ehemalige Bürgerrechtler einzustellen, denn die Arbeitgeber mußten damit rechnen, daß diese eine gewisse Penetranz internalisiert hatten und sich nicht alles gefallen ließen. So nahmen sie viel lieber die angepaßten, wendigen Typen, die jetzt durchaus schneidig in der Marktwirtschaft zu funktionieren bereit waren. Selbst ehemalige Kampfgruppenangehörige begriffen sehr schnell, daß es nicht opportun ist, in eine Gewerkschaft einzutreten. Sie gründeten im übrigen die Schützenvereine!

Es gibt seit November 1989 einige Streitpunkte innerhalb der Bürgerbewegung, die tiefgreifend sind und sich auf drei Problemfelder konzentrieren. Das erste ist das Verhältnis von Freiheit und Gerechtigkeit im politischen Konzept. Die programmatischen Vorstellungen der politischen Gruppierungen, die sich im Sommer 1989 zu bilden begannen, hielten noch ganz und gar an einer engen Verbindung von Freiheit und Gerechtigkeit fest und forderten für eine grundlegend reformierte demokratisch-sozialistische Gesellschaft Solidarität, die eben nicht mehr »von oben« erwartet und nicht im Kollektiv organisiert, sondern von einzelnen in Freiheit geübt wird. Einige Bürgerrechtler vermuten bei der großen Mehrheit ihrer Mit-Bürger aus der DDR ein immer noch nicht ausgereiftes Verhältnis zur Freiheit, Selbständigkeit und Risikobereitschaft und eine demgegenüber stark entwickelte Gleichheitssehnsucht, vor allem aber eine zu hohe Erwartung an die Regelungsaufgaben des Staates und seiner sozialen Auffangnetze.

Eng damit verbunden ist ein zweiter Streitpunkt: die Beurteilung der DDR, konkret die Beurteilung der PDS und ihrer sehr unterschiedlich geprägten Mitgliedschaft. Ist sie eine Nachfolge- oder gar Fortsetzungspartei der SED und steht sie außerhalb des »antitotalitären Grundkonsenses der Demokraten« – oder nicht? Die Frage wird grundsätzlicher, wenn man diskutiert, ob sozialistische Ideen für eine zukünftige Gestaltung der (Welt-)Gesellschaft noch von Sinn seien oder ob »Utopien« sich endgültig und umfassend erledigt haben, zusammen mit allen Ideologien. Im Streit um Globalisierung, Shareholder Value, Unteilbarkeit der Menschenrechte, Weltraumrüstung, Turbokapitalismus und die Unterwerfung unter amerikanische Welt-Hegemonievorstellungen globalisiert sich die Diskussion.

Die alten Fragen der Bürgerbewegung stellen sich neu. Aber ihre Stimme ist kaum vernehmbar. Unabhängig von ihnen bilden sich neue bürgerschaftliche Widerstandsgruppen in der Organisation attac.

Ein dritter Streitpunkt bezieht sich auf die Friedensfrage: auf den Einsatz deutscher Soldaten außerhalb der Grenzen der Bundesrepublik, auf die Möglichkeit und Notwendigkeit ziviler Krisenprävention und -intervention, auf Fragen der internationalen Abrüstung und der Beurteilung des gegenwärtigen amerikanischen Raketen-Aufrüstungsprogramms.

Das Schicksal der Bürgerbewegung aus der DDR ist mit dem Schicksal der Dissidentenbewegungen in anderen – ehemals kommunistischen – Staaten vergleichbar.

Wo bleibt die Stimme der Charta 77, z. B. im Kampf gegen das Atomkraftwerk in Temelin? Wer – außer Václav Havel – nimmt heute eine moralische Autorität wahr? In Georgien entfachte der ehemalige Bürgerrechtler und in den sowjetischen Gefängnissen geschundene, sodann gewählte und wegen diktatorischer Praktiken wieder abgewählte Swiat Gamsahurdia einen Bürgerkrieg. In Ungarn wurde die Linke, die die Perestroika wesentlich eingeleitet hatte, ebenso marginalisiert wie die linksliberale Position des vormaligen Präsidenten Árpád Göncz, der zu den politischen Opfern 1956 gehörte, Ungarn nicht verließ, sondern in schwierigen Verhältnissen – nach acht Jahren Zuchthaus – für die innere demokratische Erneuerung Ungarns gekämpft hatte. In Ungarn breitet sich mehr und mehr ein kleinbürgerlich antisemitisches Denken aus. In Polen ist die Gewerkschaftsbewegung Solidarność zerfallen. Der Streit kulminiert gegenwärtig im Umgang mit den Postkommunisten, z. B. im Prozeß gegen den ehemaligen Präsidenten Jaruzelski und in der Beurteilung von Ministerpräsident Rakowski. Die Galionsfigur, der vormalige Elektriker in der Danziger Werft und Friedensnobelpreisträger Lech Wałęsa, mutierte als Präsident zu einem Autokraten und wurde in demokratischen Wahlen von einem Postkommunisten abgelöst. Als Präsident Jelzin mit Entscheidungen des Parlaments nicht einverstanden war, ließ er es im Oktober 1993 mit Panzern beschießen und stürmen. Er gab sich eine Präsidialverfassung mit fast unumschränkten Vollmachten. Zu seinem Nachfolger bestimmte er einen ehemaligen KGB-Offizier, der ihm zusichern mußte, daß er wegen der Machenschaften in seiner Präsidentschaft gerichtlich nicht belangt wird. Die »Jelzin-Familie« kann ruhig schlafen; die kritische Presse und die Intellektuellen schlafen auch. Der heutige Präsident Wladimir Putin planiert die Meinungslandschaft. Unter ihm gelten Bürgerrechte und Pressefreiheit wie unter Jelzin weit weniger als in den letzten drei Amtsjahren Gorbatschows. Vor dem Bundestag hat er eine so einschmeichelnde Rede gehalten, daß viele die massiven Menschenrechtsverletzungen zu verdrängen beginnen, auf die Sergej Kowaljow aufmerksam macht.

Die Schriftsteller sind längst aus dem Beraterstab des Präsidenten verschwunden, den sie 1991 – vor dem Putsch und nach dem Putsch – unterstützten. Solschenizyn entwickelte sich zum großrussischen, zaristisch denkenden Intellektuellen. Und Valentin Rasputin wurde zum russischen Nationalisten. Spielen Schriftsteller, die die innere Befreiung in der Sowjetunion durch ihre Werke befördert haben, für die heutige Gesellschaft noch eine Rolle? Man erinnere sich an Aitmatow, Pristawkin, Bitow, Rasputin, Jewtuschenko.

In Weißrußland sind Bürgerrechtlern unter der brutalen Herrschaft von Lukaschenko buchstäblich die Knochen zerbrochen worden. Während sich die Demokratie in Polen, Tschechien, Ungarn erfreulicherweise stabilisiert hat, ist sie in der Slowakei, Rumänien, Bulgarien, Moldawien, Georgien und in der Ukraine äußerst fragil.

Zurück zu Deutschland:

Im Sommer und Herbst 1989 suchten wir aus der Opposition heraus Kontakte zu dissidentischen Gruppen der SED, jenen etwa 10 Prozent Mitgliedern dieser 2,3-Millionen-Partei, die den Ideen des »Sozialdemokratismus« zugeneigt und die Grundprinzipien des dialogisch orientierten SED/SPD-Papiers vom August 1987 teilten. Angesichts der realen Herrschaftsverhältnisse in der DDR und im ganzen Ostblock, angesichts von 450000 Sowjetsoldaten in der DDR, mit zusätzlichen KGB-Mitarbeitern überall (wie z.B. Wladimir Putin in

Dresden), konnte der politische Umbruch nur mit Hilfe der Kräfte aus dem Inneren des Machtsystems gelingen. Nicht zuletzt die Erosion der SED im Herbst 1989 führte dann zu einem Zusammenbruch des Systems. Demonstrationen mündeten nicht in Gewalt. Ohne die Volksmassen auf der Straße hätte die SED nicht kapituliert! (Sie hatte schließlich bereits viele Krisen durchgestanden.) Bankrott war sie schon lange. Noch bei der Wahl Egon Krenz' zum Generalsekretär am 18. Oktober 1989 und seiner späteren Wahl zum Staatsratsvorsitzenden gab es Stimmen in der SED, die die Reihen wieder fest schließen und mit den »Rowdys auf den Straßen« aufräumen wollten. Zu den Hardlinern in jenen dramatischen Wochen im Herbst 1989 gehörte immerhin noch der sich jetzt zum Honecker-Umstürzler, Maueröffner und Antikommunisten gewandelte Günter Schabowski. Er wiederholt im Schnelldurchlauf das, was etwa der jetzt als Bürgerrechtler voll anerkannte, bis zum 33. Lebensjahr der SED treu ergebene, zeitweise als IM tätige Wolfgang Templin ebenso praktiziert wie jene ehemaligen SED-Mitglieder, die von ihrer Vergangenheit ungern im einzelnen erzählen, umso mehr Unversöhnlichkeit zum Prinzip machen. Mit der Formel des »antitotalitären Konsenses« forcieren sie eine strikte Ablehnung der PDS – als ob sie eine ähnlich geartete Gefahr für die Demokratie sei wie die SED! Einige Exkommunisten haben kommunistisches Feindbilddenken und eine strikte Ablehnung eines menschlichen Ausgleichs als »Versöhnlertum« abqualifiziert – so internalisiert, daß sie gar nicht mehr merken, welchen Denk- und Verhaltensmustern sie aus ihrer früheren Zeit verhaftet geblieben sind. Nachdem sie sich jahrzehntelang wacker mit ideologischem Schwarz-Weiß-Denken auseinandergesetzt hatten, übertragen sie heute altes Feindbilddenken pauschal auf die demokratischen Sozialisten. Wohl wahr ist, daß es in der PDS noch immer Kommunisten gibt, die nicht begreifen, daß sich Kommunismus und Demokratie ausschließen.

Seit dem 4. November 1989 denke ich persönlich intensiv darüber nach, wie man – mit den Verantwortlichen des Systems menschlich fair, in der Sache klar, Verbrechen benennend und verurteilend, die schwierige Wahrheit suchend und eine Aufklärung über die Funktionsmechanismen und Wirkungen von 40 Jahren DDR betreibend – sich so verhält, daß man die Gesellschaft nicht spaltet, sondern daß es einem möglichst großen Prozentsatz der Bevölkerung erlaubt wird, sich mit ihrer eigenen Geschichte auseinanderzusetzen, statt die Projektion auf einige Schuldige endlos fortzuführen – und sich selber ganz aus dem Visier zu lassen! Ich hatte deshalb im Januar 1999 für den 9. Oktober 1999 – zehn Jahre nach der unblutigen demokratischen Revolution – vorgeschlagen, eine Amnestie zu erlassen; nicht um einen Schlußstrich zu ziehen, sondern um die politische Auseinandersetzung fortzuführen, ohne daß weitere juristische Schritte folgen und ohne Menschen weiterhin mit einem Makel zu versehen, wenn sie die Wahrheit über sich und ihre Zeit als Kommunisten zu sagen bereit sind. Man muß – meine ich – respektieren, daß es viele Wahrheiten gibt, viele Lebensperspektiven. Der Streit über die Bewertung des Vergangenen braucht eine offene Atmosphäre.

Vor genau zehn Jahren entwickelten Bürgerrechtler gemeinsam Gedanken, ein »Tribunal« bzw. »Forum zur Aufklärung und Erneuerung« zu schaffen, statt die Aufarbeitung der DDR-Vergangenheit im wesentlichen den Gerichten zu überlassen und Opferverbänden bzw. kommunistischen Selbstrechtfertigern das dominierende Wort über die Vergangenheit zu lassen. Wie tief der Haß auf die Kommunisten offensichtlich geht, habe ich nach meinem Amnestievorschlag 1999 zu spüren bekommen. Genausowenig wie einige Opfer des SED-Systems nicht davon lassen wollen, ihren Opferstatus hervorzuheben und immer wieder hervorzukehren, genausowenig wollen viele andere von ihren Mißverständnissen ablassen. Wenn sie verstehen wollten, was »Versöhnung in der Wahrheit« ist, könnten sie nicht mehr gegen jene polemisieren, die von Versöhnung sprechen, aber gerade nicht auf Verschweigen aus sind, sondern auf ein Reden *in* Freiheit und *aus* Freiheit! Es geht um eine bestimmte Form von Großmut, statt sich in neurotischer Vergangenheitsfixierung einzurichten. Großmut haben große Bürgerrechtler gezeigt, wie Andrej Sacharow und Lew Kopelew, Walter Janka und Adam Michnik, Jiří Gruša und Árpád Göncz.

Vor welch furchtbaren innenpolitischen Verwerfungen Großmut bewahren kann, zeigt das Verhalten (und die Autorität!) Nelson Mandelas, der seinem Volk – den Schwarzen und den Weißen – zusammen mit dem farbigen Erzbischof Desmond Tutu – den Weg in eine von Rassenkonflikten entspannte Zukunft ebnete. (Der Ausgang ist immer noch offen.)

Mandela schreibt in seinem Buch »Der lange Weg zur Freiheit« – aus der Perspektive des Einkerkerten! –: »Ich wußte so gut, wie ich nur irgendetwas wußte, daß der Unterdrücker genauso befreit werden mußte wie der Unterdrückte. Ein Mensch, der einem anderen die Freiheit raubt, ist ein Gefangener des Hasses. Er ist eingesperrt hinter den Gittern von Vorurteilen und Engstirnigkeit. Ich bin nicht wahrhaft frei, wenn ich einem anderen die Freiheit nehme, genauso wenig wie ich frei bin, wenn mir meine Freiheit genommen ist. Der Unterdrückte und der Unterdrücker sind gleichermaßen ihrer Menschlichkeit beraubt. ... Um frei zu sein, genügt es nicht, nur einfach die Ketten abzuwerfen, sondern man muß so leben, daß man die Freiheit des anderen respektiert und fördert.«

Und aus diesem Grunde sieht Mandela Wahrheit, Gerechtigkeit und Versöhnung zusammen. Dazu gehört wahrlich Großmut und das Bestreben, von der Vergangenheit freizukommen, um Zukunft zu gestalten. Freikommen von Vergangenheit heißt gerade nicht: Verschweigen und Vergessenmachen!

Wann werden die Fürsprecher für die Opfer, die als Bürgerrechtler Büros leiten, und die Opfer selbst es sich vornehmen, ihr Klammern an Vergangenheit als ihre Identitätsstiftung aufzugeben? Wann werden sie aufhören, ihre fortwährende DDR-Gegnerschaft so zu erneuern, daß sie zu Nostalgievereinen des Widerstandes werden, in denen täglich die Wut auf die DDR wachgehalten wird? Was überwunden ist, muß man auch überwunden sein lassen und nicht immer wieder heraufbeschwören! Der Bedeutsamkeitsanker von Bürgerrechtlern kann nicht sein, bloße Empörung über die Vergangenheit wachzuhalten und die Empörung über die Gegenwart zu versäumen.

Wo bleibt die Stimme des heutigen Menschenrechtsbeauftragten Gerd Poppe im Blick auf Kurdistan, Tschetschenien und Weißrußland? Wie anders verhält sich der von Jelzin gefeuerte, aus den Sowjet-Lagern gekommene Sergej Kowaljow! Wie sind denn die politischen Kobolzübungen von Vera Lengsfeld zu verstehen, deren Engagement sich aus der Friedens- und Antiatomkraftbewegung speiste? Wo bleiben sie und ihre Stimme, wenn es um Temelin oder um zivile Krisenprävention auf dem Balkan geht? Im übrigen lassen sich manche politischen Kehrtwendungen von Bürgerrechtlern nur schwer verstehen. Sie wollen immer an die Vergangenheit anderer erinnern, aber nicht an ihre eigene und ihren schnellen politischen Wechsel.

Was veranlaßte Erhart Neubert, sich als »Kohlianer« zu präsentieren? Und was Günter Nooke, nun auch bei der CDU zu sein, der doch 1989 zu den »linken Spaltern« des Demokratischen Aufbruchs gehörte? Einige BürgerrechtlerInnen wie z. B. Ingrid Köppe vom Runden Tisch, die einen vergeblichen Kampf um die Offenlegung auch der BND-Akten führte, sind inzwischen beinahe völlig vergessen.

Konrad Weiß betätigt sich publizistisch, vor allem, wenn es gegen die PDS geht. Heinz Eggert talkt mit einer ganz eigenen Süffisanz. Hans Geisler arbeitet sachbezogen als Sozialminister in Sachsen. Und Regine Hildebrandts Stimme war bis in ihre letzten Lebensstunden in ganz Deutschland unüberhörbar: direkt, humorvoll, herzlich, konsequent, unermüdlich, immer auf die Situation des einzelnen bezogen, mit »utopischem Überschuß« und doch politische Möglichkeiten und Notwendigkeiten respektierend.

Insgesamt kann man resümieren, daß die Anerkennung der Bürgerrechtler »im Osten« auf dem Tiefpunkt ist. »Im Westen« sind sie domestiziert und marginalisiert.

Wenn man allerdings davon ausgeht, daß die Bürgerbewegten sich *nicht* auf diejenigen beschränken, die bekannt geworden sind, dann muß man auch von der kompetenten und engagierten Sacharbeit reden, die etwa die OberbürgermeisterInnen von Schwerin, Magdeburg, Nordhausen, Wernigerode, Wittenberg und Halle machen. (Ich erwähne alle die nicht, die aus dem Schwitzkasten des Demokratischen Blocks der »Nationalen Front« gekommen waren.) In hohem Maße sensibel, problembewußt und differenziert versieht etwa Michael Beleites seine Aufgabe als sächsischer Beauftragter für die Unterlagen des Staatssicherheitsdienstes, nachdem er den skandalträchtigen Siegmar Faust abgelöst hat. Obwohl viele zu Außenseitern geworden sind – wie eh und je –, kann man nicht sagen, daß die Bürgerrechtler in toto an den Rand gedrängt worden seien, wiewohl das Parteien- und Machtgefüge der Bundesrepublik insgesamt wenig Platz für diese ewigen »Nörgler«, nach Prinzipien fragenden, die Machtspiele nicht reibungslos mitspielenden Widerständler aus der DDR hatte.

Der Bürgerbewegung – nun in Ost und West des vereinten Deutschland – bleibt es aufgetragen, am Beginn des neuen Jahrtausends über das Erbe der letzten 150 Jahre nachzudenken – beim Versuch, die Gleichheit aller Menschen, die Gerechtigkeitsansprüche und die Freiheitssehnsüchte *zusammenzu*bringen. Dabei muß eine nicht nur rückwärts gewandte Auseinandersetzung mit sozialistischen Ideen geführt werden, sofern sie freiheitlich sind und geerdet bleiben.

Ich selber brauchte lange, ehe ich mir zugestand, daß ich in einem bestimmten Sinne Antikommunist bin. In der DDR lebte ich unter dem Verdikt von Thomas Mann, daß »der

Antikommunismus die Grundtorheit unserer Epoche« sei. Ich habe mir nie zugeben wollen, Antikommunist zu sein und hielt dies für eine falsche Haltung, auch angesichts des Kalten-Krieg-Antikommunismus im Westen, der den braunen Antibolschewismus abgelöst hatte. Die kommunistischen Machthaber lieferten indes täglich genug Stoff für Antikommunismus. Die Klärung dieses Problems steht den Bürgerbewegten noch bevor. Klar ist die Gegnerschaft zu dem leninistisch-stalinistisch geprägten, zentralistisch-ideologischen Zwangssystem zur Befreiung der Menschheit, gegenüber dem man nur *anti*kommunistisch gestimmt sein kann, weil die Befreiung aller zur Voraussetzung dafür wird, die Befreiung des einzelnen geradezu zu verhindern.

In diesem Sinne teile ich den Antikommunismus und den antitotalitären Konsens im Blick auf den Sowjetkommunismus, aber nicht die strikte Ablehnung aller kommunistischen Ideen, sofern nicht Ideal mit Wirklichkeit verwechselt wird oder unter dem Vorwand von Idealen die Praxis verbrecherisch wird. Eine Welt, die nicht sozial und demokratisch ist, wird keine menschliche Welt sein können. Und die Menschenrechte bleiben unteilbar; das gilt geographisch *und* politisch: soziale und bürgerliche Rechte sind gleichrangig. Frieden braucht Gerechtigkeit, und Gerechtigkeit ohne Freiheit ist so unmenschlich wie eine Freiheit von Starken und Reichen auf Kosten von Armen und Schwachen.

Bürgerrechtler, aktive, braucht das Land, will die Politik human bleiben.

Die Politik in der Demokratie droht zur Beute der Parteien, ökonomischer Lobbyinteressen der Expertokraten und Medien zu werden – »das Volk« würde zur passiven Verfügungs-Masse, wenn nicht Bürger sich für die Demokratie bewegen. Also: Bürger-Bewegung ist das Lebenselixier der Demokratie.

Der Wahrheit verpflichtet, der Quote geschuldet

I.

Nicht nur gern miteinander, sondern (noch lieber!) übereinander reden wir Menschen. Dem anderen hinterherreden,
von hinten reden, Afterreden – und das mit eigentümlicher
Lust. In der jahrtausendelangen Geschichte der Menschen
hat sich auch diese Eigenart perfektioniert – in der totalen
Mediengesellschaft. Mit der Befriedigung des Klatschbedürf-
nisses, mit dem Streuen von Gerüchten, mit dem Aufdecken
alles Verborgenen, am liebsten des ganz Privaten, mit der Demontage läßt sich gutes Geld machen. Inzwischen entwickeln
Politiker eine perverse Lust, ihr Privatestes »bunt« zu ver-
markten. Rudolf Scharping trieb es auf die Spitze.

Die Mittel sind subtil: Man verleumdet niemand, sondern
meldet einfach, daß »es Stimmen gäbe, die meinen, daß …«
oder daß es »Anhaltspunkte, Hinweise, Vermutungen, Indi-
zien dafür gibt, daß …«

Dies alles entfaltet sofort ein Eigenleben, führt zu eifrig-
sten Recherchen, Dementis, Bestätigungen etc. etc.

Unter den Akteuren der vierten Gewalt hat sich eine ganz
eigene Art der Befriedigung des Jagdinstinktes entwickelt.
Die Jagdgesellschaft schickt ihre Schnüffelhunde aus: mit
Fernrohren, Teleobjektiven, Infrarotkameras, Mikrophonen
und entsprechenden (Fang-)Fragen sind sie Tag und Nacht
unterwegs, um etwas zu finden, was sich für eine möglichst
sensationelle Überschrift eignet. (Mit Lady Di hatte dieses
Spiel wohl den bisherigen Höhepunkt des Makabren wie der
glanzvollen Inszenierung erreicht.) Am liebsten spielen Medien das Mogel-Spiel, daß es »in der Politik nicht mehr um
Sachinhalte, sondern nur noch um Personen« ginge, indem sie
selbst genau die Sachinhalte zurückdrängen und die Personen
in den Vordergrund rücken. Sie beklagen die Gespreiztheit,
die Eitelkeit, die Worthülsen und die Verblasenheit insbesondere der politischen Rede. Genau sie sind es, die ebendies in
Endlosserie hervorlocken. Die vierte Gewalt erfreut sich be-

sonderer Unabhängigkeit dadurch, daß sie für nichts zur Verantwortung gezogen wird, selber keine konkrete Verantwortung hat und sich auch keiner wirklichen Kontrolle unterwirft. Einzig der Erfolg zählt; die Quote ist Königin. Über ein Chefredakteursgehalt oder deren Nebenjobs und Gefälligkeitsflüge etc. etc. ist kaum zu lesen. Die vierte Gewalt – das ist die Jagdgesellschaft mit der reinen Weste. Zugleich ist den Medien nichts mehr »heilig« oder tabu. Und wer der Quote nicht opfert, wird alsbald selber geopfert.

Das alles funktioniert so lange, wie es ein Publikum gibt, das zu gerne von der Jagd, ihrem Getöse und ihren möglichst prominenten Objekten liest, am liebsten davon, wie der Gejagte noch Haken schlägt, trickreich zu entwischen sucht und schließlich entblößt, gestürzt, erledigt oder gar erlegt wird. Das Unterhaltungsspiel heißt: Permanenter Wechsel von »auf einen Sockel stellen« und »vom Sockel stürzen«. Die (Polit-) Stars von heute sind die Geschmähten von morgen.

Der »große Haufen« ergötzt sich daran, über jemanden, der irgendwie »oben« ist, etwas zu hören zu bekommen, was ihm entweder zeigt, daß »die da oben« genauso oder noch schlimmer sind als »die da unten«, oder daß der da unten viel besser ist als die, die denken, sie seien da oben. Das Klatschbedürfnis kann man sich jeden Tag für 70 Pfennige befriedigen, und es wird Tag für Tag etwa Achtmillionenfach befriedigt. Ohne jede Geistesanstrengung kann man sich an Schlagzeilen delektieren, erschrecken, empören oder belustigen lassen oder alles zusammen, auf *einer* Seite! Jedenfalls erspart der Balken, der über andere hereinbricht, das Herausziehen des Splitters aus dem eigenen Auge.

Der große Haufen erfreut sich insbesondere daran, wenn er über jemanden ein Gerücht zu hören bekommt und dies einige Tage lang die Gemüter beschäftigt: Vierzehn Tage lang, drei Wochen, sechs Wochen dreht sich alles um Babs und Sabrina und Boris, Schröder und seine Anzüge, Fischer und seine Neue, den störrischen Kohl und seinen treuen Schäuble, Merkel und ihre Verfallszeit, Eichel und seine Flüge, Steffi und ihre Millionen, den MDR und seine Stasi, Sabine Christiansens und Ulla Kock am Brinks Männer. Wichtiges tritt zurück, Nebensächliches nach vorn. Wen interessiert anhaltend, daß die Klimaveränderungen dramatisch sind? Ökothemen seien von gestern, BSE wird auf vordergründige Lösungsmöglichkeiten reduziert. Alle wollen und sollen gut drauf sein. Neugier soll sich auf das Konsumbedürfnis konzentrieren. Es bleiben Inseln der Seriosität und Solidarität, selbst im Fernsehen, etwa in »Tagesschau« und »heute«, bei Phönix zumal.

Über andere etwas Nachteiliges zu hören, das Nachreden, das Afterreden gehört zu den Lustmomenten unserer Analkultur, die sich gut nutzen läßt, um mit Druckerschwärze Menschen anzuschwärzen und dabei gut zu verdienen. Und über wen läßt sich nichts nachreden? Wer hat eine weiße Weste? Wer ist nicht verletzlich? Gerüchte, einmal in der Welt, tun ihre Wirkung. Auch nach Richtigstellungen bleibt etwas hängen. In der Medienwelt wird das Gerücht oder die vereinfachende Schlagzeile vermillionenfacht.

Es zeugt von großer Beobachtungsgabe, verbunden mit drastischen Formulierungen über das menschliche Laster der üblen Nachrede, wenn Martin Luther das achte Gebot auslegt: Nicht zu lügen heißt auch, einem anderen nicht übel nachzureden, sondern die Wahrheit zu sagen und zu versuchen, ihn nicht zuvorderst im schlechten, sondern im guten Licht dastehen zu lassen, damit er die Chance behält, »in Wahrheit« in diesem Licht zu stehen.

Martin Luther im »Großen Katechismus«: »Über unsern eigenen Leib, ehelichem Gemahl und zeitliches Gut hinaus haben wir noch einen Schatz, nämlich Ehre und guten Ruf, welchen wir auch nicht entbehren können; denn es gilt, nicht unter den Leuten in öffentlicher Schande, von jedermann verachtet zu leben. Darum will Gott des nächsten Leumund, Ehre und Gerechtigkeit so wenig wie Geld und Gut genommen oder verkürzt haben, auf daß ein jeglicher vor seinem

Weib, Kind und Nachbarn ehrlich dastehe. Darauf ist nun erstlich dies Gebot gerichtet, daß ein jeglicher seinem Nächsten zu seinem Recht helfe und es nicht hindern noch beugen lasse, sondern fördere und genau darüber wache, gleichviel ob als Richter oder Zeuge, und betreffe, was es wolle. ... Das heißen nun Afterredner, die es nicht bei dem Wissen bleiben lassen, sondern weitergehen und dem Gericht vorgreifen. Und wenn sie ein Stücklein von einem andern wissen, tragen sie es in alle Winkel und haben eine Freude daran, daß sie eines andern Schmutz aufwühlen können wie die Säue, die sich im Kot wälzen und mit dem Rüssel darin wühlen. Das ist nichts anderes als Gott in sein Gericht und Amt fallen, urteilen und strafen mit dem schärfsten Urteil. Denn kein Richter kann höher strafen noch weiter fahren, als daß er sage: Dieser ist ein Dieb, Mörder, Verräter usw. Darum wer sich solches vom Nächsten zu sagen untersteht, greift ebenso weit wie Kaiser und alle Obrigkeit. Denn ob du das Schwert nicht führest, so brauchest du doch deiner giftigen Zunge dem Nächsten zu Schande und Schaden.

... Dahin gehöret sonderlich das leidige schändliche Laster Afterreden oder Verleumden, mit dem uns der Teufel reitet... Denn es ist eine allgemeine schädliche Plage, daß jedermann lieber Böses als Gutes von dem Nächsten sagen höret. Und obwohl wir selbst so böse sind, daß wir nicht leiden können, daß uns jemand ein böses Stück nachsage, sondern jeglicher gern wollte, daß alle Welt Goldenes von ihm redete, können wir doch nicht hören, daß man das Beste von andern sage.«[35]

Zivilcourage hieß noch immer und heißt noch immer: für das Wohl seines Nächsten einzutreten und ihn vor übler Nachrede zu schützen, selbst da, wo eine große Meute längst das Urteil über ihn gefällt hat. Die Wahrheit zu sagen heißt, einem anderen gerecht zu werden und ihn nicht zu richten, selbst wenn es dem Publikum gefällt, die allgemeine Stimmung gegen ihn ausfällt und es der Auflage oder

35 Martin Luthers Werke. Kritische Gesamtausgabe, Weimar 1883, Bd. 30 I, S. 169 ff.

Einschaltquote dienen würde, Kakophoniebedürfnisse zu befriedigen, solange es einen anderen betrifft.

Es gehört schon einige Zivilcourage dazu, sich dem Trend entgegenzustellen, daß eine Nachricht vor allem eine Ware sei, die möglichst viele Käufer finden müsse und deshalb vor allem auf die Verpackung und marginal auf den Gehalt ankäme. Zivilcourage ist dieser nicht nachlassende eigene Mut, die Zielstrebigkeit und Entschlossenheit, einem Stil verpflichtet zu bleiben, der die Würde des Menschen achtet, seine Persönlichkeitsrechte respektiert, der differenzierenden Wahrheit verpflichtet bleibt. Dazu gehört immer auch der kritische Blick, das Durchbrechen der machtgestützten Tabus, die unvoreingenommene Recherche, die innere Konsequenz, den jeweils Mächtigen nicht zum Munde zu reden.

Es ist und bleibt Aufgabe der vierten Gewalt, »der Wahrheit« – ohne Ansehen der Person – den fälligen und unersetzbaren Tribut zu zollen und doch *einen* Vorbehalt zu belassen, daß wir »die Wahrheit« nicht wissen, sondern nur etwas davon! Wer die jeweils betroffene Person und ihr menschliches Umfeld fahrlässig oder böswillig in Mitleidenschaft oder Mithaftung nimmt, unterminiert die persönliche Integrität von Menschen. Die Verweigerung, im Wettbewerb um das gelungenste Aufpeppen von Nachrichten mitzuhalten, ist der in unserer medialen Wirklichkeit gebotene Mut des einzelnen verantwortlich denkenden und redenden Akteurs aus dem Raum der »vierten Gewalt« unserer Demokratie.

Das ist nicht viel anders als früher. Bereits Martin Luther schrieb 1525, daß es innere Freiheit und alltäglichen Mut erfordert, »daß einer so frei in der Rede ist, daß er nicht fürchtet, der Leib und der Brotkorb könnten Schaden leiden«. Solch ein Wahrheitsethos und Wahrheitspathos bleibt in der Mediendemokratie unerläßlich. Es kann vielleicht gar eine Lust sein, Gutes übereinander und zueinander zu sagen und zu hören, weil positive Nachahmungswirkung nicht zu unterschätzen ist. Moralischer Rigorismus, Masochismus, Zynismus oder Selbstüberanstrengung sind fehl am Platze. Es gilt, gelassen von der Fehlbarkeit aller auszugehen und gleichzeitig für möglich zu halten, daß Menschen lauter, verläßlich und gerade sind. Die Wahrheit über den (fehlbaren) anderen ist nicht dazu da, ihn zu erledigen, sondern ihn wieder aus Lüge und Irrtum freizumachen. Die Wahrheit kann besonders Menschen, die »oben« sind, stürzen; aber sie soll ihnen auch wieder aufhelfen wollen.

II.

Wo sich die mediale Jagdgesellschaft einig weiß und mit großem Halali ihre Hunde vorgeschickt hat, um dann gemeinsam zu ballern und zufrieden die Beutestücke zu zählen, heißt Zivilcourage: aus eigenem Antrieb, aus eigener Einsicht und aus eigenem Auftrag zu urteilen, zu reden und zu schreiben, nicht – sich selbst beschränkend – nach Zustimmung und Erfolg, auch nicht nach Plazierungen in der Öffentlichkeit zu schielen. Wer dem allgemeinen Trend entgegensteht, bekommt allzuleicht das »Querdenker«-Etikett angeheftet, bis man ihn als »den unvermeidlichen XY« verhöhnt.

Querulantisches Gebaren ist keine Zivilcourage; aber mit guten Gründen gegen die allgemeine Stimmung zu stehen, zu seinem eigenen Wort zu stehen, Wichtiges hervorzuheben, auch wenn es nicht im Trend liegt, sich an hämischen Kommentaren oder böswilligen Mißverständnissen nicht zu beteiligen – ist Ausdruck von Zivilcourage, zumal in Zeiten, wo man zu gern »dazugehört«.

Wo eine Kampagne läuft, wird meistens nicht nur »immer wieder eine neue Sau durchs Dorf gejagt«, sondern ein Mensch! Auch öffentliche Menschen, sogar sogenannte Karriere- und Machtmenschen behalten – sofern sie sich ihr Menschsein bewahrt haben – Empfindsamkeit und Verletzlichkeit. Selbst wenn sie ihre Gesichtszüge bis zur Maskenhaftigkeit beherrschen und ein dickes Fell zum Selbstschutz tragen, sind längst nicht alle so cool oder abgefeimt, wie sie erscheinen. Da kann es ein Zeichen von Menschlichkeit, Zuverlässigkeit und Mut sein, wenn man einem Angegriffenen beispringt, wo die veröffentlichte Meinung die Herrschaft über die öffentliche Meinung übernommen hat, ohne daß die Schärfe der Vorwürfe durch verifizierte Sachverhalte gedeckt und ohne daß die Angemessenheit gewahrt worden wäre. (Natürlich gibt es Vorgänge, deren Ungeheuerlichkeit sich kaum einer ausmalen konnte, wenn etwa der besonders gescheitelte Innenminister Kanther Partei-Spenden-Millionen versteckt und sie als jüdisches Erbe deklariert!)

Ich erinnere an die klärenden Bemerkungen Richard von Weizsäckers über die sogenannten Privat-Flüge von Johannes Rau in dessen Zeit als Ministerpräsident oder an die Erklärungen ehemaliger Minister aus dem Kohl-Kabinett, als es um Frankfurt-Flüge des »Sparkommissars« Eichel ging. Und doch bleibt an diesen beiden politischen Repräsentanten der Mißbrauchs- und Verschwendungs-Vorwurf hängen. Schon lange hat auch Rita Süssmuth damit zu kämpfen. Die Kränkungen von öffentlich Angeprangerten gehen dann besonders tief, wenn sie sich persönlich besonders engagieren, wenn sie unter weitgehendem Verzicht auf Privates – bis über alle Grenzen des physisch Zumutbaren – politisch tätig sind.

In der Diktatur mit ihrer Zensur, ihren unberührbaren Machtidolen, ihrer geschlossenen Ideologie mit vorgeschriebener Linie samt ihren Repressionsapparaten war innerhalb der Medien Zivilcourage außerordentlich selten, zumal es in einem totalen Staat keine Alternativen gab und es immer gleich um die ganze Existenz ging. Heute ist die Feigheit viel gewöhnlicher und viel verbreiteter, Repression viel subtiler. Die Angst, daß man eins auf den Deckel kriegt, wenn man einem öffentlich Angegriffenen öffentlich beispringt, führt zu »feinem Schweigen«. Wie feige sind z.B. ehemalige Schüler des Leipziger mdr-Literaturredakteurs Michael Hametner, die ihn aus seiner Zeit als Dozent an der Karl-Marx-Universität in Leipzig kennen? Warum kein öffentliches Wort der Studenten, die ihm privat durchaus dankbar sind für das, was er in der Zeit von 1975 bis 1989 gewagt und geleistet hat?!

Aber sie schweigen – aus Angst, sie würden als IM-Rechtfertiger mißverstanden, gar selber angegriffen, verdächtigt, beschuldigt oder verhöhnt werden. Schließlich haben einige von ihnen heute »sensible Jobs«!

Wie viel Zivilcourage brauchte es, als die deutsche Öffentlichkeit mit großer Mehrheit für die Beteiligung deutscher Soldaten am Kosovo-Krieg war, gegen einen Krieg zu sein, den man zunächst zu »Luftschlägen« gegen das Milošević-Regime in Serbien verniedlichte. Man mußte gegen die Unterstellung gewappnet sein, man wolle »wohl tatenlos den Vertreibungen hunderttausender Kosovaren zusehen, statt dem zynischen Diktator Milošević in den Arm zu fallen«. Und mit Gegnerschaft gegen diesen Krieg kam man sogleich in die Nähe von Gregor Gysi, dem man mit ungewöhnlicher Schärfe und Verachtung vorwarf, er würde gemeinsame Sache mit dem Diktator machen, weil er den Versuch gemacht hatte, ihn während des Krieges zum Einlenken zu bringen. Wer also gegen den NATO-Krieg ohne UNO-Mandat war, wurde zugleich PDS-verdächtig oder amerikafeindlich genannt.

Ähnlich verlief es bei der Jagd auf Bin Laden, bei der ein zerbombtes Land nochmals zerbombt wurde. Ein allgemeiner Zustimmungsdruck wurde wirksam, bis zur Gewissenserweichung von Abgeordneten.

Wieviel Feigheit und vorauseilender Gehorsam herrschen in den Redaktionen und in den Fraktionen? Ich erinnere mich z. B. nicht ohne Scham für einstige Weggefährten an die Vorfälle bei der Eröffnung der Legislaturperiode des Deutschen Bundestages 1994, als der auf der Liste der PDS eingerückte Stefan Heym als Alterspräsident die Eröffnungsrede halten sollte und man ihn in einer regelrechten medialen Hetzkampagne nötigte, noch am selben Morgen in Stasi-Akten einzusehen, um zu prüfen, ob sich daraus der Vorwurf erhärten ließe, daß Heym ein Zuträger der Stasi gewesen sei.

Die CDU-CSU-Fraktion verweigerte ihm während seiner Rede nicht nur die einfachsten Formen der menschlichen

Höflichkeit, sondern verhielt sich geradezu so, als ob es unzumutbar und unerträglich sei, daß ein solcher Mann zu diesem Anlaß reden dürfte. Man erweckte den Eindruck, die Würde des Parlaments sei besudelt worden, weil Stefan Heym auf der Liste der PDS Abgeordneter und Alterspräsident war. In der Fraktion der CDU saßen und sitzen einige sogenannte Bürgerrechtler, die sich noch genau erinnern könnten, welche Rolle Stefan Heym sich in den kritischen Jahren der Friedensbewegung und bei der Unterstützung der oppositionellen Gruppen erworben hatte. Er selbst hatte in seinem Leben viel Mut bewiesen und sich nie das Wort verbieten lassen. Wo blieb da die Zivilcourage eines Rainer Eppelmann? Noch schärfer: Wie konnte eine Fraktion (von wem?) dazu verpflichtet werden und sich dem fügen, daß sie während der Rede geschlossen einen Gesichtsausdruck von Ablehnung und Verachtung aufsetzten? Nun ist Stefan Heym gestorben. Die Zeitungen sind voll von Würdigungen dieses unbequemen Zeitgenossen und Chronisten.

In den Parteien, Medien, Verbänden kommt es darauf an, daß jede(r) sich seines (ihres) eigenen Verstandes, eigenen Urteils und eigenen Mundes bedient und sich gegebenenfalls außerhalb der Mehrheitsmeinung an die Seite eines zum gemeinschaftlichen Abschuß Freigegebenen bzw. eines wehrlos gemachten einzelnen stellt.

»Jäger« sind in der Regel peinlichst darauf bedacht, nicht selber zu den Gejagten zu gehören. In diesem Bestreben steckt viel selbstbezogene Klugheit und uneingestandene Feigheit; nötiger wäre der im Inneren durchgespielte Rollentausch, also ein mitfühlendes Sich-hinein-Versetzen in einen Gejagten. Aber: Mit den Jägern ins Horn zu stoßen ist viel bequemer. Man versucht, cool zu erscheinen, mit der Meute zu johlen und zu heulen. Man will sich nicht ausmalen, wie es einem geht, der schroff von vorn oder subtil von hinten angegriffen, entstellt wiedergegeben, kalkuliert böswillig mißverstanden und so eben in toto »erledigt« wird: verbraucht, out, zu alt.

Man stelle sich einmal folgende »Rotation« vor und deren Wirkung auf das innere Klima unserer demokratischen Gesellschaft: Die frechen Kabarettisten, die schneidenden Intellektuellen, die genüßlichen Barden, die investigativen (Chef-)Redakteure von Fernsehen, Rundfunk und Zeitungen, die sogenannten Moralinstanzen auf Kanzel und Katheder würden vier Jahre lang in die politische Verantwortung wechseln, wo sie den Zwängen politischen Handelns, der Schwerfälligkeit der Institutionen, den mühseligen Kompromißverhandlungen, den Versuchungen der Macht wie den Speicheleckereien der Untergebenen ebenso ausgeliefert seien wie der Notwendigkeit ihrer Wiederwahl – unter Stimmungsschwankungen mit Stimmenfangtechniken.

Sie würden einmal ihresgleichen Kritik am eigenen Leibe erfahren, den sehr konkreten und ganz grundsätzlichen Dilemmata des (Nicht-)Handelns ausgesetzt sein und müßten peinlichst darauf bedacht bleiben, wie »die Presse« welche Stimmung wann gegen wen mit welcher Wirkung macht … Und nach acht Jahren würde es dann wieder einen Wechsel geben. Das Verhältnis zueinander würde gewiß etwas verständnisvoller, der Grundton würde etwas wahrhaftiger, menschlich angemessener. Politik gehört nicht genuin in die Rubrik Unterhaltung!

Um kein Mißverständnis aufkommen zu lassen: Die Medien, die ohne Ansehen der Person und Position berichten, Skandale aufdecken, (bewußt) Verschwiegenes offenlegen, vor den Folgen des falschen Handelns warnen, fahrlässig Versäumtes benennen, billige Propaganda (das heißt heute beschönigend PR) als solche kenntlich machen, eigene Vorschläge einbringen, Gelingendes ebenso würdigen wie Mißratenes kennzeichnen, sind und bleiben für die Lebendigkeit unserer Demokratie unerläßlich.

Die Medienmacher brauchen Unabhängigkeit, aber ebenso Selbstbeschränkung, Augenmaß und Zivilcourage unter Maßgabe des Artikels 1 unseres Grundgesetzes.

Unbestechlich die Wahrheit zu sagen – immer unter dem

Vorbehalt eigener Irrtumsfähigkeit – und bei aller beißenden Kritik die Würde des anderen – eben auch der politisch Handelnden! – zu achten und zu schützen ist eine gleichrangige Verpflichtung.

Die politische Kultur ist ein so hohes wie verletzliches Gut. Kritik üben ist (k)eine Kunst, Kritik ertragen ist schwer, Kritik anzunehmen und produktiv zu machen tut allen gut.

IV. Es ist noch nicht erschienen, was wir sein werden

Das Wesen, das erzogen werden muß
Bildungsziele und Bildungsformen für eine überlebensfähige Welt

Lehrer sind die Prügelknaben der Nation. Immer, wenn etwas nicht klappt mit der Jugend, ist die Schule schuld. Ich bekenne: Ich gehöre zu den Prüglern – wohlwissend, welche Mühsal es war und ist, ein Lehrer zu sein. Schließlich komme ich aus der Stadt des Praeceptors Germaniae, dem wir entscheidend das deutsche Schulwesen verdanken, gewissermaßen die Gesamtschule, die Schule für alle, wo sich Erweiterung und Vertiefung nicht ausschließen.

Philipp Melanchthon konnte das Klagelied über die Schule ebenso anstimmen wie das überschwengliche Loblied. Es spricht ganzen Generationen von Lehrern seit ihm aus der Seele, wenn er schreibt:

»Denn gibt es einen Esel, der je in der Mühle soviel Übles zu erdulden hätte, wie der Durchschnitt der Lehrer im Unterricht an Mühe und Beschwerden aushalten muß? ... Denn es macht den Knaben in ihrem Ungehorsam besonders Spaß, sich etwas zu erlauben, was den Lehrer in Aufregung versetzt und ihm zu schaffen macht. Sollte jemand ein Kamel tanzen oder einen Esel geigen lehren, sicher würde man es für ein ganz besonderes Unglück halten, eine so große Arbeit vergeblich leisten zu müssen. Und doch wäre das noch erträglicher, als unsere heutige Jugend zu unterrichten. Denn wenn man auch bei einem Kamel oder Esel nichts ausrichtet, sie vermehren doch nicht die Mühsal durch Ungezogenheit. Aber wenn uns diese artigen Buben müde gehetzt haben, wie frech benehmen sie sich gegen uns. Wer hat wohl eine so harte Haut, sich über die Verschwendung so vieler Mühe nicht zu ärgern, zumal noch die Gesundheit dabei verlorengeht? ... Es gibt kein schlimmeres Kreuz, als sich täglich mit Faulenzern zu zanken und sie täglich an ihre Pflichten zu erinnern. ... Wer möchte nicht lieber in einer Stampfmühle arbeiten, als sich mit so vielen Beschwerden zu ärgern und mit solchen Hartnäckigkeiten zu plagen? ... Selbst wenn die Schüler gelehrig sind, so fehlt es doch den Unsern bald an Talent, bald an gutem Willen zum Lernen.

Der Lehrer wird von schweren Sorgen heimgesucht, wenn er Schüler hat, die nicht von brennender Begierde zu lernen erfüllt sind, denn im Leben überhaupt kann Treffliches nur geleistet werden, wo wir mit Feuereifer eine Sache ergreifen und uns eine gewisse Leidenschaft mit fortreißt. Dagegen sind unsere Schüler beim Lernen von einer schimpflichen Kälte, sie werden auf keine Weise warm, sie wollen getrieben sein wie das liebe Vieh. ... Wenn man überhaupt etwas liest, so liest man allerhand durcheinander, meistens Minderwertiges. ... So wird die geistige Schwachheit erst spät durch milde Belehrung und Gewöhnung geheilt. ... Auch Plato hat schon gemeint, daß kein Tier schwerer zu behandeln sei als ein Knabe.«

Es ist eine alte, zumal sehr deutsche Tradition, daß das, was die Schule nicht leisten konnte, nun beim »Barras« nachzuholen sei. Die Armee war in den Jahrtausenden der Menschheitsgeschichte der »Stolz der Nationen« – bis ins rote Preußen hinein, mit unnachahmlichem Stechschritt, und im Tausendjährigen Reich mit dem in den Himmel erigierten Arm. Zu jener Zeit hatte sogar einer der bedeutenderen Theologen gemeint: »Ein Volk, das aus der Form gekommen ist, muß man in eine Uniform stecken.«

Wie tief wirken Sprüche der Väter und Großväter: »Komm du erst mal zur Armee, dort wirst du dir die Hörner abstoßen.« Oder: »Der Kommiß hat noch niemandem geschadet.«

Als man noch am Ende der sechziger Jahre ernsthaft meinte, die Armee sei die Schule der Nation, konterte der

Bürgerpräsident Gustav Heinemann: »Die Schule ist die Schule der Nation.« Dort also ist zu lernen, wie man ein zuverlässiger, leistungsbereiter, einsatzwilliger, kameradschaftlicher, gesetzestreuer Staatsbürger wird.

Hier geht es auch um die geschmähten »Sekundärtugenden«, die ohne Drill, aber nicht ohne eine bestimmte Disziplin einzuüben sind, sofern diese Tugenden einem gedeihlichen Miteinander dienen und sofern sie Kreativität, Selbständigkeit, Mündigkeit, Zivilcourage, Verantwortungsbewußtsein, Wahrheitsstreben, Freiheitsliebe und Gerechtigkeitsempfinden nicht behindern, sondern begleiten. Friedliche Konfliktaustragung braucht beide »Tugendkataloge«.

Goethes berühmtes Sturm-und-Drang-Gedicht »Ein Anders« transportiert durchaus Ambivalentes.

Ein Anders

Geh! gehorche meinen Winken,
nutze deine jungen Tage,
lerne zeitig klüger sein!
Auf des Glückes großer Waage
Steht die Zunge selten ein:
Du mußt steigen oder sinken,
du mußt herrschen und gewinnen,
oder dienen und verlieren,
leiden oder triumphieren,
Amboß oder Hammer sein.

Sind das die Alternativen: Sichanstrengen ist ein Niederringen, ein Kampf darum, oben zu sein und oben zu bleiben?

Eine humanisierende Schule wird auf dieses »Oder« verzichten und auch den Schwächeren, den Unterlegenen, befördern und den Starken fordern, aber auch bändigen.

Deutschland erlebt heute einen »zweiten Bildungsnotstand«, schrieb DIE WELT. Die PISA-Studie schreckte die deutsche Öffentlichkeit auf. Besonderes Augenmerk wird nun endlich auf die ersten Schuljahre, auf ausbleibende familiäre Unterstützung und auf Probleme in den Hauptschulen gerichtet. Susanne Gaschke schrieb in der ZEIT über die »Erziehungskrise« und wies darauf hin, daß die Schule mit unerzogenen Schülern gegenwärtig überfordert ist. Eine Gesamtschullehrerin berichtete ihr über die doppelte Schwierigkeit, mit überbehüteten und verwahrlosten Kindern zugleich umzugehen: »Diese Kinder sind eine Belastung, aber nicht belastbar.« Eine andere Lehrerin meinte: »Ich wende in meiner Unterrichtsklasse mehr Zeit für Erziehungsaufgaben als für den eigentlichen Unterricht auf. Besonders zeitraubend ist der Kampf um Konzentration. Deren größte Feinde heißen: Übermüdung und Fernsehen.«[36] Im »FREITAG«[37] wird offen über die Gewalt an Schulen berichtet, ausgehend vom Prozeßbeginn gegen den fünfzehnjährigen Schüler, der am 9. November 1999 in Meißen seine Geschichtslehrerin mit 22 Messerstichen ermordet hatte.

Die Angst vor Nachahmungstätern führt auch zur Hysterie. Die Enthemmung als Erfolgsstrategie von Fernsehsendern verwischt die Grenze von Phantasie und Realität. In diese Situation hinein soll die Schule wirkungsvoll agieren? Ja, wer sonst!

Daneben gibt es junge Leute, die sich in einer kleinen brandenburgischen Gemeinde zusammenfinden und sich nicht damit abfinden, daß andere ihren Wohnort zur »ausländerfreien Zone« erklären wollen. Sie wurden dafür mit dem Martin-Niemöller-Preis geehrt. Einer der geehrten jungen Leute sagte: »Mein Verhalten ist doch ganz normal.« Es ist ein ermutigendes Zeichen, daß einer seine Zivilcourage als etwas Normales ansieht. Als beispielgebend wurden vor einiger Zeit in Potsdam junge Leute für Zivilcourage – zur Nachahmung und als – Vorbild geehrt. Überall lauert die sich zusammen-

36 DIE ZEIT, 11. Mai 2000, vgl. zudem Susanne Gaschke, Die Erziehungskatastrophe. Kinder brauchen starke Eltern. Stuttgart/München 2001; Petra Gerster/Christian Nürnberger, Der Erziehungsnotstand. Wie wir die Zukunft unserer Kinder retten. Berlin 2001.
37 Freitag, 19. Mai 2000.

rottende Gewalt. Was bisher getan wurde, nenne ich »Variationen der Hilflosigkeit«.

Ich habe keine Lösungen und schon gar nicht schnelle, auch keine schlauen Ratschläge. Ich will grundsätzliche Probleme ansprechen, die weit über die Schule hinausreichen. Die Schulen sind nur Indikatoren. Aber es muß offener und öffentlicher darüber gesprochen werden, was ist, was werden soll und was werden würde, wenn es so weitergeht, wie es gegenwärtig steht.

Dabei geht es auch um neue Rollenzuweisungen für Lehrer, ein erneutes Überdenken von Erziehungskonzepten und um das erwünschte Bildungs- und Erziehungsziel. Sollte die Entwicklung so weitergehen, daß der Output-Schüler das Ziel ist? Und was ist das für eine Welt, in die die jungen Leute hineinwachsen, in der viele Schulabgänger das Gefühl haben, daß sie in der Erwachsenenwelt nicht erwartet, nicht gewünscht und nicht gebraucht werden? Wir bilden und erziehen für eine Zukunft, die wir nicht kennen. Vielleicht kennen wir die Gegenwart kaum. (Man lese nur die zahlreichen wissenschaftlichen Bücher der sogenannten Futurologie aus den sechziger bis achtziger Jahren oder gar die Vorhersagen des »wissenschaftlichen Sozialismus« über die gesetzmäßige Entwicklung der Menschheit.) Wer vergangene Irrtümer genauer wahrnimmt, ist vielleicht davor gefeit, den gegenwärtigen zu verfallen. Vielleicht ist es aber auch so, daß das, was wir wissen *können*, nicht wissen *wollen*, weil es zu schwierig wäre und zu einschneidende Folgen hätte, Konsequenzen zu ziehen. Also beschränken sich viele auf das Nächstliegende und fragen nicht mehr nach dem Umfassenden. Aber wir können die Augen in der e i n e n Welt nicht verschließen.

Ich nenne einige globale Probleme:

– das Wasser wird knapp – und die Verschwendung wächst,

– die Luft wird knapp – das Ozonloch wächst,

– der Boden wird knapp, die Wüsten wachsen,

– das Brot wird immer knapper, während die Welt-Bevölkerung weiter rasant wächst,

– das verfügbare Wissen wächst ins Grenzenlose, die Orientierungslosigkeit auch,

– die Effektivität der Produktion wächst – und die lebendige Arbeit wird weltweit immer weniger benötigt,

– die Gewalt ist entfesselt, sie wird entstaatlicht. Sie wird privatisiert. Der Terrorismus globalisiert sich. Der Frieden ist weniger denn je gesichert. Ein Welt-Krieg – der um die Ressourcen – steht uns bevor. Es ist alles vorhersehbar. Der Energieverbrauch eines US-Bürgers ist siebzigmal höher als der eines Chinesen. Man stelle sich nur vor, daß die Chinesen unseren Zivilisationsweg nachahmen. Die internationalen Konzerne tun alles dafür, denn dort ist ein Riesenabsatzmarkt zu erschließen.

Die Zivilisationen treffen so aufeinander, daß auch »zivilisierte Länder« die Prinzipien der Zivilisation aufgeben, um sich zu schützen.

Was wir in dieser Situation brauchen, ist eine Nachhaltigkeit des Wissens, um die Nachhaltigkeit des Handelns zu befördern und die Toleranz, die aus gegenseitigem Respekt erwächst, aber die Probleme nicht umschifft.

Mit anderen Worten: Was ist wirklich wichtig, verträglich, zukunftsverträglich, oder sagen wir besser, direkter: enkelverträglich, zu wissen, und welches Know-how brauchen wir dafür?

Der Satz: »Wir suchen Erkenntnis und ertrinken in Information« muß ein Bonmot bleiben. Daß er ein Bonmot bleiben kann, dazu helfen Schulen, indem sie Grundbildung als Schlüsselkompetenz entwickeln, um das Wißbare einordnen zu können.

Der Königsberger Philosoph Immanuel Kant schrieb: »Die größte Angelegenheit des Menschen ist, zu wissen, wie er seine Stelle in der Schöpfung gehörig erfülle und recht verstehe, was sein muß, um ein Mensch zu sein.«

In diesem Satz steckt alles, was Bildung und Erziehung eigentlich sollen – und er macht auch klar, wie weit wir davon entfernt sind. Kant fährt an anderer Stelle fort: »Der Mensch kann nur Mensch werden durch Erziehung.« Aber wer erziehen will, muß wissen, woraufhin er erziehen will, in welche Welt er die Erzogenen entläßt, wie er diese tauglich macht, um in dieser Welt zu bestehen, und was er schließlich als Tauglichkeitskriterien benennt, welche Chancen er sieht, dem gesetzten Ziel nahezukommen.

Das Menschenbild

Eines der Grundprobleme unserer Zeit scheint mir zu sein, daß wir nicht wissen, wie wir erziehen sollen, weil uns ein gemeinsames Bild vom Menschen abhanden gekommen ist. Die pluralistische Gesellschaft hat eine Art Patchwork-Menschenbild. Jeder bastelt sich etwas zusammen und meint sogar, er sei Herr des Geschehens, ohne zu merken, wie er inzwischen Objekt wird – mehr und mehr Objekt wird von Außeneinflüssen. Man nennt einfach Pluralität, was in Wirklichkeit Beliebigkeit, Allerlei, Zufälligkeit und Trend ist, wenn nicht gar Banalität, Verflachung und Faulheit.

Ein Natur- und Kulturwesen

Ausgerechnet die Freiheit hat dazu geführt, daß wir die Maßstäbe nicht nur verloren haben, sondern daß es zur »Lust der Freiheit« gehört, alle Maßstäbe zu durchbrechen. Tabulosigkeit und Geschäft mit niederen Instinkten ist im Fernsehen allabendlich – inzwischen bereits nachmittags – Normalfall. Zeitgenossen aller Altersstufen verbringen durchschnittlich täglich vier bis fünf Stunden vor dem Gerät – durchschnittlich! Man ziehe all die Menschen ab, die einen sehr geringen Glotz-Konsum haben, dann weiß man, wie viele noch viel länger vor ihrem Fernunterhalter hocken oder ihn einfach stundenlang »mitlaufen« lassen. Es ist notwendig, aus dem Überangebot zuträgliche Sendungen bewußt auszuwählen. Dies setzt einen mündigen, selbstbewußten und wachen Bürger voraus.

Nahezu jede Erziehung nimmt sich vor, daß das, was am Menschen bloße Natur ist, zur Kultur werde, weil instinkt-

hafte Sicherungen dem Menschen weitgehend abhanden gekommen sind. Wir Menschen sind eben das einzige Wesen,
das erzogen werden muß und – positiv! – erzogen (also geprägt) werden kann. Inzwischen sind unsere Fähigkeiten zur
Beeinflussung völlig entgrenzt, sogar die Fähigkeit, unsere
Triebe dem bloß Animalischen zu unterwerfen, statt sie zu
sublimieren – und dies einschaltquotenträchtig zu perfektio-
nieren.

Die Zukunftsorientierung

Bildung und Erziehung richten sich immer auf das Morgen,
bereiten auf ein Morgen vor, das uns letztlich unbekannt ist.
Nichts ist so gewiß wie das Ungewisse. Wir bilden und erziehen aus dem Heute, das das Ergebnis eines – unseres! – Gestern ist. Verallgemeinerte Erfahrung, aufgesammeltes und
ausgewähltes Wissen bringen wir der nächsten Generation
nahe. Alles kann Bildungsgut werden, von dem wir meinen,
daß es für Künftiges wichtig sei (oder was jeweilige Kommissionen für das Wichtige erachten). Wir wissen zwar nicht, wie
das Morgen aussieht, und müssen doch für das Morgen erziehen. Wir tun dies unter den Bedingungen der globalen »Be-
schleunigung«, die selber ein »Ziel« geworden ist. Wohin be-
schleunigt wird, scheint nicht mehr so wichtig zu sein;
vielmehr ist es die Schnelligkeit selbst, die »Erfolg« verspricht.

Die Werte

Der Kontrast zwischen Erlebtem und Gelehrtem, also etwa
zwischen dem »Grundgesetz« und der »Erklärung der Menschenrechte« einerseits und der erfahrenen Wirklichkeit andererseits, besteht immer, aber gegenwärtig wird er verschärft erlebt. Was bedeuten die vielbeschworenen Worte praktisch? Wir
leben in einer Durchsetzungskultur, individuell wie politisch.
Das Sichdurchsetzen dominiert. Gnadenlos. Die Bildung richtet sich mehr und mehr auf Menschen, die sich durchzusetzen
und darzustellen verstehen, weniger auf Einfühlung, altruistische Verhaltensweisen und soziale Kompetenzen.

Haupt- und Nebenerzieher

Die Dominanz der Nebenerzieher wird stärker, bis die Haupterzieher faktisch emeritiert sind, so gern sie (besonders die Eltern und Lehrer) wünschten, noch prägend zu wirken. Ich beobachte eine sich ausbreitende Reaktion: Resignation, Verzicht auf Erziehung. Der Erziehungsprozeß ist in der Tat anstrengend und konfliktreich und läßt sich nicht immer – wie es eine bestimmte Pädagogik der 70er Jahre verheißen hatte – lustvoll-kreativ, phantasievoll-selbstbestimmt gestalten.

Eine Freiheit, die nicht auch Forderungen stellt, wird letztlich verantwortungslos und erzieht einen Menschen, der nicht mehr begreift – emotional und rational –, wie sehr seine Freiheit an der Freiheit des anderen und der anderen, auch der *nach* uns Lebenden gebunden ist.

Weltprozeß und Denkprozeß

Der Weltprozeß läuft dem Nachdenkprozeß uneinholbar weg. Die ethische Debatte hat zudem kaum noch ein gemeinsames gesellschaftliches Subjekt, allerhöchstens Kommissionen, die Entwicklungen meist nur noch nachlaufen, aber keine präventive Macht oder gar eine schädliche Entwicklung aufhaltende Kompetenz haben. Die Gentechnik ist z. B. der Gen-Ethik davongelaufen (viel Gen – wenig Ethik!). Die Art, mit der Natur als ausbeutbare Masse umzugehen, führt zu einer rasanten Zunahme der Artenvernichtung. Ständig steigender Energieverbrauch kann der Welt längerfristig die Luft nehmen und läßt das Ozonloch aufreißen.

Hier sollen weder Kassandra-Geschrei angestimmt noch resignative Kulturkritik geäußert, sondern die Aufgaben von Bildung und Erziehung beschrieben werden unter der schlichten Leitfrage: »Wie leben wir heute so, daß übermorgen Leben – Lebensqualität! – möglich bleibt?« Das führt unmittelbar zu der Frage zurück, wie wir als Menschen unsere Stellung in der Schöpfung gehörig erfüllen, also so v o n der Schöpfung leben, daß wir auch mit ihr leben und sie mit uns gut leben kann, wie wir unser Menschsein als Mitmenschsein entfalten und instrumentelles und existentielles Wissen gleichzeitig erweitern, wie wir die uns Menschen gegebenen Chancen ergreifen und die Risiken minimieren. Wenn allerdings unsere (Aus-)Bildung sich auf das beschränkt, was sich in Fertigkeiten umsetzen läßt, um einen Mehrwert zu bringen, aber nicht gleichzeitig darauf bedacht bleibt, Einstellungs-, Orientierungs- und Entscheidungskriterien zu benennen und anzueignen, wird kein mündiger, nur ein funktionierender Staatsbürger herauskommen.

Gerade jungen Menschen darf das Vertrauen in die Zukunft nicht nur nicht genommen, sondern es muß dieses Welt-Vertrauen mit wachsendem S e l b s t-Vertrauen gestärkt werden. Gleichzeitig brauchen junge Menschen ein Gefahrenwissen darüber, was auf dem Spiel steht, um mit Nüchternheit, Sachkenntnis und Emotionalität zugleich an fälligen Entscheidungen über die Zukunft demokratisch mitzuwirken. Deshalb wird es darum gehen, neben dem Vermitteln von Faktenwissen Zusammenhänge verstehen und zwischen Naturgesetzen und menschlichem Verhalten unterscheiden zu lernen. Nicht zuletzt geht es um das Einüben von lebensdienlichen Verhaltensweisen, also auch um das Einhalten bestimmter Ordnungen, Verpflichtungen, Verantwortlichkeiten, also auch um Zuverlässigkeit, Pünktlichkeit, Höflichkeit, Freundlichkeit, Rücksichtnahme. All diese Tugenden können als Tugenden entdeckt werden, die nichts Lebenshemmendes, sondern etwas Lebensförderliches haben, wenn Entscheidungsfreudigkeit, Phantasie und Kreativität geweckt, Individualität gestärkt und Sozialverhalten eingeübt wird. Die Gesamtgesellschaft kann die Schule weniger denn je allein lassen und all diese Aufgaben auf die Schule delegieren bzw. die Schule für Fehlentwicklungen verantwortlich machen.

Doch Schule kann sich solchen Herausforderungen nicht entziehen. Sie ist in das kommunale Leben eingebunden und hat die globalen Kontexte menschlichen Tuns und Lassens im Blick zu behalten. Dazu ist ein Lehrer gefragt, der wacher Zeitgenosse in einem umfassenden Sinne ist. Unsere Schulen werden Schulen der Demokratie – oder wir werden auf Dauer keine Demokratie haben.

Der pädagogische Ansatz Hartmut von Hentigs[38] ist am konsequentesten: Er will, daß allgemeine pädagogische Praxis wird, daß Schule in nuce demokratische Strukturen abbildet und die Schüler von Anfang an zur Mitverantwortung herangezogen werden. Zur Demokratie gehört, daß Anerkennung von Sachautorität selbstverständlich ist und daß Realitäten nicht »idealistisch« übersprungen werden; es gibt nicht nur Freiheit, es gibt auch Notwendigkeit. Demokratie in der Schule kann nicht heißen, nach bloßem Lust-Mehrheitsprinzip zu verfahren.

Der Blick auf die Alterspyramide der deutschen Gesellschaft insgesamt, insbesondere auf die der Parteien und anderer politischer Institutionen, ist außerordentlich besorgniserregend. Die Ergebnisse der jüngsten Shell-Studie sind im Blick auf demokratische Mitbeteiligung und die Akzeptanz des demokratischen Systems alarmierend.

Zehn normale Lebenstätigkeiten

Wenn Schule mehr sein soll als eine Vermittlungsanstalt von Wissen, das auf verwertbare Fertigkeiten hin orientiert ist, wenn Schule ins Leben überhaupt einführen und Erleben von Wirklichkeit ermöglichen soll, so sind die zehn ganz »normalen Lebenstätigkeiten«, die Hartmut von Hentig aufzählt und zu »Bildungsanlässen« macht, von herausragender Bedeutung.

Hentig nennt als erstes G e s c h i c h t en, die etwas kundtun, die etwas auslösen und die etwas abbilden, die helfen, die Welt zu verstehen, die Welt zu deuten, Geschichten, die eine dem Leben angemessene Mehrdeutigkeit enthalten, also Lebenswirklichkeit in aller Widersprüchlichkeit abbilden.

Die zweite bildende Lebenstätigkeit ist das G e s p r ä c h – ausgehend von der Überzeugung, daß der Mensch sich überhaupt nur im Gespräch der Wahrheit nähern kann und daß

38 Hartmut von Hentig, Bildung. Ein Essay. München 1996.

aus dem Dialog die Dialektik erwächst, die die Widersprüche, ja die Aporien nicht scheut, aber im Hin-und-Her-Erwägen von Argumenten Näherungswerte an Wahrheit erreicht.

Das dritte sind die S p r a c h e und die S p r a c h e n, also auch das Kennenlernen der eigenen Sprache durch das Lernen einer anderen Sprache und die anspruchsvolle geistige Übung des Übersetzens.

Das vierte ist das T h e a t er, nicht als ein passives Konsumieren von vorgespieltem Theater, sondern das Finden von Rollen und das Durchspielen von »Rollen des Lebens« ist eine Form der Selbstentdeckung durch spielerische Aneignung von Wirklichkeit, mit anderen zusammen.

Das fünfte ist die N a t u r e r f a h r u ng, wobei die Natur Anlaß zur Freude, Objekt der Neugier und Grundlage der Existenz wird. Naturerfahrung ist mehr als bloßes Wissen über Naturgesetze; es ist die Selbstentdeckung des Menschen als eines Naturwesens, das mit Natur und von Natur lebt und sich davor bewahrt, sie bloß zum Objekt von Habgier und Herrschsucht zu machen.

Das sechste ist die P o l i t i k, also das Verstehen der Institutionen, die Menschen sich geben, um gemeinsam zu handeln, die menschlichen Beziehungen in Ordnung zu bringen, sich ein Urteil über Prinzipien, Probleme, Prozeduren und die darin handelnden Personen zu bilden. Es geht um das Erkennen von Macht und Gemeinsinn, Verantwortung und Eigensinn, um die Selbstentfaltung und den Respekt vor der Entfaltung des anderen, aber auch um Konflikte und deren Lösung, um Prinzipien und Kompromisse.

Das siebente ist die A r b e i t, die ganz alltägliche Arbeit, die einer tut, um sein Leben zu fristen, die Arbeit im Haushalt, im Garten, bei der Erziehung der Kinder, bei der Beschaffung der Subsistenzmittel, aber insbesondere die Arbeit, in der ein Mensch erfährt, daß er mit seiner Begabung für andere nützlich sein kann und in deren »Produkt« er sich selbst anschauen kann.

Das achte ist das F e i e r n von F e s t en im wiederkehrenden Rhythmus des (Kirchen-)Jahres, in dem durchgespielt wird, was zur menschlichen Existenz gehört. Das Kirchenjahr bildet beinahe alles ab, was menschliche Existenz betrifft. Der Verlust der Festkultur (wenn die Anlässe sich bloß durch kulinarische Spezialitäten unterscheiden) wird zum Selbstverlust des Menschen. Zur Fest-Kultur gehören ebenso Straßenfeste, Sportfeste, Geburtstagsfeste, das Fest zum »Tag der Arbeit« und das Fest zum »Tag der Einheit«.

Neuntens nennt von Hentig die M u s i k, in der der Mensch zum Tiefsten seiner Seele gelangt. Musik kann bei richtiger Erziehung den Menschen guttun und sie gut machen, aber auch verderben, sodaß zwischen heilsamer und schädlicher Musik zu unterscheiden ist, so, wie es bereits Platon überzeugend herausgearbeitet hat. Dazu gehört sicher das Selber-Musizieren, das Erlebnis des Singens, nicht bloß das Konsumieren von Musik, bis durch überdimensionierte Verstärkung etwas Abtötendes einsetzt.

Schließlich zehntens A u f b r u c h : Bildung ist eine im besten Sinne gewollte Domestizierung, Zivilisierung und Pazifizierung des einzelnen. Zum Menschsein gehört genauso das Ausbrechen, das Sich-selbst-Ausprobieren, das Verlassen des Vertrauten, um schließlich mit neuen Erfahrungen in das Vertraute zurückzukehren. Ein Mensch braucht solche Probierräume, in denen er das Scheitern seiner Vorstellungen so reflektiert, daß er nicht resigniert. Andererseits werden die Möglichkeiten, die jeweils in ihr oder ihm stecken, ausprobiert. Leben braucht Aufbruch, den geordneten oder ungeordneten, mit dem Ziel, wieder in Institutionen zurückzukehren, die vertraut sind, und eben dieselben bewußt anzunehmen und weiterzuentwickeln.

Diese zehn Lebenstätigkeiten sind die Basis einer Bildung, die den Mensch zu sich selber kommen läßt.

Das ungesicherte Wesen

Die Voraussetzung jeder Erziehung ist eine anthropologische Grundvoraussetzung: daß wir Menschen ungesicherte Wesen sind, daß ein Engel und Dämon in uns wohnt und daß entscheidend wird, was wir in uns wecken und groß werden lassen.

Wozu waren Deutsche – ganz normale Menschen – vor sechzig Jahren fähig?! Antisemitismus hatte eine ebenso lange Tradition wie gelingende Assimilation von Juden. Daß die fabrikmäßige Massenvernichtung von jüdischen Mitbürgern »organisiert« werden könnte, um »rassische Reinheit« herzustellen, hielt kaum jemand für möglich – verantwortet von einem »Kulturvolk«. Wir mögen uns das kaum noch vorstellen wollen, aber die Bilder von Srebrenica, vom Markt in Sarajevo, von Grosny, gar dem, was in Ruanda, auf Jolo geschah, was Haß und Gewalt zwischen Palästinensern und Juden ausrichten, all das muß in uns anthropologische Skepsis wachrufen. Sicher lassen sich Gründe benennen – ökonomische, machtpolitische, historische –, doch für vieles gibt es ebensowenig wirklich nachvollziehbare Erklärungen wie für das sich rechtsradikal gebende Gewalt-Springerstiefel-Glatzen-Potential in (ost)deutschen Landen. Die einen schlagen nieder, die anderen gehen vorüber. Dritte werden zum barmherzigen Samariter. Alle humanisierende Erziehung wird darauf hinwirken, daß eine K u l t u r d e r B a r m h e r z i g k e i t raumgreift – sowohl in jedem einzelnen Individuum wie in gesellschaftlichen Strukturen. Dies kann nicht auf Ethik- oder Religionsunterricht beschränkt bleiben.

Ein solches Unterfangen hat überstarke Gegner, angefangen beim kapitalistischen Konkurrenzprinzip, das jeweils nur dem die Chance läßt, der sich durchzusetzen weiß, bis hin zur faktischen Verherrlichung von Gewalt in den Filmen, die die Kassen füllen und die die Einschaltquoten bedienen. Der »Anatomie der menschlichen Destruktivität« (Erich Fromm) ist eine Strategie der Gewaltfreiheit entgegenzusetzen, die realistisch bleibt, also auch mit der überschüssigen Energie umzugehen versteht, die pazifizierend und konstruktiv Ausdruck finden kann. Nichts wäre schlimmer, als wenn wir auf dem Wege weiter verführen, daß das »Erkenne-dich-selbst« mehr und mehr verkümmert, während das »Beherrsche-die-

240

Welt«- und das »Setze-dich-durch«-Pathos in einer den Spaß zur höchsten Tugend erklärenden Welt wird.

Die Verhaltensstörungen der Spaßgesellschaft

Nimmt die Öffentlichkeit, nehmen die politischen Institutionen und die Eltern wahr, was an den Schulen los ist und haben die Schulen – also vor allem die Lehrer und Lehrerinnen – ausreichend den Mut, offen und öffentlich zu sagen, was wirklich ist – sowohl im Unterricht wie in den Pausen –, vor welchen schier unlösbaren Problemen sie bisweilen stehen, was sie sich alltäglich gefallenlassen müssen oder auch was einzelne Schüler durch andere erleiden.

Ein Mißverständnis scheint sich immer mehr auszubreiten: die Schule sei ein Dienstleistungsort, ein Reparaturbetrieb für all das, was woanders versäumt wurde oder kaputtgegangen ist.

Wer spricht darüber, wie sehr die Verhaltensprobleme den Fachunterricht – also jegliche Wissensvermittlung – oft unmöglich machen, sowie die Zahl der Verhaltensgestörten zunimmt und die Drastik ihrer das Lerngeschehen unterminierenden Aktionen jedem, der das nicht erlebt hat, kaum glaubhaft erscheint? Sind Verhaltensabnormitäten Auswirkungen eines liberalen bzw. liberalistischen Erziehungsstils? Oder ist das Ausdruck von Resignation, Gleichgültigkeit und Vermeidung von Konflikten, statt konfliktbereit zu Selbständigkeit und Entscheidungsfreude zu erziehen?

Gerade die Gesellschaft, die dem einzelnen viel Freiheit läßt, braucht Erziehung und Anleitung zur Selbsterziehung, zur freiwilligen Wahrnehmung von Verantwortung, zur Einübung von gemeinschaftsverträglichem Verhalten (also der Grundbedingung der Freiheit, die auf Gegenseitigkeit beruht), will die demokratische Gesellschaft nicht wieder in Überwachungs- und Zwangsordnungsinstitutionen zurückfallen und Stimmungen, die darauf hinauslaufen, verstärken. Wo der Spielraum nicht groß ist, braucht es kaum Erziehung – da genügen Angst und Unterwerfung.

Wenn aber das von der Gesellschaft geforderte »Out-Put«

von Schulen der durchsetzungsfähige, flexible und anpassungsfähige, erfolgsgewandte Typ ist, brauchen wir uns über eine »darwinistische Atmosphäre« an den Schulen, erst recht in der Gesellschaft, nicht zu wundern.

Wird der Mensch als dauerberieselter und grundverblödeter Konsument gebraucht statt als wacher, entscheidungsbereiter und entscheidungsfähiger Mitbürger, dann rüttelt das an den Grundfesten unserer demokratischen Ordnung.

In einer gesellschaftlichen Atmosphäre, in der einzig der Erfolg das entscheidende Kriterium ist und wo nur der Erfolg Recht gibt, ist ethisches Fragen außer Kraft gesetzt.

Was hinterläßt die alltägliche Darstellung von Gewalt, etwa in den Brutalo-Filmen in privaten Fernsehsendern, in den Seelen unserer Kinder und Jugendlichen?

Überraschend aktuell ist geblieben, was Philipp Melanchthon vor 500 Jahren, an den Apostel Paulus anknüpfend, sagte:

»Wieviel Bildung, Fleiß, Kenntnis und Selbstbeherrschung, wieviel Einsicht erfordert es, um klar und einfach zu lehren, Unübersichtliches zu klären, Dunkles mit Licht zu erfüllen und die Form der Rede den Gebildeten und Ungebildeten anzupassen, – also – wie Paulus sagt – den Weisen wie Unweisen nützlich zu sein? ... Die Lehrgegenstände zusammenzustellen, Auseinandersetzungen aller Zeiten zu beurteilen, Lug und Trug aufzudecken, Spitzfindigkeiten zurückzuweisen, falschen Schein zu entlarven, sowie wahre Sätze hervorzuheben und zu untermauern.

Ohne die Breite wissenschaftlicher Fertigkeit kann sich niemand darin auszeichnen. Umso mehr muß man sich darüber wundern, was Paulus sagt, daß unsere Hoffnung in der Tröstung liegt, die die Heilige Schrift gibt.«

Unübersehbar ist, daß in unserer globalisierten, nach kapitalistischen Marktprinzipien funktionierenden Welt, wo die Welt verwertet und beim Gebrauchen verbraucht wird, dem Menschen und dieser wunderbaren Schöpfung längerfristig keine Chance gelassen wird. Das Denken in Kategorien von Macht, Überlegenheit und nationalistisch verengter Borniertheit nimmt unabsehbar zu, zumal in einer unübersichtlicher werdenden globalisierten Welt. So bleibt die – auch berührende – Kenntnis von berührenden Menschen, die der Gewalt- und Überlegenheitswelt etwas – sich selbst – entgegengestellt haben, wichtig: Ich nenne Gandhi und Illich, Mandela und Havel. Also wird Gemütsbildung (früher nannte man das Herzensbildung) und die Bildung der sozialen Kompetenz des Menschen einer der Grundpfeiler unserer Erziehung werden, es sei denn, der homo oeconomicus würde das Denken und Trachten der Menschen weiterhin dominieren. Das Menschsein des Menschen steht auf dem Spiel. Der Reichtum, der einer *ist*, ist stets mehr als er je *haben* kann.

Martin Luther richtete sich 1524 »an die Ratsherrn aller Städte deutschen Landes«: »Es muß eine Stadt mehr Menschen als nur Kaufleute haben, auch andere Leute, die mehr können als nur rechnen. Liebe Freunde, weil ich sehe, daß sich der einzelne Mann ablehnend gegen die Erhaltung der Schule verhält und seine Kinder ganz und gar vom Studium abzieht und allein auf die Nahrung und den Bauch sich verlegt und daneben nicht bedenken will oder kann, welch eine greuliche, unchristliche Sache er sich damit vornimmt und wie großen mörderischen Schaden, dem Teufel zu Diensten, – das in aller Welt anrichtet, will ich auch zeigen, was in dieser Sache von Nutzen oder Schaden ist. Der Beruf des Schulmeisters ist der allernützlichste, wichtigste und beste. Die jungen Bäumchen kann man wiegen und aufziehen, obgleich auch manche dabei zerbrechen ... Wozu anders leben wir Alten, als daß wir das junge Volk pflegen, lehren und aufziehen ... Es verhärten sich gar etliche Eltern gegen ihre Jungen und lassen's dabei bewenden, daß sie die Eier von sich geworfen und Kinder gezeugt haben – mehr tun sie nicht dafür. Nun, diese Kinder sollen ja doch unter uns und bei uns leben in einer gemeinsamen Stadt ... Nun besteht das Gedeihen einer Stadt nicht allein darin, daß man große Schätze sammelt, feste Mauern, schöne Häuser, viele Kanonen und Harnische herstellt … vielmehr ist das einer Stadt beste und allerprächtigste Gedeihen, ihr Wohl und ihre Kraft, daß sie viele gute, gebildete, vernünftige, ehrbare, wohlerzogene Bürger hat, die dann sehr wohl Schätze und alle Güter sammeln können, sich recht erhalten und recht gebrauchen.«

Das Problem ist also nicht neu, sondern stellt sich immer neu. Und solche Sätze sollten den Landesparlamenten und Kommunen heute ins Stammbuch geschrieben werden.

Unsere Erziehung wird darauf hinzuwirken haben, daß Menschen mit sich selbst etwas anfangen können, sich selbst als einen Reichtum erfahren, ihr Leben zu gestalten und zu strukturieren lernen, nicht durch irgendeinen äußeren Zwang, sondern aus sich heraus, – im Idealfall Menschen, für die es Langeweile nicht gibt, Menschen, die die Aktivität schätzen und sich des bloß Passiven enthalten, wohl aber etwas vom Wert der Muße und der Musen wissen, Menschen, die das Wesentliche vom Banalen unterscheiden, aber durchaus locker und fröhlich sein können, Menschen, die ihr Leben sinnerfüllend gestalten, statt Zeit totzuschlagen, was nicht heißt, daß sie nicht auch Spaß am Leben haben und etwas leicht nehmen könnten. Brecht schrieb: »Jeden mit Glück erfüllen, auch sich selber, das ist gut. Keinen verderben lassen, auch nicht sich selber. Das ist gut.«

Das entspricht genau dem biblischen Gebot: »Liebe deinen Nächsten wie dich selbst.«

Wenn die uns anvertrauten Kinder und Jugendlichen das lernen – also internalisieren und operationisieren (ich sage lieber: das begreifen) –, dann muß uns um eine menschlichere Zukunft nicht bange sein.

Erinnern hilft leben

I.

Die Geschichte hält auch erfreuliche Überraschungen bereit; sich daran zu erinnern kann helfen, mit einer schwierigen Gegenwart nicht nur besser zurechtzukommen, sondern auf neue Überraschungen zu hoffen. So bleibt der historische Umbruch von 1989/90 und der (schwierige) Weg dorthin der Erinnerung wert. Schließlich gab es mitten in der Zeit der Angst – lebend hinter einer Mauer mit Todesstreifen, Hundeleinen, Schußwaffengebrauchsanweisung – erste Aufbrüche, freudige Augenblicke, befreiende Erlebnisse, hoffnungstiftende Nachrichten und Hoffnung stiftende Personen.

Wie glücklich waren wir in den Tagen des Prager Frühlings mit den Bildern der 1.-Mai-Demonstration 1968 in Prag, wo das Volk nicht mehr an den Tribünen der Herren des Volkes vorbeimarschierte, sondern die Vertreter von Partei und Regierung und die Gewerkschaften vorangingen, wo das Sich-Zujubeln echt war. Und dann hörten wir nach den quälenden Verhandlungen in Cierna nad Tisou die erlösende Nachricht, daß die russischen Manövertruppen die Tschechoslowakei verließen. Beglückende Erlebnisse auf den nächtlichen Straßen Prags, wo die Menschen diskutierten, erregt über die Zukunft eines demokratischen Sozialismus. Das waren für mich lebensprägende Erlebnisse in der dritten Augustwoche 1968 …

Wie wunderbar war es, nach dem Abschluß des deutsch-sowjetischen, des deutsch-polnischen und des Berlin-Abkommens ein deutsch-deutsches Abkommen zu erleben, das uns ermöglichte, Freunde aus dem Westen zu empfangen.

Welch eine Hoffnung ging durch das Land, als am 1. August 1975 die Schlußakte von Helsinki mit dem denkwürdigen Korb 3 unterzeichnet wurde. Wir feierten dies, wohlwissend, daß die eigentliche Herausforderung noch kommen würde, da die Einforderung von Menschenrechten das System in Angst versetzte. Und dieses System hat stets Angst gemacht, sowie es in Angst um seine Macht kam.

Als wir über das Westfernsehen erfuhren, daß jemand aus dem Osten eine »Alternative« formuliert hatte, dachten wir, daß nun aus der SED heraus Reformprozesse eingeleitet werden könnten, bis Rudolf Bahro 1978 nach einem »Spiegel«-Artikel verhaftet und wegen Geheimnisverrates verurteilt wurde.

Von 1981 bis 1983 ging der Kampf um das Symbol »Schwerter zu Pflugscharen«. Am 24. September 1983 – auf dem Kirchentag in Wittenberg – schmiedeten wir öffentlich ein Schwert zu einer Pflugschar um. Da man das Zeichen nicht mehr zeigen durfte, wollten wir zeigen, wie man es macht. Es wurde ein wunderbares Fest des widerständigen friedlichen Bewußtseins.

Im März 1985 wurde Gorbatschow der Generalsekretär der KPdSU. Völlig neue Töne kamen aus Moskau. Wir stürzten uns in den folgenden Monaten und Jahren auf seine Reden. Sie wurden Sprengstoff für das SED-System, das sofort dichtgemacht hatte.

Die Friedens- und Menschenrechtsbewegung in der DDR hatte seit Ende der 70er Jahre enge Kontakte geknüpft zu den Friedensbewegungen in Westeuropa, und ihren Anhängern wurde immer klarer, wie sehr innerer und äußerer Friede bzw. Frieden und Menschenrechte, also Frieden und Freiheit zusammengehören. Insofern war dann eines der Abschlußdokumente der KSZE besonders wichtig, das Dokument vom 30./31.1.1989 in Wien.

Ende April 1989 schlossen wir unseren »konziliaren Prozeß für Gerechtigkeit, Frieden und Bewahrung der Schöpfung« in Dresden mit zwölf Ergebnispapieren ab, die aus christlicher Perspektive deutlich machen wollten, was für uns Glasnost und Perestroika in der Weltperspektive wie in der lokalen Perspektive der DDR bedeuteten. Im Jahre 1989 plante die DDR Festlichkeiten zum 500. Geburtstag Thomas Müntzers – und in der DDR fing es an zu »müntzern«. Der Aufstand von unten kam, aber nicht müntzerisch, sondern lutherisch, nämlich ohne Gewalt, mit Wort, Gesang, Gebet und

Kerzen. Es ging um die Trias der Französischen Revolution: um die Freiheit, die Gleichheit und die Brüderlichkeit. Wir machten auf den Straßen des Herbstes daraus Tätigkeitswörter und begnügten uns nicht mit offiziellen Feierlichkeiten des 200. Jahrestages der Französischen Revolution. Historische Ereignisse bekamen unmittelbar Bedeutung.

Der Durchbruch in der DDR datiert vom 9. Oktober 1989 in Leipzig! Man muß auch die Ereignisse einige Tage zuvor in Dresden miteinbeziehen sowie das mutige, findige, listige und entschlossene Vorgehen von einzelnen Personen und vielen Menschen wie in Arnstadt und Plauen, dann auch am 7. Oktober in Berlin. Der 9. Oktober – zwei Tage nach den offiziellen Feierlichkeiten von Berlin, wo selbst die blaubehemdeten Jugendlichen plötzlich »Gorbi, Gorbi« gerufen hatten. Dies war ein von Herzen kommender Ruf, der sich eben gegen »Honi« richtete, der versuchte, die DDR gegenüber dem frischen Wind aus Moskau dichtzumachen. Am 9. Oktober, als die 70 000 Menschen friedlich um den Leipziger Ring unter der Parole »Keine Gewalt« demonstrierten, war der Durchbruch erreicht. Da fiel der Panzer der Angst ab; da erwiesen sich die Panzerungen des Systems als brüchig. Und nach dem 9. Oktober ging es los, überall in der Deutschen Demokratischen Republik, in Städten und auf dem Lande.

Bereits im September 1989 hatten Kunst- und Kulturschaffende in Berlin eine Demonstration für den 4. November geplant – eine »sozialistische Protestdemonstration« zur Einhaltung von Artikel 27 und 28 der Verfassung der DDR. Sie wuchs sich zur größten Massenversammlung in der Geschichte der DDR aus. 500 000 bis 1 Million Menschen versammelten sich auf dem Alexanderplatz; zweieinhalb Stunden wurden Reden gehalten. Schabowski und Markus Wolf wurden heruntergepfiffen. Es gab keine Gewalt! Und der Impuls dieses Tages richtete sich auf eine Reform der Deutschen Demokratischen Republik an Haupt und Gliedern.

Fünf Tage später sollte der Mauerdurchbruch als ein rauschendes Fest der Einheit gefeiert werden; auch wenn bald der Kater kam, so kam doch Deutschland zusammen: die Nation unter dem Dach der Demokratie. Ohne Bürgerkrieg und ohne Bedrohung nach außen kam es zu einer Neuvereinigung des in der Folge des Zweiten Weltkrieges geteilten Landes. Daß es am 9. November geschah, gehört zu den Zufällen oder zur List der Geschichte, denn dieser Tag konnte in der Folge nicht als rundum fröhlicher Tag begangen werden; er blieb verbunden mit dem 9. November 1918, dem 9. November 1923 in München und dem 9. November 1938, überall dort, wo in Deutschland Synagogen standen.

Bleibt festzuhalten: Der denkwürdigste Tag der friedlichen Revolution der DDR bleibt der 9. Oktober 1989 in Leipzig.

Der proklamatorische Staatsakt vom 3. Oktober 1990 vermag niemals jene symbolische und emotionale Kraft zu erreichen wie dieser 9. Oktober – der Tag des Bürgermutes, der Zivilcourage und des Demokratiewillens der Deutschen, die nach zwölf Jahren nationalsozialistischer Verirrung 40 Jahre die Diktatur des Proletariats zur Befreiung der Menschheit über sich ergehen ließen oder diesem Irrtum selber angehangen hatten. Nun ein gewaltig-gewaltloser Aufbruch: »Wir sind das Volk.« Wohlgemerkt: Mit der Betonung des »Wir«.

II.

Man vergegenwärtige sich die Ereignisse 1989 chronologisch:

Dieses Jahr 1989 war von drei Jubiläen geprägt: 500 Jahre Thomas Müntzer, 200 Jahre Französische Revolution und 40 Jahre DDR.

Und es wurde von ganz unterschiedlichen Ereignissen bestimmt: vom Abschlußdokument der KSZE in Wien, von der abschließenden Session der »Ökumenischen Versammlung für Gerechtigkeit, Frieden und Bewahrung der Schöpfung« in Dresden, von der gewaltlosen Demokratiebewegung in China und deren blutiger Zerstörung, von beobachteten Wahlfälschungen in der DDR, von der Bildung des »Runden Tisches« bis zu ersten freien Wahlen in Polen, vom Zangenschnitt in Stacheldraht in Ungarn, von der Massenflucht der

DDR-Bürger in bundesdeutsche Botschaften des Ostblocks. Der Sommer '89 war von Angst, Depression und totaler politischer Stagnation erfüllt. Krenz besuchte demonstrativ China, und Lastkraftwagen wurden mit Mähdreschermessern gegen Demonstranten präpariert. Die Propagandamaschinerie konzentrierte sich auf den Symboltag 7. Oktober. Die Spannung wuchs täglich. Alles deutete auf gewaltsame Entladung hin. Unmittelbar aufeinanderfolgend bildeten sich Mitte August bis Anfang Oktober kleine Oppositionsgruppen, demokratische Basisorganisationen mit programmatischen Texten (SDP, Neues Forum, Demokratie jetzt, Demokratischer Aufbruch), die alle auf innere Demokratisierung abzielten.

Die Friedensgebete in der Leipziger Nikolaikirche, die sich auch zu einem überregionalen Ausreisertreffen entwickelt hatten, bekamen im September enormen Zulauf bei gleichzeitiger Stasi- und Polizeipräsenz. Ähnliches entwickelte sich in anderen Städten wie zum Beispiel in Magdeburg. In Dresden entlud sich in den ersten Oktobertagen die Wut darüber, daß die Botschaftsflüchtlinge aus Prag via DDR in die BRD gekarrt werden sollten. Dresden entging messerscharf dem Bürgerkrieg, und man wagte den ersten Dialog zwischen Staatsmacht und Demonstranten. In Berlin wurden demonstrierende Jugendliche brutal zusammengeschlagen und abtransportiert, während Gorbatschow via Westfernsehen seinen so sibyllinischen wie befreiend wirkenden Satz sagte: »Wer zu spät kommt, den bestraft das Leben.«

In Leipzig kam es dann am 9. Oktober zur historischen Entscheidung: Siebzigtausend friedliche Demonstranten und ein riesiges Aufgebot von Sicherheitskräften »zum Schutz sozialistischer Errungenschaften« standen sich gegenüber. Der Einsatzbefehl blieb aus, der Leipziger Ring wurde nicht zum »Platz des Himmlischen Friedens«. Das Aufbruchsignal für das ganze Land war gegeben.

Leipzig wurde zum Vorbild für alles, was dann in der DDR geschah. Die geradezu beschwörende Parole »Keine Gewalt!«

führte zu gewaltigen, sich aufs ganze Land ausbreitenden Demonstrationen, ins allabendliche »Fest der Demokratie«, wo »Glasnost« praktizierte Offenheit und öffentliche Rechenschaftslegung der einst Mächtigen wie »Perestroika« als mächtiger Ruf nach »Demokratie – jetzt oder nie« verstanden wurde. Die Politisierung der Bürgerinnen und Bürger nahm bis dahin ungeahnte Ausmaße an. Dem Ruf der Resignierten »Wir wollen raus!« setzten nun andere einen Widerstands- und Veränderungsruf »Wir bleiben hier!« entgegen. Die größte Demonstration führte am 4. November 1989 in Berlin mehr als fünfhunderttausend Demonstranten zusammen. Die demokratischen Freiheiten waren ihr zentrales Anliegen. »Wir treten aus unseren Rollen«, proklamierten die Schauspieler. Theater wurden zu unmittelbaren Podien für eingreifendes Denken. Die Kirchen wurden Einübungsorte für Gewaltlosigkeit, Ausdrucksorte für Protest und Klage- und Ermutigungsorte für den aufrechten Gang.

Eine Vollbeschäftigungsgesellschaft machte sich zu einer Feierabendrevolution auf. Der monolithische Block der zweieinhalb Millionen SED-Mitglieder löste sich auf. Lang Entmündigte genossen es, zu reden, lang Aufgestautes kam endlich zur Sprache. Die Lust an der Mitbestimmung erwachte. Endlich bewegte sich etwas. Auf jede(n) kam es an.

Die Nacht vom 9. zum 10. November wurde zum unerwarteten »Wahnsinn!«-Ereignis, zum Taumel des bis dahin unmöglich Scheinenden. An keinem Tag waren sich Ost- und Westdeutsche näher als in jener Nacht. Der Delegitimationsspruch des Volkes auf der Straße des Protestes gegen die Machtanmaßung der Partei »W i r sind das Volk« wurde nach dem Mauerdurchbruch umgebogen in den sehnlichen Vereinigungswunsch »Wir sind e i n Volk«. Der Schwenk des ostdeutsch bestimmten demokratischen Aufbruchs begann mit dem Schwenken der schwarzrotgoldenen Fahnen. Das Wort »Wende« wurde zum verharmlosenden Ersatzbegriff einer friedlichen Revolution, dessen sich die Wendigen aus gegensätzlichsten politischen Lagern bedienten.

Die Faszination der äußeren Erscheinung des Westens mündete in unmittelbare Vereinigungswünsche. Helmut Kohls Zehn-Punkte-Plan wurde von einheitsbegeisterten Massen vor der Dresdner Frauenkirche im Dezember überholt, während der Aufruf »Für unser Land« als letzter Versuch eigenständiger Entwicklung der DDR sich gerade durch die Zustimmung der SED erledigte. Bei der Öffnung des Brandenburger Tores wiederholte sich der Tanz auf der Mauer. Den demokratischen Aufbruchsbewegungen des Herbstes hatte die Einheit ferngelegen, doch die Bürger zogen die Einheit im Wohlstand einer Freiheit in Entbehrung vor. Eine Perestroika ohne DM konnten sie sich nicht vorstellen. Und so wurde die DDR in einem demokratischen Prozedere übernommen. Die Depression im Sommer hatte über demokratische Aufbruchsstimmung im Herbst und Euphorie über den Mauerfall im November zum Einheitsjubel im Dezember geführt.

Die Ernüchterung setzte erst mit der Tätigkeit der Treuhand ein, als der Ausverkauf des (maroden) Produktivvermögens erfolgte und mit der Sanierung eine Entlassungswelle einsetzte. Die Einheit – das Ende der DDR – war nicht seit dem 3. Oktober erreicht, sondern seit dem 1. Juli 1990 erfolgt. Das ökonomische Datum war und ist wichtiger als das politische. Die D-Mark setzte die Maßstäbe.

Die Ostdeutschen merkten fortan, daß sie nicht liquide waren und sein konnten. Neben der objektiven ökonomischen Asymmetrie kam das ostdeutsche Gejammer auf über ungenügende westliche Solidarität. Die westdeutsche Dominanz war in jeder Weise vorprogrammiert. Und die Mehrheit der Ostdeutschen unterwarf sich allzu gerne denen, die wußten, wie es geht, und denen, die die ökonomischen Hebel hatten.

Aus der vierzigjährigen Ideologiebestimmung kamen die Ostdeutschen über eine kurze Phase der Selbstbestimmung bald in eine Gesellschaft, in der alles durch das Geld bestimmt wurde. Wer hat, hat was zu sagen – in dem Maße, in dem er etwas hat. Vermögensmacht ist unmittelbar gebunden an Verfügungsmacht und umgekehrt.

Man denke an die Bereinigung der ostdeutschen Medienlandschaft durch die Medienkonzerne oder an das Kapital, das »ein scheues Reh« sei. Die vielleicht größte Enttäuschung war, daß der Osten gar nicht wirklich gebraucht wurde. Die DDR war ein Schrotthaufen, bestimmt zum ökonomischen, politischen Recyclingprozeß, aber nicht fähig zu irgendeinem ökonomischen Mithalten oder zur politischen Innovation. Eigentlich *nichts* wurde für würdig befunden, westdeutsche Lebenswirklichkeit zu verändern oder gar zu bereichern. Die Verfassungsdebatte, die nach Artikel 146 des GG vorgesehen und vorgeschrieben war, blieb aus. Der Osten schloß sich an; viele meinten, er könne sich im Schnelldurchlauf dem Westen anverwandeln. Dieser Anverwandlungsprozeß dauert an, und es ist fraglich, wann er gelingt. Der Rausch der Einheit mündete in einen lang anhaltenden Kater. Doch unter dem Strich gilt: Wir Deutschen sind ohne Gewalt neu vereinigt worden. Wir sind in der Demokratie angelangt. Wir leben ohne erkennbare Feinde ringsum und zeigen uns europäisch aufgeschlossen.

Eine Bewährungsprobe steht uns mit der Osterweiterung noch bevor. Insbesondere in unserem Verhältnis zu den polnischen Nachbarn wird sich zeigen, ob wir Deutschen uns kollektiv erinnern, was wir den Polen seit dem 1. September 1939 schulden und was wir ihnen 1989 zu danken hatten. Wegen der ökonomischen Asymmetrie und aufgrund der Ängste besonders ostdeutscher Anrainer wird es transnationaler Anstrengungen und kluger Übergangsregelungen bedürfen. Eine von den Völkern getragene deutsch-polnische Freundschaft kann ebenso ein verwirklichter deutsch-polnischer Traum werden wie die deutsch-französische. Das Lernen aus schmerzlicher Vergangenheit kann neue Zukunft begründen. Erinnern hilft leben!

An meine Enkel

Im ersten Jahr des neuen Jahrtausends wurde dieses Jahrtausend schon gezeichnet – wenn nicht gar das Zusammenstürzen der Twin Towers vor unser aller Fern-Seh-Augen ein Menetekel für die Welt ist. Diesem archaisch-barbarischen Terrorakt ging vielfältiger anderer Terror voraus. Die Globalisierung der Gefahr wurde jedermann bewußt. »Nichts ist sicher« – diese Allerweltsweisheit wurde existentielle Erfahrung aller. Die Fun-Gesellschaft hielt nur einen Moment inne, obwohl nun alle wissen könnten, daß das Leben kein Spaß ist und der ungehemmte Spaß der einen eine Ursache für das Unglück anderer ist, solange Strukturen der Ungerechtigkeit ganze Länder und Kontinente in bitterer Armut versinken lassen. Etwa 25 000 Kinder verhungern täglich. Ihr habt es – noch! – so gut. Wißt Ihr das?

Was wird uns dieses Jahrtausend bringen, an dessen Schwelle Ihr aufwachst, und was nehmt Ihr von uns aus dem vergangenen Jahrhundert mit? Ihr wachst in ein neues Jahrtausend hinein. Ihr werdet nicht neu anfangen können und Ihr werdet neu anfangen müssen. Die Welt ist alt und Ihr seid jung.

Was ist eigentlich an einer Jahrtausendwende so dramatisch? Nichts.

Es ist unsere Zählung, eine kollektive Vereinbarung in unserem Kulturkreis, die an einen Wendepunkt menschlicher Geschichte erinnern soll. Wenn Ihr zählt, müßt Ihr stets mitbedenken, daß es anno Domini – post Christum natum – heißen müßte.

Damit wird erinnert an eine Zeitenwende, die mit einer besonderen historisch-kosmischen Konstellation verbunden war: Einem Stern am Himmel entsprach ein Stern auf der Erde. Ein in einer Hütte Geborener wurde zum »Star« der Jahrtausende. An die geschichtliche Wende, in der sich Himmel und Erde berührten und Ungreifbares greifbar wurde, als der unnennbare Gott in einem nennbaren Menschen erschien und das bloß Natürliche in einem doppelten Sinne aufgehoben wurde: Der Mensch kann sich von seinen instinkthaften Bindungen lösen; er kann dem Machtwillen die Liebe, der Angst das Vertrauen entgegenstellen. Auch dem Tod wird seine End-Gültigkeit genommen.

Zweitausend Jahre »nach Christus« heißt, zweitausend Jahre »Christentum«, also viele Kirchen, viele Krankenhäuser, viele Kriege, viele Kreuzzüge, viel Kult, viel Kultur.

Zwischen der Botschaft des Wanderpredigers und der weltweit wirkenden Institution Kirche liegen freilich Welten. Dies wurde in dem sarkastischen Satz zusammengefaßt: »Jesus verkündete das Reich Gottes und gekommen ist die Kirche.«

Und dennoch wirken die Botschaft, sein Leben und Sterben weiter wie ein »Licht auf dem Berge«, ein Leuchtfeuer der Hoffnung, wie »Salz der Erde«, brennend in den Wunden der Welt. Das Reich Gottes, eine Welt in Gerechtigkeit und Frieden, das ist einem ausgestreuten winzigen »Senfkorn« vergleichbar, dem man nicht ansieht, daß daraus ein Strauch wird, in dem Vögel nisten können.

Auch wenn die Welt sich globalisiert, wie es heute jeden Tag in der Zeitung steht, werdet Ihr in einem abendländisch-christlichen Lebensraum groß werden.

Unsere Kultur wird sich ihr Profil erhalten, indem sie andere Kulturen gelten läßt, aber die eigene Kultur nicht vernachlässigt. Wo alles gleich wird, wird alles gleichgültig. Zu viele Menschen wissen von unseren Wurzeln nichts mehr und sind so abgestumpft worden, daß sie davon auch nichts mehr wissen wollen, geschweige denn verstehen. Das Alles-wissen-Können führt paradoxerweise zu immer größerer Verdummung und innerer Entwurzelung. Wir meinen viel zu wissen, aber wissen nicht mehr, wie Wichtiges von Unwichtigem zu unterscheiden ist. Das hängt mit der von unserer Seele nicht mehr zu bewältigenden Fülle zusammen, die auf Tiefe verzichten muß. Ich glaube, daß es gut für jeden Menschen ist, wenn er weiß und spürt, wo er wurzelt, wo seine Lebensgrundlagen sind, was trägt und was weiterführt, was über den Tag hinaus gilt und dem Leben Sinn gibt.

Auch wenn es Euch sehr fremd erscheinen mag, möchte ich Euch die alte Buchsammlung heiliger Bücher, die wir die Bibel nennen, ans Herz legen. Ich bin sicher, daß Euch das guttut. Daß Ihr im Leben besser zurechtkommt, wenn Ihr Euch daraus »erbauen« laßt, überraschende Erkenntnisse gewinnt, neue Fragen stellt, Eure Zweifel formuliert und eine Sprache für die Hoffnung findet.

Es sind immer wieder ganz schlichte Geschichten, die auch Euch faszinieren werden, wenn sie Euch in ihrer ursprünglichen Form von Menschen vermittelt werden, die aus ihrer Wahrheit und Weisheit leben.

Es sind vielleicht die seltenen Glücksmomente, wenn Ihr solchen Menschen begegnet.

Es sind vielleicht nur drei oder vier Geschichten nötig, um zu verstehen, worum es geht. Vom barmherzigen Samariter. Vom verlorenen Sohn. Vom reichen Kornbauern. Von der armen Witwe.

Jedenfalls will ich Euch sagen, daß die Geschichte und die Geschichten, die im heiligen Buch der Juden und dem heiligen Buch der Christen als »Bibel« zusammengefaßt sind, einen Erfahrungsschatz vermitteln – der Menschen mit sich selbst, mit den anderen und mit dem, was wir Gott nennen. Die Bibel ist ein Schatz, der freilich nicht freiliegt, sondern freigelegt werden will. Das macht Mühe und bringt auch Unlust und Unverständnis, Zweifel und Widerspruch hervor. Und dann werdet Ihr wieder eingenommen sein, zum Beispiel von der wunderbaren Geschichte einer Liebe, die von Ruth erzählt und von einer Grenzüberschreitung der Religionen und Kulturen. Oder ein einziger Psalm kann Euch aus Einsamkeit, Angst und Selbstzweifel zu der Gewißheit führen, daß jeder von Euch ganz einmalig, ganz unverwechselbar, ganz unersetzbar, ganz gewollt und ganz geliebt ist und durchs Leben geleitet wird.

Dazu können Euch die Erwachsenen den Zugang eröffnen (oder auch versperren) und Ihr werdet ihn ganz selbständig für Euch finden und Euch aneignen. Es kann Euch alles ganz fremd und ganz fern bleiben, Euch ganz kalt lassen, und es kann Euch wie ein Wärmestrom überkommen, wo Ihr aus ganzem Herzen sagen könnt, »der Herr ist mein Hirte, mir wird nichts mangeln«. (Psalm 23)

»Herr Du forschst nicht, Du kennst mich von ferne, Du weißt, wie ich es meine.« (Psalm 139)

»Fürchte Dich nicht, denn ich habe Dich erlöst; ich habe Dich bei Deinem Namen gerufen; Du bist mein!« (Jesaja 43,1)

Ihr werdet Zweifel und Verzweiflung darin ausgesprochen finden und aussprechen lernen. »Warum hast du mich verlassen?« (Psalm 22)

Ihr werdet in der Vielfalt der Zeugnisse erfahren, was man sein muß, um ein Mensch zu sein und: wie ein Mensch sich verfehlen kann.

Ihr werdet aussprechen lernen, was Schuld ist, Eure Schuld und die Eurer Väter.

Und Ihr werdet erkennen, was unentrinnbar und unwiederherstellbar ist. Ihr werdet Eure Stärken als Eure Schwächen und Eure Schwächen als Stärken entdecken und dankbar sein für alles, was Euch mitgegeben wurde.

Und den Reichtum werdet Ihr entdecken, der Ihr selber seid. Ihr werdet die Illusionen erkennen, denen die Welt in immer neuen Varianten verfällt.

Selbsttäuschungen treten gerne massenhaft in Erscheinung und bleiben zu lange unbefragt, zum Beispiel: als ob mehr »haben« mehr »sein« bedeutet; als ob der Sinn in der Anhäufung von Dingen läge und als wäre ein Mensch die Summe seiner Leistung.

Vielleicht wird der wichtigste Satz für Euch ganz persönlich, aber auch für die Welt der zehn Milliarden Erdbewohner sein: »Was hülfe es dem Menschen, wenn er die ganze Welt gewönne und nähme doch Schaden an seiner Seele?« (Matthäus 16,26)

Daß alles Leben unverfügbar ist, muß als Gegen-Satz gelten, in einer Welt, in der wir Menschen uns alles verfügbar machen und uns alles jederzeit verfügbar halten wollen. Leben bleibt etwas Unverfügbar-Kostbares.

Die Menschen haben immer auf Erlösung gehofft und auf einen Erlöser gewartet. Jesus aus Nazareth, der Menschensohn, wird auch der »Erlöser« genannt.

Der Erlöser kommt von unten und will bei denen unten bleiben, für die unten da sein. Er setzt der Vergeltung die Vergebung, der gerechten Strafe die Versöhnung entgegen. Er fragt uns, woran wir unser Herz hängen, das ist unser Gott, Abgott oder Götze. Er durchschaut unsere Götzenanbeterei: Geld, Geltung und Macht. Urvertrauen setzt er gegen Urangst, unbefangene Zuversicht gegen unablässige Sorgen: Er widerspricht der Logik der Macht und der Mächtigen und zerbricht daran; aber Gott gibt ihn nicht auf und gibt ihm einen »Namen über alle Namen«. Während wir zu ihm aufsehen, sehen wir auch den, der »mitten unter uns« ist, den, der »für uns« da ist, ja, den Geschundenen für uns, der uns so erwärmende wie ermutigende Worte auf den Weg mitgibt: »Siehe, ich bin bei Euch alle Tage, bis an der Welt Ende.«

Unseren menschlichen, allzu menschlichen Darstellungs-, Geltungs- und Überlegenheitsbedürfnissen widersprechend – ohne jeden Vorwurf, aber doch deutlich –, sagt er schlicht: »Wer von Euch der Größte sein will, der sei Euer Diener.«

Wir sollten einander dienen, die einen zu »Knechten« der anderen w e r d e n, aber keinen zum Knecht m a c h e n. Selbst der Menschensohn ist nicht gekommen, um zu herrschen, sondern um zu dienen.

Letzte werden Erste, Geschnittene Gewürdigte, Ausgegrenzte Dazugehörige, Aussätzige Gereinigte. Arme entdecken ihren Reichtum. Reiche ihre Armut. Teilen wird das Losungs-, das Lösungswort. Kinder werden erhoben, ja zu Lehrmeistern einer erlösten Menschheit; er nennt das »das Reich Gottes«, das man nur empfangen kann wie ein Kind.

Eine einfache Magd wird zur Gottesmutter, die heilige Maria. Ein an seiner Rechthaberei und Selbstüberschätzung zerbrechender Fischer wird zum »Fels« der Kirche, ein stotternder Epileptiker wird zum Herold der befreienden Botschaft für alle Völker. »Ein Beispiel habe ich Euch gegeben«, sagt er, nachdem er seinen Freunden die Füße gewaschen hat, daß »Ihr einander liebt, wie ich Euch geliebt habe«. Einfache Wahrheiten. Schlichte Sätze. Einleuchtende Beispiele. Für eine umwerfende Praxis, die jede Generation neu vor sich hat.

Wer sagen kann, »aus Gnade bin ich, was ich bin«, wird einerseits alles leisten, was er kann, aber weder an seiner Leistung verzweifeln, noch sich durch seine Leistung als Mensch über andere erheben.

Wer diese Welt als ein einziges Wunder zu verstehen vermag und nicht aufhört, sich zu wundern, wird zuallererst über das Leben staunen und diesem Staunen Sprache geben – sei es durch Stillesein und Meditieren, Lauschen und Schauen, sei es durch ein Bild, das er sieht oder das er selber malt, durch eine Sonate, die er hört, oder ein Lied, das er aus vollem Herzen und aus voller Kraft singt.

Wer sein Inneres entfaltet, braucht nicht viel Äußeres, weil er in allem, was er erlebt, viel entdecken kann.

Die Erkenntnis der Dinge, das immer tiefere Eindringen in die Geheimnisse der Natur, die immer weitergehende Nutzbarmachung der Natur, wird ihn nicht dazu verführen, sie einzig und allein als Objekt zu gebrauchen. Er wird sie heilig halten – selber ein Geschöpf unter Mitgeschöpfen.

Die Bibel beschreibt uns Menschen in unserer (ursprünglich) nicht entfremdeten Lebensweise, in einem Garten, in der Welt als Garten, den wir bebauen und bewahren können und sollen.

Alles »war verlockend anzusehen und gut zu essen«, heißt es im biblischen Schöpfungsbericht. (Gen. 2,9)

Das erste ist, daß wir das kindliche Staunen nicht verlernen und der Freude unmittelbar Ausdruck geben, indem wir die Welt mit unseren fünf Sinnen ertasten und erfühlen, erreichen und erhören, besehen und erschmecken.

Wir begreifen und bilden Begriffe, wir finden Worte und Töne, wir schaffen uns Werk-Zeuge und Kunst-Werke …

Das Urbild vom »Leben im Garten« enthält zentrale Einsichten, Dinge, die für unser zukünftiges Leben zu bedenken wichtig bleiben: wer im Garten lebt, lebt im Rhythmus: Tag und Nacht, Sommer und Winter, Säen und Ernten, Werden und Vergehen.

Wieder mehr im Rhythmus der Natur zu leben wird eine Frage unseres Überlebens auf diesem Globus, auf dem alles globalisiert, egalisiert und standardisiert wird, wo wir uns in allem vom Natürlichen entfernen und entfremden.

Der Garten lebt und stirbt mit dem Wasser. Der Umgang mit dem Wasser – und den nicht zufällig so genannten »Regenwäldern«, wird darüber entscheiden, ob die Wüsten weiter so bedrohlich wachsen. Wir Menschen verfügen inzwischen über so große technische Machtmittel, daß es an uns liegt, ob die Erde grün bleibt oder zur trostlosen Wüste wird.

Bebauen und Bewahren sollen wir, also beim Bebauen auch Bewahren!

Unsere Eingriffe in den Naturhaushalt nehmen inzwischen gigantische Ausmaße an, Eingriffe, die nicht mehr rückgängig zu machen sind.

Wir verbrauchen, wir ver-nutzen die Natur, von der und in der wir leben, deren Teil wir selber sind. Der Schutz der Natur vor den Menschen ist längst wichtiger geworden als der Schutz des Menschen vor der Natur. Aber daß diese Erkenntnis noch nicht ökologische Praxis geworden ist, sehen wir am fortgesetzten Raubbau an Bodenschätzen oder an den gigantischen Brandrodungen.

Werdet Ihr die Kraft, die wir nicht hatten, aufbringen, diesen Prozeß aufzuhalten und umzusteuern?

Die vierte Erkenntnis aus diesem Mythos vom Urparadies ist die moralisch-ethische Frage, wieviel Energie Ihr daran setzt, zu beraten und zu klären: Was ist dem Menschen und der Natur zuträglich? Was ist nur gute Absicht? Was ist nur vordergründig gewinnbringend – also zwar »nützlich«, aber nachhaltig nicht verantwortbar? Was ist uns Menschen angemessen, und wie finden wir unser menschliches Maß?

Ich sag' Euch, ich bin froh, daß ich wahrscheinlich es nicht mehr erleben werde, wie Menschen geklont werden. Aber ich fühle mich mitschuldig dafür, daß in meiner Zeit die Voraussetzungen dafür geschaffen wurden.

Und wir ließen in der zweiten Hälfte unseres Jahrhunderts die Frage unbeantwortet, was wir von dem, was wir technisch können, wirklich wollen, sollen oder dürfen.

Werner Heisenberg, Albert Einstein und Nils Bohr quälten noch die mißbrauchbaren Folgen ihrer Erfindungen. Spätere Wissenschaftler kaum noch. Wir waren der moralischen Herausforderung, die uns die technischen Möglichkeiten eröffneten, aufs Ganze gesehen, nicht gewachsen. Ich meine, Euer Jahrtausend wird sich auf die Frage konzentrieren müssen, was es wert und würdig ist zu tun und was tunlich zu unterlassen ist.

Euer erstes Jahrhundert wird ein ethisches werden, so wie unseres ein technisches war. Wenn es Euch nicht gelingt, Euch grundlegend und verantwortlich darüber zu einigen, werden alle Pessimisten über die Zukunft der Welt recht behalten.

Euer Überleben wird davon abhängig sein, und ebenso werdet Ihr ein lebenswertes Leben auch für Eure Kinder wollen.

Deshalb werdet Ihr zurückblicken, aus Vergangenem lernen und Euch auch aus Vergeblichem belehren lassen.

Ich möchte Euch das alles nicht drohend, sondern besorgt sagen. Ich denke an Eure Zukunft, während ich vor einer wunderbar wild blühenden Wiese, abgeschieden auf einem Berge Umbriens, in der Sonne sitze – und keine Ozonangst habe.

Ich genieße die Stille, lasse mich auf wundersame Weise durch das unaufhörliche Zirpen der Zikaden beruhigen. Hier könnte ich alle Besorgnisse ganz vergessen.

Und ich möchte einfach, daß Ihr an solch wunderbarer Fülle des Lebens teilhaben und auch Euren Kindern noch davon geben könnt. Ihr werdet viel von dem, was wir versiegelt haben, wieder aufbrechen, damit wieder mehr Wiesen und nicht noch mehr Landepisten entstehen.

Wir sind zu Beginn des neuen Jahrtausends wieder einmal

in einem technologischen Rausch, wo sich die sogenannte Modernisierung von ethischen Fragen des Überlebens abkoppelt und die Gewinnfrage im weltweiten ökonomischen Wettlauf unter einer wahnwitzigen Beschleunigungsideologie in den Vordergrund rückt, scheinbar unverrückbar.

In meiner Zeit geschah ein Zeitenbruch, in dem eine Langzeitperspektive nicht mitgedacht wurde. Das hat zur Folge, daß das, was wir für die Zukunft nicht voraussehen wollten, von Euch und von Euren Kindern ausgebadet werden muß.

Die Natur braucht uns nicht; aber wir brauchen sie. Aus solch einfacher und unabweisbarer Erkenntnis zu leben und praktische Schlüsse zu ziehen, steht Euch erneut bevor. Wir sind daran vorerst gescheitert. Die Ökonomie hat das Heft fest in den Händen.

Ich glaube, daß der Schöpfer der Welt diese Erde uns anvertraut hat. Und ich glaube auch, daß wir Menschen in der Lage sind, verantwortlich damit umzugehen. Doch unsere besonderen menschlichen Fähigkeiten sind zugleich zu unserer besonderen Gefährdung geworden.

Die Einsicht in das, was lebensverträglich ist, bleibt möglich. Aber sie kommt nicht von selbst. Und ich wünsche Euch dringend, daß rettende Einsicht nicht erst aus furchtbaren Leiden und Katastrophen erwächst.

Ihr sollt nicht sagen müssen, es gab einen Zeitpunkt, von dem an Ihr sagen müßtet: »Von da an war es zu spät, die Regenwälder zu retten, die die Lungen des Globus sind.«

Wir sprechen in unserer Zeit von »point of no return«. Dieser Begriff sollte zu unserer Zeit eine unsere Handlung umkehrende Wirkung haben. Er wurde aber leider zu einer wirkungs- und hoffnungslosen Drohung, die sich in Büchern erschöpfte, die zu Bestsellern wurden. Dies hat im letzten Grund damit zu tun, daß unsere Gier nach Leben unsere Neugier auf Leben dominiert, nicht etwa vorausschauende Verantwortung …

Ich schreibe dies als Pfarrer. Ich denke vom biblischen Menschen- und Weltbild her, das von der Erlösungsbedürftigkeit und -fähigkeit des Menschen ebenso ausgeht wie von seiner tiefen Gebrochenheit, Widersprüchlichkeit und Gespaltenheit, zusammen mit einer hybriden Selbstüberschätzung und Ich-Fixierung.

»Sollte Gott gesagt haben: Soll ich meines Bruders Hüter sein?« Solche Fragen stehen am Beginn des Menschengeschlechts, wollen wir der Genesis, dem »Buch der Entstehung« Glauben schenken.

Die Bibel nennt dies »Sündenverfallenheit«. Und der Apostel Paulus zeigt unmißverständlich die Schere zwischen Einsicht und Verhalten, Wollen und Vollbringen des Guten. In unserer Sprache heißt das: wir haben vernünftige Einsichten und handeln aus unseren unkontrollierten Trieben dem genau entgegengesetzt.

Aber dieser existentielle Konflikt ist auflösbar, wenn wir Menschen uns von einem neuen Geist anstecken lassen können und aus Hoffnung gegen alle Hoffnungslosigkeit leben.

Jeder neue Tag ist wie ein ganzes Leben, und er ist eine Gelegenheit, neu anzufangen.

Wißt Ihr, es gibt zu Beginn der Bergpredigt Ermutigungssätze von bestechender Einfachheit, Klarheit und Wahrheit.

Glücklich, ganz und heil sind die Friedfertigen, denn sie werden Gottes Kinder heißen.

Glücklich, ganz und heil sind die Barmherzigen, denn sie werden Barmherzigkeit erlangen.

Wo könnt Ihr in Eurer Fernseh-, Computer- und Comicwelt friedfertige, sanftmütige und barmherzige Menschen erleben?

In meiner Jugendzeit gab es einen sehr provokativen Spruch: »Macht kaputt, was Euch kaputtmacht.«

Ich wünsche, daß Ihr rechtzeitig erkennt, was Euch kaputtmacht und wer Euch kaputt macht und wie zynisch mit Euren Gefühlen, mit Euren Sehnsüchten und einer uns Menschen innewohnenden Verfügbarkeit und Zerstörungslust umgegangen wird, um damit Geschäfte zu machen.

Sind wir stehengeblieben bei den Vergnügungen, die die

Bürger der Ewigen Stadt Rom empfanden, als sie zu Beginn des Jahrtausends die Christen den wilden Tieren unter dem Gejohle der Menge zum Fraß vorwarfen und zusahen, wie Gladiatoren sich gegenseitig umzubringen hatten? Oder bei der Schaulust derjenigen, die dabei waren, als die angeblichen Hexen oder Ketzer vor einem sensationsgierigen Volk gefoltert oder verbrannt wurden?

Oder bei der Haltung derer, bei denen es vor nur sechzig Jahren als »Heldentat« galt, jüdische Mitbürger massenhaft zu vernichten? Heute wird primitivste Gewalt, seelenloses Gemetzel, kaltherziges Töten täglich per Farb-TV in jedes Wohnzimmer getragen, Zerstörungskitzel als Einschaltquotenbringer. Besonders Kinder sind dem ausgeliefert.

Dann, dazwischen, Schokoladen-, Bier- und Autowerbung. Die Banalisierung menschlicher Leiden und Freuden hat Folgen für unsere Gefühlswelt, ja für unser gesamtes Lebensklima.

Es geht mir nicht um Medienstürmerei, wie man vor zweihundert Jahren vergeblich versuchte, Maschinen zu stürmen. Unsere Freiheit, mit den Medien umzugehen, liegt darin, die Auswüchse einzudämmen und: in so bewußter wie entschiedener persönlicher Verweigerung. Gerade jetzt lassen sich wieder Millionen auf der Welt von einem Riesenklamauk betören: Star Wars II – als Ablenkung von Tarnkappenbombern über Belgrad?

Habt gegen diese Welt das einfache Vertrauen, daß in Euch unglaubliche Kräfte stecken, die es Euch als Glück empfinden lassen, einem anderen gut zu sein, behutsam mit allem umzugehen, Frieden zu stiften, Mitempfinden mit allem Lebendigen zu haben, sich selber aufzuopfern für das Wohlergehen anderer. In der Zeit nach dem Zweiten Weltkrieg in unserem Jahrhundert bin ich aufgewachsen. Deutsche hatten den Krieg angezettelt, Länder überfallen und erobert, Menschen vor allem im Osten massenhaft deportiert und zu Zwangsarbeitern gemacht, in Konzentrationslager gepfercht, zu Tode geschunden oder vergast.

Auch Ihr seid Deutsche, und was Deutsche angerichtet haben, wird mit unserer wunderbaren Kultur und Sprache auch verbunden bleiben. Darunter gibt es keinen Schlußstrich. Das bleibt eines der finsteren Kapitel menschlicher Geschichte und darf nicht aus dem Gedächtnis »entsorgt« werden, weil Gewissensschärfung durch Erinnerung die Wachsamkeit gegenüber Wiederholungen stärkt.

Viele Gründe für das, was geschehen war, kann man aufführen. Aber letztlich bleibt etwas Unbegreifliches. Auf unsere Kultur und Zivilisation können wir uns nichts einbilden, sie ist gefährdet und in ihren humanen Grundlagen tief erschüttert worden. Sie ist kein Garant. Aber auf die Schätze unserer deutschen und europäischen Kultur können wir bauen, aber nur, wenn wir sie uns aneignen und uns von jeder Art Überhebung über andere oder vor Ausschließlichkeit unserer Wahrheitsansprüche bewahren. (Martin Luther hat einmal gesagt, der Mensch hat die Hölle in sich. Aber haben wir nicht auch den Himmel in uns?)

Fast alle unserer Städte waren zerbombt worden, nachdem die »deutsche Wehrmacht« halb Europa in Schutt und Asche gelegt hatte.

Ich habe als Fünfjähriger die brandschwarze Ruinenstadt Magdeburg gesehen, und dies hat mich in nächtlichen Alpträumen verfolgt.

Ich habe die russische Besatzung von Kindheit an mit großer Angst erlebt, habe mitbekommen, wie Nachbarn nachts abgeholt und in Zuchthäuser und Lager gebracht wurden. Ich habe so merkwürdige Fremdworte wie Saboteur, Bourgeoisie, Staatsfeind, Diversant, imperialistischer Spion gehört. Unzählige Bauern wurden verjagt, ihre Höfe wurden aufgeteilt und verfielen, bis man große volkseigene Güter und bäuerliche Genossenschaften schuf. Als Sohn eines Pfarrers gehörte ich von vornherein zu den Feinden des »werktätigen Volkes« und wurde als Relikt einer zum Untergang verurteilten Welt behandelt. Nahezu alle anderen Mitschüler waren in kommunistischen Jugendverbänden »organisiert«, wie es hieß. Meine sechs Geschwister und ich wurden ausgegrenzt und von höherer Bildung ausgeschlossen.

Aber wir alle fanden – unter erschwerten Bedingungen – jeder unseren Weg, nicht ohne Bedrängung, aber ohne den Verlust unserer Würde.

Dies alles hing mit der Zweiteilung Deutschlands zusammen. Der östliche Teil gehörte zum Herrschaftsbereich des sogenannten sozialistischen Lagers »unter Führung der ruhmreichen Sowjetunion«. Stellt Euch vor, auf den Schulheften, in die ich meine ersten Sätze schrieb, war das Portrait Stalins. Er galt als der weiseste Führer aller Völker aller Zeiten, bis er vor der Welt 1956 als einer der größten Verbrecher der Weltgeschichte entlarvt wurde.

In meiner Kindheit wurde er als Befreier der Menschheit gepriesen und wie ein Gott verehrt, zumal die Truppen seiner Roten Armee wesentlich und mit hohen menschlichen Verlusten zur Vernichtung des deutschen Faschismus und zur Beseitigung des »Führers« Adolf Hitler beigetragen hatten, dem die Deutschen bis zum bitteren Ende beinahe blind gefolgt waren.

Nun sollte im östlichen Teil Deutschlands eine neue Gesellschaft aufgebaut werden: eine soziale Utopie sollte in die Wirklichkeit kommen. Eine wissenschaftliche Weltanschauung, mit einer Partei als Vortrupp der Zukunft, wollte mittels Vergesellschaftung der Produktionsmittel und mit Hilfe von Wissenschaft und Technik eine gerechte Welt aufbauen, in der die Ausbeutung des Menschen durch den Menschen abgeschafft werden sollte.

Es ging geradezu um eine Erlösung der Welt von all ihren Gebrechen: eine Welt ohne Hunger und ohne Krieg, ohne Klassen- und Rassenschranken, ohne Ausbeutung und Unterdrückung. Dafür aber wurde für alle soziale Sicherheit, Kultur, Bildung, Gesundheit, Arbeit und Brot versprochen. Manches davon wurde – freilich unter großen Opfern – erreicht.

Zur schnelleren Erreichung dieser großen Ziele bedurfte es der sogenannten Diktatur des Proletariates, in der die

Kommunistische Partei die in ihren Herrschaftsbereichen lebenden Menschen der geistigen Freiheit und individuellen Entfaltungsmöglichkeit beraubte, alle in Kollektive und in ein Einheitsdenken einzuzwängen versuchte. Das nannte man die »Linie der Partei«, der man peinlichst zu folgen hatte, auch wenn die Partei öfter abrupt ihre »Linie« revidierte. Änderte ein einzelner aus eigener Einsicht seine Meinung, nannte man ihn Revisionist. Aus Freunden wurden über Nacht Feinde gemacht.

Dieser Menschheitstraum ist gänzlich an sich selbst und in sich selbst zerbrochen. Das lag auch an einem verheerenden Wettrüsten zwischen den beiden Blöcken, die man »Osten und Westen« oder kapitalistisches und sozialistisches Weltsystem nannte.

Ich habe in meiner Lebenszeit alles, was ich als einzelner tun konnte, darangesetzt, einen dritten Weltkrieg verhindern zu helfen.

Die Waffen, die wir Euch aus diesem Wettrüsten hinterlassen, bleiben eine schwer abzutragende Hypothek. Was Massenvernichtungswaffen in den Händen skrupellos-verblendeter Terroristen (mit religiöser Verbrämung ihrer Verbrechen) anrichten könnten, wird uns nach dem Anschlag auf das World Trade Center auf beklemmende Weise bewußt.

Die ehemalige Weltmacht Sowjetunion trudelt am Rande des politischen, sozialen und ökonomischen Kollapses dahin, während die gigantischen Atomkraftwerke, aber auch die Wartungs- und Sicherheitssysteme der Massenvernichtungswaffen immer maroder werden.

Atom-U-Boote und ihr radioaktives Potential rosten im Eismeer vor sich hin, während die Weltnachrichten erfolgreich mit Nachrichten über den Euro, den DAX, die Privatsphäre von Prominenten und allerlei Polittratsch ablenken.

Auch Eure Zukunft wird nicht ablösbar sein von einem Gedeihen dieses unermeßlich großen Landes im Osten Europas und der entschlossenen Minderung der Weltarmut, die wesentlich durch uns reiche Länder verursacht wird.

Und eine international geregelte Abrüstung bleibt dringlich, ebenso Konventionen gegen Minen, die Unterbindung des ungezügelten und unkontrollierten Waffenhandels.

Indes: Die Fragen und Aufgaben, die der Sozialismus gestellt hatte, haben sich nicht erledigt, auch wenn sich das politische System des Sowjetsozialismus erledigt hat.

Ihr werdet mehr und mehr ganz alltäglich erleben, daß wir in einer Welt leben, in der sich das Schicksal der einen vom Schicksal der anderen nicht ablösen läßt. Das betrifft zum Beispiel die internationalen Auswirkungen einer Instabilität im flächengrößten Land der Welt – Rußland – oder im volkreichsten Land der Welt – China –, oder es betrifft das Weltchaos, das steigende Bevölkerungszahlen bei dramatisch steigender Armut auslösen können.

Die Sorge eines jeden Volkes um sich selber und die Mitsorge um das Schicksal der anderen Völker wird in der Organisation der Vereinten Nationen politisch wirksamere Gestalt finden oder die Welt wird sich dem Kampf aller gegen alle, besonders aber der Stärkeren gegen die Schwächeren, wieder ausliefern.

Wenn Ihr dies erkennt und nicht gleich aufgebt oder gar gleichgültig werdet, dann werdet Ihr auch begreifen, daß es in Eurem eigensten Interesse liegt, Euch aktiv um Politik zu kümmern, statt Euch nur um Euer privates Wohl zu bekümmern. Das ist mühsam und oft frustrierend, aber es ist notwendig. Ich weiß nicht, ob wir Menschen noch wirksam handeln können oder ob wir nur noch Getriebene der globalen Entwicklung sind. Goethe hat in seinem Gedicht »Der Zauberlehrling« diese Dynamik beschrieben:

> Herr, die Not ist groß!
> Die ich rief, die Geister,
> Werd ich nun nicht los.

Auch wenn der Erfolg Eurer Bemühungen klein sein wird, so ist doch die Summe vieler kleiner Erfolge vieler einzelner ein Erfolg.

Das eine ist, Realitäten und Grenzen nicht zu verleugnen, auch die eigenen nicht, das andere ist, sie mit Zuversicht und Sachkenntnis zu verändern und zu überschreiten.

Mich hat in all meinen Unsicherheiten, Zweifeln und Ängsten ein Gedicht begleitet, das einer geschrieben hat, den der Weltkrieg gezeichnet hat:

> Was morgen ist,
> Auch wenn es Sorge ist,
> Ich sage: Ja.

Nun ist wieder Krieg. Schrecklich – ungreifbar ist der »Feind« geworden. Ihn zu finden wird weit schwieriger, als über ihn zu siegen. Wo ist die Front, was wäre ein Sieg, was eine Niederlage, mit wem wäre schließlich Frieden zu schließen?

Ingeborg Bachmann – eine große Lyrikerin des vorigen Jahrhunderts – ahnte es wohl voraus. In ihrem Gedicht »Alle Tage« heißt es:

> Der Krieg wird nicht mehr erklärt,
> sondern fortgesetzt. Das Unerhörte
> ist alltäglich geworden. Der Held
> bleibt den Kämpfen fern.
> …
>
> wenn der Feind unsichtbar geworden ist
> und der Schatten ewiger Rüstung
> den Himmel bedeckt.

Der Feind ist so einfach nicht zu fassen. Das Unerhörte gehört zu unserem täglichen Leben. Und der Schatten ewiger Rüstung bedeckt den Himmel; aber er wird uns keine Sicherheit bringen. Die Ursachen für den Krieg herauszufinden und zu beseitigen wird zur lang dauernden Aufgabe. Es reicht nicht, entschlossen Terroristen aufzuspüren und dingfest zu machen. Ungerechtigkeit und Erniedrigung sind ebenso wie Demütigung und Dominanz ein Nährboden für Haß und Terrorismus. Unsere westliche Welt ist global nicht kompatibel. Dies gilt es in der globalisierten Welt zu begreifen. Es wird nicht die *eine* Weltkultur geben, aber es muß eine Kultur des Umgangs miteinander gefunden werden. Einen gerechten Krieg gibt es nicht; es gibt nur einen gerechten Frieden. Und den Frieden zu gewinnen ist unendlich viel schwerer als den Krieg zu gewinnen. Wie unsicher alles ist, wie ungesichert wir Menschen selbst sind und wie verletzbar unsere technische Welt ist, wird uns allen bewußter. Wir *haben* nicht nur nicht *alles im Griff*, wir *sind* im Griff der Instrumente, die wir uns geschaffen haben. ABC-Waffen sind inzwischen auf der Welt zu kaufen. Für Geld gibt es alles. Die Skrupellosigkeit hat System, und sie verläuft zugleich chaotisch. Käuflichkeit gehört – für schmutzigste Ziele – auch zum Erbe der Menschheit. Nicht auszumalen, was geschähe, wenn ein vollgetankter Jumbojet auf ein Atomkraftwerk irgendwo in der Welt stürzte ... Wir leben in *einer* Welt. *Eins* sind wir schon in der Gefahr. *Eins* müssen wir noch werden in der Abwehr der Gefahren, die vom Menschen selbst ausgehen.

Und »das Böse« liegt nicht prinzipiell außer uns – es schlummert in uns. Wir sind füreinander – in unserem näheren Lebensumkreis und in der mit uns allen verflochtenen Welt – verantwortlich: Was wird aus uns, und was wird aus den anderen? Diese beiden Fragen sind nicht mehr voneinander lösbar. Und wie lernen wir, unsere Kultur und unsere Wahrheiten so zu leben, daß die anderen – und seien sie uns noch so fern – das auch tun können, ohne daß wir uns gegenseitig bedrohen? Unsere Welt wird nur gemeinsame Sicherheit finden oder in ewiger Angst und Unsicherheit mit ihren Vernichtungs-Drohpotentialen leben. Oder gar untergehen.

Über eines bin ich mir gewiß: In uns ist nicht nur das Böse, *auch* das Gute, nicht nur ein Teufel, auch ein Engel. Den Engel wecken! Und täglich bitten, wie es Martin Luther in seinem Morgensegen tat: »Dein heiliger Engel sei mit mir, daß der böse Feind keine Macht an mir habe.«

Wenn dein Sohn dich fragt

Die Tiere haben es eigentlich gut, solange sie nicht unter der Fuchtel von Menschen leben müssen. Manche Tiere haben es auch bei Menschen gut.

Die Tiere wissen, was sich gehört. Sie wissen instinktiv, was ihnen zum Leben dient, sie wissen instinktiv, was gefährlich ist. Sie wissen genau, wovor sie sich hüten müssen. Sie wissen, was wann »an der Zeit ist«.

Es braucht ihnen niemand zu sagen – sie können das einfach. Sie haben keine Freiheit, sie handeln irgendwo auch zwangsläufig, aber eben sicher, instinktsicher, solange ihnen niemand eine Falle stellt. Wir Menschen haben Freiheit – ein schönes Geschenk! Der Mensch ist das einzige Geschöpf, sagt Immanuel Kant, das erzogen werden muß, und davon lebt ein ganzer Berufsstand. Und jeder will dann natürlich jeden erziehen. Manche Gesellschaften verstehen sich vollständig als Erziehungsgesellschaft der einen, die die anderen erziehen wollen – natürlich.

Die Frage bleibt: Wer erzieht die Erzieher? Vom Ergebnis will ich gar nicht sprechen. Wer sind wir eigentlich? Man kann immer sagen: Ich kann ja nichts dafür, schon mein Urgroßvater war ein Trinker, oder was auch immer, vielleicht auch ein großer Musiker (ich kann auch nichts dafür, daß ich sehr musikalisch bin) – erstens also eine Anlage, zweitens eine Prägung, denn es kommt schon darauf an, in welches Haus und bei welchen Menschen du hineingeboren bist.

Und drittens hast du die eigene Entscheidung, aus dem,

was du von der Natur und von der Sozialisation her mitbringst, etwas Eigenes zu machen.

Der Mensch ist ein Mixtum-Kompositum.

Und so kann sich jeder rausreden und sagen: Ich bin halt so aufgewachsen. Manche sagen immer, die Eltern sind schuld – natürlich, und die Eltern schieben es auf die Großeltern.

Wie viele Möglichkeiten hat eigentlich Erziehung? Wie vermitteln wir Erfahrungsschatz, Erkenntnis, Überzeugung und erst gar den Glauben dem Nächsten weiter? Wie machen wir das? Wer erzieht wie mit welchem Ziel und mit welchem Ergebnis? Wenn ich zurückblicke und an das Wort »erziehen« denke, dann bin ich umstellt von vielen Imperativen. Einige solcher Imperative, mit denen Menschen zu tun haben, hat Bertolt Brecht aufgeschrieben: »Was ein Kind gesagt bekommt.« Sie werden sich sicher an ähnliche Worte selber erinnern.

Was ein Kind gesagt bekommt:
Der liebe Gott sieht alles.
Man spart für den Fall des Falles.
Die werden nichts, die nichts taugen.
Schmökern ist schlecht für die Augen.
Kohlen tragen stärkt die Glieder.
Die schöne Kinderzeit, die kommt nicht wieder.
Man lacht nicht über ein Gebrechen.
Du sollst Erwachsenen nicht widersprechen.
Man greift nicht zuerst in die Schüssel bei Tisch.
Sonntagsspaziergang macht frisch.
Zum Alter ist man ehrerbötig.
Süßigkeiten sind für den Körper nicht nötig.
Kartoffeln sind gesund.
Ein Kind hält den Mund![39]

Nun, solche ähnlichen Sprüche haben wir alle gehört. Sie sind wahrscheinlich auch nötig und werden dann wieder

39 Bertolt Brecht, Gedichte. Band 8, Berlin und Weimar 1969, S. 160.

überliefert an die nächste Generation. Ob sie richtig sind, das sollten die Heranwachsenden jeweils selber entscheiden.

Wie komme ich darauf, erst von den Tieren und dann von der Erziehung zu reden? Weil der zentrale Text des Alten Testaments, das Glaubensbekenntnis Israels, das berühmte »Sch'ma, Israel – Höre, Israel« eine solche Einschärfung ist, aber sich ganz anders anhört.

Der Zentraltext unserer jüdischen Glaubensgeschwister aus dem 5. Buch Mose:

»Höre, Israel! Der Herr ist unser Gott, der Herr allein.

Und du sollst den Herrn, Deinen Gott, liebhaben von ganzem Herzen und von ganzer Seele und mit aller Deiner Kraft. Und diese Worte, die ich dir heute gebiete, sollst du zu Herzen nehmen und sollst sie deinen Kindern einschärfen und davon reden, wenn du in deinem Hause sitzt oder unterwegs bist, wenn du dich niederlegst oder aufstehst. Und du sollst sie binden zum Zeichen auf deine Hand. Und du sollst dir ein Merkzeichen zwischen deinen Augen machen, und du sollst sie schreiben auf die Pfosten deines Hauses und an die Tore. ... Hüte dich, daß du nicht den Herrn vergißt, der dich aus Ägyptenland, aus der Knechtschaft geführt hat. ... Wenn nun dein Sohn dich morgen fragen wird: Was sind das für Vermahnungen, Gebote, Rechte, die euch der Herr, unser Gott, geboten hat, so sollst du deinem Sohn sagen: Wir waren Knechte des Pharao in Ägypten und der Herr führte uns aus Ägypten mit mächtiger Hand. Und der Herr tat große und furchtbare Zeichen und Wunder an Ägypten, am Pharao und an seinem ganzen Hause vor unseren Augen und führte uns von dort weg, um uns hineinzubringen und uns das Land zu geben, wie er unseren Vätern geschworen hatte. Und der Herr hat uns geboten, nach all diesen Rechten zu tun, daß wir den Herrn, unseren Gott, fürchten, auf daß es uns wohlgehe unser Leben lang, so wie es heute ist.«

Das »Sch'ma, Israel« – eine eindringliche Einschärfung. Man sagt, die Juden seien das monotheistische Gewissen der Kirche, im Vielerlei der vielen Heilsangebote und Surrogate.

Damals, zur Zeit Josias, gab es viele Wunderheiler, Religionen, Sekten und alles mögliche – also Leute, die gerne mit der Religion ihr Geld machten, heute wie gestern. Da kam die große Josianische Reform (des Königs Josia): die Konzentration auf den einen Glauben, auf den einen Gott. Er ist Gott, er allein – andere und anderes ist nicht Gott. Gott ist das, woran du dein Herz hängst. Also fährt der Text fort: »Ihm, deinem Gott«, dem Gott für dich, dir zugute eben nicht in einem besitzanzeigenden Sinne, sondern in einem zugewandten Sinne dein Gott, für dich Gott – so, wie die Mutter nicht deine Mutter ist in besitzanzeigendem Sinne, sondern sie ist, wie sie ist, für dich Mutter, deshalb deine Mutter.

Die Worte, die da gesagt werden, nicht nur ins Ohr, nicht nur in den Kopf, sondern ins Gedächtnis des Herzens nehmen – das ist es!

Sch'ma, Israel! Höre, Israel! Letztlich ist nur weniges wichtig. Wichtige Worte einschärfen, Wichtiges mitnehmen und zwar ganz. Das kann eine Liedzeile sein, ein Psalmwort, ein Bild, etwas, was sich einprägt. Wir sagen in der deutschen Sprache so schön: Hast du dir das eingeprägt? Eine Einprägung ins Innerste – dieses Bekenntnis Israels ist eine solche Einprägung.

Das, was in dich eingeprägt ist, kann dir niemand wegnehmen, das kannst du auch überallhin mitnehmen. Stets hast du es bei dir. Es braucht dafür nicht besondere Orte und Zeiten; überall, wo Lebenszeit ist, ist auch Gotteszeit. Weil Gott der ist, der dein ganzes Leben umfängt, dich auffängt und befreit, nicht umklammert, darum gibt es keine Zeit und keinen Ort, der gottlos ist. Und deswegen zu allen Orten und zu aller Zeit sollst du es dir hersagen, es bei dir sein lassen.

Sie kennen diese kleine chassidische Geschichte; wo einer zum Rabbi kommt und sagt: Ich gebe dir einen Groschen, wenn du mir sagst, wo Gott ist. Darauf sagt der Rabbi: Und ich gebe dir drei Groschen, wenn du mir sagst, wo Gott nicht ist.

Das ist es. Glaube braucht Einschärfung durch Erzählung, und er braucht Zeichen und Symbole.

Als ich das erstemal in Wien war, fiel mir auf, daß an den Häuserpfosten in einem bestimmten Viertel kleine Rollen angenagelt sind, die Mesusa. In solch einer kleinen Rolle steht genau dieser Text. Den haben sie draußen an ihren Türpfosten, wie es hier heißt, »drangemacht«, um zu zeigen: Hier wohnt einer, der sich zu diesem unaussprechlichen Gott bekennt. Hier machen sie das öffentlich, und zwar ausgerechnet die, die immer gefährdet waren, haben an ihren Pfosten das Wiedererkennungszeichen angebracht. Da steckt in einer kleinen Rolle dieser Text drin, sichtbar für dich selbst, sichtbar für die anderen, daß hier einer wohnt, der jenen Glauben bekennt, der das beherzigt und dafür Zeuge ist.

Glaube braucht Zeichen. Zeugnis geben, Zeuge sein, das heißt: ich gehöre dazu und ich stehe dazu.

Wenn hier gesagt wird »zu aller Zeit und an allem Ort«, dann fällt mir ein, was Martin Luther über die Tätigkeit eines Hausvaters geschrieben hat: Er soll mindestens einmal in der Woche alle zu sich holen und soll seine Kinder und das Gesinde abfragen, ob sie noch wissen, worauf es ankommt.

Er sagt auch: »Wenn du früh aufstehst, dann stell dich auf die Matte und sprich ein Morgengebet, Glaubensbekenntnis, Vaterunser, und dann flugs an die Arbeit.« Früh raus auf die Matte. Und erinnere dich, es ist großartig zu leben. Danke Gott, was trägt mich heute?

Wenn wir sagen, daß wir heute »auf die Matte« müssen, meinen wir etwas ganz anderes, meistens ohne ein solches Morgengebet. Luther forderte auch dazu auf, das Kreuzeszeichen zu machen – das haben wir Evangelischen uns abgewöhnt. Wir sind symbol- und zeichenarm geworden. Diese Einschärfung hier ist aber eine, die uns sagt, daß es nicht nur mit dem Kopf geht, sondern auch mit dem Herzen, dem Mund und den Händen; und deshalb braucht es auch Zeichen an dir selbst, zu deiner Erinnerung.

Der Weg in die Freiheit und das Finden von Lebensregeln, die allen zugute kommen, gehören zusammen. Die Generationenüberlieferung war für die Menschheit immer ein Problem. Wie läßt sich Erfahrung vermitteln, damit sie erspart wird. Und wie läßt sich Erfahrung vermitteln, damit man aus und von Erfahrung lebt?

Konkret: Wie läßt sich erfahrene Befreiung aus der Knechtschaft, die Israel einmal erfahren hat, so aufnehmen, daß man sagen kann: Ja, auch *ich* gehöre zu denen, die aus Knechtschaft befreit worden sind. Und da meinen die Juden, daß das durch Erzählen möglich wird. Wir leben davon, daß andere mit uns sprechen, und Menschen, mit denen nicht gesprochen wird, die verkümmern. Wir leben von Überlieferungen, einem Erfahrungsschatz, der uns bestimmte Erfahrungen ersparen will und uns mit bestimmten Erfahrungen erfüllt, daß sie auch uns tragen, obwohl wir sie nicht selber machen mußten.

Soll man denn, um zu wissen, was Befreiung ist, erst ein Jahrhundert Sklave gewesen sein? Wir leben alle aus einer Herkunftsgeschichte, und deswegen muß sie erzählt werden. Eine Herkunftsgeschichte, die Verantwortung auferlegt und uns dankbar werden läßt für das, was uns überkommen ist. Deshalb brauchen wir Traditionspflege, deshalb brauchen wir Erzählung, und deshalb ist es schön, wenn ein Kind fragt. Die Verantwortung dafür, daß Antwort gegeben wird, ist nicht zu delegieren auf einen Berufsstand. Es ist zuerst und zuletzt und immer wieder die Verantwortung der Eltern, der Großeltern – der familiäre Zusammenhalt.

Du, gib Auskunft! Und wenn unsere Kinder zuwenig fragen, müssen wir uns schon selber fragen, warum sie das tun? Und wenn uns Kinder nicht mehr »ein Loch in den Bauch fragen«, dann stimmt etwas mit uns nicht! Wir sind die, die den Glauben weitervermitteln und erzählen; wir selber werden Zeugen – oder es wird für unsere Kinder nicht überzeugend. Dazu gehört aber vielleicht noch etwas: Die Kinder, die uns fragen, sind diejenigen, die uns helfen, uns selber zu erinnern und es auch immer wieder auszusprechen, was uns trägt, was unser Glaube und unsere Überzeugung, was unsere Erfahrung mit Gott ist. Kinder sollen wir bleiben – das ist eine der großen Botschaften Jesu. Und so glaube ich auch den Ermunterungen Erich Kästners, dieses traurig-fröhlichen Mannes aus Dresden:

»Liebe Kinder, laßt euch die Kindheit nicht austreiben! Schaut, die meisten Menschen legen ihre Kindheit ab wie einen alten Hut!

Sie vergessen sie wie eine Telefonnummer, die nicht mehr gilt. Ihr Leben kommt ihnen vor wie eine Dauerwurst, die sie allmählich aufessen, und was gegessen worden ist, existiert nicht mehr ...

Nur wer erwachsen wird und Kind bleibt, ist ein Mensch! ... Seid nicht zu fleißig! Bei diesem Ratschlag müssen die Faulen weghören. Er gilt nur für die Fleißigen, aber für sie ist er sehr wichtig.

Das Leben besteht nicht nur aus Schularbeiten. Der Mensch soll lernen – nur die Ochsen büffeln! ...

Man muß nämlich auch springen, turnen, tanzen und singen können, sonst ist man mit seinem Wasserkopf voll Wissen ein Krüppel und nichts weiter.«[40]

Es wäre schlimm, wenn wir nicht von unserem Glauben erzählen, singen, tanzen, fröhlich sind. Dieser einzige Gott kommt ganzheitlich zu uns. Die Einzigkeit ist Ganzheitlichkeit, und sie braucht Zeugnishaftigkeit. Sie braucht Zeugen.

Glauben ist nicht eindimensional: nicht bloß im Gefühl, nicht bloß im Verstand, nicht bloß im Willen, nicht nur in der Sinnlichkeit.

Im ganzheitlichen Begreifen kommt Glaube zu dir.

Wir leben und erneuern den Glauben immer dann, wenn die Fragen wiederkommen. Wenn dein Sohn, deine Tochter dich fragen, dann gib Zeugnis, dann erzähle! Überzeugen kommt durch Erzählen, und das ist unser aller Sache. Die Befreiungserinnerung ist gleichzeitig Lebensregeleinschär-

40 Erich Kästner, wir sind so frei. Werke. München 1985, S. 195 F.

fung. Die Regeln für die Freiheit kommen letztlich denen zugute, die sie einhalten. Aber in dieser Reihenfolge, aus der Befreiung heraus kommen Regeln, die die Freiheit für alle erhalten!

Sch'ma, Israel – Höre, Wittenberg, Berlin, Moskau, Washington, Jericho und Jerichow!

Gott ist einer, ER ist unter uns. Erinnere dich an die Befreiung aus Knechtschaft, und erinnere dich an die Lebensregeln, die uns zugute kommen. Nimm dir die Worte, die ER dir gebietet, zu Herzen, auf daß es uns wohl ergehe unser Leben lang.

V. DIE WAHRHEIT
WIRD EUCH FREI MACHEN

Wieviel Wahrheit braucht die Gerechtigkeit?

I.

Wer als Theologe bei dem Wort ›Wahrheit‹ nicht die Pilatus-Frage mitdenkt, hat seinen Beruf ebenso verfehlt wie der, der mit der Pilatus-Frage alles relativiert.

Ebenso muß der Theologe Vorbehalte geltend machen, wenn Menschen eine Gerechtigkeit anstreben, die vom Menschen nicht herstellbar ist. Vermessen ist es, wenn eine Militäraktion »Infinitive Justice« genannt wird.

Wir nehmen aus dem vergangenen Jahrhundert schreckliche Hypotheken mit. Die Kriege wurden die »Väter aller – technischen – Dinge« und forderten selbst in ihrer »kalten« Form unzählige Opfer; die Jahrhundert-Ideologien hinterließen ausgelaugte Ideen. Der Fortschritt wird so effektiv wie blind, weil unsere Mittel ihr Ziel und ihr Maß verloren haben. Die *eine* Welt wird die *eine* Gefahr für die Welt.

Woher nimmt die globalisierte Welt ihr globales Ethos, und wieviel »Beräumung« der Vergangenheit ist nötig, damit wir in eine Zukunft kommen, in der menschliche Beziehungen nicht wieder oder weiter zerstört werden? Anders gefragt: Wieviel muß getan werden, wie wird aufgehellt und geahndet werden, und wieviel sollte aus »Weisheit« nicht offengelegt werden? Was ist nötig zu tun und was ist zu unterlassen – um des Rechts, um des Friedens und um der Wahrheit willen, ja auch um der Nachsicht und um der Einsicht willen, daß wir fast nichts wieder wirklich wieder-gut-machen können? Die »Aufarbeitung« der Verbrechen kommt dem Verbrechen weder zeitlich noch in den Dimensionen nah. Tempo und Ausmaß nehmen uns den Atem. Denken wir an Pol Pot und an Vietnam, an Ruanda, an Mobutu und Kabila, an Idi Amin und Chomeini, an den Sudan und Afghanistan, Jugoslawien und Tschetschenien, an die Hamas, ETA, IRA, Mafia …

Wohin wird uns der weltweite Kampf gegen den weltweiten Terrorismus noch führen, wenn wir ihn vorrangig militärisch führen? Ich glaube, in eine Sackgasse, wenn nicht in eine Katastrophe.

Unsere humanen Kategorien versagen. Das Recht – das nationale und das internationale – wird stumpf. Und doch muß der Grundsatz sich Geltung verschaffen, daß die Stärke des Rechts das Recht der Stärke (oder gar des Stärkeren) abzulösen hat, sofern wir auf der einen Erde zu halbwegs befriedeten, halbwegs gerechten, halbwegs freien Verhältnissen kommen wollen.

Nach dem Zusammenbruch des poststalinistischen Sozialismus in Deutschland und im Ostblock frage ich: Kommt es nicht letztlich darauf an, daß wir es künftig besser zu machen versuchen, belehrt durch bittere Erfahrungen, ohne zu behaupten, daß *wir* jetzt »die Guten« seien, uns aber ebenso davor zu hüten, so zu werden, wie wir es von den anderen in der Vergangenheit erlebt und erlitten haben? Mit anderen Worten: Eine Gerechtigkeit zu praktizieren, die sich davor bewahrt, irgendeinem Anflug von Rache zu erliegen, irgendeine Form von Vergeltung üben zu wollen. Es geht darum, dem gefundenen Recht genüge zu tun wie dem einzelnen Menschen gerecht zu werden. Gerechtigkeit, die den Namen verdient, ist Differenzierung anhand eines Maßstabs, wobei Rechtsprechung dazu dient, der Wiederholung von Unrecht – so gut es geht – einen Riegel vorzuschieben, die »potentiellen« Täter abzuschrecken und die zu verurteilenden Täter zu benennen. Besserung ist der bessere Weg der Gerechtigkeit als bloßes Strafen.

Schuldfähigkeit, also Verantwortlichkeit, gehört geradezu zu unserem Menschsein. Wenn wir alles »umständehalber« entschuldigend, erklärend oder einordnend – ob politisch, biographisch oder psychologisch – wegreden wollten, würden wir die Verantwortlichkeit des Menschen – jedes einzelnen! – leugnen.

Die große Mehrheit der Mitbürger hält sich vorrangig an die geschriebenen Gesetze und hält das für rechtens – »Vorschrift ist Vorschrift«! Das Rechtsbewußtsein orientiert sich am geschriebenen Recht, gegen das man – ganz privat – zwar sein kann, aber *für* das man nichts kann und dem man sich – ohne Gewissenseinrede – beugt, weil man meint, keine Wahl zu haben. Wird in einer Gesellschaft das Problem der Differenz zwischen Recht und Gerechtigkeit, zwischen allgemeinen Menschenrechten und den Rechten und Gesetzen einer Gesellschaft nicht mehr diskutiert, geht also diese Spannung verloren, gibt es kaum noch gewissensgesteuertes, einsichtsvolles und mündiges Handeln des einzelnen und erst recht kein Gefühl für Schuld.

Im übrigen muß man sorgsam mit dem Begriff Gewissen umgehen. Nicht jeder Dissens im einzelnen sollte gleich zur Gewissensfrage erhoben werden.

Zum zerrütteten Nachlaß der DDR gehört, wie die – recht milde! – Verurteilten nach den letzten Prozessen reagierten; Markus Wolf, die Grenzgeneräle oder auch Egon Krenz haben ein gebrochenes Verhältnis zu dem Wort »Schuld« behalten. Für sie ist nach wie vor alles »historisch« bedingt; die DDR war ein legitimer Staat, dem sie gedient und dessen Gesetze sie – aus Überzeugung – befolgt hätten.

Moralische Ent-Analphabetisierung war eine immanente Notwendigkeit eines Systems des »historisch Guten«, damit Gehorsam ohne Gewissen funktionieren konnte. Grenzgeneral Goldbach erklärte nach seiner Verurteilung: »Ich war Offizier dieses Staates, General dieses Staates, General dieser Armee und bin auch der Meinung, daß der Staat das Recht hatte, seine Grenze so zu sichern, wie er das für richtig befunden hat ... – Die Soldaten hatten eigentlich keine Schuld. Sie waren Soldaten und haben Befehle ausgeführt. Man macht sie hier zu Kriminellen, weil sie diese Befehle ausgeführt haben. Und ich wüßte nicht, was ich ihnen abnehmen soll. Der Staat ist zusammengebrochen – dieser – unser Staat. Er war genauso der Staat des Soldaten, wie es meiner war. Jeder hat auf seinem Posten seine Funktion erfüllt. Für das, was ich getan habe, stehe ich gerade und gehe jetzt ins Zuchthaus.«

»Schuld« scheint in ihrem Denken ein Fremdwort zu sein, weil viele »überzeugte« DDR-Bürger lediglich objektiven Geschichtsgesetzen gefolgt sind, einer Ideologie unterworfen waren, der sie einmal ganz geglaubt hatten – in einer großen Gemeinschaft von Menschen, die mit dieser Ideologie die kühnsten Träume, die höchsten Hoffnungen der Menschheit verbunden hatten und denen deshalb alle Mittel recht waren, sofern sie dem »objektiv« Guten dienten, wozu sie mit allen Mitteln »das Böse« und »die Bösen« abwehrten. Die aus sozialistischen Emanzipationsträumen erwachsene Ideologie konnte nicht ohne ein festgeklopftes Feind-Freund-Bild existieren. Doch über Nacht konnte einer vom »Freund« zum »Feind« erklärt werden und mußte die ganze Strafe des Kollektivs auf sich nehmen, entwürdigende Selbstkritik üben und bisweilen über die Richtigkeit der Lehre »in der Wüste« nachdenken. Die Pervertierung ging häufig so weit (wie das in Religionen üblich ist), daß die Opfer ihre Strafe persönlich und öffentlich akzeptiert haben als Ausdruck der »größeren Gerechtigkeit«. (Wie hätten sonst Husák und Gomułka nach dem stalinistischen Zuchthaus Parteifunktionäre oder der Sohn eines ermordeten Kommunisten wie Werner Eberlein Kommunist bleiben können?!)

Wer einer Menschheitsidee folgt und sich als deren treuer, ja glühender Parteigänger versteht, hält die Ideale in der Regel so hoch, daß er das Gefühl für persönliche Verschuldung beim Durchsetzen dieser Ideale (also beim Fallen der berüchtigten »Späne beim Hobeln«) verliert. Gerecht ist dann, was dem Guten nützt. Das berühmte »Cui bono?« wird zum Gradmesser der Gerechtigkeit.

Die Macht der Auserwählten, die Macht der »Avantgarde« und ihrer Führung wird alles. Dazu gehört der plumpe Kunstgriff, die Einheit und das Vertrauensverhältnis aller zur Parteiführung »von oben her« unablässig zu deklarieren. In der kommunistischen Ideologie wurde das Kollektiv alles, der einzelne nichts. Darin ist der stalinistische Kommunismus dem Hitlerfaschismus sehr ähnlich; nur hieß es dort, daß »das Volk alles ist«.

Wo keine (Menschheits-)Ideale mehr (als Gradmesser für eigenes Verhalten und den Bund mit anderen) individuelle oder kollektive Akzeptanz finden, stellt sich flugs der einzelne mit seiner Interessengruppe in den Mittelpunkt. Wenn die Utopie abgedankt hat oder gar für null und nichtig erklärt wird, bekommt das *Geschäft* oberste Priorität. Und das Geschäft braucht die Macht. Und die Macht macht das Geschäft. Da opfert der einzelne Mensch alle seine Prinzipien; Selbstdurchsetzung, Selbstdarstellung und Selbstinszenierung rückten in den Mittelpunkt. Dem großen Fest der historischen Prinzipien, die vom einzelnen *absahen*, folgt das Fest prinzipienloser Machtkalküle, die ganz auf den einzelnen *setzen*. In der Mediengesellschaft zumal kommt nahezu alles unter den Quotenhammer der Eitelkeit.

Wenn wir danach fragen, wieviel Wahrheit die Gerechtigkeit und wieviel Gerechtigkeit die Zukunft brauchen, kann damit zweierlei gemeint sein: 1. Wieviel strafrechtliche Verfolgung brauchen wir für die Gestaltung der Zukunft? Damit kann auch 2. die Frage gemeint sein: Wieviel Erinnerung brauchen wir, um denen gerecht zu werden, die Unrecht erlitten haben, und um die zu benennen, die Unrecht verursacht haben, die Steigbügelhalter und Reiter waren, die ohneeinander nicht können. Der Scharfrichter richtet nichts ohne seinen Gehilfen aus, der Mauerarchitekt nichts ohne seine Maurer!

»Ulbricht baute die Mauer.« Hatte er nicht wenigstens *einen* Maurer bei sich? – so ist, frei nach Brecht, zu fragen.

Ein nicht unwesentlicher Effekt strikt rechtsstaatlicher Gerichtsprozesse und gleichzeitig ein Grund für ihre Langwierigkeit ist das Erinnern selbst, die Untersuchung der Vorgänge, die alle Aspekte einzubeziehen sich bemüht. »Die Wahrheit« wird sich in vielem als Sache der Perspektive darstellen, als eine partielle, weil parteiliche Sicht der Dinge. Wo

»historische Wahrheit« als geradezu metaphysische, unbefragbare Wahrheit galt, wurde die eigene Einsicht als bloß subjektiv abgewertet.

In solchen Prozessen muß die Verteidigung die Aufgabe wahrnehmen, alle die Aspekte hinzuzufügen, die die Anklage weggelassen hatte. Und die Anklagevertreter haben die Verpflichtung, alles zu unternehmen, genau das zu benennen, was die Angeklagten allzugern vergessen, verdrängen oder relativieren möchten. Es ist menschlich, daß jemand Erinnerungen ausblendet oder verzerrt. Zwischen Erinnerung und vorweisbaren Fakten werden immer wieder schwer auslotbare Differenzen auftreten. Die Gewichtung und die Interpretation der Fakten wird bei jedem Beteiligten von den Koordinaten seines Denkens bestimmt sein. Hin und wieder wird in kleinen Sprachunterschieden die große Differenz deutlich: Wer nach 40 Jahren Mauerbau öffentlich behauptet, die Mauer habe den Frieden gerettet, sagt etwas ganz anderes als das, was John F. Kennedy zugeschrieben wird: »Die Mauer ist besser als Krieg.« Sie hat eben nicht den Frieden gerettet, sondern ihretwegen haben die Amerikaner keinen Atomkrieg riskieren wollen, sofern ihre Interessensphäre unberührt geblieben war.

Insbesondere in den Prozessen gegen das SED-Politbüro wurde deutlich, wie stark der Prozeß von der Person des Richters abhängt, auch, welches Klima im Prozeß selber herrscht. Speziell der Honecker-Prozeß ließ erkennen, wieviel Subjektives auch in einem Rechtsstaat in die Rechtsprechung eingeht.

Die Gewaltenteilung ist heute zusätzlich durch den Einfluß der vierten Gewalt bestimmt und beeinträchtigt. Medien haben enormen Einfluß auf den Prozeßverlauf, sofern öffentliche Meinung auf den Prozeß zurückwirkt. Gleichzeitig hilft deren Berufsneugier, angereichert durch Auflagenerwartung und quotensteigerndes Gesamtinteresse, daß nichts unter den Teppich gekehrt wird. Sensationshascherei bringt allzuhäufig *Vordergründiges* in den Mittelpunkt.

Wenn Gerechtigkeit der Zukunft dienen soll, müssen alle Beteiligten versuchen, dem gerecht zu werden, was war und warum es so war, wobei die Ehrlichkeit es gebietet, auch in einen verzerrten Spiegel zu schauen. Recht und Unrecht darf nicht wieder zuerst eine Machtfrage sein, sondern muß eine Wahrheitsfrage aufgrund von allgemeinen Rechtsgrundsätzen bleiben. (Verhängnisvoll wäre es gewesen, wenn Bärbel Bohleys Wunsch nach »Gerechtigkeit statt Rechtsstaat« Wirklichkeit geworden wäre!)

Das nötige Zurücksehen führt zu schmerzvollem Erinnern, doch auch zu dankbarem Erinnern, wenn wir Deutschen uns klarmachen, wem wir schließlich entronnen sind, wie lange es noch hätte dauern können, wie schlimm es hätte ausgehen können. Der 17. Juni 1953 wiederholte sich nicht, und die Deutschen konnten sich friedlich, wenn auch nicht gleichberechtigt, vereinen. Vor allem gelang es bis heute nicht, die ökonomischen Disparitäten zu überwinden und bei der (Ver-)Teilung des Reichtums nicht so zurechtzukommen, wie es Artikel 14 Absatz 2 des Grundgesetzes vorsieht. Vor allem Arbeitslosigkeit und fehlende Investitionen im Osten drücken nicht nur die Stimmung. Wenn man sich ebenso schmerzvoll wie dankbar erinnert, kann man auch tapferer darauf sehen, was vor uns liegt an *Erblast*, an *neuer* Last und an allem, was wir der Zukunft aufbürden, wenn wir künftig nicht anders leben. Der Wandel, der uns abverlangt wird, übersteigt qualitativ und quantitativ die »Wende« in der DDR und den Umbruch, der weltpolitisch das Ende des Sowjet-Weltsystems mit sich brachte. Die ökonomischen und ökologischen Katastrophen lassen uns beinah wehrlos bleiben, denken wir an Äthiopien, Moçambique, den Sudan oder Süd-China. Hinzu kommt der religiöse Fundamentalismus, der sich religiöser Jenseitsversprechungen für gegenwärtige Verbrechen zunutze macht. Er findet einen Nährboden in Demütigung und erlittener Arroganz des sich überlegen gebenden Westens und in sozialer Verzweiflung.

Allerdings kann man sich wegen der »ganz großen Fragen« nicht vor den vielen kleinen drücken.

II.

Am 4. November 1989 habe ich auf dem Alexanderplatz –
noch in der Hauptstadt der DDR – über die Frage des künf-
tigen Umgangs mit den Verantwortlichen des Systems fol-
gendes gesagt: »Aber, liebe Freunde, liebe Mitbürger in unserem ganzen Land, reißen wir nun nicht neue Gräben auf!
Trauen wir jedem eine Wende zu! Auch wenn nicht jeder in
seiner alten Position verbleiben darf. Aber, bitte, keine Ra-
chegedanken. Wo persönliche Verantwortung oder Schuld
vorliegt, ist strikte Gesetzlichkeit einzuhalten. Tolerieren wir
nirgendwo Stimmen und Stimmungen der Vergeltung! Und
zu uns aus der neuen demokratischen Bewegung möchte ich
sagen: Setzen wir an die Stelle der alten Intoleranz nicht neue
Intoleranz! Seien wir tolerant und gerecht gegenüber den
alten und neuen politischen Konkurrenten, auch gegenüber
einer sich wandelnden SED.

Toleranz wächst aus der Erkenntnis, daß auch wir irren und
den alten Fehlern neue hinzufügen werden. Damit aber niemand wieder unangefochten Irrtümer als Wahrheiten aus-
geben kann, brauchen wir die volle Demokratie, die keinen
festgeschriebenen Wahrheits- oder Führungsanspruch einer
Gruppe verträgt. Nirgendwo. Darum: Demokratie, jetzt oder
nie!«

Seit sich im Sommer 1989 oppositionelle Gruppen institu-
tionell formierten und aus dem politischen Asylraum der
Kirchen heraustraten, spürte ich eine spiegelverkehrte Intoleranz anwachsen, die verknüpft war mit neuen Wahrheits-
ansprüchen.

Einerseits versuchten wir, die wenigen Reformer aus der
SED zu gewinnen und die sich ausbreitende Unruhe an der
Basis »der Partei« für eine grundlegende Umgestaltung zu
nutzen. Viele gingen davon aus, daß wir einen friedlichen
Weg in eine demokratisierte Gesellschaft nur mit der SED
finden würden: durch Entmachtung der Sicherheitsorgane
und den Verzicht auf den Alleinvertretungsanspruch aus
Artikel 1 der DDR-Verfassung. Andererseits traten mehrere

kleine Gerne-Große auf, die zwar den großen gesellschaftlichen Dialog forderten, aber selber schon ideologisch, rechthaberisch und abgrenzend intolerant gegenüber den Gewandelten und Schnellgewendeten wurden, wobei man bald pauschal alle »Wendehälse« nannte. Mir schien es, als drängelten einige am Tisch der Macht, um beim Neuverteilen des politischen Kuchens nicht zu kurz zu kommen.

Wie viele wollten »Vorsitzende« werden? Die »neue Wahrheit« erhob sich über die alten Lügen – ganz nach dem Wahr-Falsch-, Licht-Schatten-, Freund-Feind-Modell.

Jahrelang in sehr kleinen Gruppen aktive Dissidenten wurden plötzlich zur »Stimme des Volkes«. Im Rausch der neuen Einheit zwischen Volk und Mikrofon wurde auf den Straßen des Oktobers unbedacht eine für die Demokratie konstitutive Erkenntnis verschüttet: daß niemand irrtumsfrei ist, auch nicht die, die »die Geschichte« entgegen dem »objektiven Geschichtsverlauf« (nach dem Lehrbuch von Marx, Engels und Lenin) ins Recht gesetzt hatten.

Die Erkenntnis eigener Irrtumsfähigkeit kann tolerant machen.

Es ist einfach tröstlich, daß wir alle nicht nur irren können, sondern auch irren; und es ist stets eine Sternstunde für die Demokratie, wenn politisch Handelnde die Freiheit gewinnen, ihre eigenen Irrtümer zu erkennen und sie selber zu benennen.

Rechthaben wird zur Rechthaberei, wo Sieger über das befinden können, was die »neue Wahrheit« über die Vergangenheit und Gegenwart ist. Gelobt sei der Irrtum, der unsere Wahrheiten erst genießbar macht!

1992 nahm sich ein hoch geschätzter Arzt und Hochschullehrer in Halle, einer, der auch Gedichte schrieb und erst 1989 Professor werden konnte, das Leben. Bis klar würde, daß er kein Stasispitzel war, wurde es ihm zu lang und zu schwer. In seiner Abschiedsnotiz heißt es: »Dies ist kein Schuldbekenntnis. Ich war kein Stasispitzel, aber das Warten auf Richtigkeit und Recht ist jetzt zu viel – zu schwer – zu lange.« Dann erhängte er sich. Ein Verurteilungswort war in die Welt gekommen: »IM«. Die Aktenverwalter hatten den Fall voreilig in die Öffentlichkeit gegeben, und bevor alles einzelne geklärt wurde, verlor er seine Position und vor allem seinen Ruf. Plötzlich waren sie alle Schnellrichter. Durch Eil-Fertigkeit hatten sie eine schwere Depression und seinen Freitod mitzuverantworten. Eine müde Presseerklärung der Verantwortlichen folgte, keine formelle Rehabilitierung oder eine öffentliche, beziehungsweise persönliche Entschuldigung, gar eine »Vergebungsbitte« bei seiner Witwe und seinen Kindern.

»Wer von euch ohne Sünde ist, der werfe den ersten Stein«, sagt Jesus den rechthaberischen Anklägern, und der schuldiggewordenen Frau sagt er: »Geh, sündige hinfort nicht mehr.« Das ist ein Satz letzter mitmenschlicher Solidarität. Da stehe ich nicht vor der Anklage eines Besserwissenden oder Selbstgerechten. Ich bin schlicht zur Selbsterkenntnis aufgerufen, zu einer Beschämung, die auch in die Nachsicht mit dem oder der anderen führt.

Es kann uns im Umgang miteinander – auch nach 40 Jahren DDR – nicht darum gehen, »Steine zu werfen«, sondern letztlich darum, einander aufzuhelfen. Dazwischen liegt freilich das ehrliche Nachdenken über sich selbst. Das Problem ist in diesem Sinne weniger die »Schuld« als das »Steinewerfen der Selbstgerechtigkeit«. Selbstgerechtigkeit ist jene glatte Schuldverleugnung, um besser anklagen zu können. Schuldverleugnung geschieht auch durch das Vergleichen mit der Schuld, die andere auf sich geladen haben oder deren Schuld offensichtlich ist. Unser Gerechtigkeitsverlangen hat das Ziel, zwischen Recht und Unrecht zu entscheiden, Unrecht zu ahnden und diejenigen nach Möglichkeit zu entschädigen, die Unrecht erlitten. Das dient zweifellos dem Rechts-Frieden, einem Frieden, der auf Recht beruht. Weil Wiedergutmachung durch Strafe unbefriedigend bleibt und weil es um ein neues, befriedetes Neben- und Miteinander in Zukunft geht, braucht es noch andere »Mittel«.

Zur »Wahrheit« kommen wir in einem Klima verringerter Angst vor der Wahrheit. Dies setzt Vertrauen in eine neue Lebensperspektive voraus, sofern einer die Wahrheit ans Licht zu bringen bereit ist.

Wo kein Zutrauen in Vergebung mehr besteht, wächst die Mauer des Schweigens und der Selbstrechtfertigungen. Die Bereitschaft, Verschulden oder Schuld einzusehen und einzugestehen, wächst, wenn man hoffen darf, danach mit den anderen nicht schlechter, sondern besser zusammenleben zu können, auch wenn Schmerzen der Opfer und Stigmata eines Täters bleiben, so kann doch beides vernarben. Manchem Täter wird allerdings erst durch Prozeß und Strafe bewußt, was er verschuldet hat. Wer seine Strafe verbüßt hat, muß hinfort wieder integriert werden.

Versöhnung (als Prozeß, nicht als einmaliger Akt) braucht Vergebung. Das ist gerade kein Schuldrelativismus, keine Verharmlosung oder gar moralische Gleichgültigkeit! Lebens-Grund-Sätze bleiben Orientierungsmarken. Sie sind auf ihre Lebenstauglichkeit und auf ihre aktuelle Relevanz angesichts einer ganz konkreten Herausforderung hin beständig zu überprüfen. Die Differenz zwischen der prinzipiellen Akzeptanz von H a n d l u n g s m a x i m e n und ihrer aktuellen Verletzung durch den H a n d e l n d e n kann nur dort ohne Anflug von Selbstrechtfertigung benannt werden, wo man frei wird, diese Differenz einerseits als Schuld anzuerkennen und andererseits um Vergebung weiß. Auf diese Weise wird die Geltung von Lebensgrundsätzen nicht prinzipiell in Frage gestellt.

Wer von Schuld und Vergebung spricht, kann ehrlicher die Differenz zwischen Wollen und Tun, Vorhaben und Vermögen wahrnehmen (entsprechend Römerbrief Kapitel 7). Je sicherer einer ist, daß ihm sein Zurückbleiben, sein Versagen und sein Verschulden vergeben werden kann, desto leichter ist ihm ein Neuanfang möglich – statt in Versagensdepression, Verzweiflung, Zynismus oder in moralische Gleichgültigkeit zu verfallen.

Dietrich Bonhoeffer hat die TAT als eine der »Stationen auf dem Wege zur Freiheit« bezeichnet. »Nicht das Beliebige, sondern das Rechte tun und wagen, nicht im Möglichen schweben, das Wirkliche tapfer ergreifen, nicht in der Flucht der Gedanken, allein in der Tat ist die Freiheit.« Diese Sätze korrespondieren bei Bonhoeffer mit seinem Glaubensbekenntnis über das »Walten Gottes in der Geschichte«. Nur wer weiß, daß sein Tun nicht vergeblich ist, selbst wenn darin Schuld liegt, behält den Mut, weiter zu handeln. Bonhoeffer schreibt: »Ich glaube, daß auch unsere Fehler und Irrtümer nicht vergeblich sind und daß es Gott nicht schwerer ist, mit ihnen fertig zu werden als mit unseren vermeintlichen Gut-Taten.«

Vergebung gehört zu den unbegreifbaren Osterwundern!

Gott ist größer, als all unsere Schuld je sein kann. Und er ist barmherziger als all unsere Vorstellung von Barmherzigkeit ist. Und ER befreit uns davon, »die Wahrheit« zu beanspruchen, gar über andere!

Wer um Vergebung weiß, kann auf seine *ganze* Vergangenheit sehen, ohne sich selbst etwas zu verschweigen und ohne deshalb zu verzweifeln. Die biblischen Geschichten sind Erinnerungen, die Hoffnungen erlauben, und unsere Hoffnungen erlauben uns dann auch Erinnerungen. Es bleibt stets die Hoffnung, die Vergangenheit möge unsere Zukunft nicht verschlingen.

III.

Eine Erinnerungskultur ohne eine Kultur (und einen Ritus!) des Verzeihens macht Nachtragen zum Dauerprozeß, behindert Wahrhaftigkeit, reißt bewußt oder unbewußt alte Wunden unendlich oft auf und führt letztlich zu einer neurotischen Fixierung auf das zugefügte Leid. (Ich erlebe bisweilen tief beschämt und tief beeindruckt, wie Juden, die Auschwitz überlebt haben, mit sich und uns Deutschen umgehen können.) Erinnern will die ganze Wahrheit ans Licht bringen, will durch Vergegenwärtigen zum Durcharbeiten beitragen, aber auch die Täter benennen und zur Rechenschaft ziehen lassen. Demgegenüber wird Vergangenheitsfixierung geradezu selbstquälerisch, selbstzerfleischend und selbstzerstörerisch. Sie verbaut den Weg in eine befreite Zukunft, weil innere Loslösung nicht gelingt. So hart es klingen mag: Es gibt auch ein gnädiges Vergessen, eine Gnade des Vergessenkönnens für den, der Schlimmes erlitten hat.

Ein Überlebender aus Czernowitz, der jetzt in Tel Aviv lebt, sagte mir in Israel: »Das Papier würde das nicht aushalten, was ich aufschreiben müßte.« Erst seit zehn Jahren würde er nachts in seinen Träumen nicht mehr aufschreien. Unbeschreibbares hat er erlitten von Bürgern eines Volkes, das er tief verehrt. So viele große Musiker hat kein Volk hervorgebracht wie die Deutschen, sagte er mir und fing an zu schwärmen: von Brahms, Beethoven und Bach. Ich schweige. Berührt und betroffen.

Mit dem Ver-Sagen eines anderen schließlich Nachsicht üben können, dem Gefallenen aufhelfen, dem Gestrauchelten die Hand reichen – das stärkt Lebenszuversicht, das Zutrauen zur Welt, zum anderen und zu sich selbst. Ohne solches Zutrauen verginge uns alle Lebenskraft für die Zukunft.

»Wer saure Trauben gegessen hat, dem sollen die Zähne stumpf werden«, ist eine der großen prophetischen Verheißungen, weil es zutiefst ungerecht ist, wenn nächste Generationen büßen sollen für das, was ihre (Vor-)Väter angerichtet haben. (Jeremia 31, 29–30) Wie viele Diktatoren sind an ihrem Lebensabend im Bett gestorben! Wie viele Verbrecher konnten nicht zur Rechenschaft gezogen werden! Nachgeborene müssen die von anderen eingebrockte Suppe auslöffeln! Und wie viele – gigantische – Fehlentscheidungen müssen erst nachfolgende Generationen büßen?! Manches überschreitet die Grenze dessen, was überhaupt vergeben werden kann. Schuldvergebung rechnet prinzipiell mit schließlicher Wiederherstellung: ob einer befriedeten Beziehung oder einem Wiederaufbau des Zerstörten.

Mit äußerer Machtentfaltung des Menschen ist auch die

Dimension der Schuld angewachsen, die kaum noch individuell – zumal Irreversibles darin steckt! – zuzurechnen ist.
Warum fragen wir nicht rechtzeitig nach den Folgen dessen,
was wir heute erfinden, arglos nutzen, gebrauchen und verbrauchen? Werden wir wieder morgen gemeinsam die Folgen
tragen, von denen wir heute noch nichts wissen wollten? Hat
genmanipulierte Nahrung wirklich nur ein Restrisiko? Geht
noch ein Erschrecken durch die Welt, wenn Frösche ohne
Köpfe genetisch manipuliert werden? Welche Auswirkungen
hat der Elektrosmog? Die Wichtigtuer mit ihren »Wichtigtu-
ern« sind unter uns. Das Handy ist nicht bloß ein Problem
für die Ohren der Benutzer! Welche Wasserkatastrophen stehen uns angesichts der weiter eskalierenden Bodenversiege-
lung ins Haus? Warum wird so gut wie gar nicht über die
ökologischen Folgen unseres immer dichter werdenden
Flugverkehrs gesprochen? Bringt uns das »Prinzip Beschleu-
nigung« nicht noch schneller ans Ende, weil wir Gläubige des
schnellen Erfolgs sind? Sind wir globalen Modernisierungs-
und Automatisierungsprozessen schicksalhaft ausgeliefert,
und wird das Heer der Arbeitslosen zwangsläufig größer?
Die Augen am Computer, das Handy am Ohr, genmanipulierte Nahrung im Magen, den Fuß am Gaspedal ...

Wenn sich die prophetische Verheißung des unmittelbaren
Abbüßens der Schuld erfüllen würde, wenn also jeder unmittelbar das zu spüren bekäme, was er selber zu verantworten
hat, gäbe es wohl mehr verantwortliches Handeln. Wir erkennen fast immer zu spät, was wir versäumt haben zu tun
und wo wir uns – selbst mit bestem Wissen und Gewissen
handelnd – vertan haben.

Heute sprechen wir von den Sünden der sechziger Jahre –
wann wird von den Sünden der neunziger Jahre gesprochen
werden?

Wer um Schuldvergebung nachsucht, der bittet auch um
die Vergebung unserer Zweideutigkeiten, Ambivalenzen,
Widersprüche und Selbstüberschätzungen.

Sollten wir aus lauter Versagensangst nicht mehr handeln?

Gerade im Umgang mit den Folgen eines an sich selbst gescheiterten vollmundigen Menschheitsexperimentes, angesichts der Pervertierung einer emanzipatorischen Idee, der Korrumpierung von Hunderttausenden Menschen in drei Generationen, der Zerstörung von individuellen Lebensträumen im Namen eines kollektiven Menschheitstraumes gilt es, aufhellendes und heilendes Erinnern einzuüben und Verirrten Erbarmen zu gewähren, damit Lernen und Neuanfangen möglich und schuldabweisende Selbstrechtfertigung nicht zum Dauerzustand wird. Die Wahrheit soll nicht weiter Angst machen. Sie soll frei machen!

Beim Aufräumen und Durchforsten des schrecklichen Nachlasses der Staatssicherheit muß unmißverständlich klar bleiben, daß die öffentlich gemachte Aktenwahrheit nur Teilwahrheit über ein Leben ist. Was aus dem Verborgenen ans Licht gebracht und auf den Tisch gelegt wird, darf freilich ebensowenig unter den Tisch gekehrt wie verabsolutiert werden, weil die gesamten Lebensumstände, Verirrungen, Verblendungen, Verlockungen mitzubedenken und mitzuberücksichtigen sind. (Das Bösartige des Stasi-Systems und der einzelnen Büttel Mielkes muß allerdings klar benannt und verurteilt werden.)

Sich der S c h u l d bewußt werden zu können und mit aller Klarheit darüber sein Urteil fällen zu können ist etwas anderes als das Urteil über den S c h u l d i g e n. Wahrheit und Klarheit über die S ü n d e, aber Erbarmen und Liebe für den S ü n d e r – das ist eine zentrale Botschaft des Jesus aus Nazareth. Er hat das In- und Miteinander von konkreter Verschuldung und existentieller Sündhaftigkeit, von sozialer Verfehlung und mitmenschlicher Verhärtung, von leiblichen Übeln und seelischen Untiefen Zeit seines Lebens benannt. Mit den Augen der Liebe.

Menschliches Handeln ist immer Auswählen unter verschiedenen Möglichkeiten und vollzieht sich unter Zwängen, Irrtümern und schweren Verirrungen, die zum Zeitpunkt der Tat außerhalb des Blickfeldes bleiben. Handeln birgt Risiken, vor allem, wenn Folgewirkungen noch gar nicht absehbar sind. Übersehen, Vergessen und der tragische Irrtum, die Ungeschicklichkeit, die falsche Auskunft, unzureichendes Wissen, wohlmeinende Absicht, objektive oder geglaubte Zwänge, eigene Begrenztheiten, eingeschränkte Handlungsräume, Notwendigkeiten, Rücksichten, Konzessionen, zudem noch Machtbesessenheit, Gewaltrausch, emotionale Ansteckung, Rache und Rachegelüste, momentane Gefühlswallungen bestimmen täglich unser Tun und Lassen.

Stets ist zu fragen: Ist die richtige Variante, der richtige Zeitpunkt, die richtige Methode, der richtige Mitstreiter, das richtige Tempo gewählt worden? War oder ist es schließlich nicht Glück oder Pech, Gnade oder Gericht, was von einem Menschen vernachlässigt, außer acht gelassen, ja vergessen wurde?

Mut zum Handeln schließt unabdingbar den Mut zum Versagen ein. Wer sich dessen bewußt bleibt, braucht sich sein Versagen nicht selbstrechtfertigend schönzureden.

Wer von uns über seine Vorväter richtet, sollte sich selber fragen, was er denn angesichts der Volksstimmung am 9. November 1938 gemacht hätte, als keiner wagte, die Gardine zu bewegen, als die Synagogen brannten und jüdische Mitbürger durch die Straßen gehetzt wurden? Umso höher ist zu bewerten und zu würdigen, wo einzelne offen, selbst unter Lebensgefahr, eingriffen.

Welche Form von Protest gegen den Mauerbau, den sozialistischen Antizionismus, das Verächtlichmachen der Polen, den Einmarsch der sowjetischen Panzer in die ČSSR haben wir Ostdeutschen gewagt? Haben wir soviel getan, wie wir tun konnten oder tun mußten – oder wollten wir auch leben und haben uns herausgeredet mit »realistischen Möglichkeiten des Einwirkens«, die wir uns nicht durch sinnlose »Radikalität« verderben wollten?

Wer von uns weiß, wer warum wie gehandelt hat? Was hat etwa den polnischen Ministerpräsidenten Jaruzelski im Jahre 1981 bewogen – als er zwischen Kriegsrecht und sowjetischer

Intervention zu entscheiden hatte –, das Kriegsrecht zu wählen? Was hat den Interimsministerpräsidenten Hans Modrow bewogen, die alten SED-Eliten mit zweifelhaften Eigentumsabfindungen zu beruhigen – um aus seiner Sicht den friedlichen Weg in die Demokratie freizuhalten? Was hat Pius XII. bewogen, das Konkordat mit Hitlerdeutschland abzuschließen und im Blick auf die überall bekannte Judenverfolgung so zurückhaltend zu reagieren? Was hat die Westmächte 1938 bewogen, das Münchner Abkommen abzuschließen und »um des Weltfriedens willen« die Tschechoslowakei zu verraten? Was hat die deutsche Außenpolitik bewogen, »einen kritischen Dialog« mit einem Terrorregime im Iran zu führen, das die Fatwa über Salman Rushdie verhängt hat? Was hat den deutschen Bundeskanzler Kohl bewogen, den Westdeutschen keine besonderen Lasten im Zusammenhang mit der Vereinigung zu prophezeien – damit die Einheit gelingt und Wahlen gewonnen werden? Und welche Vorwürfe soll man ihm oder anderen heute machen? Was bewegt Joschka Fischer, sich zur Kriegführung Rußlands in Tschetschenien so zurückhaltend zu äußern und zu den schweren Verbrechen der russischen Kriegführung zu schweigen? Was blieb und bleibt zur Rolle der Vormacht USA bei der Entscheidung für den Kosovo-Krieg, seinen (Folge-)Kosten, seinen politischen und militärischen Lügen, seinen mehrfach gewechselten Kriegszielen und zu den unabsehbaren neuen Konflikten öffentlich undiskutiert? Und welche Wirkungen wird der antiterroristische Großkampf der USA haben, zumal im muslimischen Raum? 40 Milliarden Dollar stehen dafür zur Verfügung – wie viele Milliarden für die Beseitigung von Armut, an der die Reichen (Mit-)Schuld tragen?! Welche Einschnitte in den Rechtsstaat – voran in den USA! –werden toleriert zum Kampf gegen den Terrorismus?

Was versäumen wir, wenn wir nicht entschlossener die maroden Kernkraftwerke stillzulegen helfen?

Solche Fragen in der Gegenwart zu stellen heißt nicht, Vergangenheit zu relativieren, sondern heißt, wahrhaftig zu bleiben, auch im Blick auf sich selbst, um sich vor der *Geißel* der Selbstgerechtigkeit zu bewahren. Wer nicht handeln muß, kann seine »Sätze« und seine »Hände« sauberhalten, unbefleckt von der Wirklichkeit, nicht berührt, nicht verunreinigt von einer Wirklichkeit, die unseren großen Ideen nur erlaubt, gebrochen in die Welt des gebrochenen Menschen zu kommen. Die Ideologien »des Guten« sind nicht nur genauso mörderisch wie die Diktaturen »des Bösen«, sie machen auch noch ein gutes Gewissen mit allerhöchster Legitimation, am liebsten mit einer (quasi-)religiösen.

IV.

Trotz aller Rede davon, daß »keiner von uns ohne Schuld« ist, gibt es eine Polarität von Tätern und Opfern und ein äußerst schwieriges Verhältnis zwischen beiden Seiten.

Täter haben im Normalfall keinen besonderen Leidensdruck und müßten sich, nachdem die Gesellschaft, in der sie gewissenlos Täter sein konnten oder auch sein »mußten«, nun freiwillig den Opfern stellen und sich Leiden zufügen. Da kann ein Gerichtsprozeß geradezu eine notwendige Nachhilfe zur Selbstklärung und zur Schuldbereinigung sein.

Opfer wünschen einerseits Gerechtigkeit als Bestrafung, weil ihre Verletzungen sonst nach Rache riefen. Andererseits wollen Überlebende nicht endlos aufrühren, was sie erlitten haben. Gerechtigkeit als Sühne nach rückwärts ist auch abschreckend nach vorwärts. *Diesen* Sinn von Gerechtigkeit darf man weder verlieren, noch darf er verabsolutiert werden. Da im Rechtsstaat nicht egalisierend Recht gesprochen wird, kommen Gefühle der Ungerechtigkeit auf. Da das Recht andererseits notwendig egalisiert, fühlen sich Täter (systemnahe) in Sippenhaft genommen.

Nicht unerheblich für den Umgang mit Verbrechen ist das Maß des Verbrechens, so makaber jegliche Vergleiche für konkret Betroffene sind. Aber die dramatischen Vorgänge in Südafrika während der langen Zeit der Apartheid oder das, was in Ruanda und Jugoslawien geschehen ist, ist kaum auf die DDR und den Ostblock nach 1945 übertragbar, weil hier die Ursachen, Erscheinungsformen und Nachwirkungen des Zweiten Weltkrieges, des Kalten Krieges, die Teilung Europas, die ideologische Grenze und die Beton-Mauer und die Ideologie, die das Ganze sanktionierten, mit zu berücksichtigen sind.

Ich wage gar die Behauptung, daß diese Täter auch »Opfer« einer verführerischen Ideologie waren, die Menschenrechtsverletzungen sanktionierte und Verbrechen als nichtig erscheinen ließ. (Ich sage solche relativierend klingenden Sätze natürlich nicht als Entschuldigung für die ungeheuerlichen Verbrechen des stalinistischen Verfolgungssystems!)

Ein geradezu strukturell nicht vorhandenes Unrechtsbewußtsein zeigt sich in aller Deutlichkeit in den Reaktionen der jüngst verurteilten Grenzgeneräle.

Opfer sind im Normalfall auf Versöhnung aus, aber sie wollen mit den Tätern noch einmal Auge in Auge das Geschehen klären und wenigstens ein wenig sehen, wie die Täter etwas von dem abtragen, was sie verursacht haben, indem sie ein Stückchen Gewissensleid auf sich nehmen. Die Täter wollen im Normalfall keine klärenden Gespräche, weil Klärung eben nicht billig zu haben ist; sie müßten sich eingestehen, was sie anderen angetan haben.

Täter haben Schwierigkeiten, über ihre Untaten zu reden, weil sie fürchten, ihre Vergangenheit würde sie einholen. Sie wollen vergessen und vergessen machen. Dies gibt Opfern von gestern häufig das Gefühl, sie müßten sich entschuldigen, daß sie Opfer geworden und vielleicht sogar »schuld« sind, daß sie in einer Diktatur ins Gefängnis gekommen sind. »Sie hätten doch wissen müssen, wie die Gesetze und die Umstände seinerzeit waren«, signalisieren Täter und Mitläufer von damals.

Solcherart moralische Verrenkung mußten Menschen nach 1945 erleben, und wir erleben sie in strukturell vergleichbarer Weise nach 1989. Wie bitter war es für Überlebende aus Konzentrationslagern, in ihre Heimatorte oder »irgendwohin« zu kommen: displaced persons.

Täter schweigen, bagatellisieren, verleugnen, weil Reden zu Scham und Selbstanklage sodann zur Veränderung des eigenen Denkens führen müßten. Und offenes Reden über eigenes Tun könnte ja auch Anklage zur Folge haben. So entwickeln Täter einen Trotz, der sie nachträglich so hart macht, wie sie als Täter hart waren.

Opfer k ö n n e n oft nicht reden und w o l l e n und m ü s s e n es doch, obwohl durch Reden schmerzhafte Erinnerungen so stark wachgerufen werden, daß die Opfer mit dem Erlittenen (im Dostojewskischen Sinne) »gleichzeitig« werden und das Schwere nochmals seelisch durchleiden. Opfer fürchten, die Vergangenheit käme für sie durch Aufrühren schmerzvoll wieder und würde ihnen die seelische Kraft rauben, bis sie spüren, daß sie ihre Erlebnisse nicht in ihre Träume verbannen dürfen, wenn sie wirklich frei werden wollen. Opfer wollen im Normalfall frei werden – in ihrer Seele und auch von ihren Peinigern. Sie sind eher bereit zu vergeben, als die Täter bereit sind zu reden. Beide Seiten müssen die Nagelprobe der Vergebung bestehen. Sie ist Voraussetzung für Versöhnung, nachdem sich beide so ernsthaft wie ehrlich um Wahrheit bemühten.

Biblische Texte kreisen beständig um das Thema »Verantwortung – Schuld – Vergebung – Neuanfang«. Es ist gerade nicht niederreißende Tragik, wieder anzufangen und dem Tragischen zu entrinnen. Die Hoffnung auf Vergebung richtet sich nach vorn, auf Erneuerung des einzelnen und auf neue Schöpfung, verbindet sich mit dem Vertrauen auf Verheißung von einer neuen, überraschenden Zukunft. So wird die zeitliche Dimension des Vergangenen und des Zukünftigen durch Vergebung verknüpft. Vergebung schafft Versöhnung mit dem Zurückliegenden und macht auf diese Weise den Blick für Künftiges frei.

Du kannst deine Vergangenheit erinnern, sie bewerten und bewerten lassen, weil sie nicht auf dir lasten bleibt! Sie wird nicht verdrängt oder verschwiegen; sie kann noch einmal zur Sprache kommen. Vergebung ermöglicht zukunftsgerichtetes Lernen, sofern das eigene Handeln nicht von vornherein mit Versagensangst besetzt ist. Jede Angst ist negatives Restkapital der Vergangenheit und wird zur Versagensangst auf Zukunft hin. Insofern ermöglicht nur das Abschließen der Vergangenheit das Öffnen für Zukunft. Das Abschließen der Vergangenheit heißt gerade nicht, seiner Vergangenheit nicht ins Auge zu sehen, sondern versetzt geradezu in die Freiheit, sie wahrzunehmen, sie zu bewerten und bewerten zu lassen. Sie wird nicht mehr als belastendes Marschgepäck der Zukunft geschultert. Bloßes Vergessen und Versenken der Vergangenheit brächte nur Gleichgültigkeit und Verflachung.

V.

Es gibt ein befreiendes und gnädiges, ein verlogenes und selbstbetrügerisches, ein verkrampftes und leichtfertiges, ein schusseliges und gewissenloses, ein traumatisches und ein in die Träume verwiesenes Erinnern. Erinnern kann ebenso heilen wie zerstören. Heilend wird Erinnern, wenn man schließlich für sich selbst in seinem Innersten einen Schluß-Strich ziehen kann, bis auch die seelischen Wunden vernarben. Doch einen solchen »Schluß-Strich« kann man nicht dekretieren. Man kann seine heilende Wirkung befördern, sobald klar wird, daß weiteres Aufwühlen weder zu mehr Wahrheit noch zu mehr Gerechtigkeit und Genugtuung führt.

Carl Zuckmayer berichtet in seiner Autobiographie davon, wie ihm Peter Suhrkamp von seiner furchtbaren KZ-Zeit erzählte, aber wollte, daß darüber nicht geschrieben werden solle, weil er fürchtete, dadurch würde nicht Abschreckung erregt, sondern vielmehr würde der im Unterbewußtsein vorhandene Trieb zur Grausamkeit geweckt und die bösen Geister wieder gerufen werden. Zuckmayer schreibt: »Hier ist Schweigen kein Verschleiern, sondern ein Überwinden. Die Phantasie ist eine ebenso abgründige wie erlösende Gewalt. Man tut gut, das Teuflische, das in ihren Tiefen schlummert, nicht zu wecken, sondern nach ihren lichteren Sphären zu streben, ihrer Vox coelestis zu lauschen, ihre Vox humana zu beschwören.«

Wer um Vergebung in einem existentiell persönlichen Sinne weiß, kann seiner Vergangenheit ehrlich begegnen und muß vor der Zukunft nicht resignieren. Er braucht auch nicht auf Maßstäbe zu verzichten, von denen er zwar weiß, daß er sie kaum erfüllen kann, die er aber als einen Anspruch an sich selbst gelten läßt. Der Schere zwischen Anspruch und Wirklichkeit wird man nicht dadurch entgehen, daß man von vornherein auf den Anspruch verzichtet.

Die Reflexion auf Vergangenheit kann um so ehrlicher erfolgen, je angstfreier die Rück-Besinnung ist. Es wird nie die »ganze Wahrheit« geben, wie es nie die »ganze Gerechtigkeit« gibt. Je angstfreier die Rückschau, desto mutiger und wohlgemuter kann man in die Zukunft sehen, wird bescheidener und bedenklicher. So wird keine Hornhaut auf dem Gewissen wachsen und die Dünnhäutigkeit unlebbarer Sensibilität abgewertet. Wer schuldvergessen lebt, verleugnet seine (Mit-)Verantwortung. Wer sich seiner Verantwortung für Vergangenes nicht stellt, versagt zugleich vor seiner Verantwortung in der Zukunft.

Mit dem Versagen eines anderen Nachsicht üben, dem Gefallenen aufhelfen, dem Gestrauchelten die Hand reichen – das stärkt Lebenszuversicht, das Zutrauen zur Welt, zum anderen und zu sich selbst. Ohne solches Zutrauen hätten wir keine Lebenskraft. Solches Zutrauen beruht in unbegründbarem Gott-Vertrauen und führt täglich neu in Lebensmut.

Wir alle brauchen Helfer, Aufhelfende. Unser Helfen für andere kommt aus der Erkenntnis eigener Erbarmungswürdigkeit und Erbarmungsbedürftigkeit.

Die Gewißheit zu haben, daß einer zu dir steht, wenn du nicht mehr zu dir stehen kannst, wenn du am Ende bist, gar vor dem Scherbenhaufen deines Lebens sitzt, das gibt dem Leben Kraft.

Sollten wir es in unserem Rechtsstaat nicht honorieren,

wenn Systemträger eines totalitären Systems ihre Irrtümer, Verirrungen und Vergehen einsehen, Mitschuld zugeben, um Verzeihung bitten und den ehrlichen Versuch wagen, eine sozialstaatliche, liberale Demokratie mit ihren verbliebenen Kräften und bitteren Erfahrungen mitzugestalten? Die Zukunft braucht Einsichtige und keine Rechthaber!

Mit Mitteln des Unrechts läßt sich kein Recht sprechen.
Zum Umgang mit den Stasiakten

Am 27. August 1991 fand in Berlin eine zehnstündige öffentliche Anhörung von Sachverständigen zum Gesetzentwurf über den Umgang mit den Stasiunterlagen statt.

Auch ich war dazu geladen, als »Sachverständiger«. Laut Protokoll habe ich damals gesagt: »Die Mehrheit in diesem Raum kann die Materie, um die es heute geht, relativ kühl behandeln.« (Seit westliche Politiker betroffen sind, wird diese Materie nicht mehr so kühl behandelt. Jetzt greift die Krake Stasi nicht mehr nachträglich nur nach den Ostdeutschen, sondern auch nach Westdeutschen.)

Ich sagte weiter: »Wir haben es mit den Sammelergebnissen einer kriminellen Vereinigung von Staatsverbrechern zur systematischen Zerstörung von Menschen und menschlichen Beziehungen zu tun. Das Gesetz kann und soll ein Beitrag sein, daß das gemindert wird; verhindert werden kann es nicht. Ich meine aber: Sofern Daten personenbezogen sind, dürfen sie weder Gegenstand für Nachrichtendienste noch für das verständliche historische Interesse sein, noch für die Lust einiger, die in Biographien wühlen.

Hier geht es um eine Grundfrage der Integrität und der Wahrung der Menschenrechte in unserer Demokratie. Es muß das Menschenmögliche getan werden, daß die Stasi jetzt nicht späte Siege über uns, über ihre Opfer, feiert und sich ständig erpresserisch in das öffentliche Leben einmischt …

Der Persönlichkeitsschutz kann auch für Personen, die ein öffentliches Interesse beanspruchen, nicht eingeschränkt werden; gerade sie waren die Zielscheibe und werden es bleiben.« In dieser außerordentlich ernsthaften und alle Aspekte abwägende Debatte über den Entwurf zum Stasiunterlagengesetz sagte der Münchner Rechtsprofessor Peter Badura: Diese 202 Kilometer Akten müssen »insgesamt als das Produkt einer Diktatur mit einer rechtsstaatlich ungebremsten Verfolgungs- und Unterdrückungstätigkeit angesehen werden und daß es dementsprechend nicht gleichgestellt werden kann mit sonstigem Aktenmaterial oder sonstigen aus irgendwelchen Quellen zu erschließenden Informationen. Ich meine also, daß zwar zum gegenwärtigen Zeitpunkt der Gesetzgeber nicht durch verfassungsrechtliche Umstände zur Regelung eines Löschungs- oder Vernichtungsanspruchs verpflichtet ist, daß sich aber nach einem verhältnismäßig kurzen Zeitraum diese Frage verfassungsrechtlich stellen wird.«

Diese Frage stellt sich nach zehn Jahren neu! Für den Bundesfachausschuß Richter und Staatsanwalt in der ÖTV meinte Eve Citron-Piorkowski in jener Anhörung, daß es zwar ein berechtigtes Interesse der Aufklärung gibt, »aber diesem Interesse das Selbstbestimmungsrecht des Opfers vorgehen (muß), und zwar ganz grundsätzlich und ganz allgemein«.

Auch ich meine, daß dies »ganz grundsätzlich und ganz allgemein gilt« und somit auch für den störrischen und ehrenwortverrannten Helmut Kohl. Damit den Stasiakten nicht weiter zu viel Ehre angetan und ihnen nicht weiter erlaubt wird, unsere Republik durcheinanderzuwirbeln, scheint es mir dringend geboten, über eine Novellierung des Stasiunterlagengesetzes zu sprechen und dabei die Rechtmäßigkeit der *Entstehung*, die Rechtmäßigkeit der *Veröffentlichung* und *Verwendung* und den *Wahrheitsgehalt* dieser Akten im Lichte des Artikels 1 unseres Grundgesetzes zu überprüfen. Der einzelne muß vor Rufschädigung geschützt werden.

Wieso sollen weiterhin Menschen, die als »Personen der Zeitgeschichte« gelten, ein geringeres Schutzrecht genießen als andere, selbst dann, wenn sie Gegenstand (in der gängigen Sprache: »Opfer«) der Stasimachenschaften waren? Insofern war es rechtsstaatlich legitim, daß der Kanzler a. D. Helmut Kohl dagegen geklagt hat, daß Akten über ihn ohne sein Einverständnis herausgegeben wurden. Das Berliner Verfassungsgericht gab ihm recht. Die nächste Runde im Rechtsstreit steht an. Die Stasi-Behörde möchte ihre bisherige Praxis notfalls durch eine Gesetzesänderung bestätigt sehen.

Es gibt noch unendlich viel Material, das »aufbereitet« werden könnte – völlig unabhängig von jeglichem politischen oder gar parteipolitischen Interesse: Es kann nicht Recht gesprochen werden unter zuhilfenahme von Material, das unter Verletzung rechtsstaatlicher Prinzipien zustande kam und zudem mit dem Ziel gesammelt, zusammengestellt und ausgewertet wurde, die bespitzelten Personen politisch und menschlich zu diskreditieren; sonst erlauben wir der Staatssicherheit, daß sie noch auf unabsehbare Zeit das politische Leben in der vereinigten Republik aufmischt und Stasiprotokolle je nach Interesse, Belieben oder Zufall politisch instrumentalisiert werden. In der Anhörung sagte der Historiker Mommsen: »Für einen Historiker ist es überhaupt kein Argument, ob Überlieferung rechtsstaatlich oder nicht rechtsstaatlich zustandegekommen ist.« Dieser Argumentation scheinen sich heute nicht nur Historiker anzuschließen. So wird ein Grundprinzip des Rechtsstaates faktisch aufgegeben. Und der sonst so gescholtenen Staatssicherheit wird die Würde der Wahrheitsbeschaffung zugestanden unter Verletzung der Würde und des Persönlichkeitsschutzes des einzelnen. Dem Drachen wachsen die Köpfe nach. Wer weiter die Stasiakten auf *diese* Weise öffnet, wird mit einem Kontaktgift aus der Büchse der Pandora infiziert. Auch Helmut Kohl oder Heiner Geißler und Ulf Fink sind in diesem Sinne »Opfer« der Stasi. Die Verwendung von Belauschungsmaterial ohne deren Einverständnis bzw. deren Herausgabe für die Öffentlichkeit ist rechtsstaatswidrig. Wo kämen wir hin, wenn wir die Tausenden Tonbänder auch noch dokumentieren und öffentlich auswerten? Die ganze politische Klasse der Bundesrepublik Deutschland ist auf diese Weise vorführbar. Endlos-Krimi »Stasi-Big-Brother«, nicht als Langweileshow, jeden Tag eine Stunde, sondern als Politthriller aus dem Kalten Krieg in Dauer-Serie? Mielkes Big-Brother-Imperium zeigt noch nach dessen Tod seine Macht. Die Stasi darf weiter die Puppen tanzen lassen.

Allerdings gilt für den Bürger Dr. Helmut Kohl das gleiche Recht wie für alle Bürger der vereinigten Republik. Den Stasiakten wurde in den letzten zehn Jahren zu häufig zu vorschnell ein Wahrheitsgehalt zugesprochen, der zum »Abschuß« führte oder lebenslang als Makel an Menschen hängenbleibt. Es wurden Akten gegen Personen verwandt, die auf der Grenze zwischen Opferschutz und Täterentlarvung liegen – etwa bei den Akten über Gregor Gysi im Falle der Havemann-Verteidigung. Das Stasimaterial wurde gegen Ostdeutsche extensiv genutzt, und man unterstellte ihm grundsätzliche Glaubwürdigkeit, statt sorgsamste Quellenkritik zu üben: Wer hat wann was mit welchen Mitteln und mit welchem Ziel gegen wen ausgewählt, aufbereitet und aufgeschrieben? Das Ziel dieser »Firma« war eben nicht, Menschen gerecht zu werden, sondern sie zu denunzieren, Vertrauliches auszuspionieren, für Erpressungen nützliches Material auszuschlachten. Für die Aufklärung von Menschenrechtsverletzungen gegenüber Opfern und zur Aufklärung von Verbrechen werden die Akten im Interesse von Opfern weiter heranzuziehen sein, aber nicht ungefiltert als »Wahrheit« in die Öffentlichkeit kommen dürfen und je nach Belieben von Journalisten mit investigativem Jagdfieber ausgeschlachtet werden. (Man erinnere sich an die »Spiegel«-Kampagne gegen Manfred Stolpe oder an die äußerst aggressiven Einlassungen des Fernsehjournalisten Klaus Mertes in »Report München«.)

Artikel 10 des Grundgesetzes – Schutz des Post- und Fernmeldegeheimnisses – muß in Geltung bleiben! Durch Unrecht läßt sich nicht Recht herstellen. Es muß vielmehr sehr ernst und selbstkritisch zurückgefragt werden, wo unser gepriesener Rechtsstaat zehn Jahre lang diesen Akten nachträglich und nachhaltig zuviel Macht eingeräumt hat. Und es muß auch gefragt werden, was mit den geheimdienstlichen Materialien all der Länder geschieht, deren System nicht untergegangen ist und die heute noch munter inter-national horchen, eben selbst unter »Freunden«: Echelon arbeitet perfekt, und was wurde im Westen in Zeiten des Kalten Krieges über wen wie gesammelt?

Für das Vertrauen in unseren Rechtsstaat wäre viel getan, wenn Herr Dr. Kohl sein Schweigen aufgäbe und nicht nach dem Grundsatz lebte: der Rest ist Schweigen; das Recht ist Schweigen. Wenn Helmut Kohl auf seine in der Verfassung begründeten Rechte pocht, sollte er einräumen, daß Artikel 21 Abs. 2 auf ihn zutrifft und er seinen viermaligen Eid auf die Verfassung gebrochen hat, also Verfassungsbruch begangen hat. Die Verwendung der Akten gegen Lothar de Maizière oder gegen Karl Wienand war unrecht oder bleibt rechtsstaatlich höchst zweifelhaft. Solche Prokritik muß nicht bei der Verwendung der Abhörprotokolle fortgeführt werden. Vielmehr sollte die gesamte bisherige Praxis überprüft werden, bis hin zur Novellierung des Stasiunterlagengesetzes.

Vertrauen zwischen Menschen beruht auch auf Vertraulichkeit. Wer nicht mehr auf Diskretion hoffen kann, ist nirgendwann mehr wirklich offen. Dies hat nichts mit Verschweigen(müssen), sondern mit nötiger Vertraulichkeit und dem Anspruch darauf zu tun, daß es Dinge gibt, die nicht für die Öffentlichkeit bestimmt sind, selbst wenn sie öffentliche Dinge (mit)betreffen. Dies alles hat die Staatssicherheit »im Interesse der Sache« stets gegen »die Interessen des Individuums« systematisch verletzt. Mit solcher »Verletzung« jetzt zu operieren bringt weit mehr Schaden als sie der Offenlegung (von Rechtsverletzungen) nutzt.

Moralische Scharfschützen und billige Gnade

Was wäre die Geistes- und Weltgeschichte ohne gebrochene Biographien? Und was wäre geworden, wenn man stets Menschen auf ihre Vergangenheit festgenagelt hätte? König David ließ den Ehemann der Batšeba umbringen, um sie zu besitzen. Batšeba wurde die Mutter des weisen Salomo, und auf dem Sproß Davids ruhten alle Hoffnungen Israels. Der Apostel Paulus war zur Christenverfolgung unterwegs, bevor er vom Pferd fiel und hernach zum entscheidenden Missionar Europas wurde? Wer alles schwor im Tausendjährigen Reich auf den Führer, bevor er zum Verschwörer wurde, wer alles glaubte an Stalin, ehe ihm die Augen geöffnet wurden, und sei es erst im GULAG?!

Man denke an Robert Havemann und an Herbert Wehner, an Franz Fühmann und Erich Loest, ja François Mitterrand oder Izhak Rabin. Umgekehrt mutierte mancher Freiheitskämpfer, an die Macht gekommen, zum Diktator und Unterdrücker.

Umso mehr muß man froh sein, wenn Menschen sich läutern und geläutert bleiben. Bisweilen sind sie durch die Hölle selbstquälerischer Zweifel gegangen, ehe sie von belastender Vergangenheit frei werden konnten.

Wenn sich ein Mensch vom Wege der Gewalt, von ideologischer Verblendung, von Irrtümern oder Fehlverhalten löst, sich wandelt, den Freiheitsraum und den Rechtsrahmen des Grundgesetzes ausfüllt, das staatliche Gewaltmonopol akzeptiert, dann verdient er persönlichen Respekt und gesellschaftliche Anerkennung. Ob sich solche Personen für herausgehobene politische Ämter eignen oder ob sie lebenslang wegen früherer Verfehlungen davon ausgeschlossen bleiben, muß im Einzelfall entschieden werden.

In bezug auf die DDR-Vergangenheit ist man meist rigoros und generell vorgegangen, sofern es sich um Kommunisten oder gar um Menschen handelte, die sich mit der Stasi eingelassen hatten und mit dem Stigma »IM« behaftet werden.

Im Rahmen der heftigen moralisch-politischen Auseinandersetzung mit der 68er-Generation und dem Abdriften dieser radikal-demokratischen Aufbruchsbewegung in die Gewalt der siebziger Jahre wurde ebenfalls versucht, Vergangenheitspolitik zu betreiben, zumal man rechte Gewalt von heute auf eine Stufe mit linker Gewalt damals stellt. Menschen werden wieder auf ihre überwundene Vergangenheit festgelegt. Man setzt sich nicht mit ihrem gegenwärtigen Tun und Unterlassen auseinander, sondern heftet sie fest auf ihre Vergangenheit und bedient sich sogar gefälschter Bilder. So soll mit dem 68er-Mythos aufgeräumt werden. Ausgerechnet Frau Merkel erklärt den Westdeutschen, wie wunderbar »unsere Republik« immer gewesen ist, natürlich auch zu Zeiten Adenauers. Weiß die Pastorentochter aus Templin wirklich, wovon sie redet? War das nicht auch die Zeit Heusingers, Globkes, Oberländers und Filbingers – und gab es damals nicht Umstände, aus denen sich Denken und Handeln einer aufbegehrenden und Aufklärung verlangenden Jugend erklären lassen? Wurde in Vietnam nicht »die Freiheit Berlins verteidigt«, und gab es nicht My Lai? Wer stürzte am 11. September 1973 den demokratisch gewählten Präsidenten Chiles, und mit welchen Mitteln? Wer alles machte gemeinsame Sache mit dem Schah-Regime? Andere buchstabierten die Worte ›Freiheit‹ und ›Menschenrecht‹ nicht nur in Seminaren, sondern begannen dafür lautstark zu demonstrieren – mit Sprechchören, um dann mit Eiern und später mit Steinen zu werfen. Eine kleine Gruppe glitt in den verbrecherischen Terrorismus ab. Müßte nicht im Zusammenhang mit der Gewaltanwendung von Teilen der 68er-Generation auch von der Gewalt gesprochen werden, gegen die sie sich wehrten, etwa über das rigorose Eingreifen einer Polizei, die neue Gewalt provozierte? Aber wie sähe die Welt ohne den Aufbruch der 68er in den USA, in Frankreich und Westdeutschland heute aus? Und wie öde, selbstgenügsam-matt ist eine Zeit, in der selbst die Jugend sich geräuschlos ein- und anpaßt, wo der Spaß am Leben sich aufs Spaßhaben beschränkt, wo statt des

Interesses an einem utopischen Überschuß der erhöhte Zins-
satz alle Hoffnung besetzt, wo nicht mehr der richtige politische Kurs, dafür der Aktienkurs die Gemüter erhitzt! Wer
nie in seinem Leben einen radikal-emanzipatisch-utopischen
Gedanken hatte, wird nie dem Leben auf den Grund kommen können und bleibt Spielball der jeweiligen Verhältnisse.

Wer die Gesamtumstände nicht im Blick hat, kann das Verhalten des einzelnen nicht angemessen bewerten.

Doch gilt solch differenzierende Betrachtung nicht ebenso
für (junge) Leute, die im Osten glaubten, im ersten sozialistischen deutschen Staat eine Alternative zur »imperialisti-
schen BRD« zu entdecken und sich einer marxistisch-leninistischen Ideologie verschrieben, um dann alles, was diese
Staatsmacht vorgab, für gut zu halten, weil es einer »guten
Sache« diente?

Zeitgleich, durch eine Mauer getrennt, ging eine aufbegeh-
rende Jugend in Westdeutschland für »mehr Demokratie«
und gegen den »staatsmonopolistischen Kapitalismus« auf
die Straße. Wer ihre Gewaltanwendung mit den heutigen
rechten Schlägerbanden vergleicht, vergißt, daß sich das seinerzeit nicht gegen Schwache oder Fremde richtete. Zugleich
ist weder damals noch heute ein terroristischer Gewaltüber-
griff gerechtfertigt.

Alles menschliche Tun und Lassen ist eingeordnet in eine
bestimmte politische Konstellation und in einen vorgegebe-
nen biographischen Kontext. Muß sich nicht eine offene Gesellschaft dadurch auszeichnen, daß sie zur Integration von
Menschen mit ganz unterschiedlichen, gar gebrochenen Biographien fähig ist? Welche Gefahr stellen stets brave Menschen dar, die einlinig geblieben sind, nur angepaßt, nirgendwann auffällig, nirgendwann von etwas so empört, daß sie
widerständig werden!? Es zeugt von menschlicher Größe,
wenn wir andere nicht ewig bei ihrer Verirrung und Verfehlung
behaften. Erbarmungslosigkeit und Gnadenlosigkeit ist meist
Ausdruck von Rechthaberei und Gebaren von Saubermännern

mit ihrer spezifischen Bigotterie. Es geht nicht um die Rechtfertigung von Taten, sondern nur um Entschuldung, Verzeihung und Vergebung für Täter, die bereit sind, sich einsichtsbereit von ihren Taten zu distanzieren und in ihrem gegenwärtigen Tun davon beredt Zeugnis ablegen. Ein Mensch ist stets mehr als das, was er getan hat. Seine einzelnen Taten müssen von dem ablösbar sein, was er im Ganzen ist. Wer dies nicht tut, stigmatisiert einen Menschen, reduziert ihn auf ein Brandmahl, eine Verfehlung, einen begrenzten Zeitraum des Irrtums in seinem Leben. Ein stigmatisierter Mensch wird immer wieder auf diesen Punkt, eben auf sein Brandmahl, zurückgeworfen. Eine humane Gesellschaft muß Menschen gestatten, losgelöst von ihren Verirrungen und Verfehlungen zu leben. Das schließt allerdings ein, daß verbohrtes Denken, verhetzte Sprache, angewandte Gewalt, gebrochenes Vertrauen, Korruption oder Verrat von den Betroffenen nicht nachträglich beschönigt, gerechtfertigt oder lax abgetan werden. Jedem muß der Rückweg offen sein: ob es sich um Drogenabhängige, linksextrem Verirrte oder rechtsextrem Verführte handelt. Dies gilt allerdings auch für Menschen, die in einer geschlossenen Gesellschaft einer alternativlos-geschlossenen Ideologie gefolgt sind, mit ganzer Überzeugung und unter den wachsamen Augen einer Kaderpartei einer Menschheitserlösungsideologie geglaubt haben. Die kommunistische Ideologie hat es vermocht, den »Überzeugten« bei allem Tun ein gutes Gewissen zu machen, weil alles, was die »gute Macht« tat, schließlich für die gute Sache des Friedens, des Sozialismus und der internationalen Solidarität geschah. Die Parteidisziplin ersetzte die Stimme des Gewissens, die Fähigkeit zu eigenständigem Denken wurde erstickt. Oder sollen für ehemalige Kommunisten aus dem Osten andere Maßstäbe gelten als für Mitglieder von diversen K-Gruppen des Westens? Schließlich haben letztere sich freiwillig einer kommunistischen Ideologie und ihren gewalttätigen Umsturzideen unterworfen, während letztere unter den Zwangsbedingungen eines eingemauerten Systems lebten.

Offensichtlich scheint man nur denjenigen ihre Vergangenheit zu verzeihen, die sich so radikal von ihrer Vergangenheit abgewandt haben, daß sie dafür nur noch Verdammungsurteile übrighaben – wie Günter Schabowski aus dem Osten oder Thomas Schmid aus dem Westen.

Es wäre für das gesellschaftliche Klima in einer freiheitlich-demokratischen Rechtsordnung sehr viel förderlicher, wenn wir eine an jeweiligen gesellschaftlichen Strukturen und an der Dynamik von Gruppenverhalten orientierte politische und moralische Analyse vornähmen, den einzelnen Menschen aber, deren Tun nicht strafrechtlich relevant ist, eine Wandlung zugeständen und sie nicht ewig auf ihre Vergangenheit festnagelten. Das würde in derselben Weise für den Steinewerfer und Polizistenprügler Joschka Fischer von 1973, der sich vom Weg der Gewalt noch rechtzeitig löste, gelten wie für den Literaturredakteur des mdr Michael Hametner, der sich 1975 aus eigener Kraft aus den Fängen der Mitarbeit bei der Stasi löste.

Bei öffentlichen Personen hat die Öffentlichkeit Anspruch auf öffentlich gemachte Einsicht der Betroffenen in ihre Verirrungen. Inzwischen greift eine bis zur Lächerlichkeit verkommene Entschuldigungsmanie um sich. Da will man nur öffentlich demonstriert sehen, wie ein anderer in die Knie geht, um am nächsten Tag zu fordern, daß er noch einmal öffentlich in die Knie gehen möge. Eine merkwürdige Mischung aus rührigem Fernsehritual und billiger Gnade! Wo es dabei bliebe, würde Vergangenheit perpetuiert und instrumentalisiert. Entscheidend ist indes, welche Konsequenzen ein Mensch aus seinen Einsichten in erkennbarer Weise zieht.

Was an 68 Mythos war, muß auch als Mythos entlarvt werden, zu dem sich viele 68er selbst stilisiert haben, leugnend, was daran chaotisch-irr, progandistisch-grob, anarchistisch-utopisch, totalitär-ideologisch, lustvoll-gewalttätig war. Ich erinnere mich an Dispute mit West-Linken in den siebziger Jahren, die ihren erträumten Sozialismus für den wirklichen hielten und über den realen hinwegsahen. Sie bekämpften das »repressive kapitalistische« System, ohne zu würdigen, in welchem Freiheits- und Rechtsraum sie agieren konnten.

Und im Osten kommt erneut der Mythos vom »Staat der sozialen Gerechtigkeit« auf, in dem alle Arbeit hatten und wo es sich sicher lebte. Manche Ostdeutsche schwärmen heute davon, weil sie vor unlösbaren Problemen und neuen Ohnmachtsgefühlen stehen.

Die Beschäftigung mit der Vergangenheit bleibt für die Gegenwart unerläßlich, doch Menschen wegen der in ihrer Vergangenheit liegenden Verfehlungen auf diese Vergangenheit festzulegen, ist töricht. Das zu kritisierende Tun muß vom Täter ablösbar sein, damit er geläutert mit neuen Einsichten handeln kann.

Christlich geredet: Nicht die Sünde wird gerechtfertigt, aber der Sünder. Und gerade ein von Irrtümern befreiter Mensch kann ein sehr glaubwürdiger Mensch werden.

Bürgerrechte und die Verfügung über Akten

Für die Geltung der allgemeinen Menschenrechte und der Grundrechte des Grundgesetzes haben die Bürgerrechtler das kommunistische System erschüttert und abgeschüttelt. Diese Grundrechte auch nach dem Zusammenbruch des Kommunismus als ein hohes Gut zu erhalten, zu schützen und zu verteidigen muß Anliegen von Bürgerrechtlern sein. Dazu gehören Art. 10 GG, »Das Briefgeheimnis sowie das Post- und Fernmeldegeheimnis sind unverletzlich«, und Art. 13, »Die Wohnung ist unverletzlich«. Beschränkungen oder Eingriffe müssen nach strengen Regeln begrenzt werden. (Aus diesem Grunde war ich stets gegen den »großen Lauschangriff«.) Es wäre fatal, wenn sich in der deutschen Öffentlichkeit der Eindruck festsetzen würde, die Bürgerrechtler betrachteten die Verfügungsmacht über Stasiakten als heiligen Gral und nicht die umfassenden Menschenrechte und ihren Schutz. Das sind schon merkwürdige Bürgerrechtler, die sich jetzt lieber der Unrechttätigkeit der Stasi bedienen wollen, statt Art. 10 und Art. 13 des Grundgesetzes gelten zu lassen – für Freund und Gegner!

Der heilige Gral für einen Bürgerrechtler sind die Menschen- und Freiheitsrechte, nicht die »Informations«-Freiheit über die Exkremente eines Unrechtsstaates.

Es ist bezeichnend, daß alle Bürgerrechtler aus der DDR inzwischen den Stempel »ehemalige« bekommen, genauso wie die DDR, als wenn es Bürgerrechtler nur in der Diktatur gäbe und die DDR »erledigter« sei, wenn man sie zur »ehemaligen« erklärt.

Ein großer Teil der sogenannten »ehemaligen Bürgerbewegung« ist damit beschäftigt, die Lufthoheit über die 190 Kilometer Stasiakten samt der Tonbänder und anderer Datenträger zu behalten. Sie melden sich immer dann zu Wort, wenn es um diese Akten geht. Welche eigenen Ideen außerhalb der Herrschaft über die kontaminierten Materialien des Unterdrückungsapparates wurden erkennbar? Wieviel Freiheit durch die gesetzlich geregelte Verfügungsmacht über die Akten samt ihrer medialen Vermarktung wurde erreicht, wieviel Unrecht aufgeklärt, wie viele Spitzel aus verantwortlichen Positionen entlassen, wieviel Rehabilitation vollzogen und wieviel Entlastung durch Einsicht in die Akten dieses Belastungsapparates wurde erlebt? Gleichzeitig: Wieviel neue Bedrückung und Verdächtigung sind durch die Veröffentlichung, durch nur unzureichend bekannt gewordene Rücknahme von Verdächtigung und durch eine lebenslange Abstempelung ausgelöst worden? Welches Stasireizklima herrschte lange Zeit? Diese Bilanz gilt es nach zehn Jahren Stasiunterlagengesetz kritisch abzuwägen.

Eines jedenfalls sollte meines Erachtens deutlich bleiben: Die Aufklärung über die Machenschaften des Staatssicherheitsapparates war und ist schonungslos *und* sorgsam zu betreiben, aber sie darf nicht zu Lasten von bespitzelten

Menschen gehen. Man hat der Staatssicherheit mit ihren Hinterlassenschaften in den letzten zehn Jahren bereits viel zu sehr erlaubt, noch einmal Herrschaft über Menschen auszuüben, statt die Herrschaftsinstrumente zu analysieren und die Verantwortlichen zu benennen, um sie zur Verantwortung ziehen zu können. Die demokratische Öffentlichkeit der vereinten Bundesrepublik sollte nicht davon absehen, daß das Stasimaterial aus der Sicht eines Rechtsstaates kontaminiertes Material ist, das aus dem Kalten Krieg zwischen den Systemen und aus dem Mißtrauenskrieg der SED und ihrer Machtorgane gegen die sogenannten inneren Feinde stammte, angelegt mit dem Ziel der Zersetzung, der Erpressung und der Liquidierung mutmaßlicher Feinde. Dieses System des schlechthin Guten bedurfte der schlechthin Bösen, um erklärbar zu machen, warum noch nicht alles gut ist.

Auf Grund einer sehr dehnbaren Auslegung des Artikels 32 des Stasiunterlagengesetzes wurde in den letzten Jahren viel Schindluder mit Aktenmaterial getrieben, indem Akten von sogenannten »Personen der Zeitgeschichte« ohne die Einwilligung der Betroffenen öffentlich gemacht und zum größten Teil gegen sie verwendet wurden. Man denke an Stephan Hermlin, Heiner Müller, Manfred Stolpe, Herbert Wehner, Willy Brandt, Helmut Schmidt, Franz Josef Strauß.

Was unrechtmäßig in die Öffentlichkeit kam und im politischen Kampf von verschiedenen interessierten Seiten mißbraucht wurde, kann nicht zu Recht erklärt werden; solche Praxis muß überprüft werden, zumal dann, wenn es um schutzwürdige Interessen von Betroffenen geht, die in keinem vertretbaren Verhältnis zum Interesse der Öffentlichkeit nach Veröffentlichung stehen. Welche kriminellen Machenschaften wurden aufgedeckt, und welche Verantwortlichen konnten tatsächlich zur Verantwortung gezogen werden? Andererseits: Wer wurde durch Veröffentlichungen rehabilitiert?

Was mit Unrechtsmethoden zustande gekommen ist, darf nicht zu Recht führen; was unter Umgehung und Verletzung von Grundrechten ermittelt wurde, darf nicht als normales

Mittel zur Wahrheitsfindung behandelt werden. Solche Dokumente sollten auch nicht für Journalisten und Historiker zur Verfügung gestellt werden, es sei denn, die Betroffenen stimmten dem zu. Sonst versprühen die Akten noch einmal ihr Gift. Und Leichengift ist bekanntlich besonders gefährlich.

Dr. Helmut Kohl ist im Sinne des Stasiunterlagengesetzes ein Betroffener, ein abgehörtes »Opfer«. Er genießt – wie jeder andere Bürger – den Schutz von Art. 10 und 13 des Grundgesetzes.

In derselben Weise gilt es festzuhalten, daß gerade der langjährige Kanzler der Bundesrepublik Deutschland der Wahrheit verpflichtet ist und nicht ein Ehrenwort höher als die Verfassung stellen darf. Es wäre allen gedient, wenn der Ehrenmann Kohl sein Schweigen aufgäbe, damit nicht Stasiakten gegen ihn reden müssen. Das wäre ehrenvoll. Oder Helmut Kohl könnte ja seine Ehrenwort-Freunde bitten, ihn vom Banne der Verschwiegenheit zu lösen; sonst bliebe der Verdacht, daß etwas zu verheimlichen sei, selbst wenn die Gelder für die »gute Sache der Einheit« bestimmt waren. Wenn Kohl redet, müssen Stasiakten nicht reden. Wenn Kohl das Grundgesetz einhält, ist es auch leichter vermittelbar, daß das Grundgesetz in anderen Punkten auch ganz und gar zu seinem Schutze dient.

Ich frage schließlich, wo die Stimmen der sogenannten »Kohlianer« bleiben, die ihr Geld seit Jahren mit Stasiaktenforschung verdienen und nun ihr Idol gefährdet sehen. Sagen sie »Ja« zur Öffnung der Akten, geht es gegen ihr Idol, sagen sie »Nein«, so ernten sie Schimpf und Schande der ehemaligen Bürgerrechtler. Also ziehen es viele von ihnen vor, zu schweigen. Früher hieß so etwas Feigheit.

Mir jedenfalls ist der Schutz der Grundrechte ein so hohes Gut, daß ich mich gegen eine »Lex Stasi« ausgesprochen habe und in diesem Falle auch weiterhin ausspreche. Es geht eben nicht um eine »Lex Kohl«, sondern um die Frage, ob wir der Staatssicherheit und ihren Unterlagen erlauben, unsere Grundrechte außer Kraft zu setzen. Im übrigen heißt Freiheit für mich nicht, noch jahrzehntelang auf die überwundene Unfreiheit fixiert zu bleiben, sondern die errungene Freiheit auszubauen und dabei darauf zu achten, daß nicht der Respekt vor den Persönlichkeitsrechten auf neue Weise tagtäglich verletzt wird.

Jeder, der von der Staatssicherheit abgehört wurde, ist deren Opfer gewesen. Deshalb sind diese »streng geheimen Informationen« schützenswert. Paragraph 32 Absatz 3 des Stasiunterlagengesetzes schränkt ausdrücklich ein: »... soweit sie nicht Betroffene oder Dritte sind ..., soweit durch die Verwendung keine überwiegenden, schutzwürdigen Interessen der genannten Personen beeinträchtigt werden.«

Wie arm wären wir dran, wenn der Eindruck entstehen müßte, daß es doch letztlich gut gewesen ist, daß es die Stasi und ihre flächendeckenden – auch westflächendeckenden – Abhörmaßnahmen gab! So greift die Staatssicherheit nochmals ein, und zwar wirksamer denn je: gegen die von ihr Abgehörten. Ein nicht unwichtiger Aspekt der Debatte wird weggeblendet: Das sind mögliche diplomatische Verwicklungen in der Gegenwart durch Veröffentlichung von vertraulichen Gesprächen aus der Vergangenheit. Diplomatie lebt von einem hohen Grad an Vertraulichkeit. Die Diplomatie schließt Floskeln ein, die nicht vom Kontext der Zeit und den handelnden Personen ablösbar sind. In diesem Poker wird auch mit gezinkten Karten gespielt, werden rhetorische Versuchsballons kalkuliert gestartet, fallen Nebenbemerkungen, die nachträglich eine viel zu hohe Bedeutung bekommen können.

Man stelle sich vor, die zwischen befreundeten Politikern eines Landes in vertraulichen Gesprächen geäußerten Bemerkungen würden nachträglich öffentlich werden. Man denke nur an mögliche Bemerkungen Helmut Kohls über Margret Thachter ... Außerdem gibt es vertrauliche, persönliche Gespräche zwischen Politikern eines Landes oder einer Partei, die für die Akteure im Moment des Aussprechens auch einen entlastenden Charakter haben. Schimpfen hat kathartischen Charakter. Politiker sind Menschen, die im Normalfall ihres öffentlichen Erscheinens jedes Wort auf die Goldwaage legen und sogar ihr Gesicht disziplinieren müssen, weil sie in der geradezu totalitär agierenden freien Mediengesellschaft wissen, was ein falsches Wort, eine unbedachte Geste, eine nicht beherrschte Miene für fatale Wirkungen haben kann. Also brauchen auch sie Momente und Orte, wo sie etwas »rauslassen« können, was sie sonst nur »schlucken« müßten. Wer umgekehrt als Politiker stets sagt, was er denkt, und zeigt, was er fühlt, wird zwar kurzzeitig belobigt, erreicht indes praktisch wenig und wird alsbald gnadenlos abgeräumt. Denn in der Politik gilt weithin das kalkulierte Draufhauen, nicht das spontane Reagieren. Politiker kann nur sein, wer die Wirkungen einer Wahrheit im Blick behält – nicht bloß die *Wahrheit*; erst recht nicht bloß die *Wirkung*! Er muß sich den Zeitpunkt und den Anlaß genau überlegen, ebenso die Adressaten und die Einbettung seiner Botschaften in Zusammenhänge beachten. Die Politik braucht vertrauliche Klärungsprozesse und persönliche Entlastungsmöglichkeiten, bevor für die Öffentlichkeit bestimmte Statements verfaßt oder geäußert werden. Das ist nicht mit Doppelmoral zu verwechseln! Wer meint, solches differenziertes Agieren auf verschiedenen Ebenen allein moralisch bewerten und attackieren zu müssen, mache eine Probe aufs Exempel und versuche selber, politisch zu handeln, sich mit anderen zu einigen, gewählt zu werden, innen- und außenpolitischen Erfolg zu haben und schließlich (wieder)gewählt zu werden.

Schließlich ist zu fragen, wieso nicht die Akten von BND, MAD und Verfassungsschutz offengelegt werden, sofern sie Vorgänge vor 1989 betreffen, einschließlich der Akten der befreundeten Geheimdienste. Der Ost-West-Gegensatz ist schließlich vorüber. Den kommunistischen Moloch – dieses »Reich des Bösen« – gibt es nicht mehr; aktuelle Sicherheits-

interessen sind nicht tangiert. Warum wird nur die Hinter-
lassenschaft des verloschenen Systems offengelegt? Oder
finden sich darin unangenehme Dinge, die nachträglich auch
noch ihre (außen)politisch brisante Wirkung tun könnten?
Würde so nicht erkennbarer, wo das Wesen von Geheimdiensten liegt und ob sie sich eher prinzipiell oder doch nur gra-
duell voneinander unterschieden? (Wenn man einmal absieht
vom NKWD zu Stalins Zeiten.)

Unter dem Strich: Kohl sollte reden. Aber Stasiakten sollten
schweigen. Es ist sogar im Zweifelsfall besser, die Wahrheit
über die Saudi-Spürpanzer eventuell nicht zu ergründen, als
sie mittels Stasiakten zu finden. Denn dies gäbe einen Damm-
bruch mit noch unabsehbaren (außen)politischen und persönlichen Folgen für unser Land und viele betroffene, damals
handelnde Personen. Es hat sich gezeigt, daß ohne den Kontext der Zeit selbst im seriösen Gewand daherkommende
Untersuchungen »Aktenwahrheiten« als »Wahrheiten über
Menschen« suggerieren, indem sich emsig notenverteilende
Beobachter – auflagensteigernd – über bestimmte Personen
hermachen. Der »Fall Wehner« ist Beispiel für exzessiven Ak-
tengebrauch gegenüber einem, der sich nicht mehr wehren
konnte. Egon Bahr konnte sich mit Erfolg wehren, sogar
ohne Beschädigung. Aber wer ermißt, wie es einem Menschen wie Björn Engholm geht, wenn acht Tage lang durch
die Zeitungen geht, daß er der »IM Beethoven« gewesen sei!
Nun blieben noch eventuelle Tonbandprotokolle über sein
politisches Wirken, ohne daß er sich wehren könnte, wo er
sich wenigstens gegen den Vorwurf, ein Spitzel der Stasi gewesen zu sein, erfolgreich wehren konnte. Einen Tag lang.
    Wie lange noch sollen sich die 90 000 Akteure der Stasi ins
Fäustchen lachen können – ob so großer Nach-Wirkungen?!
    Schließlich sei auf meine biographische Komponente bei
solchen Überlegungen verwiesen. Ich weiß seit meinem sie-
benten Lebensjahr existentiell, was das Unwesen des SSD
(der Stasi) war und ist und welche Ängste ein Staat verbrei-

tete, der die Befreiung der Menschheit proklamiert hatte. Ich bekenne, daß ich keine Lieder für die Kollektivierung der Landwirtschaft gesungen habe wie Wolf Biermann und auch nie meinte, »die BRD braucht eine KP«, daß ich keine Huldigungen an Lenin gedichtet habe wie Günter Kunert, kein FDJ-Hemd anhatte wie Freya Klier, kein Parteiabzeichen trug wie Vera Wollenberger, kein Mitglied der Götting-CDU war wie Erhart Neubert und daß keines meiner Geschwister auf normalem Wege ein Abitur machen konnte, daß ich noch 1989 als ein Agent des CIA galt und weiß, über welche Technik Abteilung II der HVA verfügte, mich zu observieren, um noch im September 1989 ein umfangreiches Zersetzungsprogramm zu beschließen. Es ist nicht leicht, nicht bitter zu werden, wenn mir der Vorwurf des Versöhnlers begegnet oder unterstellt wird, ich wolle die Opfer verhöhnen, die Täter tätscheln und unter die Vergangenheit einen Schlußstrich setzen oder einen Deckel drauflegen. Mir geht es um Aufklärung, aber um eine Aufklärung ohne nochmalige Beschädigung. Was ich möchte, ist *Versöhnung in der Wahrheit*. Vieles aber läßt sich nicht mehr klären – und da hilft nur Vergessen und nicht ständiges Aufwärmen, Aufwühlen, Aufrühren, Hochholen, Reaktivieren, Aufbauschen, Sich-Fixieren, bis die Debatte neurotische Züge trägt. Wem es nicht gelingt, eine belastende Vergangenheit auch gelassen beiseite zu legen, wird nie frei werden. So wie es ein feiges oder faules Vergessen gibt, so gibt es auch ein gnädiges und freimachendes Vergessen. Dies kann im Zusammenhang einer überwundenen Diktatur nicht heißen, das Vergessen zu einer politischen Divise zu machen oder gar zu einer Forderung von Tätern an Opfer. Doch wer sich selber in die Vergangenheit einschließt, erlebt und gestaltet nicht die Freiheit in der Gegenwart.

Die Lust der Gnadenlosigkeit
Das vereinigte Deutschland als Hatzgemeinschaft?

Im November 1991 wurde das Stasiunterlagengesetz verabschiedet. Das war der Behörde 2001 Anlaß für eine fest-
liche Erinnerung im großen Saal des Staatsratsgebäudes in
Berlin. Als ein Kritiker war ich dazu geladen worden – als ein
Kritiker nicht am Stasiunterlagengesetz, sondern am gesellschaftlichen Umgang durch einen pauschalisierenden Umgang mit inoffiziellen Mitarbeitern und dessen nachhaltige
menschliche Auswirkung. Ich sah mich einer Versammlung
von *Gerechten* und *Wahrheitsbesitzern* gegenüber, die mittels
dieses Gesetzes die Ungerechtigkeit des SED-Stasi-Systems
aufgrund der Verfügung über die Akten des Wahrheitsmini-
steriums (Orwell) aufdecken wollten. Viel wurde zur Aufdeckung geleistet. Zehn Jahre lang haben Opfer zu den über
sie gesammelten Materialien Zugang bekommen, und Wis-
senschaftlern und Journalisten wurde die Möglichkeit eröffnet, die Perfidie des Staatssicherheitsdienstes bloßzulegen,
die sich im wesentlichen gegen die eigenen Bürger richtete.
Abzuwägen zwischen dem Gewinn von »Freiheit durch Einsicht« und erneuter Belastung durch mangelnde Vorsicht
beim Öffentlichmachen und Bewerten scheint mir dennoch
nötig. Der Zugang der Opfer zu diesen Unrechtsakten bleibt
eine wichtige, historisch einmalige Errungenschaft der friedlichen Revolution; aber es bleiben kritische Rückfragen, die
insbesondere eine zu einseitige öffentliche Aufmerksamkeit
für die Staatssicherheit im Vergleich zum Gesamtphänomen
»sozialistischer deutscher Staat« betreffen. Ich kritisierte und
kritisiere die Fixierung auf die IM, eine zu unkritische
Bewertung der Akten zu Lasten vieler IM, ein ausgebliebener
Vergleich mit den Sammelergebnissen und Sammelmethoden
anderer Geheimdienste im Kalten Krieg. Vor allem beklage
ich eine nicht ausreichende Wachsamkeit der »Wächter über
die Vergangenheit« für die Gefährdungen der Freiheit in der
Zukunft. Das begann mit dem großen Lauschangriff, wird

fortgeführt durch die geplanten Sicherheitspakete und spitzt sich in dem zu, was die jetzige amerikanische Administration im Antiterrorkampf juristisch vorhat. Maßstab war für mich und Maßstab wird für mich bleiben: die Unteilbarkeit der allgemeinen Menschenrechte.

Glaubt man der öffentlichen Debatte, so bestand die DDR hauptsächlich aus IM-Verrätern und durch IM Verratenen, als wären die Übel des SED-Staates auf dieses Kürzel reduzierbar. Und da ich von Anfang an für einen differenzierteren Umgang plädiert habe, wurde mir schnell das Etikett des Verschleierers und Versöhnlers angeheftet, bis hin zu öffentlichen Schmähungen und Verhöhnungen, insbesondere durch ehemalige Kostgänger des Systems und überzeugte Kommunisten wie Wolf Biermann, Wolfgang Templin und Günter Kunert.

Zuvor will ich zwei Dinge klarstellen: Erstens bin ich seit meinem 14. Lebensjahr bis zum Ende der DDR im Visier dieser den Sozialismus zersetzenden Schnüffelgesellschaft gewesen. Immerhin 31 Jahre. Ich habe während meines Studiums in Halle, sodann als Studentenpfarrer in Merseburg, später als Pfarrer in Wittenberg und auch als Dozent im Evangelischen Predigerseminar unentwegt mit den groben und subtilen Praktiken »der Firma« zu tun gehabt. Ich bin davon verschont geblieben, in einen Verfolgungswahn zu verfallen. Aber man mag verstehen, warum es mir schwer erträglich ist, von einem Mann belehrt zu werden, wie man die Gesellschaft heute von IM reinigt, der bis zu seinem 33. Lebensjahr brauchte, ehe er bemerkte, was die SED für eine Partei war und der selber einige Jahre IM gewesen ist. Durch nachfolgende Rigorosität soll die eigene Vergangenheit offenbar gelöscht werden.

Ohne Kenntnis der Akten wußte ich ziemlich gut über die Stasi-Machenschaften Bescheid. Ich entschuldige keineswegs die Perfidie des Staatssicherheitsdienstes. Aber ich kann nicht vom politischen Rahmen absehen: von den globalen

Bedingungen, von der kommunistischen (Verführungs-) Ideologie und von der Auftraggeberin SED. Ich war und ich bin nicht für Vertuschung, Verharmlosung oder gar Rechtfertigung von Mitarbeit beim Staatssicherheitsdienst, zumal der Verrat von Kollegen und Freunden an diese üble Bande der SED, die sich stets als »Schild und Schwert« der Partei verstand, eine üble Sache bleibt. Sie war es damals und bleibt es nachträglich.

Doch ich kann das ganze Phänomen nicht hinreichend verstehen und bewerten, ohne die Gesamtumstände im Blick zu behalten und schließlich ohne zu berücksichtigen, wieviel Zeit inzwischen vergangen ist und welchen Weg einzelne Menschen seither gegangen sind.

Bald nach Ende der wunderbar-friedlichen Revolution des Herbstes 89 kam ein Jagdfieber auf, das geradezu ansteckende Wirkung hatte, als ob IM-stigmatisierte Menschen zum unentbehrlichen seelischen Haushalt des wiedervereinigten Deutschland gehörten. Die Stasi-Problematik ging und geht in Endlos-Serie. Der Osten erledigte sich über die Stasi. (Da blieben die Machenschaften der Treuhand im Hintergrund.) Es gibt Leute, die aus unterschiedlichen – durchaus sehr persönlich motivierten, sogar nachvollziehbaren – beruflichen Gründen an einer Perpetuierung des Stasi-Themas oder an politischer und persönlicher Instrumentalisierung interessiert bleiben.

Die im einzelnen sorgfältige Arbeit der Behörde, die die Unterlagen des Staatssicherheitsdienstes den Opfern zugänglich macht und diese menschlich begleitet, die die Strukturen und Tätigkeiten der Staatssicherheit wissenschaftlich aufbereitet und der Öffentlichkeit präsentiert, die Täter und deren Verantwortung benennt, verdient ausdrücklich positive Würdigung. Doch bedarf auch diese Bundesbehörde kritischer Reflexion der beabsichtigten und nicht beabsichtigten Wirkung ihrer Arbeit. Wer kritische Fragen stellt, erntet bei denen, die dieses Unterlagengesetz als großen Sieg rundweg der friedlichen Revolution feiern, heute blanken Haß und Hohngelächter, als ob in diesen Jahren nicht neben wichtiger Aufklärungsarbeit menschliche (Dauer-)Beschädigung zu beklagen sei, insbesondere beim pauschalisierenden Umgang mit inoffiziellen Mitarbeitern. Noch immer reicht ein einziges Fax einer ehemaligen Kollegin an ein beliebiges deutsches Theater aus, um den Arbeitsvertrag mit einem Regisseur zu lösen und weitere unterschriebene Verträge mit anderen Theatern ebenfalls zu kündigen. Eine kritischere Bewertung dieser Akten ist weiterhin erforderlich – nicht um zu nivellieren, sondern um zu differenzieren. Und die Debatte der letzten Jahre hat sich in der Öffentlichkeit im wesentlichen als Debatte über die berufliche Tragbarkeit von IMs abgespielt, weniger um die Funktionsmechanismen dieses SED-Stasistaates und einer zu breiten Willfährigkeit der Ostdeutschen gegenüber diesem System. So sehr es skrupellose Verräter gab, die auch die menschliche Vertraulichkeit mißbrauchten und zerstörten, gab es eben auch eine einsam machende Angst, die sich die gut ausgebildeten Schergen der Staatssicherheit bei der Anwerbung (junger) Leute zunutze gemacht haben.

Ich erinnere an die Passionsgeschichte im Neuen Testament: Sowenig der Verrat des Judas – für 30 Silberlinge – zu rechtfertigen ist, sowenig auch der Verrat des Petrus, der bloß aus Angst, erkannt zu werden, seine Überzeugung gegenüber einer Magd verrät, während Jesus in Reichweite gefoltert wird.

Es gibt diffizilste Formen von Verrat und Selbstverrat. Es gab viel mehr Zuträger als es (in-)offizielle Mitarbeiter bei der Stasi gab. Und Spitzelei, Zuträgerei oder Schurkerei können in einem Rechtsstaat letztlich nicht anders behandelt werden als andersgeartete kriminelle oder politische Vergehen. Auch sie unterliegen schließlich der Verjährung und lassen auch einem Schuldiggewordenen die Chance zur Integration. Der *Schuldige* kann *frei*gesprochen werden, nicht die *Schuld*.

Um es an einem drastischen Beispiel deutlich zu machen:

Graf Lambsdorff ist wegen erheblicher Steuerhinterziehung rechtskräftig verurteilt und ist jetzt international anerkannter Unterhändler Deutschlands bei der schwierigen Klärung der Zwangsarbeiterentschädigung. Der Makel wird Graf Lambsdorff nicht ewig angehängt, und seine Lebensleistung wird nicht von diesem Delikt her bewertet. Ich finde das richtig so und nenne dieses Beispiel nur, um an etwas Vergleichbarem darzustellen, worum es mir geht.

Oder: Joschka Fischer stand kurz vor einer schwerwiegenden »revolutionären Verirrung«, vor einem Abdriften in die Gewalt. Er hat sich davon gelöst, genauso wie sich 1975 der jetzt auf IM-Status reduzierte Literaturredakteur des MDR, Michael Hametner, sich von einem »Karriereaufbau« bei der Staatssicherheit noch rechtzeitig löste.

Es gibt allerdings schwerwiegende Fälle von Verrat, die eine verantwortliche Mitarbeit bei Sendern, die einen Rest an Wahrheitsanspruch behalten haben, nicht geraten sein lassen. Wer etwa ihm anvertraute Briefe der Stasi auslieferte, aber so tat, als ob er der sichere Weg zum Adressaten war, sollte Ausmister im Kuhstall werden, aber nicht Moderator.

Im ganzen aber trug die zehnjährige Stasidebatte von Anfang an neurotische Züge, verbunden mit der Weigerung, sich von dieser Neurose heilen zu lassen. Zu dieser Neuroseform gehört verweigerte Krankheitseinsicht. Die Stasidebatte legt sich um alle, zieht alle in ihren Bann und herrscht bisweilen nachträglich mehr als früher. Man hat ihr erlaubt, ihr Leichengift zu versprühen, und nennt es einen befreienden Zugang zum »Herrschaftswissen«, ohne (sich) zuzugeben, wie dies wieder herrscht. Übrig bleibt: Verbitterung und verhärtete Gnadenlosigkeit, verweigertes Loslassen des Zurückliegenden, das auf Künftiges destruktiv abstrahlt.

Darin drückt sich die tiefste Verlorenheit einer Zeit aus, die nichts von der Barmherzigkeit weiß, weder für sich selbst, noch für andere. Die Folge ist eine gnadenlose Selbstgerechtigkeit, ein Verschließen von Opfern *und* Tätern im Gefängnis der Vergangenheit und somit eine Weigerung, in der Freiheit zu leben, die es erlaubt, auch andere freizulassen. So schwer das im einzelnen fallen mag, ist es doch notwendige Bedingung, um ein versöhntes, innerlich befriedetes gesellschaftliches Klima zu erreichen. Das richtet sich nicht gegen »die Wahrheit«, sondern gegen eine Gnadenlosigkeit von Wahrheit, die unfrei macht, sowohl die Ankläger wie die Angeklagten. Gnadenlosigkeit ist Gottlosigkeit. Gottlosigkeit ist Unbarmherzigkeit, wo die Wahrheit nicht Klarheit bringt, sondern lediglich als ewig geschwungene Keule dienen soll.

Der unerlöste Mensch ist der »homo incurvatus in se«, der in sich verkrümmte Mensch. Er ist heute durch eine erlösungsresistente Hatzgesellschaft charakterisiert. So nimmt Vergangenheit schließlich alle gefangen. Da wird selbst die Grenze zwischen sensationell-primitivem Klatsch, politischer Demontage durch Enthüllung mit lächerlichem Fummeln in Biographien einerseits und der Aufdeckung von politischem oder kriminellem Fehlverhalten andererseits kaum noch erkennbar. Ob wir die Maßstäbe wieder zurückgewinnen werden, solange Nachrichten vor allem eine Ware sind, bleibt gänzlich offen. Schaden nimmt die politische *Kultur*; auf der Strecke bleiben *Menschen*.

Die Kehrseite ist eine verflachte, banalisierte, kommerzialisierte »Erlebnis-Gesellschaft«, in der nichts mehr wichtig ist. Hauptsache, alle sind »gut drauf«. Wer nicht gut drauf ist, fällt raus. Und unterdessen kann ein neuer Totalitarismus ungestört Platz greifen: der Konsumismus, der den Menschen auf sein Konsumentsein reduziert und sich dazu raffiniertester (Verführungs-)Methoden bedient, während der mündige Staatsbürger (Citoyen) mehr und mehr verschwindet. Die freiheitliche Gesellschaft begibt sich in den Bann von Geld und Spaß. Da ist der Titelgewinn auf einer künstlichen Schneepiste eine wichtigere Nachricht als das kontinuierliche und dramatische Abschmelzen der Alpengletscher im Zusammenhang mit den globalen Klimaveränderungen. Spaß muß sein. Wo bleibt der Mensch?

Ehe der Hahn kräht

Die Bibel ist kein Heldenepos – gebrochene Biographien allenthalben. Wenn wir alle daraus entfernen wollten, die keine gebrochenen Biographien hätten, würden wenige übrigbleiben. Die Gefallenen werden aufgehoben, die Verirrten gesucht, und die sich verrannt haben, kehren um.

Und wir? Sehen wir uns im Spiegel anderer! Versetzen wir uns in sie hinein und fragen nach uns selbst: Wer bin ich? Wer war ich? Und wovon blieb ich verschont? Wozu stehe ich? Was stehe ich durch? Wie gehe ich mit dem um, was ich nicht bestanden habe?

Was am Sonntag Invokavit im Text aus dem Lukas-Evangelium zur Debatte steht, geht ins Mark. Lukas berichtet: Nachdem das letzte Abendmahl gefeiert wurde – ein Abschiedsmahl, in dem zugleich eine große Hoffnung und Bestärkung liegt –, stellen sich alle Jünger die Frage, wer von ihnen der Verräter sei. Da fragt noch jeder: Bin ich's? Und ist sich nicht so gewiß, daß er's nicht ist – oder nicht sein könnte. Und einer ist es dann. Und auf den hat sich später alle Schande geworfen: Judas. Der war's. Keiner sonst könnte es sein? Hatten sie nicht vorher noch gefragt: Bin ich's, Herr?

Bin ich's? Gleich nach dem Mahl erhebt sich ein Streit der Jünger, der Nachfolgestreit gewissermaßen. Wer ist der Größte unter ihnen? Wer ist der Größte in der neuen göttlichen Welt? Und dann wendet sich Jesus direkt an Simon Petrus, den Primus unter den Jüngern, den, der sich in seiner Treue und Glaubensstärke von keinem übertreffen lassen möchte. (Später dann auch nicht in seinem Rechthaben.)

Da heißt es: »Jesus spricht: Simon, Simon, siehe, der Satan hat begehrt, euch zu sieben wie den Weizen. Ich aber habe für dich gebetet, daß dein Glaube nicht aufhöre. Und wenn du dereinst dich bekehrst, so stärke deine Brüder. Er aber sprach zu ihm: Herr, ich bin bereit, mit dir ins Gefängnis und in den Tod zu gehen. Er aber sprach: Petrus, ich sage dir: Der Hahn wird heute nicht krähen, ehe du dreimal geleugnet hast, daß du mich kennst.« (Lukas 22,31–34)

Nach diesem Zwiegespräch gehen Jesus und die Jünger nach Gethsemane, in den Garten. Die erste Probe ist zu bestehen. Da schlafen sie ein. Ganz natürlich. Müde eben.

Der Blick Jesu auf Simon, Simon Petrus, ist nicht stechend, aber durchdringend. Sein Wort ist nicht schneidend. Er spricht zu ihm nicht als Untersuchungsrichter, aber klar. Der sehende, der tiefer blickende Jesus entblößt Simon Petrus nicht. Er warnt ihn. Simon, Simon! Bittend, zur Selbsterkenntnis ermutigend. Du, Simon, wirst noch Prüfungen ausgesetzt sein, ob du Spreu oder Weizen bist, ob du als ein Leichtgewicht mit dem Wind davongetragen wirst, als seiest du nichts, nichts als ein Haschen nach Wind dein Leben. Das ist noch nicht sicher, mein Lieber. Du, Simon, der Satan holt sich immer die besten Leute. Der Satan, der große Durcheinanderbringer, der Diabolus, der Verwickler, der Verführer, der Versucher, der Lockvogel der Lüge, der Gemeinheit, der Anmaßung, der falschen Versprechen: der wird dich auf die Probe stellen. Die Versuchungsgeschichte (Matthäus 4) schildert, wie geschickt und theologisch äußerst spitzfindig der Teufel argumentiert.

Jesus gibt Petrus, von dem er weiß, daß er schwach werden wird, sehr bald, dieser starke, nicht verloren, aber er gibt ihm keine Garantie. Er versichert ihm, daß er für ihn bittet, daß sein Glaube, seine Gewißheit, sein Vertrauen nicht aufhören, ihm nicht abhanden kommen. Und dann, wenn er selbst durch alle Versuchung und Verfluchung hindurchgeschritten und wieder aufgerichtet wurde, dann soll auch er seine Brüder stärken. Es könnte ja sein, daß nur einer, der das durchgemacht hat, andere stärken kann, weil er weiß, worum es geht, weil er es selber erlebt hat. Wenn Simon Petrus seine Lebensrichtung gefunden hat, dann möge er seine Brüder in derselben Weise stärken, ermutigen, stützen, wie er selbst es erfuhr.

Simon ahnt nicht, was auf ihn zukommt, und kann sich nicht vorstellen, daß seine Lebensangst jemals größer sein könnte als sein Glaube, daß seine Treue zum Meister, Lehrer, Freund, dem Gesalbten Gottes sich irgendwie wandeln könnte. »Gefängnis und Tod – ich bin mit dir bereit«, sagt er. »Ich bin innerlich und äußerlich gerüstet.« Und Jesus sagt nicht: »Wunderbar, habe ich doch wenigstens einen, der mich nicht allein läßt.« Er sagt: »Petrus (vorher nannte er nur den Namen ›Simon‹, dann erst ›Petrus‹. was griechisch bedeutet ›Felsen‹), noch vor Sonnenaufgang, morgen früh, noch dieser Nacht, in wenigen Stunden schon, wirst du verleugnen, mich verleugnen. Du wirst nicht nur nicht mitkommen, wo gehöhnt und gefoltert wird. Du wirst um deine eigene Haut bangen.«

Es geht nicht nur um das Bestehen in der Folter. Es geht darum, ob wir bei denen stehen und für die einstehen, die verhöhnt werden. Wird er sich in einem solchen Konflikt wie wir verhalten, dort um die eigene Haut bangen und dann jede Bekanntschaft abstreiten?

Wir wissen, wie es weitergeht: Eine blöde Magd mit einem dicken Zeigefinger reicht schon. Die sagt nur: »Du auch! Ich erkenne dich an deinem Dialekt. Du kommst von da oben, wo man nicht akzentfrei spricht, aus Galiläa, dieser heidnischen Gegend am See Genezareth.«

Harter Tobak für einen, der seiner so sicher ist wie Petrus. Jesus traut ihm nicht viel zu. Petrus nimmt den Mund zu voll. Der Möchtegern-Held – eine Memme. Die kreatürliche Angst wird übermächtig. Verflogen alle Schwüre der Treue, der Tapferkeit, der Versprechen, mit ihm durch dick und dünn zu gehen. Eine Memme? Nein. Einer wie Sie, wie ich. So einer ist er, nicht mehr und nicht weniger. Nachfolge kann einen hohen Preis fordern. Und wer ihn zu zahlen bereit und fähig ist, ist nie im vorhinein erkennbar.

Das alles aber hat eine biographische Vorgeschichte. Petrus sieht Jesus auf dem Meer wandeln. Kann er auch, denkt er, steigt aus dem Boot. Gleich aber ergreift ihn die Angst, und er versackt und kann nur noch schreien: »Herr, hilf mir.« Und was sagt Jesus? »Ach, Petrus, dein Kleinglaube.« Petrus ist es, der fragt, welchen Lohn er mit seiner Nachfolge einfahren wird. Also ganz selbstlos ist niemand, nicht einmal Petrus, der heilige. Petrus fragt auch, wie oft man seinem Bruder vergeben soll. Also, siebenmal ist wirklich genug. Petrus versichert: Wenn die anderen alle an Jesus Ärgernis nehmen, er nicht, nimmermehr. Und dann weint er bitterlich, in der Stunde der Wahrheit, über sich. Gerade der so selbstsichere, auf den Jesus nicht nur große Stücke hält, sondern die ganze Kirche bauen will – »auf dir will ich die Kirche bauen« –, der verfällt als erster der kreatürlichen Angst.

Die Magd mit ihrer öffentlichen Denunziation ist Stimme des Volkes. Die kleine Gruppe der Unruhestifter bekommt es mit der Macht und mit der Macht der Masse zu tun, deren Denken und Fühlen schnell umkippt. Erst bejubeln sie den Arme-Leute-König. Dann ist die Masse wieder bei der Macht.

Trotz allem ist es wichtig zu wissen: Der große Heros des Glaubens, Petrus, ist ein Mensch, der versinkt und erst richtig zum Glaubenden wird, nachdem er weiß, daß er einer ist, der zerbrechen kann.

Die Bibel ist kein Heldenepos. Aber das bleibt gewiß: daß Jesus den Glaubenden ihre Schwäche nicht ewig vorrechnet, sondern verzeiht und jedem eine zweite Chance gibt. Wir brauchen sie uns nur näher anzuschauen, nicht nur Judas. Paulus hat seine Spitzel nach Damaskus vorausgeschickt und ist als Christenverfolger unterwegs, ehe er vom Pferd fällt, die Stimme Jesu vom Himmel her hört und bald zum großen Missionar wird.

Denken wir an König David oder an die Flucht Jonas, als er den Auftrag für die Monsterstadt Ninive bekommt – lauter Menschen mit Angst, die den Mut wiedergewinnen, die im Unglauben versinken und im Glauben wieder aufstehen.

Wer bin ich? Und was heißt es, mit gebrochener Biographie zu leben? Wer bin ich? Bin ich Judas, Petrus, Pilatus? Bin ich gehorsamer Massenmensch, der auf Befehl mit 98prozentiger Wahrscheinlichkeit bereit ist, andere zu foltern? Wieviel Verrat steckt in mir, ruht in uns, wieviel gesundes Mißtrauen uns selbst gegenüber und wieviel Vertrauen ineinander brauchen wir, wissend um unsere eigenen Anfälligkeiten? Wer verrät nicht aus Berechnung oder Naivität, aus Angst oder Liebe, aus Schwäche oder Selbstüberschätzung, aus nackter Gier oder kluger Berechnung, aus Ausweglosigkeit oder Lockung, aus Trägheit oder Übereifer, aus Mitschweigen oder Mitreden! Wer kennt die Versuchungen nicht? Wer hat sich noch nicht selbst verraten, seine Vorsätze und seine Ideale? Verrat durch Schweigen und Verschweigen. Wer hat nicht teil an Enttäuschung, auch über sich selbst, wird bitter und weint dann bitterlich. Petrus *oder* Judas! Schweigend-ohnmächtig hinnehmende Mittäterschaft, wo die Sprache der Gewalt das Wort des Friedens erstickt, wo die Mächte des Todes die Pflanzungen des Lebens erledigen. Und wer kann die Hand für sich ins Feuer legen, ob er in Angst und Konfliktsituationen bestehen wird? Es gibt so viele Formen von Hintergehen, Verrat von anderen, von Gemeinheit, anonyme Briefe an den Arbeitgeber über Kollegen, an das Finanzamt über vermutete Hinterziehungen, Anschwärzen bei der Zeitung, wissend, wie man einen Menschen erledigen, ins Mark treffen kann, am besten mit vagen Andeutungen, Halbwahrheiten, unbewiesenen Behauptungen, vieldeutigen Anspielungen. Das Reservoir menschlicher Gemeinheit ist unerschöpflich. Der Böse selbst hängt sich dazwischen, der Diabolus. Da braucht der, der alleinsteht, plötzlich andere, die zu ihm stehen, die für ihn bitten und die wissen, was Schwäche ist und wie man wieder neu anfangen kann.

Bertolt Brecht hat das in einem Text zusammengefaßt:

Tagesanbruch

Nicht umsonst
Wird der Anbruch jeden neuen Tages
Eingeleitet durch das Krähen des Hahns
Anzeigend seit alters
Einen Verrat.[41]

41 Bertolt Brecht, Gedichte. Band 6, Berlin und Weimar 1964, S. 83.

Es geht um Erbarmen mit Petrus, das *Jesus* mit ihm hat, und um Erbarmen mit uns, *wenn* wir ehrlich sind. Ein Mensch mit beschwerter Vergangenheit kann diese abwerfen, muß sie nicht ewig hucken und wird nicht ewig auf diesen einen Punkt beschränkt; sonst könnten wir nicht Carl Orffs »Carmina Burana« hören. Da könnten wir nicht Wilhelm Furtwängler für einen großen Dirigenten halten. Oder Herbert von Karajan. Oder Heinz Rühmann. Oder U-Boot-Kommandant Martin Niemöller. Oder der große Stalinpreisträger und Wasserstoffbombenkonstrukteur und spätere Friedensnobelpreisträger Andrej Sacharow. Oder der einstige Terrorist Nummer 1 in der Welt, der zum Friedensnobelpreisträger geworden ist, der Führer der Palästinenser Jassir Arafat, der jetzt seine Radikalen bändigen muß.

Unser verehrter früherer Bischof Werner Krusche hat nach seiner schweren Verwundung sein Theologiestudium in Leipzig bewußt in Offiziersuniform fortgesetzt und wurde durch eine Begegnung mit dem KZ-Häftling Niemöller auf einen neuen Weg gebracht.

Wollen wir Menschen je auf *einen* Punkt in ihrem Leben beschränken oder wollen wir anerkennen, daß sie später einen anderen, neuen Weg gefunden haben? Brüche im Leben zu haben ist kein »Hals- und Beinbruch«. Und doch gibt es auch Menschen mit einer durchgehenden Linie im Leben. Ich denke an Gustav Heinemann, Karl Barth und Dietrich Bonhoeffer, Menschen, die rechtzeitig die Weichen in ihrem Leben richtig stellten.

Wie wach war der junge Jurist Sebastian Haffner schon 1933:

»Indem kam eine braune Uniform auf mich zu und machte Front vor mir: ›Sind Sie arisch?‹ Ehe ich mich besinnen konnte, hatte ich geantwortet: ›Ja.‹ Ein prüfender Blick auf meine Nase – und er retirierte. Mir aber schoß das Blut ins Gesicht. Ich empfand, einen Augenblick zu spät, die Blamage, die Niederlage. Ich hatte ›ja‹ gesagt! Nun ja, ich war ein ›Arier‹, in Gottes Namen. Ich hatte nicht gelogen. Ich hatte

329

nur viel Schlimmeres geschehen lassen. Welche Demütigung, Unbefugten auf Befragen pünktlich zu erklären, ich sei arisch – worauf ich übrigens keinen Wert legte. Welche Schande, damit zu erkaufen, daß ich hier hinter meinem Aktenstück in Frieden gelassen würde! Überrumpelt auch jetzt noch! Versagt in der ersten Prüfung! Ich hätte mich ohrfeigen können.

– Als ich das Kammergericht verließ, stand es grau, kühl und gelassen da wie immer, vornehm abgerückt von der Straße hinter seinen Parkbäumen. Man sah ihm keineswegs an, daß es soeben als Institution zusammengebrochen war. Man sah wahrscheinlich auch mir nicht an, daß ich soeben eine furchtbare Schlappe erlitten hatte, eine kaum zu reparierende Demütigung. Ein gut angezogener junger Mann ging ruhig die Potsdamer Straße hinunter. Man sah auch den Straßen nichts an. Business as usual. Und immer noch das Herangrollen des Unbekannten in der Luft ...«[42]

Das Weichenstellen betrifft nicht bloß prominente, herausragende Menschen, es vollzieht sich im ganz Alltäglichen. Sei deiner nie zu sicher. Aber bleibe gewiß. Und deine Gewißheit kann andere gewiß und stark machen. Du brauchst nicht abschreckend stark zu sein. Du kannst anziehend menschlich, also fehlbar sein. Und darin können wir dem großen Petrus gleich sein.

Zum Sonntag Invokavit im Jahre 1522 hat Martin Luther die Wartburg verlassen und ist ohne Schutz des Kurfürsten nach Wittenberg geritten. Zuvor hatte er seinem Schutzherren geschrieben: »Ich stehe in höherem Schutz.«

Ich wünsche uns jeden Tag, daß wir sagen können: »Ich stehe in höherem Schutz.« So bestehe ich meine Alltage, darf das Beschwerende abwerfen, kann neu anfangen und bekomme eine neue Chance. Wie Simon Petrus. Amen.

42 Sebastian Haffner, Geschichte eines Deutschen. Die Erinnerungen 1914–1933. Stuttgart 2000, S. 147 ff.

VI. Haltet mit jedermann Frieden

Friedensgebet am 13. September 2001 in der Schloßkirche zu Wittenberg

Liebe Schwestern, Brüder, Mitbürger auf dieser verletzlichen Erde!

Wir können nur noch stottern, bitten, hoffen, nachdenken, stillsein, verstummen, stottern, bitten. Es ist bitterster Ernst, der uns zusammenführt.

Keiner hat geahnt, daß so etwas geschehen würde. Nicht gigantische Gebäude im Zentrum der Welt-Macht – eine Welt ist eingestürzt und hat Tausende Menschen – unterschiedslos – unter sich begraben oder sie sind im Feuerball der Selbstmörder verbrannt.

Dieser 11. September 2001 ist ein Menetekel, ein grausiges Fanal.

Wofür?

Mitten im Frieden, aus »heiterem Himmel«, kommt es zu einer Katastrophe von apokalyptischem Ausmaß, deren Bilder sogleich um die ganze Welt gingen. Alles, was in Horror-Filmen in Hollywood über Monster- und Marsmenschen erdacht wurde, haben nun Menschen Menschen angetan. Plötzlich ist »Ausnahmezustand«. Was Thriller war, ist Wirklichkeit, übersteigt alle Horrorphantasien. Die Spaßgesellschaft ist am Ende.

Zwei Bilder verfolgen die Seele: Ein Eingeschlossener winkt in 380 Meter Höhe mit einem Tuch, dann fällt der erste Turm, das höchste Gebäude der Welt, in sich zusammen wie ein Kartenhaus, generalstabsmäßig, wie bei einer Sprengung, und begräbt alles unter sich: Menschen, Einrichtungen, den Stolz Amerikas. World Trade Center – die Welt-Markt-Macht hatte sich darin symbolisiert, so wie sich die militärische Macht im Pentagon symbolisierte.

Eine Weltmacht taumelt in Trauer und Wut und Kränkung

und will der Welt bald beweisen, daß sie stark genug ist, die Schuldigen zu finden und auszulöschen. Aber wie viele Unschuldige wird sie mittreffen – und wird dies eine Lösung sein?

Die Täter gingen mit äußerster Brutalität vor, sie waren gnadenlos mit ihren Opfern und gnadenlos mit sich selbst und ihrem Leben. Der Haß hatte eine ungeheuerliche kriminelle Energie und kriminelle Intelligenz ausgelöst. Alles ist Menschen zuzutrauen, wenn der Haß sie leitet.

Man versetze sich in das Ehepaar, das – sich einander an der Hand fassend – aus 200 Meter herabstürzt, aus Verzweifelung. Oder man versetze sich in die Insassen der vier Flugzeuge.

Unerkannt von den Geheimdiensten, konnten sie ihre Terroraktionen vorbereiten und durchführen.

Dies hat Folgen für die Sicherheitsarchitektur wie für die Finanzarchitektur unserer Welt. Und die Folgen sind noch unabsehbar. Alles ist möglich. Alles ist fragil. Nichts ist sicher.

Das Erfolgs- und Machtsymbol der Weltmacht steht auf tönernen Füßen. Die Hegemonialansprüche Amerikas sind nicht nur angegriffen, sie sind im Zentrum getroffen worden. Ein Amerika, das seit Ronald Reagan »das Fenster der Verwundbarkeit schließen« wollte und im wieder aufgelegten SDI/NMD-Programm sich gegen »Schurkenstaaten« aus dem Weltraum schützen wollte, ist nun durch die Schurken mitten in der zivilisierten Welt, mit den Mitteln des zivilen Weltverkehrs getroffen worden. Die Illusion der Unverletzbarkeit ist nicht nur als Illusion, sondern als Hybris erkennbar geworden, sofern man meint, sich Unverletzbarkeit organisieren zu können.

Mit Zittern in der Stimme frage ich, ob dies die *Essential Harvest* – die entscheidende Ernte – ist, und muß weiterfragen: eine Ernte wofür?

Gelähmt, ratlos, sprachlos suchen wir nach Worten, suchen zu begreifen, was geschehen ist und was geschehen wird.

Einem selbstmörderisch-mordenden Fanatismus haben wir ins Auge gesehen, der die Welt mit sich in den Abgrund zu reißen bereit ist.

Was da ersonnen und durchgeführt wurde, das war das Böse, das von sich selbst glaubt, es richte sich gegen das Böse.

Das Böse hat Nährboden gefunden. Es hat Gründe, es hat Geld. Es hat Verführungskraft. Und es hat weit- und tiefgreifende Ursachen.

Diese Ursachen rechtfertigen nicht dieses Tun, aber dieses Tun ist längerfristig auf seine Ursachen hin zu überprüfen.

Was geschehen ist, ist nicht mit einem Schlag, auch nicht mit vielen Schlägen aus der Welt zu schaffen, schon gar nicht aus der Luft.

Was läßt sich tun, damit die Völkerfamilie sich wieder als Familie empfindet?

Das US-amerikanische Volk braucht, bekommt und verdient jetzt ganz und gar unser Mitgefühl, unsere Solidarität. Dieser Terroranschlag ist durch nichts zu rechtfertigen, auch wenn man sich erklären mag, wie es zu solch einem Ereignis gekommen ist.

Das amerikanische Volk ist Teil der Völkergemeinschaft, wäre aber gut beraten, nun gemeinsam mit der Völkergemeinschaft – unter dem Dach der UNO – alles dafür zu tun, daß mit der Stärke des Rechts konsequent gegen terroristische Banden, terroristische Organisationen, terroristische Staaten, terroristische Einzelpersonen oder terroristische Ideologien vorgegangen wird.

Die Prinzipien und Resolutionen der UN müssen jetzt mit besonderer Kraft durch- und umgesetzt werden. Nichts ist jetzt nötiger als die Solidarität der Völkergemeinschaft über die kulturellen, religiösen und sozialen Schranken hinweg. Der zweite Schritt wird sein, diese Schranken zwischen uns abzubauen und die Institutionen der Völkergemeinschaft und vor allem die Autorität der UNO zu stärken. Die *eine* Hegemonialmacht muß sich auch im Schmerz fragen, warum sie den Haß vieler anderer auf sich lenkt.

Entscheidend wird sein, ob all jene, in den Vereinigten Staaten die politische Macht oder meinungsbildenden Einfluß haben, die innere Kraft, die politische Weisheit und die menschliche Überzeugungskraft finden, ihrem Volk und der Welt klarzumachen, daß Vergeltungsschläge nur neue Vergeltungsschläge hervorrufen. Es ist ihnen und uns allen von Herzen zu wünschen, daß die Völkergemeinschaft sich gemeinsam dafür verantwortlich fühlt, die Schuldigen zu finden und zu bestrafen – aber nicht durch symbolische Akte der Vergeltung.

Wollten wir alle denn nicht darauf vertrauen, daß es »innerste Kanäle« gibt, auf denen unsere Wünsche die Entscheidungsträger erreichen?

Wir brauchen jetzt Feuerwehrleute des Friedens. Sie sind gefragt; Menschen, die die Deeskalation wagen, damit die Eskalation uns nicht aus den Händen gleitet – emotional nicht und militärisch nicht.

Wir stehen am Rande des Abgrundes. Der Schritt zurück ist möglich und muß möglich gemacht werden. Es geht um die Kraft der Feuerwehrleute des Friedens und nicht um vergeltende Brandstiftung, die im Moment vielleicht eine gewisse Entlastung, aber keine Lösung schafft.

Alle Welt fragt, welches die angemessenen Reaktionen sind. Alle sind aufgewühlt; wenige müssen entscheiden – und alle Folgen bedenken.

Ein Kolumnist vermerkt heute: »Welcher Ton vom amerikanischen Präsidenten bei den Trauer-Staatsakten angeschlagen werden wird, wird für die tief verletzte Nation entscheidend dafür sein, ob Amerika mit seiner Wut trauern wird oder ob Amerika in seiner Trauer wüten wird.«

Was ein terroristischer Akt war, ist welthistorische Zäsur.

Alle Sendeprogramme werden geändert. Alle Festakte abgesagt. Unsere kleine Welt ist von der ganz großen tangiert, angestoßen, gerüttelt.

Soll – kann das normale Leben weitergehen? Ja.

Aber nicht, als ob nichts gewesen wäre.

Nichts läßt sich zurückholen. Die Frage ist, wie es mit uns weitergeht auf diesem verletzbaren Planeten.

Ein Weg ist zu suchen, der nicht bloß emotional entlastet; ein Gegenschlag der Getroffenen, der im Zentrum Getroffenen, um zu zeigen, daß sie Kraft haben, sich zu wehren, wäre verfehlt. Wohin würde es führen, wenn im Gegenzug auch kollektiv gestraft wird, wenn wiederum viele Unschuldige mitgerissen werden? Unschuldige Opfer und deren Hinterbliebene würden zu Verbündeten der eigentlich Schuldigen. Wir haben gesehen, wie sich die Menschen mit Saddam Hussein verbanden, da sie alle Opfer wurden. Es werden Unschuldige in Massen mitgetroffen werden: Deswegen müssen alle Verantwortlichen sich auf den Kreis der Schuldigen konzentrieren und miteinander einen Weg suchen, der längerfristig trägt – allerdings immer wissend, daß es 100prozentige Sicherheit nicht gibt.

Heute beginnt die UNO-Vollversammlung in New York – auch dieses Gebäude hat eine Bombendrohung bekommen. Ist es nicht seitdem um so wichtiger geworden, daß die Völker-Familie sich neu konstituiert und gegen die Verbrecher und ihre Begünstiger gemeinsame Wege sucht! Der internationalen Stärke des Rechts Platz geben – dann auch Stärke zeigen, doch nicht mit dem Recht des Stärkeren reagieren. Die Ursachen bedenken, die weit- und tiefgehenden Ursachen, keinen mörderischen Kulturkampf vom Zaune brechen, sondern ihm die Rechtfertigungen entziehen!

In unserem Psalm – dem alten Psalm 85 – die Worte voller Weisheit und Tiefe: Könnten wir doch hören, was Gott der Herr redet, damit wir nicht in Torheit geraten. Er ist nahe denen, die ihn fürchten (und nichts anderes fürchten), wo Erbarmen und Zuverlässigkeit einander begegnen, Gerechtigkeit und Friede sich küssen. Zuverlässigkeit soll auf der Erde wachsen und Gerechtigkeit vom Himmel schauen, doch das Land soll uns seine Frucht geben, für alle. Gerechtigkeit soll vor uns hergehen und uns folgen. Der Weg zum

Frieden ist der Weg der Gerechtigkeit. Der Weg zum Krieg ist der Weg der Ungerechtigkeit und der mit Macht durchgesetzten Ungerechtigkeit und Ungleichheit.

Was wir erleben, ist gnadenloser Zorn über unsere Welt – eine destruktive Kraft, die alles unter sich begräbt.

Ach, daß wir hören, wir *alle*! Die Entscheider in Washington, Brüssel und Berlin – alle Menschen, die das Denken von Menschen in den Medienanstalten, den Tempeln der Religionen, in den Schulen bestimmen. Daß die besonders Betroffenen in Amerika – jetzt noch im Schock – entschlossen, aber auch weise reagieren, wissend, daß es um weit mehr geht als um Terroristen-Nester und um die, die sie beherbergen.

Osama Bin Laden läßt sich vielleicht ausfindig machen; nur: Die ganze Welt ist nicht in Ordnung. Der Terrorismus kann sich Ungerechtigkeit und imperiale Ansprüche der einen über die anderen fundamentalistisch-fanatisch zunutze machen. Und er tut es. Wirkungsvoller als je gedacht.

Liebe Mitbürger, Schwestern und Brüder,

kein Horrorszenario könnte schlimmer sein. Lassen Sie nur ein von Tschetschenen (einige sind nach dem Ausrottungsfeldzug noch übriggeblieben) entführtes Flugzeug – auf ein Atomkraftwerk fallen. Bombensicher?

Hat nicht auch der Architekt des World Trade Center gemeint, sein Bau sei beben-, bomben- und einsturzsicher?

Nichts ist mehr sicher. Die moderne Welt und alle ihre Einrichtungen sind gefährdet. Die offene Gesellschaft ist gefährdet. Soll sie sich abschließen und auf die Freiheit verzichten und der Illusion garantierbarer Sicherheit alles opfern? Sollen die Geheimdienste, die versagt haben, nun alle Macht bekommen, alle Vollmachten über uns?

Wir sind aus der Welt der Unbefangenheit vertrieben. Das, was geschehen ist, ist das Ende der Spaßgesellschaft, einer Gesellschaft, die sich am fiktiven Grauen delektiert und am Horror verdient. Wird der Ernüchterungseffekt gegenüber Fiktionen angesichts der Realität andauern?

Wie lange wird das vorhalten, und wird es uns verändern, als

Individuum und als Gesellschaften? Begreifen die, die die Spaßgesellschaft produzieren – und damit ihr Geld machen (Horrorkitzel als Spaß), daß die Spaßgesellschaft am Ende ist?

Die Wirklichkeit hat das gewinnträchtige Spiel mit dem Schrecken überholt. Tun wir, was wir können, daß es damit auch beendet ist, und hoffen wir, daß wir Menschen jetzt weltweit hinsehen und begreifen, daß wir nicht glücklich sein können, solange andere massenhaft unglücklich sind.

Unser Mitgefühl mit den Opfern in Amerika verbindet sich mit unserer Angst. Wir spüren: das ist nebenan passiert. Wir sind ihnen ganz nahe. Da bleibt der Mensch auf einem Foto stehen – ein Mensch, der aus 300 Meter Höhe springt, und wir wissen, das Foto hat ihn *fest*gehalten. In Wirklichkeit ist er auf dem Boden zerschmettert.

Wie wird der Friedhof für diese zivilen Kriegsopfer ohne Krieg aussehen?

Wenn es noch eines Beweises bedurft hätte, daß Globalisierung auch heißt, daß alles mit allem zusammenhängt und deshalb auch alles von allem abhängt, daß das Ferne plötzlich sehr nahe ist, daß niemand sich wirklich heraushalten kann: Dieser bizarre und barbarische Akt höchster krimineller Energie und schärfstem Fanatismus ist uns vorgeführt – durchs Fernsehen »vor Augen geführt«, in unsere Wohnstuben getragen worden. Was wir nicht für möglich hielten, ist jetzt geschehen. Und jetzt erleben wir uns weithin als ohnmächtig – als bloße *Zeugen* dessen, was noch geschehen wird.

Der US-Botschafter bei der Genfer Abrüstungskonferenz, Robert Grey, sagte laut dpa auf der heutigen Plenarsitzung in Genf: »Ein schlafender Riese sei geweckt worden, das hätten bereits alle anderen, die je die USA angegriffen hätten, zu ihrem späteren Bedauern herausgefunden.« Er fuhr fort: »Die folgenden Aktionen würden für sich selbst sprechen …«

Was ist das für eine Sprache? Sie mag verständlich sein für eine Nation, die sich als Glücksbringer für die Welt versteht und nicht verstehen kann, daß sie so viele Feinde hat und jetzt kollektiv in ihrem Zentrum getroffen wurde. Die freiheitliche Gesellschaft ist in ihrem Herzen getroffen. Die Weltökonomie konzentriert sich hier. Hier laufen die Fäden zusammen. Die Terroristen wollten d i e s e Welt zu Fall bringen. Sie wußten, welcher Schaden angerichtet und in welche Katastrophe die Welt und die Weltmacht taumeln würde. Unterschiedslos wurden alle zu »Todfeinden«, die sie mit in den Tod rissen, ohne jede menschliche An-Rührung.

Vier Flugzeuge auf einmal entführen. Viermal eine bestausgebildete Terroristencrew mit Flugkenntnissen zusammenstellen! Das konnte sich niemand vorstellen. Und niemand wollte es sich vorstellen – nicht einmal in den Horrorszenarien mit dem Brutalo-Fernsehkick.

Hier war die Präzision des Bösen am Werke, mit der ein fundamentaler menschlicher, materieller und symbolischer Verlust verbunden ist. Es ist Krieg gegen die zivilisierte Welt. Es ist ein kleiner Weltuntergang. Allein 300 Feuerwehrleute und Polizisten, die zum Helfen herangeeilt waren, sind tot.

Wir wissen alle noch nicht, wer es war und was noch geplant ist. Wir wissen nur, daß es durch diese Verbrecher jetzt zu einer Verschärfung des internationalen Klimas kommt. Doch der Terrorismus verblendeter Gruppen darf keinen Erfolg dadurch haben, daß ein Staat mit den Mitteln des Terrors antwortet. Schuldige bestrafen, aber nun nicht Unschuldige mit in den Tod reißen, muß die Devise zivilisierter Staaten bleiben. Trotz des Entsetzens, trotz der Wut.

Liebe Schwestern und Brüder und Mitbürger, jeder von uns ist gefordert, die Kräfte der Freiheit und des Friedens zu mobilisieren und die Kräfte ängstlicher Sicherheit und kriegerischer Macht zurückzudrängen. Wir sind in jeder Weise zur Solidarität mit dem amerikanischen Volk und mit der ganzen zivilisierten Menschheit gefordert. Wir sind im Bündnis eingebunden und verpflichtet zur Hilfe, wenn Amerika von außen angegriffen wurde. Aber: Es darf keine generelle Zustimmung zu möglichen amerikanischen Vergeltungsschlägen geben.

Woran soll sich Deutschland beteiligen? Wer bestimmt, was gemacht wird? Wird die Supermacht die Verbündeten fragen, was sie tun darf, oder würden sie nur zu Erfüllungsgehilfen? Die Bomben, mit denen ganze Völker in Geiselhaft genommen werden, weil ihre Führer Terroristen beherbergen, werden selber das Futter für neue Extremisten sein. Bombenfutter.

Die zivilisierte Menschheit ist gefordert, die Täter und ihre Hintermänner dingfest zu machen, sie zu verurteilen und alles zu vermeiden, was den Haß schürt. Gleich wichtig ist, sich mit dem Haß und seinen Ursachen, nicht nur mit seinen Folgen zu beschäftigen. Haß läßt sich nicht totbomben, denn der Tod wird Anlaß für neuen Haß und führt wieder zum Tod. Es ist der größte Mut gefordert, der denkbar ist, der Mut zum Frieden – in Zeiten des Krieges, der Mut, nicht einfach zu vergelten, obwohl grausigstes Unrecht geschehen ist. Den dritten Weg zwischen Stillhalten und Losschlagen suchen ...

Nichts wird mehr sein, wie es war, vor diesem 11. September 2001. Aber: Es ist alles zu tun, um zu verhindern, daß kein Mensch mehr da ist, der sagen könnte: »Nichts ist mehr da!«

Gott, erbarme dich unser.

Gott, laß uns Erbarmen miteinander haben und Wege zum Frieden finden. Amen.

Terror gebiert Terror
Über das Recht und die Bedingungen des Friedens

Das militärische Eingreifen seit dem 7. Oktober 2001 mit B-52-Bombern und Raketen läuft auf Eskalation und nicht auf Problemlösung hinaus. Zunächst trifft es nicht die Schuldigen, sondern ein bettelarmes und bereits von einem zwanzigjährigen Krieg zerbombtes Land. Wo ist das Konzept für

Afghanistan? Was soll nun werden, nachdem die Taliban ent-
machtet sind? Es ist der Fluch der bösen Tat, wenn die Amerikaner vor ihren eigenen Stinger-Raketen, mit denen sie die
Taliban gegen die Russen ausrüsteten, selber Angst haben
mußten.

Bei der Anti-Terror-Koalition haben die USA zweifelhafte
Verbündete gesucht; selbst Militärdiktaturen wurden zu
Anti-Terror-Koalitionären. Die für den Völkermord in
Tschetschenien Verantwortlichen fühlen sich gerechtfertigt,
alles wird als Vernichtung antiterroristischer Aktion verharmlost. Der längerfristige politische Schaden ist unabsehbar.

Was die muslimischen Volksmassen tun werden, wird entscheidend sein: ob die emotionalisierte Solidarisierung der
Muslime mit dem Moslem Bin Laden oder ob der gemeinsame Kampf gegen den Terrorismus die Oberhand gewinnt.

Ich fürchte, daß die militärische Lösung keine Lösung
bringt, sondern allenfalls eine Entlastung von Wut und Trauer
darstellt. Die Bomben hatten einen quasi therapeutischen
Effekt für das von einem mörderischem Terror am 11. September 2001 getroffene Volk. Der Schrecken wird neuen
Schrecken bringen. Der Terrorismus findet Menschen, die
ihm – klammheimlich, als Racheakt – neue Zustimmung verschaffen. Wenn die ins Mark getroffene westliche Welt nun
nicht in sich geht und sich fragt, welche andere Welt wir jetzt
auf dieser zerrissenen Erde aufbauen wollen und aufbauen
müssen, haben wir nichts begriffen. Wer aus der Einförmig-
keit allgemeiner Zustimmung zum Krieg ausscherte, wurde
abqualifiziert. Es gab einen totalitär wirkenden Zustimmungsdruck. Es gibt keine Alternative zum amerikanischen
Vorgehen, heißt es beinah unisono. Wer widersprach, wurde
häufig gar mit erpresserischem Druck kaltgestellt.

Wer in einen Krieg hineingeht, muß vorher wissen, wie er
wieder herauskommt. Bei aller Solidarität mit dem amerikanischen Volk und militärischen Gegenmaßnahmen fehlt der
Regierung sorgfältiges Abwägen der Langzeitfolgen.

Die beschworene Bündnistreue kam in einer Sprache daher, wie sie im Kalten Krieg üblich war. Es muß verschärft gefragt werden, wie wir in der multipolaren Welt den Unilateralismus der einen Großmacht überwinden und wie das Völkerrecht durch die UNO auch Instrumente in die Hand bekommt, um jedweden Terrorismus wirksam bekämpfen zu können – auch den stumm verlaufenden alltäglichen Terror der Reichen gegen die Armen. Der Antiterrorismus braucht ein weltweites Konzept für Gerechtigkeit und Frieden, für einen gleichberechtigten Umgang der Nationen und Kulturen miteinander. Ungerechtigkeit und Erniedrigungsgefühle sind der Nährboden für Terroristen und für die Verführbarkeit von Menschen zu einem religiös verbrämten Terrorismus. Ein Gegenschlag, der wieder (viele) neue, unschuldige Opfer fordert, unterwirft sich dem Gesetz der Terroristen. Sie ausfindig zu machen und in Kommandounternehmen gefangenzunehmen braucht soviel Geduld wie Entschlossenheit. Jedes schnelle Zuschlagen schafft neues Unrecht, zumal dann, wenn statt polizeilicher Maßnahmen militärische ergriffen werden.

Es muß darum gehen, nicht die anderen Völker an die Amerikaner und ihre antiterroristische Gegenwehr zu binden, sondern darum, daß die Amerikaner sich an die Vereinten Nationen binden und die anderen Völker nicht nur zustimmen, sondern mitbestimmen, was kurzfristig und was längerfristig zu tun ist. Der Herrschaft des Terrors darf nicht neuer Terror, sondern muß die Herrschaft des (internationalen) Rechts folgen.

Wirksamer Kampf um den Frieden kann nur ein Kampf mit den Mitteln des Friedens sein. Gewaltanwendung zur Verhinderung von Gewaltakten ist legitimiert, bedarf allerdings bindend einer Rechtsgrundlage und bedarf der Prüfung, ob die Gegen-Gewaltmittel angemessen, die Ziele eingegrenzt und die Verbündeten verläßlich sind.

Entrüstet Euch!

Zum Auftakt der Friedensdekade am 11.11.2001

Die Friedensdekade beginnt, während der Krieg fortgesetzt wird. Nur: Jetzt wird auch das Gewissen einzelner belastet und der Raison der Mehrheit geopfert. Wenn die Oberen entscheiden und die Unteren zustimmen sollen, dann heißt das »Staatsraison«.

Der Apostel Paulus schreibt im Römerbrief (Kapitel 12) unseren geläufigen Verhaltensweisen widersprechende Sätze:

»Vergeltet niemand Böses mit Bösem.

Ist es möglich, soviel an euch ist, so habt mit allen Menschen Frieden.

Rächet euch selber nicht, meine Lieben.«

Ein Riß geht durch unsere *Welt*, erschütternd sichtbar vor aller Fern-Seh-Augen – seit heute vor genau zwei Monaten.

Ein Riß geht durch unser *Land*, nachdem klar ist, daß die vom Kanzler proklamierte und von einer parlamentarischen Mehrheit getragene »uneingeschränkte Solidarität« mit den USA – nicht nur mit dem Volk – den Eintritt der Bundeswehr in einen noch unabsehbaren, weltweiten Antiterrorismuskrieg einschließt.

Und ein Riß geht durch *uns selbst*. Die Synode der Evangelischen Kirche in Deutschland hat es auf ihrer Novembertagung 2001 erfahren, wie wir als Christen dazu stehen in uneingeschränktem Ja-Aber, mit »Bauchschmerzen«, etwas Zweideutiges bejahend.

Gewalt als Reaktion auf Gewalt, damit es nicht neue Gewalt gibt, sagen die einen. Und die anderen sagen: Gibt es, wenn wir mit Gewalt reagieren, nicht viel mehr neue Gewalt? Ein Riß durch unsere Welt. Ein Riß durch unser Land. Ein Riß durch uns selbst.

Was wird aus unserem Land? Wo finden wir uns morgen wieder? Und was wurde in der globalisierten Welt verabsäumt? Gibt es als entschlossene Reaktion auf den erschütternden terroristischen Angriff vom 11. September keine Alternative zur Politik der gegenwärtigen Administration in den Vereinigten Staaten? Und welches Gewicht haben Mehrheiten? Und wie wird mit Minderheitsvoten umgegangen – wo es doch den großen nationalen Konsensdruck gibt? Keiner möchte doch wieder als vaterlandsloser Geselle gelten.

Die Rolle Deutschlands in der Welt steht wieder neu zur Disposition und die Haltung jedes einzelnen von uns dazu. *Wer* wir auch sind, *wie alt* wir auch sind, *wo* wir auch sind (zumal wir Christen – mit Schuld beladen in allen Kriegen, die wir gerechtfertigt haben!), können und wollen diesen Fragen nicht ausweichen. Und wer Nein sagt, muß auch sagen, wozu er Ja sagt und wie er das verwirklichen will. Wer politisch handeln muß, der muß auch zu etwas Ja sagen. Und wer ihm widerspricht, muß sich die Gegenfrage gefallen lassen: Wenn du NEIN sagst, sag, wozu du dann JA sagst.

Bloßes Handeln aber, das nicht überlegt ist, ist noch kein richtiges Handeln. Bloß etwas zu tun, weil man angesichts der Gefahr das Nichtstun nicht aushält, obwohl man nicht weiß, was das Richtige ist, ist solange falsch, wie man das Überhaupt-Handeln schon als das Richtige deutet, selbst wenn man weiß, daß das das Falsche war. Manchmal tun Menschen sehr entschlossen das Falsche, weil sie etwas Falsches entschlossen *angefangen* haben – und dann umzukehren nennt man in der Politik »Gesichtsverlust«. Und manchmal haben Leute mehr Angst vor dem Verlust des Gesichtes als vor dem Verlust weiterer Menschenleben.

Hennig Voscherau hat geschrieben: »In den 80er Jahren galt die Parole: ›Frieden schaffen ohne Waffen‹.« Er sagte dazu als Politiker: »Das war sicher eine Illusion.« Aber er sagt heute: »Frieden schaffen nur mit Waffen, das ist schlimmer. Das ist eine Perversion.«

Und wir Christen dazwischen. In der Friedensdekade beten wir, jeden Abend. Nicht sehr viele, aber wir sind da. Wir beten. Ich wage den Satz: Wer nicht in der Richtung seines Gebets tut, was er tun kann, sollte das Beten lassen, weil er Gott alles überläßt, statt sich von Gott in den Dienst nehmen zu lassen. Also: Wer den Frieden den Waffen anvertraut, der sollte dann auch wieder konsequent für den Sieg seiner Waffen beten. Das hatten wir schon.

Das Gebet darf uns nicht entbinden von unserem Tun, und unser Tun entbindet uns nicht vom Beten, auch um in unserer Zerrissenheit den Weg zu finden, der Jesus entspricht.

Konkret: Die Terroristen, ihre Ausbildungslager sollten getroffen und die Schuldigen gefangen werden. Dann hörten wir nur noch von den Taliban und täglich stärkeren Bombardements. Die Schuldigen sollten getroffen werden, aber ein ganzes Land wird zerstört und die verbliebenen Einwohner verhungern oder erfrieren. Man *darf* doch wohl fragen, und *muß* wohl fragen: Wo bleiben die Kondolenzlisten für die zivilen Bombenopfer? Werten wir in der christlichen Welt *unsere* Toten immer noch höher als die anderen? Was ist das Ergebnis? Leid, das dem Leid von New York und Washington neues Leid hinzufügt. Das kann nicht *aufgerechnet*, das muß *hinzugezählt* werden. Und welche Rolle spielen wir Deutsche? Und welche wollen wir spielen? Natürlich verläßliche Bündnispartner. Aber heißt das: bedingungslos Bündnispartner? Wenn Deutschland keinen Krieg, sondern Frieden will und wenn der Satz weiter gilt, daß von Deutschland nur noch Frieden ausgehen soll, müssen wir sehr genau fragen, mit welchen Mitteln wir friedensstiftend und gewaltminimierend wirken wollen. Und eine wichtige Erkenntnis der letzten 20 Jahre, seit wir alljährlich im Herbst zur Friedensdekade einladen, ist stets gewesen, daß die Bedingung von Frieden Gerechtigkeit ist; ohne Gerechtigkeit gibt es keinen Frieden. Und Militär ist bestenfalls zeitweilige Notmaßnahme, keine Lösung.

Es ist alles zu tun, was ein Problem nicht verschärft, sondern lösen hilft: das Recht durchsetzen, notfalls auch mit staatlich legitimer Gewalt, aber strikt am Recht und an der Wiederherstellung von Frieden orientiert.

Wir Deutsche, ein durch Erfahrung durchaus wach, kritisch, selbstkritisch gewordenes Volk, wir Christen als Teil dieses

Volkes wollen wir einfach nur einstimmen in den Chor der Mehrheit!? Was heißt es für uns als deutsche Christen, als Christen, die Deutsche sind (... fast jedes Wort ist belastet!), das Evangelium zu hören?!

Da rief ein Lied von 1561, das benutzbar, mißbrauchbar war, auf:

> Wach auf, wach auf, du deutsches Land!
> Du hast genug geschlafen.
> Bedenk, was Gott an dich gewandt,
> wozu er dich erschaffen.
> Bedenk, was Gott dir hat gesandt
> und dir vertraut sein höchstes Pfand,
> drum magst du wohl auch wachen.

»Wach auf, du deutsches Land« heißt nicht: »Deutschland erwache!«, sondern: Nimm wahr, wer du bist, verschlafe nicht deine Chance, zeig deine besonderen Begabungen, so wie jedes andere Volk dies tut. Deutsche sein? Ja. Ganz, mit all unseren Chancen und Brüchen. Selbstbewußt können wir Deutsche sein mit Hutten, Hölderlin und Heine, mit Brahms, Brecht und Brandt, gegen verengte Herzen, krämerischen Geist und militärische Pose, für die Weitung des Herzens, den Genuß des geistigen Lebens wie der deutschen Küchen, für das Gewinnstreben in Wissenschaft und Kunst, für wirtschaftliches Gedeihen. Und Ehrfurcht behalten – vor dem deutschen Wald und auch vor der Ackerkrume, die wir bewahren. Es muß nicht »Blut und Boden«, es kann einfach guter Boden, geheiligte Erde sein. Sei's drum; sie gibt Frucht. Wir sind dankbar. Und wir teilen den reichlichen Ertrag.

So will ich gern Deutscher sein und bleiben im Duktus des Deutschen Requiems oder im Gestus der Brechtschen Kinderhymne. Und wegen der deutschen Sprache. Mit weltumspannendem Glauben und mit völkerverständigendem Pathos. Ja, aber nur leise könnte ich dann gar sagen: Ich bin stolz, auch ein Deutscher zu sein. Stolz hat seine Zeit, Scham hat ihre Zeit: Was haben wir alles geleistet und was haben wir alles angerichtet?!

Ich finde, wenn wir uns wiederfänden im Pathos dieser Kinderhymne, wäre ich ganz angekommen als Deutscher, als Mensch, als Christ, als ein Friedensstifter:

Kinderhymne

Anmut sparet nicht noch Mühe
Leidenschaft nicht noch Verstand
Daß ein gutes Deutschland blühe
Wie ein andres gutes Land

Daß die Völker nicht erbleichen
Wie vor einer Räuberin
Sondern ihre Hände reichen
Uns wie andern Völkern hin.

Und nicht über und nicht unter
Andern Völkern wolln wir sein
Von der See bis zu den Alpen
Von der Oder bis zum Rhein.

Und weil wir dies Land verbessern
Lieben und beschirmen wir's
Und das liebste mag's uns scheinen
So wie andern Völkern ihrs.[43]

Ja, laßt uns Deutsche in *diesem* Sinne sein: mit nationalem Selbstbewußtsein, ohne jede Selbstüberhebung. Jeder soll sein eigenes Land lieben und nicht das anderer verachten. Ich finde es schade, daß wir zu nationalen Tagen nur »Einigkeit und Recht und Freiheit für das deutsche Vaterland« singen; diese Kinderhymne schärft uns ein, unser Land zu lieben, so wie andere Völker ihrs lieben.

Nur dann, wenn wir unser Land lieben und annehmen,

43 Bertolt Brecht, Gedichte. Band 7, S. 71 f.

sind wir gute Partner für andere. Das gilt genauso für unsere Beziehung zu anderen Menschen. Wer sich selber nicht annehmen kann, ist auch für andere schwer annehmbar. Und das gilt auch für ein ganzes Volk.

Ich bin gern Deutscher: im gesammelten Ernst und befreiender Wahrheit der großen Rede von Richard von Weizsäcker zum 8. Mai 1985, in der mutig-demütigen Geste Willy Brandts in Warschau, dessen Politik nicht Land mehrte, sondern Frieden. Oder in der Art, wie Johannes Rau als erster deutscher Präsident vor der Knesset in deutscher Sprache reden konnte. So möchte ich Deutschland wiedererkennen und in diesem Sinne mit-wirken. *Von Deutschland soll nur noch Frieden ausgehen!* Wenn dies die Maxime auch bei schwierigen und strittigen Entscheidungen ist, kann man besser akzeptieren, daß auch wir Gewalt mit Gewalt einzudämmen helfen. Aber ich würde dabei gern *jene* Maxime hören und die Gewißheit haben, daß sie Generallinie derselben Politik bleibt. Dazu gehört, daß wir Christen mutig, entschlossen, differenziert, nicht abwiegelnd, nicht ausweichend, nicht im Ja-Ja-Nein-Nein-Reden hin- und herschwanken, sondern zu einem JA stehen, abweichende Entscheidungen des anderen respektierend, aber eine eigene treffend. Große, gute Gedanken und Erinnerungen an Menschen und Taten in unserem Volk mögen uns leiten in diesen bedrängenden Tagen. Habt, soviel an euch ist, Frieden mit jedermann!, schärft der Apostel ein.

Sag nein

Es ist wieder Krieg. Kondolenzlisten liegen aus – für »unsere Toten«, nicht für die in den Bergen Afghanistans.

Der Verantwortlichen für die Terroranschläge wird man nicht ohne Gewaltanwendung habhaft werden können, mit zielgerichteten polizeilichen Operationen, aber nicht mit Krieg gegen ein ganzes Land, gegen ganze Länder.

Wenn es richtig ist, daß der Terrorismus ein *Symptom*, nicht aber die *Krankheit* ist, so muß *zugleich* das schreckliche Symptom und die schreckliche Krankheit bekämpft werden.

Das »Symptom« forderte 3 000 Zivilisten in New York und Washington, hernach nicht gezählte Zivilisten im Antiterrorkampf. Während nun der Krankheit kaum Aufmerksamkeit geschenkt wird, bekämpft man mit aller Kraft das Symptom. Die Krankheit zu heilen wird weit schwieriger und langwieriger als einzelne Terroristen zu fangen. Diese Krankheit heißt ökonomische Dominanz der Reichen und Machtarroganz der Starken auf der einen, Armut und Erniedrigung auf der anderen Seite.

Verlierer des Krieges ist heute schon die politische (Welt-) Kultur.

Verlierer bleiben die Armen, solange 40 Milliarden US-Dollar für antiterroristische Kriege einigen Millionen humanitärer Hilfe gegenüberstehen, Notgroschen der Rührung, eingesammelt von Hilfsorganisationen. (1 Milliarde sind 1 000 Millionen, also 40 000 Millionen.)

Verlierer ist schon die UNO, zur willfährigen Abteilung der USA gemacht.

Gewinner sind heute schon die Terroristen. Sie haben durch ihr Unrecht die westliche Welt dazu gebracht, sich ins Unrecht zu setzen und den »Krieg der Kulturen« zu eröffnen, bei dem die Kultur die erste Verliererin ist.

Gewinner sind heute schon die Rüstungskonzerne und die Rüstungskonzerne und die Rüstungskonzerne. Alles, was verschossen wurde, muß wiederbeschafft werden.

Gewinner sind alle Mächte der Antiterrorallianz, die fortan freie Hand haben, Widerstand unterdrückter Minderheiten als »Terrorismus« zu bekämpfen. Menschenrechte sind außer Kraft gesetzt! So hat Putin gnadenlos das Volk der Tschetschenen insgesamt in Geiselhaft genommen und sie alle zu Terroristen erklärt. Wer sagt noch ein Wort über die Lager und die Lage der Flüchtlinge aus dem völlig zerbombten Land. Und in China wird kein Wort mehr von Tibet geredet oder gar von der Panzerwalze am Platz des Himmlischen Friedens gegen unbewaffnete Studenten. Es gilt die politische Regel: Schweigst du, schweige ich auch. Und schweigst du, kannst du Geschäfte machen. Sagst du ein falsches Wort, suche ich mir andere Geschäftspartner – und ich werde sie finden. Das ist der Zynismus der Macht, die sich als Realitätssinn ausgibt.

Bert Brecht: »Zieht nun in neue Kriege nicht, ihr Armen, als ob die alten nicht gelanget hätten. Ich bitt' euch, habet mit euch selbst Erbarmen.«

Deutsche ziehen wieder mit in den Krieg. Zugestimmt haben – gegen ihr Gewissen – auch jene, die dagegen waren, aber in einer Vertrauensfrage-Zwickmühle zerrieben wurden. Gewissen knirschten und gaben nach. Darauf liegt kein Segen. Symbolisch sei der Beitrag der Deutschen. Vorerst. Aus Mitverantwortung, für eine gute, gegen eine böse Sache.

Gegen weltweite Bedrohung hilft nur weltweiter Einsatz, das ist »globale Verantwortungspolitik«, höre ich, und das an der Seite eines Präsidenten mit einem dichotonischen Weltbild. Da gibt es nur ein »Für uns« oder »Gegen uns«, Gute und Böse.

Zwölfmal frage ich: *Was ist das für ein Krieg?*

Ein antiterroristischer Krieg. »Amerikas new war« – so die CNN-Schleife seit dem 11. September. Er richtet sich nicht gegen einen *Staat* – nur gegen ein Beherbungsregime, die Taliban, auch nicht gegen *einen* Staat, sondern gegen viele. Wie viele und welche, ist noch offen. Unterschlupfstaaten, also Irak, Jemen, Somalia, Libyen, Algerien, Syrien, Sudan.

Ein zerstörtes Land ist vorerst weiter zerstört, aber die Täter sind nicht gefaßt. Da sind die Krieger froh, daß in Kabul die Frauen ihren Ganzschleier abwerfen können und wieder Musik erklingen kann. War das das Ziel? – Und was wird morgen, wenn die siegreiche Allianz wieder einzeln wütet? –

Warlords vom Schlage Dostums, die vor wenigen Jahren

Kabul im Kampf gegeneinander in Schutt und Asche gelegt haben, sind zurückgekehrt. – War das das Ziel? – So froh jeder ist, daß das Schreckens-Regime der Taliban vertrieben ist: Dieser Sieg war weder das Ziel des Krieges, noch wird er sein Ende sein.

Was ist das für ein Krieg?
Ein staatlicher Krieg gegen entstaatlichte Gewalt.

Ein antiterroristischer Krieg gegen skrupellose Terroristen und ihr Netzwerk; da kann er nur skrupellos sein und so »intelligent«, wie intelligente Bomben eben intelligent sind. Sie schließen »Kollateralschäden« ein. Diese Schäden sind Menschen, nicht bloß Gebäude mit großem roten Kreuz, im Prinzip gut erkennbar. Der Tod von Dorfbewohnern wird unvermeidlich genannt, weil Krieg ist, sagen die Krieger. Geradezu mitfühlend klingt da, was Gerhard Schröder während seines letzten Besuches in Pakistan sagte: »Wenn dabei Schäden auftreten, die niemand gewollt hat, dann bedauert das natürlich jeder.« Die »Schäden« sind Menschen.

Die Bomberpilotin Ashley erklärt (laut BZ, 24. Okober 2001): »Sie haben mich nicht bemerkt, bis meine Bombe mitten im Ziel einschlug. Das zu sehen, war sehr, sehr aufregend … Aber ich lächelte, weil meine Bomben im Ziel waren.«

Aufregend.

Was ist das für ein Krieg?
»Ein langer und ein schmutziger«, kündigt Donald Rumsfeld an. Ausnahmsweise glaube ich ihm.

Und der Präsident, er ruft den Taliban zu: »Spuckt Bin Laden aus. Dann werden wir uns überlegen, was wir mit eurem Land machen.«

In diesem Krieg hat die CIA bei der Ergreifung der Terroristen »freie Hand«, erklärt der Präsident. Aber keiner wird sich für sein Handeln rechtfertigen müssen, wenn er eine problematische Maßnahme für richtig hält, auch wenn sie nicht recht ist.

Das Ziel rechtfertigt die Mittel – selbst dann, wenn auf diese Weise nicht einmal das Ziel erreicht wurde.

Nicht umsonst verweigern sich die US-Amerikaner der Errichtung eines internationalen Gerichtshofes. Undenkbar für sie, daß dort auch Amerikaner angeklagt werden könnten!

Was ist das für ein Krieg?

Ein Krieg der USA mit Unterstützung von NATO-Staaten im »Bündnisfall« und mit duldendem Flankenschutz von Mächten, die sich das mit Schweigen über ihre Menschenrechtsverletzungen honorieren lassen.

Schließlich geht es gegen einen zu allem entschlossenen, schwer greifbaren Feind, dessen Religion Terrorismus ist, nicht Islam.

Ein Algerier sagte: »Weil Bin Laden das Bild vom Islam verbrecherisch verdunkelt, hassen wir Bin Laden. Aber der Westen zwingt uns, durch seine Bombardements auf Afghanistan, ihn zu lieben.«

So wird ein Verbrecher zum Märtyrer und Helden!

Was ist das für ein Krieg?

Ein Angstkrieg der westlichen Welt gegen einen die offene Gesellschaft im Lebensnerv treffenden destruktiven Haß, einen Haß, der sich gegen die westlichen Hegemonieansprüche wie gegen seine Lebensweise richtet.

Kriegspolitik folgt einem äußerst fatalen Muster: Wenn einer nicht weiß, was er tun soll, markiert er entschlossen den Selbstsicheren in allem, was er tut, um die Unsicherheit des Volkes dadurch zu bannen, daß man ihm etwas Sicheres verspricht.

Wenn man nicht weiß, was man für welche realisierbaren Ziele mit welchen wirksamen Mitteln tun kann, handelt man erst einmal; nichts ist so belastend als abzuwarten, zumal dann, wenn eine Wunde ein ganzes großes, sich für unbesiegbar und unverwundbar haltendes Volk so schmerzt wie die USA seit dem 11. September. Im Herzen getroffen sein und abzuwarten könnte als Schwäche ausgelegt werden. Also schlägt man zu, therapeutisch für die eigene Seele, mit ganzer Kraft, unter weitgehendster Vermeidung eigenen Risikos.

Weil man nicht weiß, was das Richtige ist, tut man mit aller Kraft selbst das Falsche, damit keiner sagen kann, man täte nichts. Aber zugleich behauptet man, zu diesem Tun gäbe es keine Alternativen.

Was ist das für ein Krieg?

Ein Ressourcensicherungskrieg auf dem sogenannten eurasischen Balkan.

Es reichte für die Deutschen nicht, auf dem Balkan mit dabeizusein – nun auch im eurasischen Raum, damit wir nicht isoliert werden – schließlich sind auch wir elementar vom Lebensstrom Öl abhängig. Der uns zugedachte Einsatzort ist noch unbestimmt – im Prinzip reicht er von Burma bis Marokko.

Was ist das für ein Krieg?

Ein von Terroristen vom Zaun gebrochener Krieg gegen die Weltmachtarroganz der Vereinigten Staaten, die die gesamte Welt als ihr Protektorat und als ihren globalen Ressourcenbeschaffungsplatz sehen, ihren Lebensstil als *den* Lebensstil propagieren, ihre Partner mehr und mehr als Satelliten behandeln und sie vor eine totale Entweder-Oder-Frage stellen: »Wer nicht mit uns ist, ist mit den Terroristen.«

Also beeilen sich viele, ihnen uneingeschränkt vor die Füße zu fallen. Bush triumphiert im Zustimmungsrausch.

Die UNO wird erst – und dies nicht erst seit gestern – fast völlig ausgeschaltet und finanziell ausgezehrt, dann kurz – am 12. September 2001 – eingeschaltet, um dann ganz abgeschaltet zu werden, weil die USA schalten und walten, wie sie es für richtig halten, mit einer UNO-Resolution als Generalbevollmächtigung in den Händen. »Mit allen Mitteln« die Terroristen bekämpfen. Das heißt dann konkret: Erst macht man die UNO so schwach, um sie nun so gefügig zu kaufen! Es gibt Leute, die meinen, darin einen Akt der Abkehr vom Unilateralismus zu sehen. Nichts da: Alle sollen nur der *einen* Großmacht folgen, die nun das weltweite Gewaltmonopol beansprucht.

Was ist das für ein Krieg?
Ein Krieg mit zweifelhaften Zielen,
   mit zweifelhaften Mitteln,
   mit zweifelhaften Verbündeten
   mit zweifelhaftem Ausgang.
(Die Massaker der Nordallianz an den Taliban sind voraussehbar und ein neuer Bürgerkrieg möglich, der allen Terror übertrifft und wo keiner hilft!)

Was ist das für ein Krieg?
Dieser Krieg ist eine so hilflose wie kraftstrotzende Reaktion auf den Angriff auf das »Herz der westlichen Welt«, ihre ökonomische und militärische Übermacht – ausgeführt mit kaltblütig-professioneller Logistik durch haßerfüllte Fundamentalisten, die das Leben anderer verachten wie sie das eigene wegwerfen, glaubend, sie fänden es so. Nichts kann ihr Tun rechtfertigen, – alles muß getan werden, sich die Hintergründe zu verdeutlichen und die Gründe auszuräumen – zugebend, wie machtlos man im einzelnen ist, statt mit Macht dreinzuhauen.

Was ist das für ein Krieg?
Ein Krieg gegen einen so skrupellosen wie schwer greifbaren Feind, dem jedes Mittel, dessen er habhaft werden kann, recht ist. In diesem Krieg gegen ihn werden viele neue Feinde hinzukommen. (Da nützt kein texanischer Brief an die 1,2 Milliarden in der muslimischen Welt, warum man im Fastenmonat Ramadan weiterbomben mußte.) Eine besonders intelligente Bombe traf eine Moschee in Kundus.
Ein weltweiter Krieg, der weltweite Aufrüstung für weltweiten Einsatz verlangt. Schließlich ist der Feind überall; wir wissen nicht, ob er nicht im Nachbarzimmer schläft und

Milzbrandbriefe bastelt, ohne sich selbst anzustecken. Woher haben sie nur das Know-how, und wer verweigerte die Anti-Biowaffen-Konvention? »Das ist der Fluch der bösen Tat, daß sie fortwährend Böses muß gebären.« (Schiller)

Wir Deutschen sind zunächst (symbolisch!) in diesen Krieg eingestiegen, ohne zu wissen, wann und wo wir wieder aussteigen können.

Zunächst brauchen wir mobile Eingreiftruppen, also neue Rüstung: neue *Auf*rüstung und neue *Aus*rüstung.

Was ist das für ein Krieg?

Ein Krieg ohne eine politische Langzeitkonzeption, ein Krieg voller Illusionen, die Gewalt könne vor allem mit Gewalt zurückgedrängt werden.

Ein verlogener Krieg – von allen Seiten! Was sind die Mitgliedsgroschen von Hilfsorganisationen gegen die geballte Milliardenkraft des Militärs?

Ein Krieg, der in die Sackgasse führt, und die ihn führen, sagen, es gäbe keine Alternative!

Da keiner einen schnell gangbaren Weg sieht, fahren die Handelnden mit größtmöglichem Getöse in die Sackgasse. Das Getöse ist so groß, daß es die Schreie der Opfer übertönt.

Was ist das für ein Krieg?

Ein Krieg ohne Buße derer, die durch den Terrorismus getroffen wurden und mitgetroffen werden sollten.

Wir alle haben das Signal zu wenig gehört, daß diese Welt aus den Fugen ist, daß die ökonomisch globalisierte Welt keine Ordnung gefunden hat, daß sie wenige Sieger und viele Verlierer hat.

Die mutige indische Schriftstellerin Arundhati Roy erklärte in Paris: »Der Kampf für Toleranz, gegen Hegemonie jeglicher Art, religiöse, militärische, ökonomische, kulturelle – das ist heute die größte Herausforderung der Menschheit … Ich glaube, jede Regierung, die gegen den Terrorismus ist, muß das Prinzip der Gewaltfreiheit hochhalten. Sie muß vernünftigen, gewaltlosen Widerspruch respektieren. Sie muß zeigen, daß sie Frühwarnungen von Leiden wahrnimmt. Wir können den Terrorismus nicht bekämpfen, indem wir uns an ihm beteiligen. Auf einen terroristischen Akt mit einem kriegerischen Akt zu antworten, bedeutet in einer seltsamen Weise, ihn zu ehren ... Der schreckliche Preis, den das Volk Afghanistans zahlt, scheint Bin Laden wenig zu kümmern. Aber er muß uns kümmern – wir, die wir keine Terroristen sind ... Ich glaube nicht, daß Krieg Terrorismus auslöschen kann.«[44]

Was wir brauchen:

Mehr denn je eine starke, handlungsfähig gemachte UNO als Weltordnungsmacht – nicht die allmächtigen USA! –, weil es zuvörderst um eine gerechtere Weltordnung geht, die die legitimen Interessen *aller* ihrer Glieder praktisch erfahrbar berücksichtigt.

Einen entschlossenen Kampf gegen den Terrorismus, der den Terroristen nicht dadurch einen Sieg beschert,

– daß wir unsere Freiheit real einschränken aufgrund illusionärer Versprechen von Sicherheitsgarantien. Geplante Sicherheitspakete können zu Ermächtigungsgesetzen für hartes Durchgreifen künftiger, noch strammerer Innenminister werden;

– daß wir die Herrschaft des Rechts durch das Recht der Macht und der Mächtigen ersetzen (Gefangene auf Kuba);

– daß die im Kampf gegen den Terror angewandten Methoden den Methoden des Terrors gleichkommen;

– daß wir durch zweifelhafte Verbündete ins Zwielicht geraten.

»Zieht nun in neue Kriege nicht, als ob die alten nicht gelanget hätten!« (Bert Brecht)

Dieser New War ist keine Lösung; er verschärft die Probleme, solange wir dem eigentlichen Problem nicht zu Leibe rücken.

Könnte nicht von Deutschland ein anderes Signal ausge-

44 Arundhati Roy in: taz, 15. November 2001.

hen? Gilt es nicht mehr, daß »von Deutschland nie wieder Krieg ausgehen soll«? Sollten wir unsere ganze politische und ökonomische Kraft nicht daransetzen, die Strukturen der Weltungerechtigkeit und der Demütigung der Armen abzubauen, statt uns der Militärmaschinerie der Bush-Rumsfeld-Administration anzudienen?!

Jetzt scheinen die Militärstrategen einen kurzfristigen psychologischen Sieg errungen zu haben, indem sie das furchtbare Taliban-Regime aus den Städten vertrieben haben. Ich bin – nach aller historischen Erfahrung – ziemlich sicher: Eure Siege sind vorübergehende nur.

Wie illusionär es ist, Terror durch militärische Gewalt – und durch massiven Gegenterror! – zu bekämpfen, sieht man an Sharon und Hamas, an Putin und Tschetschenien.

Statt eine »anhaltende Freiheit« zu erbomben, brauchen wir anhaltende, furchtbare Geduld, langen, entschlossenen politischen Atem – wir sehen es an Nordirland, am Baskenland und am Kurdenland.

Gewalt wird wieder das Lösungswort, das nach weltweiter Akzeptanz sucht. Da müssen Pazifisten wieder lächerlich gemacht werden. Da muß erklärt werden, daß es »zur Gewalt keine Alternative« gäbe. Mit der Gewalt gehen einher: Propaganda, Verwirrung und Irreführung durch immer neue Parolen, Ziele, Strategien, Begründungen. Wer will noch Wahrheit von Lüge trennen, da alle Seiten, die im Kriege beteiligt sind, lügen?! Und wer die Taliban am Lügen übertreffen will, muß sich schon anstrengen – und der freie Westen strengt sich an. Der Zynismus feiert, als Realitätssinn getarnt, seine medialen Show-Siege. Wer sein (militärisches) Handeln für alternativlos erklärt, übernimmt keine Verantwortung, weil er sein Tun als zwangsläufig erklärt. Diskussionen mit irgendeiner Handlungsrelevanz erübrigen sich dann sowieso. Macher üben Macht aus, selbstgewiß, unerschütterbar.

»Gerechtigkeit erhöht ein Volk, aber Frevel ist der Leute Verderben«, schärft der Prophet ein.

Friede braucht Gerechtigkeit.

Die weltweit offene Welt als Markt braucht weltweite Gerechtigkeit. Darauf hinzuwirken muß Aufgabe einer Regierung sein, die sich immer wieder auf Willy Brandt als Autorität beruft.

Friede braucht Recht,

ein international geltendes und durchsetzungsfähiges *Recht*, das den neuen Anforderungen genüge tut. Also den von den USA bisher abgelehnten internationalen Gerichtshof, statt der von Bush gegen Terroristen aller Länder eingerichteten geheimen Militärtribunale, die Recht und rechtsstaatliche Prinzipien außer Kraft setzen. Trübe Aussichten, wo der texanische Gouverneur stets schnell bei der Hand war beim Unterschreiben von Todesurteilen …

Die Rechte der Verteidiger werden bereits eingeschränkt, über die Folter als Instrument der Wahrheitsfindung wird im freiesten Land der Welt offen diskutiert, ohne daß ein Aufschrei zu hören ist.

Frieden braucht Wahrheit,

die ganze Wahrheit.

Wo es einen nationalen und transatlantischen Zustimmungsdruck gibt, wird die Pressefreiheit eingeschränkt. Wer gegen diesen Krieg ist, muß fürchten, als ein vaterlandsloser Geselle, ein blauäugiger Gutmensch, ein verantwortungsloser Kritiker zu gelten. Jeden Tag stand nach dem 8. Oktober in der »Frankfurter Rundschau«: »Wesentliche Informationen … unterliegen einer Zensur durch diejenigen Stellen der beteiligten Konfliktparteien, von denen sie verbreitet werden. Eine unabhängige Prüfung ist in vielen Fällen nicht möglich.«

Ich bekenne: Für »uneingeschränkte Amerikaner« unter uns bin ich ein »Antiamerikaner«; aber ich habe gute amerikanische Freunde, wo Freundschaft Kritik, keineswegs uneingeschränkte Gefolgschaft einschließt.

Frieden braucht Friedfertigkeit,

innere Gelassenheit, friedfertige Konsequenz, eine Sprache

des Friedens, nicht des Hasses, der Gewalt, der Verachtung, friedfertige Gefühle und Absichten.

Für Frieden mit Mitteln des Friedens zu kämpfen ist immer noch der größte Mut, der einem Menschen abverlangt wird. Dafür sind viele getötet worden und ihre Wahrheit sollte mitgetötet werden: Jesus, Gandhi, King, Rabin, Hammarskjöld, Sadat. Oder sie werden in Gewahrsam gehalten, um sie unschädlich zu machen – wie die Friedensnobelpreisträger Andrej Sacharow und Aung San Suu Kyi. Pazifisten sind gerade nicht feige, sondern besonders mutig.

Frieden braucht Friedenmacher,

die bereit sind, sich ganz einzusetzen, aber nicht das Leben anderer einsetzen. Ein Friedensmacher – ein Peacemaker – sucht immer mit aller Kraft Mittel, die dem Frieden dienen. Das kann im äußersten Notfall auch Gewalt sein, (selbst-) kontrollierte, streng zielbezogene Gewalt, um Gewalt einzudämmen. Aber nie darf sie sich verselbständigen – nie darf sie sich selber den Prinzipien der Gewalttäter unterwerfen. Terror gegen den Terror gebiert neuen Terror.

Nicht in neue Kriege ziehen. Sich nicht hineinziehen lassen. Ein deutliches NEIN sagen zu jedem Kriegsabenteuer. Und ein deutliches JA sagen für alles, was Krieg vermeiden und Gewalt eindämmen kann. Kämpfen für eine Welt mit mehr Gerechtigkeit und mehr Recht, für mehr Freiheit und mehr Sicherheit, für mehr Wahrheit und mehr Wahrhaftigkeit, für mehr Toleranz und mehr Respekt für alle. In der einen Welt sind wir alle miteinander verbunden. Und deshalb mitverantwortlich. In der globalisierten Welt wird die UNO wichtiger als die Weltbank sein, *wenn* wir nicht in internationales Chaos stürzen wollen. Und die internationale Staatengemeinschaft braucht Macht, um das Recht durchzusetzen. Und sie braucht wirksamere Einigungsregularien.

Bei allem bleibt die Maxime des kämpferischen Pazifisten Martin Luther King gültig: »Es gibt keinen Weg zum Frieden; Frieden ist der Weg.«

Wenn der 11. September 2001 ein Angriff auf das gewesen sein soll, »was die Welt im Innersten zusammenhält« (Gerhard Schröder), so ist die Behandlung der Gefangenen in Guantanamo Bay ein Verrat daran. Welche Auswirkungen die amerikanische Politik für »Menschenrechte« und »Rechtsstaat« weltweit haben wird, ist noch unabsehbar. Die Werte der zivilisierten Welt werden auf diese Weise durch diejenigen vernichtet, die sie verteidigen wollen.

Literarische Spaziergänge
mit Büchern und Autoren

Friedrich Schorlemmer

Absturz in die Freiheit

*Was uns die Demokratie
abverlangt*

*265 Seiten
Band 7029
ISBN 3-7466-7029-2*

»... Aber der aufrechte Gang, das aufrichtige und aufrichtende
Wort gehört zu unseren menschlichen Möglichkeiten und gehört zu unserer Menschwerdung.«

   Friedrich Schorlemmer streitet in seinem jüngsten Buch für
die Überwindung der »Sprachlosigkeit«, die sich inmitten der
deutschen Medien- und Konsumlandschaft ausgebreitet hat.
Er appelliert an die Verantwortung jedes einzelnen für die Bewahrung von Demokratie und Freiheit. Mit der Kraft des Wortes ruft er zu mehr Zivilcourage auf, um unsere »Massengesell-
schaft« individueller und menschlicher zu gestalten.

AtV
Aufbau Taschenbuch Verlag

Geistige Brandstiftung
*Die neue Sprache
der Berliner Republik*

*Herausgegeben
von Johannes Klotz und Gerd
Wiegel*

Originalausgabe

*263 Seiten
Band 7035
ISBN 3-7466-7035-7*

Die Berliner Republik soll sich von der Erblast des Nationalsozialismus befreien, vernehmen wir aus der Mitte der Gesellschaft. Sie störe bei dem Versuch, zur Normalität zurückzukehren. Deutsche Normalität hat erschreckende Seiten:
mindestens 117 Mord-Opfer rechtsextremer Gewalt seit 1990,
147 antisemtische Straftaten in nur drei Monaten. Anschläge
auf Synagogen, auf Ausländer und Friedhofsschändungen häu-
fen sich.

Die Autoren dieses Buches erörtern den Zusammenhang
zwischen den auch von Politikern und Intellektuellen popula-
risierten Forderungen nach einem »Schlußstrich« unter die
Vergangenheit und der Konjunktur von Nationalismus, Frem-
denfeindlichkeit und Antisemitismus.

A*t*V
Aufbau Taschenbuch Verlag

Franz Alt

Das ökologische
Wirtschaftswunder
Wohlstand und Arbeit für alle

Mit einem Vorwort
von Hermann Scheer

144 Seiten
Band 7039
ISBN 3-7466-7039-X

Die ökologische Wirtschaftsreform, deren Vision Franz Alt entwickelt, basiert nicht auf Verzicht, sondern auf dem klugen Umgang mit unseren Ressourcen. Er verweist auf das volkswirtschaftliche Potential umweltschonender Technologien, zeigt Wege für die Nutzung erneuerbarer Energieformen, benutzerfreundlicher Verkehrssysteme und flexibler Arbeitsstrukturen.

Für diese aktualisierte Neuausgabe seines erfolgreichen Buches analysiert Alt die Ergebnisse der ökologischen Steuerreform, geht auf Hintergründe und Auswege aus der BSE-Krise ein und zeigt, wie der ökologisch orientierte Umbau von Wirtschaft und Gesellschaft konsequent fortzuführen ist, damit es mehr Arbeitsplätze und mehr soziale Gerechtigkeit gibt.

At V
Aufbau Taschenbuch Verlag

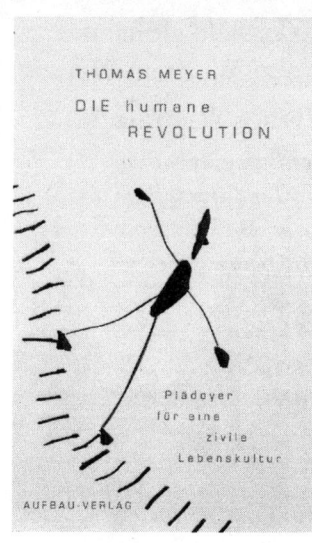

Thomas Meyer

Die humane Revolution

Plädoyer für eine zivile Lebenskultur

160 Seiten. Gebunden
ISBN 3-351-02517-3

Das 20. Jahrhundert hat die beispiellose Ausweitung der Menschenrechte gebracht. Gleichzeitig hat sich die Zivilisation mit Auschwitz und dem Einsatz der Atombombe selbst in Frage gestellt. Erfindungen revolutionieren Produktion, Verkehr und Kommunikation und drohen Lebensgrundlagen auf der Erde zu zerstören. Nuklear- und Gentechnologie sprechen Menschen die Rolle des Schöpfers zu, doch können viele nicht einmal ihre Existenz sichern.

Der Politologe Thomas Meyer betrachtet soziale Integration und Sicherheit nicht nur als Bedingungen für Menschenwürde, Demokratie und wirtschaftliche Produktivität, sondern auch als Voraussetzungen für das Eindämmen privater Gewalt und verheerender Terrorakte. Seine kritische Bilanz des »Experiments Moderne« gibt Antworten bei der Suche nach Möglichkeiten selbstbestimmten Handelns.

Aufbau-Verlag

Detlef Bald · Johannes
Klotz · Wolfram Wette

Mythos Wehrmacht
*Nachkriegsdebatten
und Traditionspflege*

Originalausgabe

*256 Seiten
Band 8072
ISBN 3-7466-8072-7*

Die Ausstellung des Hamburger Instituts für Sozialforschung
brach mit der Legende von der »sauberen« Wehrmacht, auf die
sich das Selbstverständnis vieler Deutscher bis heute gründet.
Militärhistoriker und Publizisten beschreiben die Folgen der
Vergangenheitspolitik seit der frühen Adenauer-Ära für den
Aufbau und das Traditionsverständnis der Bundeswehr sowie
das geistige Klima in der Bundesrepublik. Ihr Fazit: Mit den De-
batten über den Holocaust in den 90er Jahren haben sich neue
Deutungen des Nationalsozialismus etabliert. Das Jahrhundert-
verbrechen wird zur Erinnerungskultur und Teil der nationalen
Identität in der neuen Bundesrepublik.

A*t*V
Aufbau Taschenbuch Verlag

Ludwig Watzal

Feinde des Friedens

*Der endlose Konflikt zwischen
Israel und den Palästinensern*

Originalausgabe

341 Seiten
Band 8071
ISBN 3-7466-8071-9

Der bei der Unterzeichnung der »Oslo-Abkommen« beschworene »neue Nahe Osten« ist eine Fata Morgana geblieben. Der
Friedensprozeß hat den Palästinensern nicht die ersehnte staatliche Unabhängigkeit, sondern verstärkte Repression gebracht.
Das Buch bietet einen Überblick über den israelisch-palästinen-
sischen Konflikt von der zionistischen Besiedelung des Landes
bis in die Gegenwart. Ludwig Watzal stellt erstmals den Friedensprozeß in seiner Komplexität dar. Seine Analyse sämtlicher Abkommen vermittelt ein differenziertes Bild der israelischen und
der palästinensischen Gesellschaft.

Israel steht vor einer politischen, ethnischen und religiösen
Zerreißprobe. Sein Besatzungsregime, die totale Zerstückelung
der besetzten Gebiete und massive Verletzungen der Menschenrechte der Palästinenser durch Israelis sowie die palästinensische
Autonomiebehörde haben zu einer zweiten Intifada geführt, die
Gewalt und Terror eskalieren läßt. Einen Ausweg sieht Watzal
nur in der Umsetzung aller den Konflikt betreffenden UN-Re-
solutionen und der Revision des israelischen Geschichtsver-
ständnisses.

A*t*V
Aufbau Taschenbuch Verlag